本书为国家社会科学基金一般项目"科学、技术、社会视角下的逻辑研究"（15BZX030）结项成果

臧艳雨 著

科学、技术与社会视角下的逻辑研究

中国社会科学出版社

图书在版编目(CIP)数据

科学、技术与社会视角下的逻辑研究 / 臧艳雨著. —北京：中国社会科学出版社，2023.12
　ISBN 978-7-5227-2987-9

　Ⅰ.①科… Ⅱ.①臧… Ⅲ.①逻辑学—研究 Ⅳ.①B81

　中国国家版本馆 CIP 数据核字(2024)第 016236 号

出 版 人	赵剑英
责任编辑	刘亚楠
责任校对	张爱华
责任印制	张雪娇

出　　版	中国社会科学出版社
社　　址	北京鼓楼西大街甲 158 号
邮　　编	100720
网　　址	http://www.csspw.cn
发 行 部	010-84083685
门 市 部	010-84029450
经　　销	新华书店及其他书店
印刷装订	北京市十月印刷有限公司
版　　次	2023 年 12 月第 1 版
印　　次	2023 年 12 月第 1 次印刷
开　　本	710×1000　1/16
印　　张	18.5
插　　页	2
字　　数	313 千字
定　　价	118.00 元

凡购买中国社会科学出版社图书，如有质量问题请与本社营销中心联系调换
电话：010-84083683
版权所有　侵权必究

目 录

导 论 1
    第一节　研究背景 2
    第二节　研究历程及反思 7
    第三节　研究意义及主要内容 12

第一章　逻辑的标准观点 18
    第一节　SSK 兴起的背景 18
    第二节　狭义逻辑观 34

第二章　作为知识的逻辑 54
    第一节　SSK 对于逻辑的批判与重建 54
    第二节　理论的哲学来源 87

第三章　SSK 的批判性反思 105
    第一节　逻辑与经验主义 105
    第二节　逻辑与相对主义 113
    第三节　逻辑与社会建构主义 126
    第四节　在绝对主义与建构主义之间 132
    第五节　走向实践的逻辑 135

第四章　作为实践的逻辑 136
    第一节　后 SSK 对于实践的关注 136
    第二节　另一种实践：作为论证实践的逻辑 164

第五章　阿赞德逻辑的案例考察 175
    第一节　阿赞德逻辑的争论历史与逻辑类型 175
    第二节　阿赞德人的规避式论证规则 183

第三节　规避式论证的基础………………………………… 200
　　第四节　几点补充…………………………………………… 222

第六章　两个案例研究………………………………………… 224
　　第一节　中国逻辑的研究背景及争论……………………… 224
　　第二节　中国逻辑与中国文化……………………………… 235

第七章　结语：重视逻辑的社会文化研究…………………… 250
　　第一节　基本结论：逻辑的社会文化研究与社会建构论… 250
　　第二节　走向对话：逻辑的社会文化研究与"两种文化"……… 256
　　第三节　反思理论：逻辑的社会文化研究与科学哲学理论与
　　　　　　方法………………………………………………… 260
　　第四节　扩展研究：逻辑的社会文化研究与STS研究范式……… 262
　　第五节　未来取向：问题及不足…………………………… 266

主要参考文献…………………………………………………… 269

后　记…………………………………………………………… 292

导　论

　　自亚里士多德以降，逻辑成为确定性的必然真理，其被视为稳固的、可靠的知识，甚至数学也在其基础之上。尤其是现代逻辑，以严格精细的形式语言和公理化方法表达推理，是保真的、必然的、分析的，继而是对"论题中立的"（Haack，1978：5）、"空洞的"真理，不表达物理世界的属性，而成为一种分析的工具，以形式化方法表达有效的推理，"一切纯粹的逻辑陈述都是重言式"（Reichenbach，1968/1951：223）[1]。现代逻辑的这种特征使其在哲学、科学及社会科学等各个领域获得了广泛的运用。现代逻辑的出现成为20世纪哲学的发酵剂（冯·赖特，2003），奠定了欧美的分析哲学传统，也推进了科学哲学的兴起。时至今日，用逻辑分析方法来分析科学理论也是自20世纪上半期以来科学哲学研究的经典方法，对演绎逻辑持有确定性、普遍性、保真性的观点也是逻辑学界的标准观点和普遍共识。作为一种基础性和工具性学科，逻辑学被联合国教科文组织纳入七个基础性学科之一。

　　通常科学哲学及社会科学把逻辑作为基础工具，以保证其分析的一致性，逻辑直接指涉亚里士多德逻辑或者20世纪早期的经典逻辑，逻辑被认为是一套稳定的工具和方法论基础，它未经时间而变，由一套无法改变的规则组成，被认为是先验的、自明的、普遍的、非物质的，对逻辑与社会文化之关系的探讨试图表明，"逻辑也是社会学探索、人类学观察以及历史学分析的对象，是探索智识活动的物质与社会形式的有效数据对象，可以纳入社会文化研究的范畴"（Rosental，2003）。

　　从20世纪中期以后，在西方的后现代主义思潮背景下，伴随对科学的反思，西方兴起了针对科学知识自身的反思，逐渐发展成一个跨学科综合研究的研究取向：科学、技术与社会（Science, Technology and Society，简

---

[1] 中译本参考：赖欣巴哈（2016）。

称 STS①），即对科学知识、科学实践进行社会学人类学历史学等分析，探讨其与社会文化之关系。这其中，针对逻辑的反思成为应有之义。这就与学术界普遍存在的逻辑标准观点形成了一定的反差。怎么理解 STS 对于逻辑的反思？这种反思对于逻辑研究带来哪些重要的启示？而另一方面，怎么在 STS 框架下理解逻辑、推进 STS 视角下的逻辑研究，这正是本书的**研究核心**。本书在回溯性分析 STS 对逻辑的研究历程及主要观点的基础上，从逻辑哲学和逻辑史，对于 STS 的逻辑反思进行考察，并结合逻辑学的当代理论进展、社会学人类学等研究成果以及案例分析，对于逻辑与社会文化的关系进行了探索，以期促进学界对于逻辑的理解，从而推进 STS、科学哲学以及逻辑学的研究。

第一节 研究背景

历史地看，逻辑与科学的关系彼此交织，相互影响和促进。逻辑既是科学研究的工具和方法，又是一种科学知识（同数学一道属于形式科学）。同时，逻辑的现代发展又促进了科学之哲学研究——科学哲学的兴起，成为科学哲学的基础与分析工具。

回溯逻辑的发展史，"逻辑的产生始自古代先哲们的两大关注：对科学探求中基于公理的证明模式的研究；对论辩传统中实际论证的研究"（Van Benthem，2008）。亚里士多德（Aristotle，384 - 322 BC）的《工具论》（当时也被统称为科学的工具）试图为古希腊的数学（主要是几何学）证明（"证明的论证"）和日常生活辩论（"论辩的论证"）（威廉·涅尔、玛莎·涅尔，1995：4）提供一套关于有效的推理和论证的规则和工具，它几乎决定和奠定了以后被称为"逻辑"的这一研究领域（狭义地讲，即逻辑学）。逻辑既是说话辩论的工具，也是一切科学研究的工具。古希腊之后，逻辑在中世纪经历短暂的兴盛，被经院哲学家以极其精细的方式用以对基督教经文进行说明和诠释。文艺复兴之后，伴随着对经院哲学的批判，逻辑陷入了漫长的休眠期，被认为形式上枯燥、内容上僵死、不是科学发现的工具。学者们试图寻找一种独立于传统逻辑的新的科学方法。现代科学之父培根（Francis Bacon）发表于 1620 年的《新工具》，是近代第一次尝试表述

---

① 也有学者将之称为"科学史和科学哲学的社会学转向"。

科学方法的著作。该书试图突破传统逻辑的限制，制定新的规则，使科学发现的过程成为一个简单的任务，由此奠定了现代科学的研究方法，而培根本人，也成为古典归纳逻辑的创始人。近代资本主义的发展以及文艺复兴、启蒙运动等所提供的人文背景，促进了17世纪之后现代科学的兴起和发展。

科学在社会生活中扮演越来越重要的角色，引起人们越来越多的关注。在人文社会科学领域，关于科学的相关研究也随之兴起，如研究科学与社会互动关系的科学社会学、科学之哲学问题的科学哲学、科学之发展历史的科学史学、以科学为系统讨论对象的科学学等，都绕不开对逻辑的讨论。以科学哲学为例，科学哲学是一个年轻的学科，兴起于20世纪早期，得益于19世纪后期现代逻辑的出现。现代逻辑起于数学家对于逻辑的兴趣，得益于18世纪高度发展的数学技术。莱布尼兹（Gottfried Leibniz）对于建立一种通用语言以解决争议的设想，布尔（George Boole）和德·摩根（de Morgan）用数学标记的符号语言阐述逻辑原理，以及皮亚诺（G. Peano）、施罗德（E. Schroder）的工作，经历弗雷格（G. Frege）发表《概念文字》建立第一个谓词演算系统（此为现代逻辑诞生的标志），经由罗素（B. Russell）、皮尔士（S. Peirce）等人的努力，以形式化的方法精细刻画推理，以严格精细的形式语言、基于数学结构的精确语义形成具有形式化方法和公理形式系统的应用，最终成为现代逻辑的主要特征。逻辑逐渐在各个领域得到了广泛的应用，开启了20世纪的分析哲学运动，促进了科学哲学的兴起，在现代科学如计算机科学、认知科学、人工智能等领域获得广泛使用，在社会科学如法学、管理学、决策科学等领域也得到了应用。

弗雷格和罗素建立现代逻辑的动因在于将数学还原为逻辑，为数学推理提供可靠工具，证明数学只是逻辑学的一个分支，数学的基础是逻辑，从逻辑中可以推导出数学，逻辑真理是自明的，也是分析的，可知数学真理也是如此，这就打破了康德认为的数学是先天综合命题的论断。逻辑的数学化发展也使得逻辑技术充当了研究知识基础的工具，用于分析语言及对于科学思想的精细化处理。这种逻辑原子主义观点在早期维特根斯坦（Ludwig Wittgenstein）那里得到发展，其《逻辑哲学论》首次表明逻辑命题是必然性的分析命题，是同义反复的重言式，不关乎经验世界；而综合命题才对世界有所描述，具有经验意义。维特根斯坦认为语言与世界具有共同的逻辑结构，因此哲学任务就是对语言进行逻辑分析，这直接影响了后续的逻辑实证主义者①。

20世纪30年代始，一批逻辑学家，包括维也纳学派石里克（Moritz Schlick，1882－1936）、卡尔纳普（Rudolf Carnap，1891－1970）以及柏林学派的赖欣巴哈（Hans Reichenbach，1891－1953）和亨普尔（Carl Hempel，1905－1997）等，主张逻辑是哲学的技术部分，是哲学家不可或缺的工具，不能把符号逻辑排除出哲学范围以外。他们反对形而上学，主张科学的哲学，而不是以往的思辨哲学。科学的哲学是要对科学理论进行逻辑分析，"没有逻辑和数学技术是不能建立起知识理论来的"（赖欣巴哈，2016：310），把科学理论形式化，还原成一套命题体系后，对科学理论进行逻辑重建，由此使得科学哲学成为哲学研究中的一个重要分支，也使得以科学为对象的科学哲学逐渐发展成熟，而逻辑分析也成为科学哲学最主要的方法之一。逻辑学与科学哲学的这种历史渊源使得逻辑学始终与科学哲学有不解之缘，逻辑由此成为科学哲学的基础与研究工具。"尽管上个中期以后科学哲学引入了历史方法和社会学方法，但逻辑分析现在仍然是科学哲学研究最常用的方法，不熟悉逻辑推演很难从事科学哲学研究。"（王巍，2013：8）对逻辑的关注在科学哲学中素已有之，许多科学哲学家同时也是逻辑学家。乃至今日，科学哲学与逻辑学的学术会议及学术期刊不乏交叉（如国际"逻辑学、方法论与科学哲学"大会）；各自的发展亦彼此影响，逻辑学理论的每次重大突破都将可能在科学哲学中产生重要影响，并反过来影响到逻辑学自身，反之亦然。

逻辑作为科学哲学的基础与科学的方法论，促使科学哲学家在反思20世纪的逻辑哲学、数学哲学及科学哲学的发展（即"广义科学"哲学的发展）中，曾将"什么是逻辑的本质和逻辑真理的本质"，"什么是数学的本质，即数学命题的本质，数学猜想的本质，数学证明的本质"，"什么是形式体系的本质，以及什么是形式体系与希尔伯特称为'理解活动'的东西之间的关联"这三个问题视为20世纪科学哲学探索并求解的对象，它们也是21世纪科学哲学要面对的五个首要问题其中三个（郭贵春等，2009：5）。

20世纪上半期，随着科学发展成为"现代社会最重要的制度之一"

---

① 也称逻辑经验主义者。逻辑经验主义与逻辑实证主义有细微的区分，逻辑实证主义者主要指维也纳学派，如石里克和卡尔纳普等；逻辑经验主义者主要指维也纳学派在柏林学派及英美的发展，如赖欣巴哈和亨普尔等。前者强调孔德等人的实证论传统，后者强调洛克等人的经验论传统。这里不做区分，统称为逻辑实证主义。参考王巍（2013：第2章）。

（Cole，1995：1），科学知识成为人类重要的知识体系之一，"小科学"逐渐发展成为"大科学"（普赖斯，1982），越来越多的学者关注科学与社会文化的关系，由此形成一个新的跨学科综合研究的领域——科学、技术与社会（STS）。STS 的发展大致经历了两大阶段。

第一阶段：科学社会学（**SS，Sociology of Science**）。发起于 20 世纪 30 年代，以默顿（R. K. . Merton）的《十七世纪英格兰的科学、技术与社会》（1938）与贝尔纳（J. D. Bernal）的《科学的社会功能》（1939）为主要发起标志，至 20 世纪 60 年代逐渐发展成为一门专业。主要以默顿、本－戴维（J. Ben David）、韦伯（Max Weber）、贝尔纳、普赖斯（Derek Price）、巴伯（Bernard Barber）、克兰（Diana Crane）等为代表，以美国为主要阵地，以社会学家为主要参与者，主要研究科学家的职业、角色、体制、活动、规范、研究兴趣以及科学与社会因素相互影响的关系等（Lynch，1997：40），也称默顿学派。在这个阶段，受实证主义科学观的影响，科学社会学没有涉及科学的认识内容，它认为社会内容对科学的认识内容没有影响，因此常被批评为"科学家的社会学"或"科学职业的社会学"（Pickering，1995）。

第二阶段：科学技术论（**S&TS，Science and Technology Studies**）。20 世纪 70 年代，伴随着对逻辑实证主义的批判，如库恩（Thomas Kuhn）的范式理论（1962）、拉卡托斯（Imre Lakatos）的科学研究纲领（1970）、费耶阿本德（Paul Feyerabend）的历史主义（1975）等的出现，以及对已有的科学社会学反思科学的不彻底性的批判，欧洲的学者复兴了一个古老的认识论领域——知识社会学，以英国和法国为主要阵地，逐渐形成了一个新的跨学科综合的研究领域——科学技术论，即以科学技术自身为研究对象，对其进行理性反思，科学史家、科学哲学家、社会学家、人类学家等都牵涉其中，这种研究最终成为一种重要的研究思潮，继而影响全球①。

随着知识社会学反思科学的推进，其自身也进行了分化，主要经历了两个大的阶段②。

---

① 对于这种研究取向，也有人称之为"科学技术论"（S&TS, Science and Technology Studies）。科学技术论的参与者已不仅仅局限于社会学家，而是来自多个领域。科学技术论手册的第一版中，STS 指科学技术与社会；而在 1995 年的第二版本中，STS 已经指向了科学技术论。最终 STS 与 S&TS 合流。由此可见，20 世纪 80 年代之后研究的分化与趋势。参考贾撒诺夫等（2004）。我们在不做区分的意义上使用上述缩写 STS，仅当需要区分的时候才分别使用二者。

② 学界一般统一将其称为社会建构主义者，这里为了研究的方便，做出细致的划分。参考 Cole（1995）。

1. 科学知识社会（SSK）：该阶段关注科学知识，把科学作为一种知识体系对其展开社会学、历史学的研究，主张"科学的社会建构"。20世纪70年代，英国的爱丁堡大学成立了一个科学元堪（science studies）小组，以巴恩斯（B. Barnes）、布鲁尔（D. Bloor）、夏平（S. Shapin）、麦肯齐（D. MacKenzie）、柯林斯（H. M. Collins）等为代表，提倡科学知识的社会学研究，参与者也主要集中在社会学家与科学史学家，试图分析科学知识的社会因素制约。

2. 后科学知识社会学（后SSK）：该阶段着重关注科学实践，把科学作为一种实践与文化，对其展开人类学、现象学、解释学、文化学等研究，主张"科学的实践建构"。20世纪80年代之后，一些学者逐渐关注科学的动态的实践性质，如实验室实践等，而不仅仅着眼于静态的科学定律和科学理论。主要包括拉图尔（Bruno Latour）和塞蒂娜（Karin Knorr-Cetina）的人类学方法、皮克林（Andrew Pickering）的科学实践的冲撞理论、林奇（Micheal Lynch）的常人方法学、哈金（Ian Hacking）的新实验主义、柯林斯的"科学论第三波"、劳斯（Joseph Rouse）的科学实践解释学等。受这些研究的启发，我国学者也进行了努力，如我国学者吴彤等发展了以科学实践为对象的科学实践哲学，试图以科学实践哲学为基础，探讨作为地方性知识的科学实践（吴彤，2010）。刘珺珺等受到科学人类学的激励，开展了对于科学实践的人类学研究（刘珺珺，2009）。

在科学的社会文化研究[①]的这一发展历程中，如何将反思推进到逻辑领域，始终是其不容回避的问题。在科学技术与社会的研究中，关于逻辑的研究并不显著。然而，这确实是一个从社会文化角度理解逻辑的非常显著的尝试，因为逻辑通常被视为基础的科学，甚至是数学的基础，它拥有着确定性与精确性的学科印象。作为推理与论证研究的基础，逻辑的状态通常是比较复杂的，尤其对于研究以精细化和精确化著称的现代逻辑的逻辑学家更是难以接受。由于逻辑通常被视为普遍的、必然的；其形式化的特征又被视为先验的、与经验无涉的，几乎很难想象其与社会文化有什么关系，与社会学等经验科学有什么关系，它似乎存在于一个抽象空间的推理中，

---

① 即Science Studies，由于不牵涉技术问题，这里去掉STS中的T，将其译为科学的社会文化研究，同样地，对于逻辑的研究，我们称之为：逻辑的社会文化研究。SSK以及后SSK曾经提出过逻辑社会学。本书在宽泛的意义上不做区分使用。

是思维的形式结构，是命题间的按照如此这般的必然性规则而进行的推理关系，有时又被认为对应着世界的逻辑结构。这种印象由此也提出了一个问题，逻辑的社会文化研究是否可能？逻辑的社会文化研究是什么样子？以及在科学的社会建构主义思潮中，如何思考逻辑的建构主义论题？如何厘清逻辑与文化、社会等的关系？

总结与推进 STS 视角下的逻辑研究，思考逻辑的本质、观念、研究方法，逻辑与社会学、历史学、人类学等经验科学的关系，逻辑与社会文化等关系，对于逻辑学、科学哲学、STS 等，都具有重要参照意义，对于理解逻辑学科学哲学基本问题以及 STS 研究、社会科学理论与方法等，亦具有重要启示意义。

第二节　研究历程及反思

科学的社会文化研究——席卷西方学术界并对世界其他地方产生重要影响的研究——结出了丰硕的成果，有了期刊（*Social Studies of Science* 等）、学会（The Society for Social Studies of Science）、专业、国际会议（如 STS 国际年会）[①] 等，但大多数学者关注自然科学领域，对逻辑（和数学）的关注较少，如尚未出现逻辑社会学这样一门学科，尽管有些成果与之相关。我国学者感叹"逻辑哲学学科早已与科学哲学学科并驾齐驱，而与科学社会学并驾齐驱的逻辑社会学却并没有问世"（王习胜、张建军，2009）。爱丁堡科学元勘小组的成员之一麦肯齐曾致力于探索数学的社会学，也写道"和自然科学相比，数学的社会学成果是稀少的，而形式逻辑的社会学，几乎是不存在"（MacKenzie，2001：2）。

一些社会学家在探索数学的社会文化研究方面做出了努力和尝试。利文斯通（E. Livingstone，1986）利用常人方法论，研究了哥德尔不完全性定理和欧拉定理的证明过程。布鲁尔论证了可供替代的数学的存在可能性，指出数学系统存在的历史与文化变量（Bloor，1991/1976），麦肯齐研究了1865—1930 年英国的统计学的意识形态基础（Mackenzie，1981）、研究了计算机科学中机器证明的争议状况（1999，2001），皮克林重构了汉密尔顿四元数的建构实践，并称之为一个尚未很好开拓的研究领域（Pickering，

[①] 目前，反映 STS 进展的《科学技术论手册》已经出了四版：1986，1995，2008，2017。

1995），奈兹（R. Netz，1999）分析了希腊数学中演绎的塑造过程，被拉图尔评价为论证了演绎证明的起源（Latour，2008）。此外，诸如数学家欧内斯塔（Paul Ernest）、赫什（Reuben Hersh）、科尔（Julian C. Cole）等都对数学的社会学有过探讨，着力构建一种经验主义的基于数学实践的探索数学本质的社会学解释。

相比之下，对逻辑的关注就更少了[①]。在科学社会学阶段，默顿曾在《十七世纪英格兰的科学、技术与社会》中，探索人们在研究焦点的转移时，提到了逻辑为何在17世纪的英格兰，没有如数学、天文学、物理学等受到重视的社会、文化等原因。在科学知识社会学阶段，爱丁堡大学科学元堪小组的代表人物布鲁尔，曾将逻辑（和数学）作为"科学知识的社会学研究进程中最难克服的障碍"（Bloor，1991/1976：83）进行了社会学分析，在理论建构与案例研究方面做了不少努力。

在后SSK阶段，拉图尔在《科学在行动》中曾就阿赞德逻辑进行了分析，并认为构建形式科学的人类学是目前几乎还没有人有勇气进行的人类学研究。皮克林在《实践的冲撞》探索了建构四元数概念的实践，但没有对逻辑展开探索，认为这是一个亟待开发的领域。女性主义哲学家安德烈·奈（Andrea Nye，1990）提供了一个对于逻辑史的女性主义的视角，贡献了逻辑的社会史研究，她重读逻辑史，发现这个工程排除了特定的群体，让部分人保持沉默。比如，亚里士多德逻辑被设计来排除非希腊人，中世纪逻辑排除了非基督教人，弗雷格逻辑排除了非印欧语系人；三段论是为职业论辩家能够在法庭或政治集会上抛出论证，弗雷格逻辑是和他的反自由主义、反犹太主义、超保守主义相一致。法国的罗森塔尔（Claude Rosental，2008）在《编织自明：逻辑的社会学》中，明确提出了逻辑的社会学概念（Sociology of logic），沿用了拉图尔的研究范式，结合实验室和争论研究分析了20世纪90年代关于模糊逻辑领域的一场争论，这被葛瑞芬哈根（Christian Greiffenhagen，2010）称为"第一部系统地经验地探索形式逻辑的社会学研究的著作"。库什（Martin Kusch，1995，2000）分析了19世纪末20世纪初德国哲学家和逻辑学家胡塞尔、弗雷格、罗素等关于逻辑中反心理主义的讨论。普尔克奇宁（Jormo Pulkkinen，2000）分析了为什么弗雷格（1879年发表《概念文字》）和施罗德（1990—1905年陆续发表《逻辑

---

① 现代数理逻辑的发展，使得逻辑与数学有部分重叠，当然，数学并不是逻辑。

代数讲座》）无法说服德国的哲学家接受数理逻辑，揭示背后的哲学的、社会的与政治的影响。罗森塔尔则以人类学的视角观察了在美国一个大学哲学系的逻辑课堂上，逻辑如何被教与学，如何把自然语言通过各种区分策略转换成一套抽象的人工语言（Rosental，2008）。布伦伯格·乔蒙特（Julia Brumberg-Chaumont，2021）则以社会史视角分析了中世纪逻辑理论与实践的状态：被作为一种人类学规范与社会规范用以区分出那些"逻辑上不能的人"（logically disable people），逻辑（和语法）成为欧洲教育系统的基本课程。罗森塔尔和布伦伯格·乔蒙特编写的书《逻辑技能：社会历史视角》则从哲学、历史学、社会学、人类学等多个角度探讨逻辑的两种观念：一种作为内在的人类能力；另一种作为可以训练和掌握的技能，关注历史上的逻辑使用所具有的政治的和社会的动态（Rosental & Brumberg-Chaumont，2021）。

STS 自 20 世纪 80 年代传入中国，逐渐引起我国学者的注意。早期如刘珺珺、赵万里、刘华杰、李三虎、浦根祥对此有介绍，21 世纪早期达到了高峰，国内大学相继成立了"科学、技术与社会研究中心"，也引进翻译了一批国外相关的成果，但大多学者关注科学哲学的社会学转向、实践转向、科学技术论的"第三波"等，小部分学者关注数学的社会学，如山西大学郭贵春团队，武汉大学孙思的博士论文《反科学主义与科学知识社会学》（1997）亦有论及；而对于逻辑社会学的关注和研究，整体还较少。

值得一提的是，在思考逻辑与社会文化的关系问题上，部分逻辑学家在此进行了探索，如张建军在《关于开展逻辑社会学研究的构想》（1997）中就提出，为了探索如何走出我国逻辑学发展的困境，借鉴长足发展的科学社会学的研究范式，建立作为逻辑学与社会学发展之边缘学科的逻辑社会学，利用社会学的观点与方法研究逻辑学的发展，把逻辑组织和逻辑学派作为一种社会建制和社会系统来加以考察和探讨。中国社会科学院研究员刘培育长期以来致力于逻辑的功能与作用研究，推动国内逻辑学界增强逻辑的社会关怀，组织编写了逻辑的社会功能、推动全社会健康有效思维的"逻辑时空丛书"。台湾大学国家发展研究所陈其武指导的硕士论文《中国大陆现代逻辑系统之观察》（1997），运用社会学方法考察了中国大陆的逻辑教学情况，也提出了振兴中国逻辑教学走向现代化的出路之一就是开展逻辑社会学的研究。晋荣东在《逻辑何为》中也指出，推进当代中国逻辑的现代化，首先要重视逻辑的社会文化功能等。整体上看，我国学者提出的逻辑社会学研究，沿袭了默顿范式，旨在从社会学角度促进逻辑的社会功能。

20世纪末以来，崔清田（2004a）、鞠实儿（2010）等较早在国内提出逻辑与文化的研究①，指出逻辑学和经验科学相结合必能使得逻辑学发展获得新的生命力，逻辑学家应该和人类学家、社会学家、语言学家等合作，共同关心逻辑与文化问题。此外，中国学界致力于中国逻辑史研究的学者（包括中国古代逻辑与佛教因明学研究），致力于探索不同于西方文化传统背景下所产生的中国古代逻辑与佛教因明学所具有的独特的逻辑特性，基于文化自信自觉意识下，从史学的角度，揭示逻辑所具有的社会文化维度。这种对逻辑与社会文化之关系的探讨，对于推进逻辑的社会文化研究具有重要的意义，也为本书提供了有益的启示和借鉴。

整体来看，STS尚没有形成系统的针对逻辑的研究，笔者认为原因主要在于：

一 形式科学与经验科学的传统二分法影响

传统上人们将逻辑视为形式科学，与经验科学作二分法处理，认为经验科学可能才与社会打交道，而形式科学（逻辑与数学）是纯粹理性的推导，尤其由于20世纪前半叶现代逻辑的数学化发展不断剥离其人文性，"逻辑脱离哲学领域，而进入了数学领域，被认为是数学的基础，使得今天我们谈论起逻辑主要地指向了数理逻辑，尽管数理逻辑只是部分传统逻辑的进一步发展"（Pechhaus，2000），逻辑是自明的、必然的、超验的、真理的，不涉及经验与社会文化的，成为西方学界长期积淀而形成的集体无意识。这带来两个问题：1. 如何思考逻辑知识与逻辑实践与社会文化的关系；2. 如何进行逻辑的经验主义研究。因此，尽管科学社会学探讨了逻辑研究焦点的转移，SSK尚且能将逻辑视为一种硬知识进行初步尝试，当后SSK"实践"的概念愈发广泛之时（尤其21世纪之后），逻辑（尤其形式逻辑）作为纯思维与理性空间的传统观点的影响就愈发凸显，探讨逻辑与实践的关系也变得尤为困难。由于后SSK所关注的实践大多是自然科学的实验室实践，是实验、仪器、设备、实验室内外的社会技术网络的建构等，在面对这些高度理论化与形式化的学科时，逻辑的实践是什么？无法从这些实验室、仪器、设备中找到对应之物，这就使得研究变得容易被人忽视。所以拉图尔说"目前还有没人有勇气进行这种人类学探索"（Latour，1987：

---

① 更早可以上溯到20世纪早期的张东荪等，参见本书第六章。

246）；皮克林说"我们仍然对理论的、概念的实践知之甚少"（Pickering，1992：140）。

而事实上，20世纪中期以后，逻辑学领域除了经典逻辑之外，陆续出现了非经典逻辑（Haack，1996/1974）、非形式逻辑、广义逻辑（鞠实儿，2010）等，经典逻辑自身面临内部与外部批判，开始关注人类高级认知活动、人类论证的具体实践、提倡逻辑的经验主义的研究取向，出现了逻辑学的认知转向、"实践转向"（Gabbay et al.，2002）等一系列理论进展，需要STS加以关注。

二 "两种文化"的割裂仍然存在

"两种文化"［斯诺（C. P. Snow）1959年提出］在逻辑的社会文化研究领域同样存在。逻辑的社会文化研究作为一个跨学科的研究，如同STS对经验科学的研究一样，需要学者既有逻辑学的训练背景，包括逻辑史学、逻辑哲学、逻辑系统构造等，清楚地知道所探讨的核心问题域在哪里，又能够熟悉STS的研究视角、理论与研究范式，能够熟练运用其研究方法，进行历史学式的编史考察、社会学式的宏观微观分析、人类学式的参与观察，甚至文本和话语分析。长期以来，STS学者对逻辑的反思被很多逻辑学家（尤其现代逻辑学者）忽视，一则在于前者尚没有系统化的研究思潮；二则在于哲学家觉得哲学主要探讨逻辑的规范性，认为对于逻辑的经验研究不在自己的考虑范围之内，他们对之也没有专业兴趣。"逻辑学研究论证一般以规范性视角进行分析和评价，试图寻找论证的共同性，而社会学和人类学更侧重论证的文化差异性。"（范·艾默伦，2020：4）而另一方面，STS学者对逻辑学自身理论观点的更新演变及趋向不够重视。总之，"哲学家和科学的社会文化研究学者之间还没有经常阅读引用彼此的著作，即使两个学科的发展是互补的"（劳斯，2010）。此外，由于STS的研究大多集中在科学哲学与科学史学（科学社会学主要在社会学系），而科学哲学与科学史学长期以来主要关注自然科学，对作为自身基础的逻辑反而没有关注，这就造成"逻辑不关心STS，STS不关心逻辑"的现象。两种文化的割裂导致双方不能有效吸纳对方的理论进展和理论观点。

20世纪后半期以来，逻辑学自身的一些取向已为STS反思逻辑提供了有利资源。（1）逻辑学与社会理论相结合，从关注单主体或无主体的规范推理到关注动态的多主体乃至社会群体互动的信息处理过程，如动态认知逻辑（van Benthem，2010；Fenrong Liu，2011），社会认知逻辑（刘奋荣，2023），社会选择逻辑（Endriss，2011），社会网络平衡及社会行动逻辑（王轶，2021）等。（2）从关注理论推理到关注实践推理，如实践推理逻辑（Dancy，2018），关注人类社会生活具体论辩实践，如当代论证理论（非形式逻辑、语用论辩术、规范语用学、广义论证等）。（3）从坚持逻辑的例外论到反例外论（Hjortland，2017），可修正性（Haack，2003），多元性（Restall & Beall，2006），思维多样性（Hutchins，1995），逻辑与文化、地方性知识等（鞠实儿等，2021）。（4）对中国古代逻辑、佛教逻辑、阿赞德逻辑的研究等。这些成果目前还未被STS学者有效吸收[①]。

这种现状也为未来研究留下了空间。本书正是基于此而作。本书是在科学、技术与社会（STS）的背景下探索逻辑与社会文化之关系，在不那么严格的意义上，称之为逻辑的社会学，或者逻辑的社会文化研究。

本书试图充分吸收逻辑学自身的理论成果，打破逻辑学与经验科学的传统二分法、打破"两种文化"的割裂，将STS对科学的反思研究深入推进到逻辑领域，探索逻辑与文化、社会之关系，从而丰富与完善STS的研究，进一步理解科学与逻辑之本性，把握科学哲学的问题与未来。本书在系统总结分析现有的STS之逻辑观点（尤其逻辑的建构论观点）的基础上，结合逻辑学自身的理论发展，基于大逻辑观（广义逻辑观）的理念，提出了本书所持有的逻辑建构论观点，并在此基础上提供了一种逻辑的社会文化研究的新思路。这种研究对于科学哲学、逻辑学、STS研究以及社会科学等都具有重要意义。

第三节 研究意义及主要内容

一 研究意义

现代逻辑的崛起推动科学哲学的兴盛（赖欣巴哈，2016），归纳逻辑的出现成为现代科学的重要方法基础，逻辑方法成为科学的推理工具，逻辑学同时又成为一种形式科学，纳入科学哲学的思考范围，逻辑与科学哲学彼此促进，结下不解之缘。STS作为对科学的反思，关注对逻辑的反思，思

[①] 有STS学者主张借鉴逻辑学中的论证理论作为工具来开展科学的论辩与修辞研究，如科学政策的论证与科学理论的批评。参见Keith & Rehg（2008）。

考逻辑的起源、本质、作用、与社会文化的关系等一系列重大问题，是 STS 研究中不可回避的话题。由于逻辑的复杂状态，其在 STS 研究中的成果较少，亦没有有效吸收逻辑的理论，形成对于逻辑的刻板印象，逻辑由此成为一种无历史、无时间、无情景内容的抽象理论存在状态。这种状况造成 STS 对逻辑的反思研究尚缺乏系统深化的理论与案例研究，由此使得 STS 的反思研究没有触动科学哲学最为深层的部分（硬科学），从而形成 STS 发展的瓶颈，使其成果不能有效辐射到其他学科，因此，本书的努力至少具有如下理论意义。其一，本书试图将 STS 的反思研究从外部研究彻底推进到逻辑领域，深入思考逻辑与社会文化实践等的关系，丰富与发展 STS 的研究。其二，本书的努力也将有助于检验与完善 STS 自身理论与方法的适用性与恰当性，为理解与把握 STS 的问题与态势（如实践转向、第三波等）提供支持，从而反过来发展 STS 的理论与实践。其三，本书深入借鉴逻辑学的理论成果，引入逻辑的新观念（如逻辑的新类型、逻辑对实践论证的关注等），打破科学哲学以及社会科学等长期以来对"逻辑"概念的刻板印象，为科学哲学反思自身提供新的思路与方法。

20 世纪的最后十年被认为是西方学术界的"科学大战"的十年，STS 反思科学的思潮在科学家与建构主义立场的 STS 学者之间引起世纪末的科学大战，这是"两种文化"的割裂在世纪末另一种版本的表现，但绝不是偶然。无独有偶，这种现象在逻辑学与 STS 学者中同样存在。在通常的眼光中，逻辑学家（尤其现代逻辑学家）构造逻辑系统，追求精确地刻画推理论证，规范地规定正确的推理论证，题材中立，其对于 STS 所倡导的描述性的社会学研究并不感兴趣，或者认为其放弃了精确性、规范性，沦为模糊不清的杂乱案例的堆砌，或者认为这种研究不属于逻辑学应该关注的对象，亦不属于逻辑哲学应该思考的问题。而另一方面，STS 学者针对逻辑与社会文化的关系所开展的经验研究，其本身就是解构或搁置哲学的规范性，而后者正是逻辑学家的主要工作。同科学家与 STS 学者相似，这种"两种文化"的割裂，导致逻辑学家与 STS 学者并不互相看对方的书目或论文，也并不互相认同彼此的研究。但正如柯林斯（2006）所言，STS 并没有把科学看作奇异的另类，也不是与众不同的动物，它抹平了竞技场之间的差异——所有动物都一样，它们都不是那么奇特，科学只是另一个技术熟练的实践体系，同人类其他活动领域一样。因此要超越科学大战，打破两种文化的割裂，需要寻求对话的尝试，从对立走向对话。STS 并不提倡存在两种文化，它认为只有一种文化。因此，本书希望在促进逻辑学家（包括了逻辑哲学家、史学家）与 STS 学者的对话方面有所助益。在考察 STS 对于逻辑的研究中，本书充分借鉴了逻辑学的理论进展，以求给 STS 学者提供一个较为丰满的逻辑的概念和观念，并在此基础上对于 STS 的逻辑建构论观点给予重新的理解。笔者试图通过这些努力，消除双方的误解，走向合作的道路，让双方看到各自的工作，以及各自工作的初衷：探讨逻辑的本质，关注人类推理论证的实践，关注逻辑在社会文化生活中的地位和作用等。笔者相信，双方是可以基于此达到更一步的共识，以及形成更为综合的跨学科研究的思路。事实上，双方可以互相借鉴吸收对方的观点。如笔者观察，从观点上来说，STS 为了强调逻辑的社会文化性，而将其置于明处，这在观点上虽是激进的，但在方法论上是可以接受的。STS 所强调逻辑所具有的社会文化性，其对实践的关注，其提倡的经验主义取向，在逻辑学家面对形式逻辑的局限性时已经有所察觉，双方在这一点的不谋而合具有某种程度的学术默契。笔者希望经由本书的考察，这种基于共同问题意识的、对于逻辑本质的探索所走向的不谋而合的共识，可以促进双方的相互理解和相互借鉴，走向合作与对话。

本书借鉴逻辑学的理论成果，重新思考逻辑的观念；基于一种大逻辑观的理念，重新思考逻辑与社会文化的关系；基于大逻辑观的建构论观点，提供一种逻辑的社会文化研究的新思路，以探索不同社会文化背景下的逻辑。这种研究无论对于逻辑学、逻辑哲学还是 STS 研究，都有重要的理论意义。本书主张重视逻辑的社会文化研究，系统总结了逻辑的社会文化研究的三种进路。逻辑的社会文化研究探讨逻辑（逻辑知识、逻辑活动）如何受到社会或文化背景的影响以及逻辑与社会的互动关系。它不是取代，而是扩宽逻辑学的研究视野。有三种进路：默顿范式的逻辑社会学、逻辑知识的社会学、逻辑实践的社会学，本书对于每种进路进行了具体的说明和细分。这种研究对于科学哲学、STS 以及逻辑学都有重要意义。

从现实的层面上，随着中国的崛起，如何构建中国特色的哲学社会科学话语体系、学术体系、学科体系，增强文化自信，讲好中国故事，成为新时代亟须面对的问题，这其中，理论建构与方法论探索是其必由之路。在对待逻辑的问题上，本书关注逻辑的实践观点，而不仅仅是静态的逻辑规则，如同约瑟夫·劳斯（2010）所言，"现代"的科学概念是欧美的故事，对于中国来说，这个故事也许不同。本书也坚持，现代逻辑概念同样也是欧美的故事，对于其他非西方的社会来说，这个故事也许不同。本书从大逻辑观出发，思考逻辑的社会建构理论，并借鉴当代论证理论，尤其是广义逻辑学，重回推理论证实践，直面人们自发的逻辑，探讨不同文化背景下的逻辑，以此探讨社会文化等因素对于逻辑的影响、逻辑与社会文化的互动关系等，并将之纳入逻辑的社会文化研究的新研究思路中，由此构建中国特色的哲学社会科学话语体系，希望为STS的研究提供新的思路和方法。

在理论建构之外，本书也重点分析了几个非西方社会的逻辑，如备受争议和关注的阿赞德逻辑的案例，并辅助借鉴了中国古代逻辑以及佛教因明的研究成果，这些案例清楚地表明，逻辑知识是一种人类表征的知识体系，具有社会文化的背景，也具有历史的维度，逻辑的实践本质上是一种人类的活动，是一种社会历史现象，而不仅仅是静态的知识体系，它受文化、社会、历史等诸多因素的影响和限制。非西方社会的逻辑自成体系，有其自身鲜明的特色，各个文化群体基于不同的历史、文化、背景，发展出了具有地方特色的推理论证规则和模式，因此，各文化的自觉与自信需要重新定位思考自己的特色，讲好自己的故事。

二 主要内容与行文框架

本书的旨趣一则在于系统性考察STS对于逻辑的反思，这种反思对于逻辑研究带来哪些重要的启示；二则在于结合逻辑学自身进展，推进STS对于逻辑的反思，从而促进对于逻辑之本性的理解，推动STS、逻辑学以及科学哲学的研究，亦推进逻辑学者与STS学者的交流与融合。因此，本书沿着"纵向的历史考察—横向的理论观照"，在回溯STS对于逻辑的反思的基础上，结合逻辑哲学与逻辑史学，对于STS所持有的逻辑观点进行了分析，重点考察了逻辑与经验主义、相对主义、建构主义等观点，结合逻辑学当代理论，扩充了逻辑实践的概念，提出了两种逻辑实践的观点，并基于一种广义逻辑观，对于逻辑与社会文化的关系进行了重新思考，发展了一种逻辑的社会文化研究的新思路。

在行文上，第一章，循着STS的发展，主要分析了前SSK即科学社会学与知识社会学的逻辑观点，并以之为基础，分析了逻辑的标准观点。科学社会学是将科学整体上视为一项社会事业进行考察，对于逻辑的关注不多，且并不触及科学的认识内容，知识社会学将逻辑排除在社会学分析之外，这反映出长期以来存在一种关于逻辑的标准观点，即狭义逻辑观①。在这种标准观点中，它被作为一套固定的方法规则或者合理性标准的核心用于社会科学或科学哲学中，用于判断那些非西方民族的信念系统的合理性。逻辑学的理论发展对于这种狭义逻辑观已经进行了反思。

第二章，主要分析 SSK 尤其是爱丁堡学派对于逻辑与社会之关系的研究，详细分析其方法论基础、对逻辑的批判与重建、理论与案例研究的哲学基础、其面对的主要批评及后期的修正。总体上来说，SSK 主要是针对逻辑知识（即规则和图式等）探讨其背后的社会因素，并且坚称这种社会因素始终存在，不容消除，在批判逻辑的自明性、分析性、必然性、先验性、普遍性等基础上，提倡了逻辑的社会性、经验性、相对性等，并用宏观利益的解释模式，寻求逻辑知识背后的社会因素。SSK 在批判演绎逻辑知识体系的基础上，提倡关注实践推理和论证的逻辑，这也是 SSK 带给我们的重要启示。

第三章，主要对 SSK 的社会建构主义进行批判性的分析。结合逻辑学自身理论发展，系统分析 SSK 论述中涉及的逻辑与经验主义、相对主义、建构主义等重要问题，对之分层次进行讨论。在批判性分析 SSK 的基础上，导向一种关注实践的逻辑研究。

第四章，关注从作为知识的逻辑到作为实践的逻辑。后 SKK 在 SSK 的基础上，从对作为静态逻辑知识到对动态的逻辑实践的关注。后 SSK 的实践更多关注逻辑学家建构知识的活动，主张逻辑在这一实践的活动中受到各种因素影响。如果说 SSK 与后 SSK 主要关注自觉的逻辑实践，这里则转向另一种实践，即自发的逻辑实践，关注具体的论证实践。从这一点出发，本书持广义逻辑观，即分析具体的一个民族的实践论证，如何从其社会文化背景以及地方性语境中形成，不同的文化可能有不同的论证实践，也就可能形成不同的论证模式。鉴于此，才有可能说：逻辑是不同的文化群体建构出来的，这是需要经验探索的问题。由此将逻辑实践区分为两种：一种是人类的推理论证实践；另一种是逻辑学家构造知识的实践，后 SSK 发展了第二种，本书借用逻辑学关注日常论证实践的当代论证理论去发展第

---

① 苏珊·哈克（1996/1974：26-30）将之称为逻辑绝对主义，无论是狭义逻辑观还是逻辑绝对主义，仅是一种逻辑观，而任何逻辑观都是基于不同的哲学思考以及背景假设，是在思考逻辑的本质等问题，因此这里是在中立的意义上使用，并不含有任何其他意义。

一种实践，探索逻辑与社会文化之关系，由此有望成为一种逻辑社会学研究的新思路，并纳入 STS 研究中。

第五、第六章，分析三个具体的案例。一个是阿赞德逻辑的例子，另两个是从中国逻辑史中借鉴了中国古代逻辑和佛教逻辑的例子，并探讨其不同的论证规则以及与社会文化的互动关系。通过对阿赞德逻辑以及中国逻辑的案例分析，不同的社会可能具有不同的论证模式和规则，当然，也可能发展出风格不同的逻辑理论和逻辑体系。

第七章，主要是结论与反思部分，指明建构主义观点对于促进两种文化的融合、推进逻辑哲学与科学哲学反思自身所具有的理论与方法论意义、推进 STS 的研究所具有的参照意义，给出了逻辑的社会文化研究的对象及进路。反思部分指出了研究的问题与不足之处，以及未来的研究可行性。

第一章　逻辑的标准观点

作为行文的起点，本章主要分析前 SSK（pre – SSK，科学社会学与知识社会学）对于逻辑的研究，探寻逻辑的标准观点[①]以及对标准观点的批判，为下文 SSK 的研究提供理论背景，厘清逻辑的基本问题。

第一节　SSK 兴起的背景

尽管对于什么是逻辑已经构成了逻辑哲学中的一个重要问题，但当我们提起逻辑，自亚里士多德以降，逻辑，尤其现代逻辑，通常被视为客观的、必然的、分析的、自明的、先验的、普遍有效的。在康德那里，逻辑是一门自亚里士多德以来就已经完成了的学科，"不过是一门要对一切思维的形式规则做详尽的摆明和严格的证明的科学而已"（康德，2004：11）。在现代逻辑的创始人弗雷格（2013：130）那里，要把逻辑的东西与心理的东西区分开来，逻辑表达了一种柏拉图意义上的抽象实在——"思想"，逻辑规则是自明的、确定的。和其他知识类型相比，逻辑代表了那些最客观、最必然的真理，看起来似乎最少或不可能受到社会文化因素的影响。因此，社会学家（包括人类学家）能够对逻辑和逻辑史说些什么？逻辑与社会、文化、实践等的关系如何？

逻辑社会学（Sociology of Logic）关心的是逻辑（逻辑知识、逻辑实践）如何受到社会或文化背景的影响，以及逻辑与社会的互动关系。它从盛行于 20 世纪西方学术界的知识社会学、科学社会学研究传统中走出，并最终于 20 世纪 70 年代由科学知识社会学所提出。科学知识社会学的兴起从宏观

---

①　标准观点的用语来自马尔凯（Mulkay, 1979），他使用的是科学的"标准观点"（standard）或称"科学的传统观点"（The Customary Sociological View of Science）。这里借以表达逻辑，后文也将这种观点称为狭义逻辑观。

环境上来说，是同欧美国家 20 世纪 60 年代以来特殊的社会和文化背景紧密联系在一起的，同反基础主义、反本质主义、反理性主义的后现代主义思潮相关；而从学科上来说，它是科学哲学与科学史学内在反思的结果。

一 后现代主义批判与科学哲学、科学史学

自近代启蒙以来，西方文化由对宗教控制的黑暗时代转化为对个体理性的信仰，资本主义的发展促进了西方的科学革命，从经济与技术上给科学注入巨大的活力，而启蒙运动所形成的人文背景又为科学提供了有利的文化氛围。现代科学的兴起与发展，在资本主义世界尤其两次世界大战中发挥着巨大的作用，逐渐成为一项社会事业。理性主义、科学主义等成为现代社会主流声音，甚至成为社会意识形态，包括马克思主义、法兰克福学派等社会批判理论都曾对这些代表着现代工业文明的工具理性、科学主义等进行过批判。20 世纪 60 年代，西方社会出现了后现代主义思潮，这种思潮有时也被称为后经验主义、后基础主义。而现代主义被指向启蒙运动之后西方文化的发展。

后现代主义思潮反基础主义、反本质主义、反理性主义，挑战了启蒙时代以来近四个世纪的西方传统，是于 19 世纪后半期以来的现代主义进一步发展、信息社会与新技术革命及资本主义制度各种危机的产物。后现代主义主要对现代主义的核心观念展开批判：第一个领域是意识形态的批判，比如对资本主义经济理论以及宗教权威的批判（如马克思主义者）、对科学价值中立的批判（如马克斯·韦伯等）、后殖民批判、种族批判等。第二个领域是文学研究的批判，比如索绪尔（Ferdinand de Saussure）对所指与能指之间的分离、德里达（Jacques Derrida）对理性主义的解构等。前两场批判，一场揭示了对世界的描述都隐含着价值；另一场指出语言控制着我们理解事物的方式。而对科学知识的批判则是后现代主义思潮中影响更大更深刻的一场运动。

后现代主义主张泛本质主义，由于现代科学在证明自己游戏合法性时依赖于元话语，而元话语又依赖于某种宏大叙事，根据利奥塔（Jean-Francois Lyotard, 1997：2）的说法："按照理性双方可以达成一致意见这一观念来判断，具有真理价值的陈述在陈述者和倾听者之间导致共识的规律便可能够成立，这就是启蒙叙事。在这类叙事中，知识英雄总是可以向着理想的政治伦理终端迈进。如果利用暗含着一种历史哲学的元话语证明知识的

合法性，随之引起的疑问便将是那些支配社会制约关系的机制的合法性，他们本身也需要合法性证明。"后现代就是对元叙事持有怀疑态度。在社会进入后工业和文化进入后现代时代，知识改变了地位，科学知识作为一种话语，知识的研究和传播功能都发生了变化，知识的获取、存储、传播、支配、利用等都在变化，在这种变化中，知识的性质也随之而变。

"知识只有被转译为信息量才能进入新的渠道，成为可操作的。一切构成知识的东西，如果不能被转译，就会遭到遗弃，新的研究方向将服从潜在成果变为机器语言所需要的可转译性条件，不论现在还是将来，知识的生产者和使用者都必须具备把他们试图发现或试图学习的东西转译到这些语言中去的手段。信息保全带来的必然逻辑，生成一整套规定，涉及的是那些被人当作为知识而接受的陈述。"（利奥塔，1997：2）

在这种思潮中，包括德里达、福柯（Michel Foucault）、德勒兹（Gilles Deleuze）、利奥塔在内的思想家，对于以往的社会理论、思维模式、逻辑推理、真理标准、道德规范等都进行了批判和否定，视它们为现代社会所制造的文化产品，而对于作为现代社会之理性基础的科学知识，以及作为科学知识之基础工具的逻辑，也自然成为被批判的重心。赵万里（2001：12）在《科学的社会建构》一书中，将这种批判视为科学的"表述危机"。

启蒙运动以来，存在着一种关于"科学知识的标准观点"（Mulkay，1979：20），马尔凯（Mulkay）曾对这种标准观点有过描述：自然界被认为是真实和客观的，其性质不会受观察者的偏好或目的的决定。科学被认为是对发生在自然界的事物、过程和关系提出精确解释的学术活动，科学知识是这种活动的产物，是以系统化形式揭示和归纳自然界的真实性质，是自然之镜，是对客观外部世界的真实刻画和描摹，是不以个人意志和社会属性为转移的客观外部知识，是永恒的和普遍的，它的有效性是通过无偏见的观察以及严格的科学方法和科学程序所保证的，具有非个人化的和恰当的专业标准，它区别于个人成见、情感、利益等主观性因素。科学知识以逐渐接近的方式，体现真实客观自然界的结构。

这种实证主义的机械论的科学图景，将科学（和技术）理解为非社会的、非人类的活动：科学（和技术）自己决定自己的逻辑与发展，决定自己的价值与目标，通过诉诸自然的权威独立于、优先于社会权威，从而获得自身进步合法性地位。对这种实证主义科学图景的反思反映在科学哲学中，使实证主义科学观逐渐受到批判；反映在科学史学中，存在着内史与外史的区别与争论。

20世纪兴起的科学哲学将科学知识视为一组已经被证明为真的命题，它采取哲学和逻辑的方法对科学知识进行理性的和非历史的辩护，使其具有了合理性和客观性的规范性特征。无论是逻辑实证主义的证实原则、批判理性主义的证伪原则还是拉卡托斯的科学研究纲领，其主要任务都是发展一种祛情境化的普遍原则，为科学知识提供超时空的一般性辩护。就逻辑而言，逻辑原子主义者罗素，包括早期维特根斯坦等，认为逻辑命题对应着世界的逻辑结构，逻辑与世界同构。或者对应着思维的形式结构，或者对应着抽象的实在结构，逻辑被视为客观必然的、普遍有效的、与经验无涉的，是先验的、自明的、分析的、必然的和普遍的。

20世纪以来，随着现代科学与社会科学的发展，相对论与量子力学对于传统牛顿力学的冲击，使人们逐渐发现科学也并不是永恒真的，也是可误的，出现了科学的表述危机。这些批评包括：休谟关于归纳问题的怀疑论，提出对证据的普遍质疑，表明总体上经验论证的可错性；确证悖论；古德曼的绿蓝悖论所引起的新归纳之谜；汉森等人的观察渗透理论论题；杜恒—蒯因的非充分决定性论题表明，从来不能孤立地、决定性地检验一个理论，被检验的是整个框架与信念之网等；范弗拉森的不充分决定性论题表明理论是由经验不充分决定的，为了对某些数据提供最好的表述，科学家在相互竞争的假说中进行选择，这种选择不可能由逻辑所决定，因为对于任何一种说明，原则上都存在经验上完全等价的一组数目不定的众多其他说明，因此没有理由相信，迄今为止考虑过的最佳理论是正确的理论。此处详论库恩和费耶阿本德等对于以逻辑和证据为核心的科学有效性以及科学所代表的理性主义和客观主义的批判。库恩的《科学革命的结构》批判了科学是通过确证的真理不断累积和进步的过程这一神话，认为科学革命是一种范式的转换，没有中性的标准，范式与范式之间是不可通约，科学家对新的范式的遵从，如同对某种胜利者的效忠。库恩的著作被认为是科学哲学之社会学转向的最重要的资源（当然，科学知识社会学也远远超过了库恩本人的见解）；费耶阿本德则直接宣称根本没有科学方法，诉诸合理性、证据等不过是科学修辞而已，相比于占星术等，科学只是更好地依赖这些修辞确证自己而已。

在科学史中，则是内史与外史的争论。科学知识被视为具有自主性的体系，科学内史由理性所保证，这一部分由哲学家或史学家所负责，而那些对于理性的偏离，则留给外史部分，这是需要外在史的历史学家或社会学家回答的问题。内在史的历史是自足的、自主的，由科学本身的合理性所保证；而外在史则需要引入外在因素来说明。而且，内在史对于外在史具有优先地位，外在史只能补充内在史。这就造成一种辉格式（whig）的科学史观，真信念需要内部的理性主义的解释；而假信念才需要外部的或社会学的解释，这种区分基于的假设是从物理世界到物理世界的正确信念之间依赖于某种形式的基础主义：事实和理论依赖于自然界这个坚实的基础，从物理世界到科学真理之间有一条理性的通道，对理性世界的偏离，才会诉诸社会因素进行解释。然而，归纳问题已经质疑了这个假设，从经验的论证如何达到普遍的真理，涵盖未来的新数据，这是个无解的问题。库恩《科学革命的结构》也表明，科学并不是一个稳定进步的累积过程，而是常规科学与科学革命的交替过程。常规科学期间，科学共同体内存在着范畴、框架、行为模式等一套范式，如同维特根斯坦所言的生活形式，科学革命发生后，新的范式取代旧的范式，范式之间甚至是不可通约的。

在逻辑领域，尽管20世纪的西方哲学表现出强烈的反自然主义倾向，认为核心的诸如认识论、逻辑、形而上学问题不能够经由社会科学来回答（20世纪后半叶这种情况得到了改善，诸如认知科学、神经科学、进化认识论等开始渗入哲学），但社会科学家对于逻辑的探索兴趣却从未停止。人类学、社会学、心理学等都在不同程度挑战着逻辑的这些标准观点，质疑以逻辑为核心的合理性标准。而在逻辑学内部，伴随着对经典逻辑的批判和挑战，各种新的逻辑类型开始出现，逻辑哲学对于逻辑的实在论、一元论、绝对性、普遍性等都提出了挑战，实用主义、相对主义、多元论、可误论、自然主义等观点在逻辑中开始出现。SSK注意到了这些思潮，并受这种思潮影响，在推进逻辑的经验化研究，打破传统的逻辑观，探讨逻辑与文化、社会、实践等的关系上，迈出了激进的步伐。

在科学知识社会学之前，知识社会学与科学社会学等都对科学包括逻辑等进行研究，科学知识社会学从突破知识社会学和科学社会学的局限中走了出来，尽管后两者已经试图在探索科学、知识与社会的互动关系，具有今天看来卓越的意识，照亮了后来者的研究。

二 知识社会学

知识社会学（Wissenssoziologie）具有悠久的历史，其起源可以追溯到培根。但这一术语的发明时间是 20 世纪 20 年代,发明地是德国,发明者是马克斯·舍勒(Max Scheler)。德国特定的思想史和哲学语境是知识社会学的摇篮。作为社会学的一个新的分支,它随后被引入了英美的社会学界,但长时间内并没有受到英美尤其美国社会学家的重视,由于美国社会学家并不了解 20 世纪德国思想家面临的思想与存在这一论域的困惑,因此知识社会学被当作一种古老的带有欧洲风的边缘学科。由此可以想见,起源于西欧的科学知识社会学复兴了欧洲这个传统,在批评默顿的科学社会学研究思路时,走出了一条不同于美国科学社会学的探讨路径,那就是对于科学知识社会学的探讨。

知识社会学的主要代表人物是德国与法国的社会学与哲学家,如马克思、恩格斯、涂尔干、曼海姆、舍勒、韦伯等。知识社会学的研究为科学社会学以及科学知识社会学的建立奠定了基础。当时的"知识"是一个广泛的概念,几乎包含了文化的全部产物(观念、意识形态、法律、伦理、哲学、科学、技术等),"它所关心的是知识与社会或文化等其他存在因素的关系"(Merton,1973:7)。它基于这样一个假说:不仅错误、幻想和未经证实的信念受到社会历史的制约,而且真理的发现也受到社会历史的制约。在知识社会学中,逻辑作为人类智识的成果、形式科学知识的一种(和数学)、哲学知识的一种(与形而上学),被广泛容纳在知识社会学的讨论中。

知识社会学的核心问题是知识或思想如何受到它们所处的社会和文化背景的影响;它研究人类思想与其源头的社会背景之间的关系,有时也被称为"思想的社会存在决定论"。但思想由社会存在决定,以什么方式、在多大程度上被决定是值得深思的问题。默顿(Robert Merton,1973:12)曾在《知识社会学》①(1945)一文中总结分析了知识社会学的研究范式。

(一)精神生产的存在基础包括:社会基础和文化基础。社会基础包括社会地位、阶级、世代、职业角色、生产方式、群体结构、历史地位、利益、社团、种族关系、社会流动性、权力结构、社会过程等。文化基础包括价值观、精神特质、舆论趋向、大众精神、时代精神、文化类型、文化思想、世界观等。

---

① 该文后来被收录在 Merton(1973),题目改为"知识社会学的范式"。参见中译本默顿(2011:第一章)。

（二）需要得到社会学分析的精神产品包括：道德信仰、意识形态、观念、思想范畴、哲学、宗教信仰、社会规范、实证科学、技术等。这些精神产品的被选择、抽象的层次、预先的假定、概念的内涵、验证的模式等，需要得到分析。

（三）精神生产与存在基础的关系：因果关系或功能关系；符号关系、有机关系或意义关系等。

（四）精神生产与存在基础为何相互关联：即精神产品的功能，如维护权力、促进稳定、掩盖现实社会关系、协调社会关系等。

（五）何时这种关系会得到承认：依靠历史维度或者分析理论。

如马尔凯（1979：20）所言，知识社会学家几乎完全忽视了对科学、数学、逻辑思想的研究。默顿把马克思视为科学社会学的"风暴中心"。知识社会学从马克思那里获得了它的基本命题：社会存在决定社会意识。在马克思（2012，第二卷：2）那里，"物质生活的生产方式制约着整个社会生活，政治生活和精神生活的过程，不是意识决定了存在，相反，是存在决定了意识"，这成为马克思"社会存在决定社会意识"的著名论断。但马克思明确地把自然科学（连同政治经济学）与其他意识形态区分开来，赋予了自然科学截然不同的地位，认为自然科学与经济基础的关系，不同于其他知识领域和经济基础的关系。马克思认为，科学知识的增长来自资本主义发展的推动，因此，对科学的发展、应用和方向的认识要联系其广阔的社会背景。换句话，在科学中，关注的焦点可以是社会决定，但概念工具并非如此。

曼海姆和舍勒是知识社会学发展中重要的先驱，二人几乎是同时提出了知识社会学的概念。曼海姆深受马克思的影响，其思想通常被称为马克思—曼海姆观点。认为历史的、政治的和社会科学思想是由存在决定的，而精密科学和形式知识却并不是这样。因此，他明确地把数学与逻辑划归到了社会学分析之外。他认为不能从社会学角度研究 $2+2=4$（Mannheim，1954）。

舍勒尽管没有专门谈论逻辑，但他把知识细分为七种：神话与传说；隐含在自然中的民间语言中的知识；宗教知识；神秘知识；哲学—形而上学知识；数学、自然科学与文化科学的实证知识；技术知识。在这些知识中，人为成分越高，改变起来越快，如宗教方面的知识比形而上学慢得多，而形而上学又比随时都在变化的实证科学慢得多。不同的知识类型依赖于其所借以表述的语言和风格。如，与发展出纯粹的人造术语的数学（逻辑）和自然科学相比，宗教和哲学就更加依赖于自然的民族语言，因此，数学和自然科学的国际化程度也就更高。由此，他专门发展了宗教社会学、形而上学社会学、实证科学社会学，探讨了知识与经济、知识与政治等关系问题（舍勒，2014：第一章）。

真正提倡逻辑社会学经验探索的是法国社会学家、社会学创始人之一涂尔干。他是较早探索利用经验的研究代替思辨性思考，针对逻辑思维进行研究的社会学家。他在研究原始分类、原始宗教等活动时，注意到了概念思维、语言、逻辑是如何受到由其所生的社会环境影响的。在他（和莫斯）1902年出版的《原始分类》以及1912年出版的《宗教生活的基本形式》中，他不仅探讨了宗教生活的社会起源，而且探讨了语言与逻辑思维的社会起源与社会影响。

通常人们认为，诸如分类、演绎、归纳这些能力，是先天的东西，是个体认知的基本构成中被直接赋予的东西。但涂尔干、莫斯（2000：3）却认为："逻辑思维，乃是名副其实的社会制度，唯有社会学才能追溯它的起源。"以分类为例，分类通常指人们把事物、事件以及有关世界的事实划分成类和种，使之各有归属，并确定他们的包含关系和排斥关系。在《原始分类》中，他们（2000：8）追问，"分类不仅仅是分类，还意味着依据特定的关系对这些类别加以安排，每一种分类都包含着一套等级秩序"，比如有些类别处于支配地位，有些类别处于被支配地位。这种等级秩序从哪来呢？无论这个世界还是我们的心灵，都没有给出它的原型，这必是某一过程的结果。而要回答这一问题，就需要考察人类所形成的最粗陋的分类，弄清这些分类究竟由哪些因素构成。

涂尔干综合了人学家的大量调查资料，分析了诸如澳洲部落、祖尼人、苏人、中国古代等部落的分类体系，认为概念以及逻辑思维中的分类来自社会生活。比如，对于澳洲部落来说，分类的逻辑关系或多或少地构想为亲属关系。因为这些部落有两大基本社会组织形式，胞族和姻族。部落中的所有成员都被划分到了确定的范畴之中，对应地，宇宙中的每样事物，诸如日月星辰天空食物等也都被分到部落的不同成员之中。"事物的分类再现了人的分类"（涂尔干、莫斯，2000：12）。这种分类体系极其严格，对于澳洲人的心灵有很强约束力，也体现在其社会生活诸如祭祀活动中要遵守。许多年过去，这些分类的依据已被遗忘，但分类保留了下来。又如，时间、空间等概念并不是康德意义上的先验命题；相反，一个群体对地理空间的使用决定了他们的空间概念，而其社会生活节奏决定了其对时间的理解。

更进一步，涂尔干指出，不仅类别的外在形式具有社会的起源（分类以社会组织形式为模型，最初的逻辑范畴是社会范畴，最初的事物分类是人的分类，事物在社会上的位置决定了他们的自然位置），类别相互关联的关系也源于社会。类别之间的相容不相容、相互包含与相互交叉，以及从属到种的变化等，这些也是源于社会："逻辑关系就是家庭关系或经济关系或政治从属的关系的体现。"（涂尔干、莫斯，2000：91）

最终，涂尔干提出了一种通过社会学方法来研究逻辑活动之构成及其功能的研究路径。"我们对分类做出的探索，同样适用于其他功能或有关知性的基本观念。诸如时间和空间这样的抽象概念，在历史上，都无时不与其相应的社会组织密切相关，这种方法同样可以帮助我们理解因果概念、实体观念、以及各种各样的推理模式都是怎样形成的。"（涂尔干、莫斯，2000：94）可以说，涂尔干将逻辑纳入社会学探索的对象，对于探索逻辑的社会起源及其与社会的关系，打破逻辑具有先验性质的观念，提供了一种思路。当然，涂尔干也仅是把分类的社会学研究用于原始社会系统，在面对我们自身的科学文化系统时，他停止了步伐，认为在文化进化的早期阶段，信念是真的因为它被集体接受；而在科学文化系统中，信念被接受是因为它是真的。涂尔干在面对现代科学文化上的止步也启发了后来科学知识社会学的主要发起人之一的布鲁尔的工作。

三　科学社会学

20 世纪上半期开始，逐渐有学者关注科学与社会的互动关系。默顿的《十七世纪英格兰的科学、技术与社会》（1937），贝尔纳（John Bernal）的《科学的社会功能》（1939），默顿的《论科学与民主》（1942，后于 1973 年以"科学的规范结构"为名收录于《科学社会学：理论与经验研究》中），波拉尼（Michael Polanyi）的《科学的自治》（1942），巴伯（Bernard Barber）的《科学与社会秩序》（1952），都是最初的成果。

20 世纪 60 年代之后，随着普赖斯（D. Price）的《小科学与大科学》（1963）提出科学研究的范围和规模在急剧地增长，小科学发展成大科学，库恩的《科学革命的结构》（1962）提出了科学增长和变迁的模式，对于科学的社会研究形成重大的推动力，科学社会学逐渐获得广泛的关注。大卫·艾杰（David Edge）在《STS：回顾与展望》中描述了这种变化的原因（Jasanoff S, et al, 1995）。这一阶段，科学作为一种社会系统，其成果呈指数增长，普赖斯（1963：19）在《小科学与大科学》中有一段著名的结论，"很清楚，我们不能让科学在经历了五个数量级的发展之后再跃升到另两个数量级之上，如果我们这么做了……用不了一个世纪，科学的末日就要到来"。这个结论使得对于科学进行研究具有实践的紧迫性，人们需要理解科学的扩展和发展，及其与经济和技术之间的关系；人们需要弄清是否应该制定一项科学开支计划，如何从花在科学的钱上获取回报，如何在科学的投入与开发中做出合理决策，以此制定合理的科学政策。在这种思路下，从理性主义的、实证主义的、非批判的科学观出发，展开对作为社会系统的科学的分析，能够从中引申出合理的科学政策。在这一背景下，默顿所主导的科学社会学研究取得了丰硕的成果。研究论文、专著大量出现，默顿的《科学发现的优先权》（1957），本·戴维（Joseph Ben-David）的《科学家在社会中的角色》（1971），克兰（Diana Crane）的《无形学院》（1972），科尔兄弟（Jonathan R. Cole & Stephen Cole）的《科学中的社会分层》（1973），默顿的《科学社会学：理论与经验研究》（1973）等都是这个领域的典型作品。随着这些关注，尤其经由默顿的努力，科学社会学逐渐成为社会建制，作为一个专业在美国和欧洲进行急剧扩张，有了科学社会学的专业队伍，被纳入高等教育体系，设立了"科学、技术与社会"等专业课程，授出科学社会学的硕士博士学位，并逐渐有了清晰的研究对象、研究方法、研究团体和相关的协会、杂志等。

科学社会学主要是将科学整体上作为一种社会建制与社会事业。默顿在修正的结构功能主义社会学分析框架中吸收了卡尔·曼海姆的知识社会学，并将之运用于科学体制和科学演变的研究。因此，科学社会学关注科学的社会结构及其运行、科学家研究兴趣的转移、科学的社会功能、科学家的精神气质等，尽管被批评为科学家的社会学，但它还是涉及科学的认识内容与社会的关系：研究问题的选择与研究焦点的转移。而其目的也正是通过对科学的社会建制的研究，构建恰当的社会制度与社会结构来保证科学研究的进展，以及促进科学家精神气质的实现，"科学的制度性目标就是扩展被证实的知识"（Merton，1973：270）。

（一）研究兴趣的转移与研究问题的选择

默顿是公认的科学社会学的奠基人，默顿及其学生发展了对科学的社会结构及其运行的研究，他早期的作品主要涉及科学成长的社会背景、影响科学的社会因素。他的博士论文《十七世纪英格兰的科学、技术与社会》（1938，后于1970年出版）原名叫"关于十七世纪英格兰科学发展的一些与社会学有关的方面"，是科学社会学的奠基之作。他反对当时认为科学探索是一项人类天性的自然而然活动的传统观念，不需要也不可能进行社会学的经验探索，他试图通过这项经验研究，探索科学兴趣焦点的转移，如何受到社会背景及文化价值的影响。换句话说，不同的时代有不同的研究焦点，诸如，中世纪的主要焦点是宗教和神学；文艺复兴时期是文学、伦理学和艺术；而在过去的三个世纪里，逐渐转向了科学技术。由此，他试图探索近代科学与技术的兴起所涉及的社会学因素：探讨17世纪英格兰的社会文化因素如何影响科学技术中兴趣的转移与兴趣焦点。17世纪的英格兰思想为后来许多科学进展打下基础，诸如数学、物理学、生理学、化学、植物学等，"17世纪的英格兰文明，为这样一种关于科学技术中兴趣的转移及研究焦点的研究，提供了丰富的资料"（Merton，1993/1970：33）。

他通过分析17世纪英格兰职业兴趣的转移，发现人们对文学（戏剧和散文）的兴趣在衰落，对宗教（教士和牧师）的兴趣在衰落。与文学和神学形成对比的是，对科学的持续增长的兴趣。他把科学分成八大门类：哲学，形式科学（逻辑和认识论、数学），物理科学（天文、物理、化学和技术），生物科学（生物学、植物学、动物学），地学（大地测量、地理和海洋学、地质学矿物学和古生物学、气象学和气候学），人类科学（生理方面，包括解剖学和生理学），医药科学（药学、药理学和医学），人类科学（文化方面，包括历史和考古、经济学、语文学、政治算术），通过社会学统计（如杂志文章等），探求人们对科学研究兴趣的变化。结果显示，在形式科学中，相比于数学的飞速增长，人们对逻辑学在这一时期的关注度并没有增长。以17世纪英格兰出版的唯一科学杂志《伦敦皇家学会哲学汇刊》的文章分类表为例，在1665年至1702年间，涉及逻辑学与认识论的只有2篇（1668—1670年有一篇，1674—1676年有一篇），而数学99篇、物理学685篇、生物学366篇、解剖学与生理学226篇、医药科学257篇、地学186篇。

这里，默顿对于逻辑的观察同逻辑学史相一致的。事实上，逻辑自古希腊的亚里士多德之后，经历中世纪的短暂繁荣，随着14世纪文艺复兴人们对经院哲学的批判，迈入了漫长的沉睡期，后被康德认为是一门已经完成了的科学，一直到19世纪中期出于与数学的结合，才又重新受到重视。

默顿认为，对科学兴趣的短期的转移，是由单个科学家的贡献所推进的，这属于科学的内部史部分，属于科学史家而不是社会或文化学者的研究范围。但是，发生在17世纪英格兰的大规模研究兴趣转移的现象，就不再完全由科学的内在发展决定，因素一定在其他方面。他引用了韦伯的话"科学家通常总是选择那些与当时占主导地位的价值和兴趣密切相关的问题作为研究课题的"来表明"科学活动的价值关联现象"（Merton，1993/1970：54）。

默顿（1993/1970：55）意识到，科学技术兴趣的增长，"其先决条件已深深扎根在哺育了他并却确保他进一步成长的文化之中，他是长时期文化孵化生长的一个娇儿"，科学技术的增长必须从文化价值中去寻找。从韦伯在《新教伦理与资本主义精神》中对于新教伦理如何推进了资本主义的发展、塑造了资本主义的价值观这一研究受到启发，默顿从英格兰价值体系的变迁，尤其是清教主义的变迁来说明其与科学技术兴趣增长的关系。

17世纪英格兰信教尽管有很多派别，但有基本一致的精神气质，可以统一用清教主义来表达这种思维与生活模式的共同态度。总体来说，清教主义的伦理信条包括：颂扬上帝（对社会做有用的事情以使上帝愉悦）；刻苦和勤奋（坚持不懈地劳作为公众谋福利），这就使得人们在选择职业的时候崇尚教育，选择对公众福利最有贡献的事件，因此，学识型职业仅次于神职，被排在了农、商、手工业之前，如此导致清教徒们对教育的谋利观念；提倡理性和经验论，使得以观察实验研究大自然的规律被推崇。数学，由于用途十分广泛，占据了突出的位置；物理学，被理解为上帝的作品，是清教徒们偏好的学科；"逻辑，被降到从属的位置，因为逻辑被认为不能增加任何新的知识，但却可能使谬误长存，虽然逻辑是思维中的一种有用的因素，但对实在的检验并不来自学究的逻辑，而是来自事实的观察。"（Merton，1993/1970：71）同时，经院哲学衰落，因为它充满虚假的教义，让人们远离上帝，而中世纪的逻辑学也受到拒斥，被认为是伪亚里士多德哲学，由于其使用了严格的三段论推理而以假乱真。

正是认为三段论不能帮助人们研究真，无助于人们认识自然，培根才写出那本著名的《新工具论》，以示与亚里士多德的《工具论》的区别，在其中，培根提出了新的方法，即归纳法，并由此出现了归纳逻辑。1843年穆勒（J. S. Mill）在《逻辑体系》中，在培根归纳法的基础上，提出求因果五法，使古典归纳法走向成熟。

除了文化价值因素影响科学技术兴趣的增长，默顿还分析了是什么因素影响科学家或发明家对研究特定问题的选择：是完全的个人兴趣，还是有一定的社会及文化背景的影响？他分析了英国的科学、技术与经济、军事等的关系。英国资本主义的崛起使得这一时期主要的经济事业是采矿业和纺织业。采矿及冶金工业的显著增长，使得与煤矿有关的问题吸引着发明家的注意力。此外，发明家也受到学会、国王、贵族等的压力：要研究有用的东西。与之相关的发明和研究，诸如：煤炭排水、煤炭测深、煤炭照明、煤炭运输……大量出现。此外，运输与交通工具，尤其航运业的需求，使得测量经度纬度的方法被追求，数学和天文学有了大发展，指南针和电磁学的研究，可为航海业提供实际用途。英国军事的发展，使得内部弹道学、外部弹道学与天文学都有了快速发展。

哪怕仅仅在研究问题的选择与研究焦点的转移上，默顿也并不认为它们完全由社会所决定，当然也不认为完全由理性因素或内部因素单方面决定；相反，他赞同科学史学家萨顿（George Sarton）以数学为例的观点：即内部与外部共同作用的结果。"无疑，数学发现受各种外部事件，诸如政治、经济、科学、军事事件的制约、受战争与和平的技术的持续不断的需求的制约。数学从来不是在政治与经济的真空中发展的。可是，我们想到那些事件只是各种因素中的某些因素，这些因素的力量是会改变的，而且确实是时时在改变。它在某一个场合几乎可以是决定性的，而在另一个场合却无关紧要。"（Merton，1993/1970：199）

因此，关于逻辑，在默顿的观念里，研究兴趣与研究问题的选择如果算作认识内容的话，逻辑也不是单方面由社会所建构或所决定的，而是内部因素与外部因素相互作用的结果。

（二）科学家的精神气质

默顿把科学视为社会和文明的子系统，进一步探索科学的社会结构。作为一名结构功能主义者，默顿视科学为主要的社会建制之一。科学同宗教、政府等其他社会建制一起，各自发挥其必要的功能，具备自身的社会结构。科学的功能在于提供知识。而社会学的研究就是探求科学的社会结构是否满足其发挥这一功能。在1942年发表的《论科学与民主》中，他探讨了科学的精神气质。科学通常指：（1）一组特定的可用于证实知识的方法；(2) 通过特定方法所获得一些积累性的知识；(3) 一组支配科学活动的文化价值和惯例；(4) 上述的组合。他集中探讨了约束科学家的价值观和规范，即科学的精神气质（ethos）。①

1. 普遍主义。关于真相的断言，无论来源如何，都必须服从于先定的非个人性的标准，即要与观察和以前被证实的知识相一致，而不依赖于科学家的个人身份，诸如种族、民族、宗教、阶级、个人品质等。科学知识具有非个人性的客观性。

2. 公有主义。科学发现是社会协作的产物，属于社会共有的遗产。原创者虽然可以提出承认其原创性要求，但不能私自拥有这些思想，成果必须公开，以便实现科学的目标，它使得科学知识成为积累性的，任何个体的科学发展都是在以前成果基础上的成就。

3. 无私利性。无私利性是基本的制度性因素，从制度上约束科学家无私利的行动。它要求科学家将自己的利益与科学上的判断和行为区分开来，从而杜绝科学上的欺诈等行为。

4. 有组织的怀疑。这既是方法论要求，也是制度性要求，科学不断向自然和社会方面的事实问题进行发问。

这些精神气质规范着科学家行为，具有制度性的强制力，遵守的人将得到回报，不遵守的人将得到惩罚。可以说，默顿指出的科学的精神气质，反映出他传统的科学观念：知识就是经验上被证实、逻辑上一致的、对于事实或规律的陈述。这需要两个先觉条件：经验上被证实，逻辑上相一致。而科学的制度性目标是扩展被证实的知识。科学的学术规范、精神气质、道德规范、制度性规则，都是为了保证这些目标的实现。

但问题在于，正如西斯蒙多（Sergio Sismondo）所指出的，实际的科学行为受制于这些默顿规范吗？另外，这些规范是否太灵活了，以至于无法展开科学研究工作？（Sismondo，2004：22）

（三）再看"科学的认识内容"

默顿面对的主要批评是没有触及科学的认识内容，只是科学家的社会学。那么何谓科学的认识内容？社会变量又是如何影响知识的认识内容？科尔（Stephen Cole，1995：2-3）在《科学的制造》一书中，区分了三种

---

① 中译本参考默顿（2011：第13章）。

社会因素影响科学的认识内容。1. 把注意焦点或对主题的选择看作科学认识的内容，科学家怎样选择自己的研究领域，怎样选择单个的研究课题，其注意焦点就会受到相关社会变量的影响。2. 科学的增长速度或知识的增长被视为科学的认识内容。3. 把科学著作的思想材料看成科学的认识内容，社会学家研究社会变量和社会过程怎样使得科学家产生这种思想而不是那种思想。科尔认为默顿的研究属于前两个层次，而科学知识社会学属于后一层面。

按照这种划分，默顿所认为科学家选择问题受社会因素影响，解决问题也受社会因素影响，科学的进展速度或知识的增长受进入该领域的人才影响。可默顿并没有涉及第三个层面，即科学的实际内容，科学家在研究问题时发展的理论内容受社会因素的影响，默顿也没有提及科学家的论文或专著的实际内容。而科学知识社会学所关注的，是与注意焦点和进展程度不同的东西，即科学的思想内容主要是社会过程的结果，也就是社会建构的结果。

默顿范式是在欧洲集权主义的背景下出现，研究假设的最终答案是自然，人类是一个中介。因此制度的先决条件就是消除这些偏见与不一致的影响，建立奖励系统来鼓励科学家对于科学问题的严格回答。因此不需要对于科学认知内容的关注。科学知识的内容是一本关闭的书，科学知识社会学却是关注什么被作为科学知识及其如何被视为科学知识的。它假定物理世界没有固定的点，也没有固定的逻辑领域能够在无偏见的观察者或者来自不同文化的观察者之间达成共识；没有文化或理性是自明的和普遍的。

默顿及其他社会学家都受到实证主义科学观的影响，认为科学的内容最终是由自然决定的，不受社会政治状况与背景的影响，因此把自然科学排除在知识社会学之外。默顿认为具体的发明和发现不依赖于纯科学以外的因素，科学的内容最终是由自然界决定的，社会学不能解释科学的内容。"在两种对立的理论中，普遍性的标准或迟或早总要判断出哪一种理论是有效的，哪一种理论是无效的。"（Cole，1995：2-3）可见，从科尔的划分上，就逻辑而言，默顿涉及逻辑的认识内容，研究焦点转移与问题的选择、增长的速度与知识的积累受到了社会因素的影响。但是关于逻辑的内容，默顿并不言说，在他的理论框架下，逻辑学家构造逻辑知识，受到普遍主义、公有主义、无私利性以及有组织的怀疑主义这些精神气质的约束，而社会需要政策与制度设计，以保证这些精神气质的实现。这种逻辑观点在我国关于逻辑的社会功能的研究中也有一定的体现。

（四）逻辑的社会功能

和科学社会学发展的社会背景不同，张建军（1997）提出的关于逻辑的社会功能的研究以及逻辑社会学的概念，是基于中国逻辑学发展的困境，为中国逻辑学发展寻找出路。逻辑学在近代西学东渐中传入中国，20世纪末，逻辑在社会中的趋冷状况日益严重，即使人文学科研究有所回升，但这种现状并没有改观。为了改善逻辑学的境况，促使全社会尤其各级决策者重视逻辑学研究，探求适应现实社会需要的逻辑学发展路径，研究逻辑与社会发展的关系问题就提上了议程。他提倡借鉴西方科学社会学的学科范式，利用社会学的观点与方法研究逻辑学的发展，把逻辑的产生与发展作为一种社会现象和社会过程，把逻辑学及研究作为一种社会职业和社会活动，把逻辑组织和逻辑学派作为一种社会建制和社会系统来加以考察和探讨。

王习胜、张建军（2010：268）在逻辑的社会功能方面做出了尝试，探索逻辑与社会发展的关系、逻辑与科学、逻辑与教育、逻辑与文化、逻辑与法治等，提出要真正重视逻先生，利用逻辑学的三重学科性质（基础学科、工具学科、人文学科），充分发挥逻辑在现代社会中的地位和作用，在现代科学、民主法治、文化、教育等领域中的功能。张建军（2002）也提倡研究逻辑发展的社会条件，呼吁重视逻辑学研究的生态环境，希望在发挥逻辑社会功能的基础上，引起社会对逻辑的关注，培育逻辑学发展的物质、精神、体制以及社会氛围等条件。如在《逻辑的社会功能》中，他分析了如何发挥逻辑推理作为理性与说服力的基石，以满足当前我国转型期社会理性化的现实需要。他把逻辑社会学视为可与科学哲学相并列的大学科，如同将逻辑哲学与科学哲学相并列一样，并预示随着逻辑社会学的发展，各种社会学方法都可在其中起到不同的作用。这种社会功能的研究可以归于默顿的科学社会学范式。

以上可见，科学社会学主要将科学整体上作为一种社会建制，并没有触及逻辑的具体认识论内容，没有涉及逻辑学著作或论文的实际内容，它所持有的逻辑仍然是标准的。而这种标准的逻辑观，自逻辑学诞生以来，已经很久了，具有根深蒂固的影响。

20世纪70年代，通过汲取历史学、社会学、哲学、人类学、认知心理学和语言学研究成果，激进的、相对主义的、建构主义的科学知识社会学登场了。它从库恩的著作（1962）以及贝尔纳（1939，1954）和波兰尼（1958）处获得了灵感，对于科学的认识论内容进行了批判，开展了对于社会性的科学知识的经验考察。SSK认为知识社会学把科学知识排除在知识社会学分析之外，科学社会学不涉及科学知识的内容，因此，它要把社会学分析深入科学知识中去，反对科学所具有的绝对主义地位。80年代之后，SSK所引发的学术潮流营造出一系列扩展和创新，如实验室研究的微观民族志观察、科学修辞与话语分析、技术社会学、常人方法论、女性主义科学知识社会学等。由于SSK的这一原动力影响及其在逻辑领域的关注较多，本书对其研究也占据了较大分量（第二章和第三章），这里就不再详述它的观点。在下一节，我们将暂时离开社会学，进入逻辑学与哲学领域，从逻辑史与逻辑哲学角度，探讨20世纪逻辑学的发展，而这种发展，对于科学知识社会学挑战绝对主义、提倡建构主义观点，提供了历史的温床；而本书的分析，是从狭义逻辑观出发的。

第二节　狭义逻辑观

一　社会科学中的狭义逻辑观

在社会科学家乃至哲学家眼中，有着关于逻辑的刻板印象，人们提到逻辑，或者指向古希腊的亚里士多德所建立的传统逻辑，或者指向20世纪之前的逻辑。逻辑被视为有一套稳定的、自明的、理想的规则。

（一）人类学的研究

在人类学领域，逻辑被作为一套合理性标准的核心。在中世纪，它被作为一种思维技能的评价标准（Thinking Skill Assessment，TSA），用于高等学校挑选学生的测试，或者被作为一种挑选方式和人类学标准，建立人类的逻辑刻度，在社会与种族的分级中，挑选出那些逻辑上不能的群体（logically disable people）。逻辑和语法一样，第一次成为欧洲教育系统的一部分，展示出在不同的制度、社会与政治的环境下，逻辑成为个体行动的工具（Brumberg-Chaumont，2021）。

启蒙运动以来，在西方理性主义的大旗下，逻辑逐渐成为合理性标准的核心被西方社会用于评价那些非西方社会群体的合理性问题，被用于检验那些异域民族的思维问题，如他们的信念系统是否合乎理性。如果他们不合逻辑（比如容忍矛盾，比如不能利用肯定前件式推理），那么他们可能是前逻辑的或非逻辑的。如列维－布留尔在《原始思维》中的论断：他们的信念系统曾被视为不合理性的，是原始思维，原始思维是一种"原逻辑"（pre-logical）思维，与逻辑思维不仅是程度上的不同，而是有着质的区别。对"原逻辑"一词，布留尔（2007：71）解释道：原逻辑并不是指原始思维在时间上先于逻辑思维，也不是反逻辑的（anti-logical）或非逻辑的（alogical），而是说原始思维并不像我们的思维那样必须避免矛盾，即它对明显的矛盾缺乏关心，在我们看来是不可能或荒谬的东西，它经常看不到其中的困难就接受了。

在布留尔的启发下，关注人类思维的人类学家深入异域民族内部，观察他们如何运用逻辑规则，通常这些逻辑规则指向亚里士多德逻辑，诸如矛盾律、排中律、肯定前件式、否定后件式等。一旦发现有违反规则的情况，比如违反矛盾律，由于矛盾律在逻辑中的核心位置、是传统逻辑与经典逻辑的核心规则，而矛盾可以推出一切，使得整个系统陷于琐碎（trivial），包含矛盾的信念系统成为不足道的，如果异域民部的信念系统包含矛盾，那么如何理解他们的信念系统，就成为人类学家乃至其他社会科学家的争论焦点了。因此，在人类学家所撰写的民族志中，面对异域民族明显（apparent）不合理性的信念系统，如他们对矛盾的容忍和漠视，如何理解这些信念系统的合理性问题，成为西方学界在20世纪热烈讨论的焦点，如汗密尔（Hamill）的《民族学逻辑：人类推理的人类学》（1990）、哈钦斯（Hutchins）的《文化与推理：妥布瑞德的案例研究》（1980）以及埃文斯－普利查德（Evans-Pritchard）的《阿赞德人的巫术、神谕和魔法》（1937），即这样的研究典范。对于如何理解这些非西方民族包含矛盾的信念系统，讨论的观点也从20世纪早期的"包含有矛盾的信念系统是不合逻辑不合理性，由此原始思维是非逻辑与非理性"，到20世纪中期的"质疑将逻辑规则作为合理性的核心用于评判非西方的思维，由此得出他们不是不合理性，而是不同的合理性"，再到20世纪末的"质疑以固定的形式逻辑规则去评判一个民族的实践推理，提倡非形式逻辑的视角"。阿赞德人的逻辑就是这样一个经典案例，引起了广泛的讨论[①]。英国人类学家埃文斯－普利查德通过对于非洲的一个黑人民族阿赞德人（Azande，单数形式为Zande）推理的民族

---

① 对该案例的介绍详见本书第五章，这里仅做简单介绍。

志研究，尤其关注他们对于矛盾律的理解，思考如何理解当地人的推理。埃文斯－普利查德（1980：27）认为列维－布留尔在原始思维与我们的思维之间做了过强的对比：如果两种思维完全不同，那么我们很难与原始人进行交流，甚至难以学会他们的语言，但就我们能够做到这一点这个事实就表明，差异远不如那么大。埃文斯——普利查德认为其原因在于列维－布留尔在撰写《原始思维》的著作时，所采用的材料只是欧洲观察家们在不同场合与不同的经验层面上发现的，所以矛盾才显得如此突出；另外，在把原始语言翻译为英语的过程中，某些看起来是矛盾的东西也许在土著语言中不是这样，如说某人是豹子并没有内在的矛盾，因为在不同的情景下事物以不同的方式得到思考。因此，需要一种更为精细的解释。针对列维－布留尔提出的原始思维对矛盾完全漠视、与现代思维根本不同等论断，他在研究中关注该民族的逻辑推理问题，对列维－布留尔的观点进行重新审视。这个民族志在西方引起了广泛的争论，特别是"二战"以后。如果说"二战"前西方学者主要是从西方中心主义的观点出发评判其他非西方的文化，由此认为阿赞德人是不合逻辑的或者不合理性的话，那么"二战"以后，殖民地国家纷纷独立，资本主义殖民国家的地位衰落，西方学者开始重新审视自身文化的权威性问题以及其他文化的合理性问题。阿赞德人的思维较早进入哲学家的视野是在1958年，英国哲学家波兰尼在其《个人知识》一书中分析了阿赞德人信念系统的稳定性，主张个人知识（personal knowledge）的可能性；1964年，英国哲学家温奇（Peter Winch）在《理解原始社会》一文中，利用阿赞德人的显然不合理性（apparent irrational）的信念系统提出了文化相对主义的旗帜：不同的文化有不同的合理性。该观点在社会科学、哲学、人类学等领域引起广泛关注，由此引发了一场20世纪六七十年代的关于合理性标准的大讨论，该讨论的部分结果于1970年被威尔逊以《合理性》之名结集出版。70年代，主张对科学知识进行社会学分析的爱丁堡学派兴起，其激进的对待知识的态度引起学界的关注，更是把这场合理性标准的讨论推向高峰，更多的学者被卷入其中，讨论的关注点转向了合理性与相对主义的问题上，阿赞德的信念系统问题仍是一个被常用的例子。SSK的巴恩斯、布鲁尔，后SSK的拉图尔等都对这个案例有讨论，该讨论的部分结果于1982年被郝里斯与路克斯以《合理性与相对主义》之名整理出版。20世纪80年代末至今，随着西方霸权的没落，第三世界力量兴起，世界格局重新分配，文化多元与世界多元成为主流的声音，对阿赞德人的关注逐渐逼近更为基本的逻辑问题：阿赞德逻辑的定位。由于爱丁堡学派的代表人物之一的布鲁尔在其《知识与社会意象》（1976）一书中较为鲜明与集中地提出了阿赞德逻辑是一种不同于西方逻辑的观点，但并没有给出其逻辑的刻画，由此引发后来的学者对此问题的讨论。这又分为两个阶段：80年代末至90年代，讨论主要集中于形式逻辑的范围内，如经典逻辑、非经典逻辑等。科学哲学的权威杂志《不列颠科学哲学杂志》（*the British Journal for the Philosophy of Science*）曾辟"争锋"（Discussion）版块发表系列论战，布鲁尔在《知识与社会意象》第二版后记（1991）中也对部分争论进行了回应；2000年以后，非形式逻辑的发展壮大，使得讨论主要集中于非形式逻辑的范围内，批判之前对于阿赞德逻辑进行形式逻辑的构想，主张对阿赞德逻辑的理解应该从非形式逻辑的角度进行。

整个争议过程肇起于逻辑的狭义观点，将逻辑作为一套自明的、稳定的规则用于合理性标准的核心，以此评判其他异域民族的推理实践以及其信念系统的合理性问题。每次争论的演变，也在于对逻辑狭义观点的批判，从质疑逻辑规则作为合理性信念的核心，到质疑形式系统在评价推理实践中的恰当性问题。而关于这些异域民族的逻辑问题，其争论的演变也在于对狭义逻辑观，尤其对其普遍性的批判，从认为异域民族因为容忍矛盾因此是不合逻辑或前逻辑的，到认为他们是不同的逻辑，再到重新审视形式逻辑刻画非形式论证的恰当性问题。而对于如何解释异域民族为何具有显然的（apparent）不同的逻辑（诸如容忍矛盾），争论的演变也在于对狭义逻辑观的批判和反思，从异域民族具有不同的心理结构，到西方和非西方民族具有相同的推理能力和心理结构，不同的只在于双方具有其不同的社会结构和文化传统，再到质疑以肇起于西方的形式逻辑规则去刻画非西方的推理实践等。

（二）心理学的研究

在年轻的心理学领域（尤其实验心理学和认知心理学），这些古老的问题也得到检验，由于逻辑被认为是普遍的和先验的规则，因此20世纪的心理学对于逻辑的关注，是从证实或证伪逻辑的狭义观点开始的。这些研究主要是将逻辑视为一套诸如三段论等推理规则，给定被试一套逻辑推理问题，检视被试是否遵循这些推理规则，如果被试不遵守这些规则，则文化、教育的、社会的以及实验条件等解释因素用于说明为何如此。以下简单列举一些类似的研究，以窥狭义逻辑观点及其批判。

实验心理学家巴特莱在《心理学与原始文化》（1923）一书指出，认知的过程乃对感官所接收的讯息做一种选择性的过滤与组织，认知主体的个人必然是一个社会人，选择性的过滤必然受到社会经验的影响。发展心理学家皮亚杰挑战人类的基本推理模式（如三段论）的普遍性，他根据儿童智识发展的研究指出，逻辑思维的基本过程，如归纳与演绎是复杂心理发展的结果。皮亚杰之后的许多研究形成一个综合的领域：发生学的逻辑，其主张早期的关于普遍的、不变的逻辑图式的观念是不正确的，逻辑图式实际上是心理发展的结果（Douglas，1981）。

苏联心理学家卢里亚（A. Luria）在1931年试图证明推理发展的文化与社会基础。1930年代正是苏联扫除文盲，向社会主义集体经济过渡，并对新的社会主义生活进行适应、调整的阶段。他在中亚的偏远地区研究当地农民掌握三段论推理的情况。有两种被试：一种为不识字的、没有参加集体经济实践的农民，另一种为参加了一定的集体化经济实践、受过一定基本教育的农民。给被试两种三段论，一种内容与被试的日常生活实践相关；另一种内容则是被试不熟悉。结果表明，第一种被试，对于第一种情况能够得出正确的结论，但得出结论是依赖于个人经验事实：事情就是这样子的，我知道。对于第二种情况，被试的典型反应是：我怎么知道，拒绝做出回答。因此被试的反应表现出三个特点：1. 拒绝超出个人经验进行推理，坚持"一个人只能说出他所看到的"；2. 当三段论前提为被试所不熟悉的内容时，被试对前提不相信，拒绝接受并使用它作为前提，甚至当实验人员提示"根据我所说的"，被试仍不能使用这些前提进行推理；3. 不能感知到三段论之间的逻辑联系，回答问题仅依据个人经验。

相对于第一种被试，第二种被试则能较好地回答问题。卢里亚（1976）指出，逻辑推理本质上是社会历史性的，并不是固定不变的存在于历史的所有阶段中，而是随着社会与文化中主要的实践活动的改变而改变。20世纪60年代，科尔（M. Cole，1996）等人在非洲利比亚做了相似的实验，得到了相似的结果。使用的问题不同于卢里亚所用的传统三段论形式，而是有各种逻辑推理形式，如合取、析取、蕴涵等，内容为被试所熟悉的材料。80年代初，尼斯拜特（R. Nisbett）与罗斯（L. Ross）出版了《人类推理》一书，希望提供一种关于人类推理模式的普遍刻画与描述形式。随着文化心理学的兴起，跨文化的比较研究成果日益证明了他们所描述的只是一个单一文化：美国文化中的推理。就是尼斯拜特本人，也转向了这个比较不同文化下的推理差异的研究领域，研究文化在推理中所扮演的角色。尼斯拜特等人在 90 年代末比较研究了东西方人在思维方面的差异，发现东西方在认识论上存在重大差异，东方人的思维是素朴辩证的、整体的；而西方人的思维是线性的、分析的，这种认识论上的差异影响到东西方在自我认知、推理判断、社会归因等方面的差异。中国人辩证思维的三个规律（变易率、矛盾律、整合率）与西方人形式逻辑的三个规律（同一律、非矛盾律、排中律）存在重大差异（Nisbett, et al., 2001）。尼斯拜特等人进一步将这种不同归结于东西方不同的文化影响，并最终追溯到东西方不同的社会系统：古中国与古希腊不同的地理环境与生态系统导致了不同的经济、政治与社会结构。

综上所述，推理的心理学研究，肇起于将逻辑视为一套普遍的规则，以此来检验被试是否遵守这些规则，而对于实验结果的解释，或者诉求于实验条件，或者诉求于文化因素、社会背景、个人教育程度等。而随着对于狭义逻辑观的挑战演变，又引导心理学家最终走向将逻辑视为一定历史文化以及教育背景下的产物。

在社会科学中，逻辑被视为一套方法工具，以用于保证内在分析的一致性（Passeron, 1991: 154-60），或者去展示其内在的逻辑结构（Berthelot, 1996），或者去决定一套可观察行为的合理性问题。对于哲学来说，基于现代逻辑而发展起来的"分析哲学是二十世纪以来最重要的哲学方式，哲学的根本任务是对语言进行逻辑分析，曾是它不胫而走的口号"（王路，2019: 414）。罗素也说过一句非常著名的话：逻辑是哲学的本质。对于年轻的科学哲学来说，它是一套科学研究的工具，演绎推理归纳推理以及溯因推理是它的基本假设。亚里士多德的《工具论》开创了把逻辑转化为科学工具方法的先河，逻辑的形式化使得逻辑在数学、计算机科学与人工智能、量子物理学、信息科学、生命科学等自然科学与形式科学领域，在心理学、社会学、经济学、政治学、法学等社会科学领域，都获得广泛而卓有成效的应用。作为关注科学问题的科学哲学，逻辑是其分析科学理论之内在结构的方法基础，借助经典的数学工具，科学哲学能够对科学理论进行逻辑重建，研究这些科学的认识论内容的推理结构，利于形成构成科学知识主要内容的科学理论、定律和观察报告之间语句内容之间的推理关系。

在所有这些刻板印象中，逻辑典型地指向了一套稳定的、自明的规则，无历史的、无主体的。仿佛忘记了逻辑从哪种母体而生，也忘记了逻辑学自身的理论发展。这些刻板印象反映在逻辑学中，最为突出的特征是狭义的逻辑观点。20 世纪后半期，随着逻辑学的新的逻辑类型出现，这种观点已经受到了批判。

二　哲学领域中的狭义逻辑观

（一）基本概念界定

哲学的思考在于澄清概念，这里首先澄清几个概念。

1. 逻辑。关于逻辑的定义，哲学上总是有争议，比如逻辑史学家肖尔兹的《简明逻辑史》认为，逻辑是一个多义词，存在着多种逻辑类型。第一种是亚里士多德的形式逻辑。第二种是扩展的形式逻辑，是在亚里士多德逻辑的基础上加入了方法论、语义学和认识论而形成。第三种是非形式逻辑（广义），主要指广泛的科学认识的工具的理论，代表人物是穆勒。第四种是归纳概率逻辑。第五种是思辨逻辑，代表人物是黑格尔和康德。第六种是弗雷格和罗素等建立的形式逻辑的现代类型，包括经典逻辑和各种非经典逻辑（肖尔兹，1977：6 - 25）。由于 SSK 所批判的主要是形式逻辑中的演绎逻辑，因此，本书在狭义逻辑观视角下，考虑的是演绎逻辑，归纳逻辑不在讨论之列；当后文重建我们的观点时，我们把这个逻辑观念进一步扩展，不但包括形式逻辑，也包括非形式逻辑等。

2. 逻辑知识。逻辑知识，根据百科全书[①]可以从两方面理解：作为逻辑规律（law of logic）的知识和经由演绎推理获取的知识（由于归纳逻辑并没有如演绎逻辑那样有一套普遍接受的规则，因此这里并不包括归纳逻辑，尽管在严格的逻辑定义中，逻辑仅指演绎逻辑）。逻辑规律有三层含义：指一套有效的图式或命题，如排中律，p 或非 p（p ∨¬ p）；指一套推理的规则，如分离规则（*modus ponens*，从 p 和 p→q，推出 q）；根据弗雷格和罗素，指真的（但是非有效的）二阶量词命题。所以，一个逻辑规律是真的，意味着一个推理规则或图式是有效的，或者一个命题是真的。

需要澄清的是，当我们说狭义逻辑观，更多指向逻辑知识。逻辑知识，顾名思义，关于逻辑的知识。由此可以区分出作为研究对象的逻辑和作

[①] 参见 https://www.encyclopedia.com/humanities/encyclopedias-almanacs-transcripts-and-maps/logical-knowledge。

理论形态的逻辑，后者即逻辑知识，比如一套必然的、保真的推理规则或者一套真命题。通常认为，逻辑知识是对于作为研究对象的逻辑的刻画和总结。当然，关于何为作为研究对象的逻辑，历史上也有争议，如康德认为逻辑的对象是思维的形式结构，弗雷格认为逻辑的对象是命题间的有效性关系，早期维特根斯坦认为逻辑对应着世界的结构，后期维特根斯坦则认为逻辑植根于人们的生活形式。由于 SSK 主要反对的是逻辑知识，也即作为理论形态的逻辑，当然本书的讨论中也会涉及作为研究对象的逻辑。

3. 逻辑真理。逻辑真理指逻辑真语句或真命题。狭义的逻辑真理，即根据逻辑有效性标准而为真的那些公式。如果一个公式不会出现前件真后件假的情况，就可以看作一个逻辑真理。广义的逻辑真理，即那些符合逻辑规律且基于人们的语言学约定的命题，例如，"如果 x 是 y 的妻子，则 y 是 x 的丈夫"，"没有一个未婚的男子是已婚的"，奎因在《经验论的两个教条》一文中就把这类句子看作逻辑真理。本书谈论逻辑真理，取其狭义的用法，即指根据有效性标准为真的公式或命题。

在逻辑的发展历史中，狭义逻辑观长期以来占据着主流位置。逻辑就是这样，学逻辑就是学规则，它是无历史的、固定的，逻辑提供了一套理论，关于什么从什么得出，以及为什么得出。推理的结果如同上帝给定的，是不可置疑的。如果你接受了前提 A 和前提 B，那么你一定会接受结论 Z：逻辑强制你这样做，逻辑告诉你，你必须如此。

而英文 true 和 truth，是逻辑哲学中经常讨论的问题，逻辑是关于保真的推理，从真前提经由有效的推理规则，可以保真地推出真结论，但是，将西方哲学中的 truth 译为真理存在一定争议。我国学者诸如张家龙、王路、胡泽洪等认为这个译法存在问题。王路在《论真与真理》（1996）就曾指出过真与真理是两个概念。逻辑中的 true 对应着汉语中的"是真的"，如命题 A 是真的。但西方哲学中的真（truth，true 的名词），并不对应着中文的真理。逻辑讨论（包括分析哲学、语言哲学）中"真"与"是真的"对应着 true，这与中文中所说的真理并不是一个意思。马克思主义哲学中，真理是指"认识主体对存在于意识之外、并且不以意志为转移的客观实在的规律性的正确反映"，依照这种理解，在实证主义科学观中，我们可以说科学知识是普遍真理。而逻辑中的 truth 指其值为真的东西，也即真之载体。由于逻辑是关于命题或语句（仅陈述句）之间的推理关系，因此，逻辑中的逻辑真理是真语句或真命题，这就和我国传统认识论意义上的真理有所不同。

我国传统认识论意义上的真理是指对客观事物及其规律的正确性认识，并不是指某一个单独真语句或真命题，而是指一套理论体系，即由命题组成的系统（胡泽洪、张家龙，2013：37）。

本书接受这种区分。为了表述的方便与顺畅，本书采用逻辑真理。

（二）从传统到现代：一部逻辑史

逻辑作为一门古老的智识性学科，起源于对有效推理或论证规则的考察：什么结论从什么前提逻辑地得出。诸如，亚里士多德三段论：所有人都会死，亚里士多德是人，所以亚里士多德会死。在社会学家眼中，逻辑是关于思维的形式规律，是推理的形式规则，是普遍有效的、客观必然的、与经验无涉的。"逻辑研究我们称之为论证、推理或证明的推论过程的结构方面，它制定规则用以判定由前提到结论的转换的正确性，而不判定前提或结论本身的真。"（冯·赖特，2003）康德较早把"形式的"这一词使用于亚里士多德和经院传统意义上的逻辑。所以康德和黑格尔都抱怨逻辑这门学科的贫乏和无内容。康德曾说：

> 逻辑自亚里士多德以来就已经不能迈进任何前进的步子，从一切表现看它似乎已经封闭和完成了。逻辑学的界限是有确切的规定的，它不过是一门要对一切思维的形式规则做详尽的摆明和严格的证明的科学而已。逻辑由于抽掉知识的一切对象和差别，因此只能和自己打交道。而理性不但要和自己打交道，也要和对象发生关系。因此逻辑学只是作为入门而构成各门科学的初阶。但在谈及知识时，我们虽然要把逻辑学当作评判知识的前提，但却必须到堪称是真正的客观的那些科学中去谋求获得这些知识。（康德，2004：11）

逻辑的发展大概有三个比较重要的阶段[①]，也经历了从传统逻辑到经典逻辑到非经典逻辑的历程。

第一个阶段发生在古希腊的亚里士多德和斯多葛学派，可追溯到公元前4世纪和3世纪。当时主要学科是数学和哲学。在亚里士多德以前，希腊哲学家已经开始讨论了有效推理的规则。它关注一个几何证明的命题如何

---

① 参考冯·赖特（2003）；涅尔夫妇（1995）；胡泽洪（2013）。

从真前提有效地推出，需要两个条件：真前提和有效的论证。亚里士多德是逻辑集大成者，集前人研究写了逻辑巨著《工具论》，虽然他并没有使用逻辑一词，也没有以逻辑命名他的学说，但亚里士多德使形式逻辑从哲学、认识论中分化出来，形成一门以推理为中心，特别是以三段论为中心的独立的科学，成为形式逻辑的创始人。

第二个阶段发生在基督教中世纪的逻辑学家，如威廉·奥卡姆和约翰·布里丹，从12世纪至14世纪。当时的哲学转向对基督教经文的逻各斯的说明和解释，在其中，阿拉伯人重新发现了亚里士多德，用之于对经文的辩护和解读。此后，逻辑经历了漫长的500年的休眠期，从14世纪中叶至19世纪中叶。14世纪欧洲人文主义的兴起使得学院派被抛弃，随之被抛弃的还有中世纪逻辑的贡献，留下来的只剩下亚里士多德逻辑。这就是康德在《纯粹理性批判中》所谓的"逻辑一步也不能再前进了"，也是默顿在《十七世纪英格兰的科学、技术与社会》中所分析的人们对待逻辑的态度：逻辑被认为不能增加新的知识，因此处于从属的位置。这里，我们通常把亚里士多德逻辑与经院逻辑统称为传统逻辑（包括了概念、判断、推理、证明，特别是三段论）。

第三个阶段发生在19世纪中期，促成了现代逻辑的发展。其奠基人是布尔和弗雷格。西方科学的日渐成熟促使它对自己的理性基础做批判性反思，由于数学是当时描画世界的主要工具，因此，反思就从数学家开始。布尔关注数学工具对传统逻辑的应用，而弗雷格则利用逻辑给数学建立稳固的基础。逻辑与数学的这次结缘的结果，经由弗雷格、罗素、皮尔士的努力，建立了一阶命题演算和谓词演算的形式系统，形成了今天我们称为经典逻辑的内容，也是今天中学或大学初始入门学的逻辑。经典逻辑主要包括了命题演算和谓词演算，也称一阶逻辑。狭义的现代逻辑主要指经典逻辑。弗雷格1879年创立《概念文字》以来，经20世纪的前30年，经典逻辑不断得到完善。罗素（Bertrand Russell）和怀特海（Alfred North Whitehead）的《数学原理》（1910—1913）改变了弗雷格的符号，使得现代逻辑的演算逐渐简便，波斯特（1921）、卢卡西维茨（1925）、希尔伯特和阿克曼（1928）证明了命题演算的一致性，波斯特（1921）、希尔伯特和阿克曼（1928）证明了命题演算的完全性，希尔伯特和阿克曼（1928）证明了谓词演算的一致性，哥德尔（1930）证明了谓词演算的完全性，邱奇（1936）证明了谓词演算的不可判定性，塔斯基建立了现代逻辑语义学，至30年代，经典逻辑逐渐在语法和语义方面成熟起来（王路，2000：49）。

本书所谈论的狭义逻辑观①，主要指亚里士多德为代表的传统逻辑和弗雷格、罗素所创立的经典逻辑，可以认为，经典逻辑是传统逻辑的现代类型，是以形式化方法对传统逻辑理论特别是推理理论的新的研究，也是被社会科学甚至科学哲学（当然科学哲学也承认诸如归纳推理，溯因推理等推理类型）提及逻辑时心中所想的并认可的逻辑类型。狭义逻辑观既是 20 世纪逻辑学发展，建立各种新的逻辑类型的起点，也是 SSK 批判狭义逻辑观、建立逻辑社会学的起点。

20 世纪中期之后，逻辑学发展最显著的地方，是非经典逻辑以及非形式逻辑的出现，可以认为这是逻辑发展的新阶段。以弗雷格和罗素建立的经典逻辑以其精确的形式化特征克服了传统亚里士多德逻辑的模糊性与局限性，成为逻辑这一学科的经典类型，在计算机科学、信息科学、决策科学、自然科学、工程技术、人工智能、哲学、语言学等领域获得长足的应用，逻辑也成为客观必然、普遍有效、绝对真理性等的代名词。但随着经典逻辑的发展，人们发现了越来越多的经典逻辑的局限性，由此带来各种逻辑新类型开始出现。经典逻辑诞生之后逻辑学进入黄金期，呈现出规模宏大的多样化发展。一方面是经典逻辑的不断完善和发展；另一方面，涌现了为数众多的非经典逻辑。在此背景之下，各种观点相互碰撞，形式各异的逻辑竞相发展，由此出现了各种非经典逻辑与非形式逻辑，如模态逻辑的出现使得逻辑的一项基本原则"同一保真替换"出现问题（冯·赖特，2003），更为重要的是对于经典逻辑中排中律、非矛盾律以及真假二值假设的突破，出现了各种非经典逻辑。如否认二值假设产生了多值逻辑，否认排中律出现了量子逻辑，否认非矛盾律产生了次协调逻辑等。这些变异的逻辑构成了经典逻辑的竞争，直接触及逻辑的基础：逻辑规律是不可改变的吗？存在一种普遍的逻辑吗？

根据逻辑哲学家苏珊·哈克（Susan Haack），这些逻辑家族成员包括：

"传统"逻辑：亚里士多德三段论

---

① 狭义逻辑观所承认的逻辑类型在不同的学者那里有所不同，由于本书主要是在 STS 背景下的讨论，因此，这里仅指其最为狭义的一种，也是苏珊·哈克（1978）所定义的只承认传统逻辑与经典逻辑。

"经典"逻辑：二值语句演算，谓词演算
"扩展"逻辑：模态逻辑
　　　　　　时态逻辑
　　　　　　道义逻辑
　　　　　　认知逻辑
　　　　　　优先逻辑
　　　　　　祈使逻辑
反问（疑问）逻辑
"变异"逻辑：多值逻辑
　　　　　　直觉主义逻辑
　　　　　　量子逻辑
　　　　　　自由逻辑
　　　　　　归纳逻辑①

以上所列举的逻辑都是在形式系统之内考虑的，如果考虑当代论证理论，这里逻辑家族成员也可以包括批判形式逻辑所发展起来的非形式逻辑（狭义的非形式逻辑）等论证理论。扩展逻辑与变异逻辑统称为非经典逻辑，它们构成了SSK挑战狭义逻辑观的基础。

（三）逻辑家族新成员：从经典到非经典

非经典逻辑试图修正经典逻辑表达的局限性与不合适性：通过增加经典逻辑缺少的表达资源，增加推理的新技巧，或者通过接受经典逻辑所认定为假的规则。在这一过程中，旧的确定性和规则消失，新的确定性和规则出现。根据苏珊·哈克在《逻辑哲学》（1978）中的分类，新出现的逻辑类型主要包括两类：经典逻辑的扩展即扩展逻辑，经典逻辑的竞争即变异逻辑。

1. 扩展逻辑。通过对经典逻辑添加算子而形成的扩展逻辑。不触动经典逻辑的基本公理和规则，但增加新的算子以及相应的公理和规则。这些扩展逻辑包括模态逻辑、时态逻辑、道义逻辑、认知逻辑、祈使逻辑、疑

---

① 苏珊·哈克把归纳逻辑也列入其中，由于狭义逻辑观主要指演绎逻辑，因此这里归纳逻辑就不在我们讨论范围之内。另外，苏珊·哈克主要考虑的是形式系统，并没有涉及非形式逻辑，但非形式逻辑是本书思考问题的重要一部分。

问逻辑等。这些逻辑系统增添了一些新的逻辑词汇（即逻辑算子）和公理。如增加"必然"或"可能"模态算子而形成的模态逻辑，增加"过去是""现在是"和"将来是"时态算子而形成的时态逻辑，增加"应该"和"可以"道义算子而形成的道义逻辑，增加"知道"和"相信"认知算子而形成的"认知逻辑"，并添加了为了这些新的词汇设立的新的公理和规则。或者是把经典逻辑应用于新的语句，如用于祈使句形成祈使逻辑，用于疑问句形成疑问逻辑。这些经典逻辑的"扩展逻辑"并不违反经典逻辑的基本规则，仅是用于刻画经典逻辑所无法表达的部分。因为经典逻辑仅刻画或考虑了一般陈述命题（诸如"花是红的"等），在面对复杂的情景，诸如模态问题（必然与可能）、时态问题（过去与未来）、语气问题（祈使与疑问）、道义问题（应该与可以）等时，其局限性就出现了。经典逻辑的创始人当时的主要动机是试图为数学提供一种稳定的工具，以一种严格的方式表述数学论证，因此，诸如时态或模态等的考虑与数学论证的有效性和非有效性的问题无关，而在非数学主题的非形式论证时，时态、模态、道义、语态等有时候确实非常关键的。这就造成了经典逻辑的局限性，在表述复杂非形式论证时，这种局限性就出现了，为了刻画这些非形式论证，经典逻辑的扩展就应运而生。

2. 变异逻辑。变异逻辑具有与经典逻辑同样的词汇但不同的公理和规则，通过修改经典逻辑的基本规则，诸如二值原则、排中律、矛盾律等所形成的变异逻辑，如多值逻辑、次协调逻辑、量子逻辑、模糊逻辑等（苏珊·哈克，2003：12-20）[①]，这些构成了经典逻辑的竞争和变异。经典逻辑在刻画一些特定情况下的局限性和不正确性，为了适应新的情况，必须挑战和修改经典逻辑的一些基本规则。

以多值逻辑为例。从传统逻辑到经典逻辑都是二值的，具有真假二值，一个命题非真即假。20世纪初，多值逻辑的创始人卢卡西维茨（Jan Łukasiewicz）在《论三值逻辑》（1920）中，在分析将来的偶然陈述时，认为仅用真假二值来表达在逻辑上是不充分的。例如，明年的12月21日中午我在华沙，这一陈述是未定的，现在既不能说它真也不能说它假。为了表达这种将来偶然陈述，他认为有必要在真假二值之外，引入第三值：未定的，基于此，他建立了三值逻辑以及一般的多值逻辑（桂起权，1987：第8

[①] 对相关非经典逻辑的技术细节及哲学考虑，可参见 Prest（2001）；任晓明、桂起权（2011）。

章)。逻辑经验主义者赖欣巴哈从量子力学角度为这种三值逻辑找到了科学证据。经典逻辑在描述经典力学方面是充分的，但在描述量子力学方面遇到了困难。量子力学中粒子的状态除了真假二值外，还有一个测不准的状态，这种状态是经典逻辑的非真即假的特点所不能刻画的，而用具有真、假、不确定三个真值的三值逻辑来描述，量子力学则可以得到合理解释。

由于挑战了命题非真即假的原则，承认命题可能既不真也不假或者亦真亦假，那么被视为与经典逻辑系统共存亡的一些经典逻辑系统的基本公理或定理诸如同一律、矛盾律、排中律就可能不再普遍有效了。比如，命题 p 的真值是不确定时，排中律和矛盾律也都未定值，因此并不是永真式，也就不再是定理了。

和多值逻辑类似，由于处理模糊语句而发展起来的模糊逻辑具有模糊真值；由于处理量子力学中的不确定原理而发展起来的量子逻辑，修正了经典逻辑的排中律，使得排中律不再普遍有效；由于处理带有矛盾的系统而发展起来的次协调逻辑，修正了经典逻辑的矛盾律，使得矛盾律不再成立；由于修正了经典元逻辑概念，使得处理必然推理转变为或然推理而发展起来的归纳逻辑及其形式化系统，保真地推出转变为证据支持强度；由于对经典逻辑所预设的真理概念的挑战而发展起来直觉主义逻辑；由于挑战经典逻辑的有效性概念而发展起来相干逻辑等。

如果说扩展逻辑在于针对经典逻辑的不恰当性，构成了经典逻辑的扩展，那么变异逻辑在于针对经典逻辑的不正确性，构成了经典逻辑的竞争。这些非经典逻辑的出现，挑战了逻辑的不可修正性、绝对性、普遍性，带来了哲学上的讨论：逻辑的可修正观。

（四）逻辑家族新成员：从形式到非形式

20 世纪 60 年代始，学界逐渐出现了非形式逻辑等当代论证理论，挑战形式逻辑在刻画日常论证与推理的局限性。当代论证理论主要以北美的非形式逻辑和荷兰的语用论辩术为主要代表，以及我国的广义论证理论。

逻辑学在大学课堂被讲授，主要是形式的演绎逻辑，作为一个基本的入门课程，学生以此来提高思维技巧，由于逻辑关注的对象是论证，关注论证的分析和评价，当把形式演绎逻辑应用于当代一些社会与政治论证领域时，就会发现它的局限性，一些问题开始出现。比如，当把命题逻辑或谓词逻辑应用到日常论辩时，在把自然语言翻译到符号表达的过程中，经常存在争议。又比如，翻译完成以后，会出现如下情形：一个论证在形式上是演绎无效的，但实际论证确是令人信服的，或者一个演绎有效的论证，实际论证却可能是真前提而结论假。形式演绎逻辑对于有效性和无效性的评判标准并不适用于区分日常论证中的好论证与坏论证。因此，北美兴起了非形式逻辑运动，荷兰发展了语用论辩术，试图对于日常生活领域中的非形式论证进行重新分析和评价，着重关注当代社会日常论证中——那些发生在报刊和杂志上的公共领域中的社会的、政治的论证——语用的、情境的、论辩的和修辞的维度，进行论证的识别、分析和评价，找出它的论证类型、论证结构、论证图式和论证规范。

当代论证理论放弃了演绎逻辑的核心概念"有效性"，而代之以一套新的评价标准，如非形式逻辑所提供的可接受性、相关性、充分性（RSA）等。值得一提的是，我国的学者鞠实儿提出了"广义论证"，用其刻画人类的说理这一论证活动，主张探索不同文化背景下的说理与论证规则，以促进跨文明的沟通与交流。这种理论同样放弃了逻辑的有效性标准，代之以生效性标准，侧重考察多主体博弈的论证过程所蕴含的规则、社会背景、文化因素、语境等。

总体而言，这些当代论证理论以论证为研究对象，不再局限于个体推理，而是将目光投向双主体或者多主体的论证，更加关注论证过程中："一、论证程序交换中的程序理性，二、论证话语中追求实效性的各种方法。前一个是论辩视角，后一个是修辞视角。"（范·艾默伦，2020：序言）。亚里士多德讨论评价论证时，主要有三个视角：逻辑的、修辞的和论辩的，而逻辑学从传统逻辑到现代逻辑主要发展了亚里士多德关于逻辑的视角：必然地从真前提得出真结论的形式结构，后两种视角在后续研究中长期被忽略，被当代论证理论所发掘，重点地关注了论辩和修辞的视角。

（五）两种狭义逻辑观

狭义的逻辑观通常认为逻辑真理是分析的、自明的、必然的、先验的、普遍的，主要有两种形式（Haack，1996/1974：26 – 30）。

1. 康德：逻辑是一门完成了的科学

康德认为逻辑表达了思维的形式结构，将逻辑视为自亚里士多德以来一门已经完成了的学科，不承认任何变化，进入了一种永恒的状态，从亚里士多德以来既没有任何进步也没有任何退步，因为它抽调了知识的一切对象和差别，有自己特有的限制和界限，在其中，理性只和自身及其形式打交道，不和对象发生关系。这种界限和限制规定了逻辑学要对一切思维的形式规则做详尽的摆明和严格的证明，已是封闭的和已经完成的，如果有人加一章心理学，讨论各种认识能力；加一章形而上学，讨论观念的起源；加一章人类学，讨论各种偏见或原因，那么康德认为这是对于逻辑这门学科固有的无知，"当跨越学科的界限，这门学科就变得面目全非了，而并不是获得进步"（康德，2004：11）。

康德将亚里士多德逻辑视为完成的、完美的、不可改变的。当然，从历史的角度，20 世纪经典逻辑以及各种非经典逻辑的出现，反驳了康德的这种绝对主义观点。康德将先验的真赋予了亚里士多德逻辑以及牛顿物理学，因为在康德时代，这些理论还没有竞争对手。而爱因斯坦物理学、非欧几何以及非亚里士多德逻辑的出现，展示了这种狭义逻辑观也有可能是有问题的。因为在占统治地位的亚里士多德逻辑已经如此牢固地确立的情况下，人们很难想象非亚里士多德逻辑会是什么样子，如同无法想象非欧几何或非牛顿物理学是什么样子一样。

2. 弗雷格：逻辑规则是自明的

现代逻辑的创始人弗雷格（Gottlob Frege）认为逻辑语句表达的是"思想"：思想独立于我们的客观世界与主观世界，是柏拉图主义意义上的抽象实体。逻辑规则的确定性、不可改变性来自它的自明性。作为一个逻辑主义者与数学家，受莱布尼兹关于通用语言的设想，弗雷格的努力在于为了表达数学证明，通过构建一套纯逻辑语言，从逻辑真理中推导出算术，将算术还原为逻辑，算术陈述用纯粹的逻辑术语来表达，算术定理可以从纯粹的逻辑公理推导得出，以此把逻辑真理的确定性传递到算术。逻辑主义的动机部分出于一种哲学考虑：弗雷格认为逻辑规则是自明的或自我证成的，如果能证明算术规则可以从逻辑原则中推导出来，也就证明了这些算术规则在认识论上是保险的。

弗雷格在研究逻辑与算术的时候，认为最重要的是要保证推理过程完美无缺，要解决这种推理过程完美无缺，语言的缺陷、模糊性、不完善性是实现严格证明的主要障碍，因此，他构造了一种概念文字：纯思维的形式语言，并以此构造这种形式语言的逻辑演算系统。由于亚里士多德的传统逻辑使用的主要是自然语言，因此，弗雷格借用了数学的形式语言和传统的自然语言的表达方式，从而创立了现代逻辑的体系。在这一体系中，弗雷格将逻辑从心理的空间驱除出去，表现了强烈的反心理主义倾向，因为文艺复兴之后的逻辑，被视为思维的艺术，与心理学混在一起，弗雷格的概念文字为逻辑提供了一套精确描述复杂概念的命题形式和精确表达形式推理的形式语言，是一种纯粹的推理、纯思维的形式语言。

在弗雷格那里，逻辑规则的真是自明的和自我证成的，通过用纯逻辑词项来表达算术公理，并将它们从纯逻辑真理推导出来，以担保数学知识的确定性。但是随后的历史证明，那些被接受为自我证成的原则最终被证明是假的，并且人们对于哪些原则是自我证成的持有不同的意见。正当弗雷格雄心勃勃地执行他的逻辑主义计划时，罗素指出了他的公理系统是不一致的，其逻辑系统有导致矛盾的可能性，这就是著名的罗素悖论。并且，由于自明通常意味着明显的真的，人们对于明显的真的通常有不同的意见。

在以上这两种绝对主义观点中，如果说自然科学知识表征了自然，假定了自然的实在论，那么，逻辑知识被认为也表征了某种实在。在康德看来，逻辑（康德的逻辑主要指亚里士多德的传统逻辑）表征了思维的形式结构，是关于思维的规范性表征而不是描述性表征；在弗雷格看来，它表征了柏拉图意义上的抽象存在：思想，在思想中判断与判断之间的关系，是一个纯粹抽象的理性空间。

无论是亚里士多德传统逻辑，还是弗雷格的现代逻辑，形式逻辑的主要特点就在于它的严密性，这种严密性给予其权威性的地位，成为狭义逻辑观的代名词，似乎可以不受哲学或社会学的审查。

西方哲学史上存在三组基本而又非常重要的哲学概念：分析与综合、先验与后验、偶然与必然，如果在这巨大的地标上，从哲学上确定狭义逻辑观的地标，那么，逻辑命题（有效的推理图式如矛盾律，有效的推理规则如分离规则、三段论等）是必然的、先验的、分析的，同时又是自明的和普遍的。

必然性。演绎推理被认为是关于必然性推理，是从真前提推到真结论的推理，逻辑真理（也即逻辑真语句、逻辑真命题）是必然的，它不可能前提真而结论假，是保真的推理。必然地得出，是演绎逻辑的核心特征。归纳推理是关于或然性推理，结论超出了前提的范围，是不保真的推理。因此，逻辑必然性通常被视为逻辑的内在机制和本质性质，是决定逻辑这门学科得以产生和发展，而且在逻辑的产生和从传统逻辑发展到现代逻辑过程中贯彻始终的东西（王路，1999）。必然性来自亚里士多德的《工具论》："一个推理是一个论证，在这个论证中，有些东西被规定下来，由此必然地得出一些与此不同的东西……一个三段论是一种言辞表述，在这种表述中，有些东西被规定下来，由于它们是这样，必然得出另外一些不同的东西。"（王路，1999）可以表达成 $A \vdash B$，读作 A 必然地推出 B，其中 A 表示规定下来的东西，B 表示推出来的东西，"$\vdash$"表示得出。无论是自然语言表达的三段论系统，还是形式化语言表达的经典逻辑系统，这个"必然地得出"是演绎逻辑的基本的核心的特征，逻辑就是对形式正确的推理关系进行可靠且完全刻画的形式推演系统（李小五，1997）。

亚里士多德最先将必然性归之于逻辑。其实，必然性与偶然性的区分是哲学上的谈论已久的话题，也存在不同的定义。比如亚里士多德用事物的本质解释必然性并区分了绝对必然性与相对必然性，主项 a 有属性 b 是绝对必然的，则 b 是 a 的本质属性；主项 a 有属性 b 是相对必然的，则 b 是 a 的本质的一个因素。莱布尼兹则从可能世界中定义了必然性，并区分了绝对必然性与相对必然性，A 是绝对必然的，则 A 在所有可能世界为真；A 是相对必然的，则 A 在一个可能世界中为真。

这些讨论可以看出，讨论必然性，需要区分绝对必然性与相对必然性。从逻辑系统来说，必然性是相对于特定的逻辑系统而言的，是相对于该系统的逻辑常项、公理、推理规则等，具有系统相对性，这一点在下文讨论构建形式系统的语形规则以及语义解释时则更为明显。

分析性。逻辑真理被认为是分析性的，如逻辑真理依据其连接词的意义而为真，比如排中律 $p \vee \neg p$，了解这种连接词意义的人都会接受其为真。

分析与综合之间的区分最早可以追溯到莱布尼兹关于理性真理与事实真理之间的区分，前者对应着数学真理，后者对应着经验真理，以及休谟关于观念关系的知识和关于事实问题之间的知识的区分。康德明确提出了分析与综合命题的区分，在《纯粹理性批判》中说："一切命题都可以区分为分析命题和综合命题，要么谓词 B 属于主词 A，是隐蔽地包含在概念 A 中的东西，要么 B 虽然与概念 A 有关联，但却完全在它之外。在第一种场合里，我把判断称为分析的，在第二种场合里我则把它称为综合的。"（康德，2004：8）分析命题"通过谓词不给主词的概念增加任何东西，它只是把我们在主词中所已经始终思考着的内容（虽然是不清楚地）分析为那些构成分析命题的概念"。而综合命题"给主词概念增加一个我们在任何方式下都没有思考过的谓词，并且这个谓词不能用分析的方法从主词中抽引出来"(康德，2004：8)。比如一切物体都有广延，这就是一个分析判断，因为广延属性包括在了物体这一概念中；而一切物体都有重量，这是一个综合判断。在康德看来，一切分析命题都是必然的、先验的，而综合命题都是偶然的、经验的。但也存在着先验综合命题，即谓项不是从主项分析出来的，但又必定和主项联结着的命题，也就是指既增添新内容，又具有普遍必然性的命题。科学知识就是这类命题。在逻辑经验主义那里，"分析命题和综合命题属于语义学范围，其中分析命题就是根据意义为真的命题，如'单身汉是未婚男人'、'雪是白的'等；综合命题按照上述康德的一种说法就是主词不包含谓词，比如'北京是中国的首都'等"(梅建华，2014：69-82)，数学、逻辑命题划在分析命题一边，为没有任何命题内容的重言式，其他则属于综合命题。分析命题就是先验命题，因此也是必然命题。这些命题在极端的意义上是约定的，依靠语言的约定，和现实世界无关。在这个意义上，逻辑必然性就是一种语义必然性。

蒯因在《经验主义的两个教条》中对这一观点提出过批判。他所批判的第一个教条就是：相信在分析的或以意义为根据而不依赖于事实的真理与综合的，或以事实为根据的真理之间有根本的区别。并指出，分析性概念主要有两种：一类是逻辑真的陈述，如没有一个未婚的男子是已婚的。另一类是能够通过同义词的替换而变成一个逻辑真理的陈述，如没有一个单身汉是已婚的。通过将未婚的男子替换成单身汉。蒯因试图表明，分析命题和综合命题之间的分界线是不可能被划出的，没有任何经验内容或事实成分的分析命题是根本不存在的，逻辑真理并不是上述意义上的分析命题。

先验性。逻辑命题被认为是先验命题，先验的(a priori)意指"根据在先的东西"，"后验的"(a posteriori)意指"根据在后的东西"(from what is posterior)，逻辑真理被认为是先验命题，是可以独立于经验而知道其真的命题，仅通过考察其自身就能判定其为真的命题。后验是根据经验才能被证明为真的命题。因此，先验与后验的区分就是经验与非经验的区分。逻辑被认为是与经验无涉的。

可见，在狭义逻辑观那里，先验性、分析性、必然性是可以画等号的，分析命题都是必然的、先验的，后验性、综合性、偶然性也是可以画等号的，所不同的在于，先验与后验是认识论上的划分，分析与综合是语义学上的划分，必然与偶然是形而上学的划分。

自明性。逻辑真理是自明的，即明显是真的，如一个系统的公理是作为自明性被引入的。公理在系统中是作为构造系统的那些推理的前提，因为是前提，所以必须是真的，而且其真是自明的，这样保证从公理出发，根据有效的推理规则，推导出定理。从历史角度看，自明性受历史的制约，如平行公理，在欧式几何中是自明的；在非欧几何中就不再是自明的。

普遍性。逻辑规律被认为是普遍的。亚里士多德逻辑被视为思维的形式结构，比如三段论的64式有效式，比如矛盾律、排中律与同一律。这也是它一度被作为合理性标准的核心被用于评判非西方的异域民族的信念合理性问题。当不符合这些逻辑规则时，一些解释性因素便出现了，如同辉格历史中，为了解释对于理性的偏离，各种因素，如社会的、文化的、教育的等被引入进来。

现代逻辑的普遍性思想来自莱布尼兹，莱布尼兹关于设计通用语言的设想激发了弗雷格的工作，他模仿算术语言构造了一套纯思维的形式语言，即概念文字。弗雷格等所创立的逻辑被认为思想的结构，比如弗雷格总结了逻辑所研究的六种思想结构。逻辑被认为题材中立的，适用于一切推理，不考虑具体内容的一般原则，逻辑被认为是最根本、最一般的理论，甚至数学也次之。以上这些词语成为附在逻辑之上的标签，成为逻辑的标准观点：狭义逻辑观。

总之，随着20世纪逻辑学的发展，这种逻辑的狭义观点不断受到质疑。其核心为，各种非经典逻辑和非形式逻辑的出现。形式逻辑系统的多样性使得人们在选择逻辑系统时，必然有某种形而上学或认识论上的先入之见，这样就为社会学分析提供了入口。逻辑新类型的出现也带来了逻辑哲学的讨论，如逻辑的可修正观、逻辑多元主义、相对主义等观点出现（苏珊·哈克，2003：第12章；蒯因，2007：29-50），动摇了逻辑的必然性与绝对真理的传统观念，如蒯因、普特南、苏珊·哈克等都对这种观点进行过讨论。

第二章 作为知识的逻辑

本章主要分析 SSK 的逻辑观点，其对狭义逻辑观的批判与重建，及其社会建构主义立场，建立起本书对于作为知识的逻辑的观念。

第一节 SSK 对于逻辑的批判与重建

20 世纪 60 年代，科学发展越来越凸显其重要性，科学家在社会中越来越有影响力，政府意识到了在大学中推行科学教育的重要性。在爱丁堡大学，生物学家沃丁顿（C. H. Waddington）建议科学家应该教授"科学与社会"这门课程。他建议爱丁堡大学组建相应的小组或者院系来开设这门课程。爱丁堡大学指派了艾奇（David Edge），一个在科普领域有贡献的射电天文学家来操作这件事情，由此成立了科学元勘（science studies unit）小组，最初小组只有三个人，包括科学哲学家布鲁尔、科学社会学家巴恩斯、科学史学家夏平，这些人都受过科学的训练，有着对科学相似的信念与从科学训练中获得的相似的思维方式，在相互讨论中决定融合哲学、社会学与史学。巴恩斯曾经是一名化学家，夏平曾是一名生物学家，而布鲁尔是一名数学家以及实验心理学家，而组织者艾奇是射电天文学家，小组后来率先提出了科学知识社会学（SSK）的主张，宣称要用科学的方法研究科学，要探讨科学知识的本性和内容，通常他们被称为爱丁堡学派（Edinburgh School），虽然他们自己并没有这样称呼（Zheng Feng Li, et al., 2010）。

科学知识社会学对传统的知识社会学以及默顿的科学社会学在社会学能否说明"科学知识的本性与内容"方面所持的否定与犹豫态度表示不满，认为默顿的社会学对科学的注意力仅仅局限于科学的制度性框架以及科学增长与注意焦点的外部因素，没有揭示出知识的本性，应当把所有的知识，无论是经验方面的知识，还是逻辑与数学方面的知识；无论是科学知识的绝对的、超验的特征，还是合理性、有效性、真理、客观性的特征，都视为社会学可以调查研究的对象，它们都不应该局限在社会学探索之外。爱丁堡学派以强纲领为研究纲领，通过对库恩与维特根斯坦后期思想的解读，并吸纳与修正已成的社会科学哲学（Winch，1958）和知识社会学（Berger & Lukeman，1966）的思想，在理论与案例方面做了大量的工作，由此产生了一定的影响。布鲁尔主要从哲学角度、巴恩斯主要从社会学角度，完成了大部分的理论论证工作。在案例研究方面，麦肯齐（1981）对于 1865—1930 年英国的统计学研究，皮克林（1984）对于基本粒子物理学的社会学分析，品奇（Trevor Pinch，1986）对于太阳中微子流进行的社会学说明，夏平和谢弗的《利维坦和空气泵》（1985）对于霍布斯与玻义耳的争论研究，夏平（1975）对于 19 世纪初爱丁堡颅相学争论的历史研究，以及夏平（1994）对于真理的社会史研究，戴森和加里森（1992；2007）分析了客观性概念的社会性。在英国巴斯大学，以柯林斯为代表，也提出了相似的主张，被称为巴斯学派（Bath School），其提出了经验相对主义纲领，并对重力波检测实验进行了研究（Collins，1985）。爱丁堡学派和巴斯学派同处于欧洲，他们的立场一般被称为"社会建构论"，有时也被称为"西欧建构论者"。

由于 SSK 沿用的是知识社会学的传统，针对的是实证主义的科学观，因此，他们关注的是作为静态理论的科学知识，后 SSK 更多地关注作为实践活动的科学。但他们整体上都认同，科学（和技术）本质上是一种社会活动，其本性是社会的，无论是作为知识形态的科学知识，还是作为实践的科学活动，都是人类社会实践活动的一种，是作为共同体成员的科学家的活动，不可避免地受到人类社会实践等诸多因素的影响和限制，因此，对科学的研究，应该从社会学、历史学、人类学等进行，探讨它们是如何受到社会等诸多因素的影响的，它们的生产过程及成果（知识、人工物）如何被打上环境的烙印，成为人工的产物。

在 SSK 阶段，以布鲁尔对逻辑的论述（Bloor，1973，1991/1976，1983，1996，1997）最为集中，其他学者主要关注的是自然科学问题，麦肯齐关注了数学的社会学问题。本部分将主要以布鲁尔为主要对象，探究在 SSK 视野中，逻辑知识的社会学的深刻内涵。

一　社会建构论

由于 SSK 和后 SSK 通常被称为社会建构论，这里首先对其做一个基本的概念澄清。社会建构，英文为 social construction。construction 来自动词

construct，意为建造、构造、构建，因此，社会建构论是指一切或某些事物由社会所构建，是社会的构造物，包含着社会成分，具有社会属性（林聚任，2016）。社会建构论在西方是一个庞杂的思潮，包含在社会学、哲学、心理学、教育学、政治学、语言学、文学等学科，尤其是从认识论领域讨论实在的属性。根据格根（K. Gergen，2015：4）的《社会建构的邀请》，社会建构主义的基本假设是"我们一起建构了世界"。通常我们认为，世界在我们身外，伸手可见，触手可摸，这是一种实在论的世界观。如果再深究，可以说这些实在并不存在，对一个婴儿来说，他眼中的世界与成人不同。在他的世界中，没有男女区别，没有警察，没有广告，世界对于他意味着不同的东西。因此，"我们以不同的方式接触这个世界，这种区分根植于我们的社会关系，在这种社会关系中，我们以这样或那样的方式建构着世界，通过参与关系，世界成为它在我们眼中的样子"（Gergen，2015：4）。正是在这些社会关系中，世界呈现出它所是的模样，因此，社会建构论并不说一切并不存在，或者说事实并不存在，而是说当人们描述某一事实是什么时，他们总是基于特定的立场或传统。比如一个朋友说，我父亲去世了。这是一种生物学上的表述。依照其他传统，可以说"他去了天堂"，可以说"他永远活在我们心中"，可以说"这一客体的原子结构发生了改变"。因此，并不是说事物真的不存在，而是说，对我们来说，事物不存在。是我们的互动，人与人或人与物的互动，在建构这个我们生活于其中的世界。如同男人与女人、白天和黑夜的划分，这里存在着无穷多划分的可能性。

因此，社会建构论从未说"并不存在真实"或者"什么东西都不存在"，诸如死亡不是真的，太阳、桌子等不是真的。它强调的是"在任何时候，人们对事实的定义，依赖于某种文化传统"（Gergen，2004：11）。格根进一步细分了四种建构论的假设（Gergen，2015：8 - 12）。

假设一：我们描述和解释世界的方式并不是应存在物的要求。在这种假设中，人自己创造了诸如死亡、重量等，但是，对于任何存在事物来说，没有任何规定必须使用这个或那个短语或解释，事物本身并不需要这些描述和解释，因此事物可能有无限多的描述或解释。由此，真理的各种传统只是其中一种选择。

假设二：我们描述和解释世界的方式是关系的产物。在这种假设中，语词的意义来自它的用法。正是在语言游戏的使用中，语词获得了其意义。

而在描述世界以前，人必须首先在与它们的关系中学会习得并拥有这些与世界的关系。只有通过社会共识，对世界的描述理论才能起作用。比如，在不同的场合使用不同问候语，你不可能随时冒出一句"早上好"。在棒球游戏中，本垒打是一个重要的术语；在物理学游戏中，原子是一个重要的术语；在社会学游戏中，经济阶层是一个重要的术语。

假设三：各种建构因其在社会性过程中的使用而获得意义。人们通过社会生活中的一整套交往互动，获得一系列大致的约定，这些交往不仅包括语词和行动，也包括周围各种对象空间和环境，比如网球游戏中有平局、发球等，这些不仅和运动有关，也与球拍和照明、球灯有关，构成了一套生活方式，即我们所说的文化传统。因此，特价菜只对餐馆有意义，原子加速器只对物理实验室有意义。

假设四：价值在不同生活方式内被创造并维持，包括科学。在不同的生活模式中，价值观被创造出来，潜在地显现在我们的处事方式中。比如当你读报时，你吸收了某种价值观，如果你意识不到那些价值观，那可能是因为你和作者拥有相同的价值观。科学真理也是如此，科学从来不是价值中立的。

因此，格根说，从知识论角度，对经验论者来说，我看到它是什么，我观察思考，告诉别人；而对于建构论者来说，它是什么取决于我们对它的建构：我们相互联系，我因此理解。从术语上来说，格根区分了 social constructivism 和 social constructionism，前者主要与皮亚杰的认知心理学相关，强调人的行为存在于我们内在的心理能力，比如数学与逻辑中的直觉主义，关注个体的心理过程以及内部建构世界的方式；后者主要是知识社会学领域，强调知识起源的社会过程。因此，前者是认识论的个体主义，强调知识起源的个体心理过程；后者是认识论的集体主义，强调知识的社会起源。

哈金在《什么的社会建构》中甚至区分了 constructionism，constructionalism 和 constructivism。他认为三者存在于不同的智识范围。constructionism（如果需要强调社会时，则为 social constructionism）主要指社会学、历史学、哲学中的研究，这些研究旨在展示或分析某些实体或事实的历史情境、社会互动或因果关系。constructivism 主要的指向数学哲学中的构造主义。构造主义是数学哲学以及逻辑哲学中的三大流派之一（数学主义、形式主义、直觉主义也即构造主义）。根据这种构造主义观，存在必须被构造（桂起权，1991：65 - 70）。比如布劳威尔（Brouwer，1952）认为，数学本质上是一种心灵活动，数学实体，比如数、定理，是一种心灵的实体，说某数存在，就意味着某数是可构造的；如果不能构造出来，则不存在。在此基础上产生了直觉主义逻辑（Heyting，1966）。因此，数学哲学中的构造主义，可类比于自然科学的建构论，虽然二者的论证是完全不同的。constructionalism 更多指向罗素、卡尔纳普、古德曼、蒯因等的哲学领域讨论，他们试图证明各种实体、概念、世界等都是从其他物质中构造出来，也许是经由人，但他们并不关注历史的或社会的事件过程（Hacking，1999：47 - 49）。

在这里，本书接受哈金的分类，所关注的主要指向科学的社会建构这个流派或思潮，因此，它主要指向 constructionism 这个术语，也即建构论（也称为建构主义）。同时，当我们说及社会建构的时候，还涉及何物为社会所建构，即 X 的社会建构，或建构 X（The Social Construction of X，or Constructing X），哈金总结了根据西方近年来的一些相关研究，这些被建构的对象，包括权威、友谊、电视的儿童观众、危险、情感、科学事实、性别、同性恋文化、疾病、知识、文学、医疗移民、自然、口述史、后现代主义、夸克、实在、系列谋杀、技术系统、城市教育、重要统计、女性难民、年轻的无家可归者、祖鲁民族主义、死亡、心灵、恐慌、超科学等。当言说 X 是社会建构的时，主要是指：1. X 无须已经存在，或无须如他当下这般存在，或当下存在的这个 X 并不是由事物本性决定的，也不是必然性；2. 就其本身而言，X 是相当有问题的；3. 如果能抛弃 X，或者对其进行变革，那么情况会更好。其中，（1）是出发点。X 的存在或特征并不是被事物本质决定的，X 不是必然的。X 是由社会事件、社会力量、历史等所塑造，这些都可能是不同的。但（2）和（3）并不是必需的。

对于科学知识的社会建构来说，我们也并不需要一定要走到（2）和（3），科学知识并不一定是它现在这个样子，如狭义逻辑观点，它不一定是坏的或者是需要破坏或改变的。这一点非常重要，正如反理性主义、反基础主义、反本质主义首先是一种批判的审慎的态度，而这种批判的审慎的态度在于（1）有一个前提，即（0）在目前的状况下，X 被视作理所当然的，X 看起来是不可避免的。因此，需要以一种审慎的态度对其进行检视。

就社会建构论观点来说，通常，社会领域的社会建构论（如性别等）比较容易理解，自然科学（STS 也发展了技术的社会建构观点）领域的就比较难以理解，逻辑与数学的更是如此。如果性别是社会建构的、社会政策是社会建构的，那么性别、社会政策这些本就是社会领域的定义，除了是社会建构的，还会是别的吗？因此，哈金（1999：39）主张，这种情况下，社会一词是多余的。"但用于自然科学中那些被认为属于自然之物的事物、对象时，这个社会一词就会显得有意义。"通常自然科学典型地指向物理学、化学、分子生物学等。如皮克林的《建构夸克》，拉图尔的《实验室生活：科学事实的社会建构》[①]，夸克难道不是自然的真实存在吗？实证主义的科学观表明，科学是对于自然世界的精确刻画，自然界决定了科学理论的选择，科学规律对应着自然界事实。社会建构论却达成了这样一种观点：科学（和技术）是一项人的成就，通过自然的可测量的含糊性，以及历史的随机性，通过人的想象力创造性和智慧，通过社会协商，而不断摸索前进的结果，社会的力量始终存在。如夏平（1996）指出，科学是一项历史情景下的社会活动，必须从其发生的历史情景中去理解。

在STS阵营中，较早明确使用"建构"一词的是拉图尔的《实验室生活：科学事实的社会建构》（1979）以及皮克林的《建构夸克》（1984），品奇和比克等（1987）把20世纪七八十年代STS的研究统称为社会建构主义，品奇和比克自身将科学的社会建构扩展到技术领域，发展了技术系统的社会建构。此后，这个术语就成为STS对外的集体标签。乃至随着STS的研究扩张，最终进入科学家视野，并激起科学家的强烈反对，双方进行了世纪末的一场科学大战，其中，皮克林和拉图尔的工作被反复提及。

值得一提的是，尽管SSK和后SSK整体上被称为社会建构主义，哈金并不同意将以强纲领著称的爱丁堡学派，尤其巴恩斯和布鲁尔的工作列入社会建构论立场。他认为是沃派特（Wolpert，1993）这个英国著名的胚胎学家和科学的公共发言人把爱丁堡的强纲领与社会建构论联系在一起，"强纲领主张所有的知识本质上都是社会构造的产物，因此，所有的科学，不论好的或坏的，都需要得到同样的关注"（Hacking，1999：65）。下面将系统考察SSK的逻辑社会学研究。

二 方法论问题

社会学如何分析逻辑？科学知识社会学主要反对的是狭义逻辑观，布

[①] 此为第一版（1979年）的题目，在1986年版本中，为了强调实践的建构，去掉了"社会"一词。

鲁尔将之比喻为，科学神圣化如同涂尔干笔下的宗教领域中的神圣的事物，得到各种禁忌的保护，使人们应当对之保持恭敬的距离。其反对的对象是形式的演绎逻辑，尤其针对以传统逻辑与经典逻辑为代表的狭义逻辑观。社会学如何切入这些披着神圣光环的形式演绎逻辑？这些神圣的光环包括逻辑是先验的、必然的、分析的、自明的、普遍的，它独立于自然世界，也独立于社会世界。那么如何从社会学角度探讨逻辑知识，也即逻辑与社会的关系如何？SSK 采取了自然主义的视角。

自然主义主要兴起于 20 世纪上半期，可以追溯到早期主张实用化自然主义的杜威（John Dewey）、人本自然主义的胡克（Sidney Hook）、进化自然主义的塞拉斯（Wood Sellars），再到主张自然化认识论的蒯因。自然主义拒斥超自然实体，认为所有的实在都已被自然所耗尽，主张哲学问题可以经由自然科学的方法来进行探究，包括人类心灵问题。它可分为本体论的自然主义与方法论的自然主义。[①] 本体论的自然主义坚持没有超越的实在或神秘的实体，一切事物都可视为一种自然现象，包括心理的、生物的、社会的等。方法论的自然主义主张，对一切事物都可以用自然主义的方法探索其因果关系。通过前者，SSK 试图消解逻辑的、超验的或先验的本体论地位；通过后者，SSK 试图实现逻辑学研究方法的经验化。由此，自然主义立场意味着可以对于逻辑进行发生学式的因果的经验考察。

从认识论考虑上，认识论是近代哲学研究的主要领域，在自然科学接过自然世界的研究之后，理性成为哲学研究的主要领地。哲学家蒯因开启了自然化认识论的潮流，认识论被纳入自然科学当中，成为科学大家庭中的一员，因此，研究认识论将不再是抽象的哲学思辨或纯粹的哲学分析，而是采用经验科学的方法和资源，研究人类的认识活动，由此自然化认识论不再追求终极真理，放弃知识的形而上学基础；也不再试图为理性辩护，拒斥第一哲学，而是以描述的而非规范的立场，研究人类认识的自然过程，对知识的研究如同研究其他自然现象一样。

从自然主义假设出发，SSK 发展了知识社会学的强纲领：无偏地、对称地分析科学知识的起因，寻找其自然与社会起源。

（一）强纲领的四个信条

知识社会学怎样研究诸如逻辑与数学这类硬科学？布鲁尔对方法论的

---

① 参见 https://plato.stanford.edu/entries/naturalism/。

探索最早可以追溯到 1973 年布鲁尔发表的《维特根斯坦与曼海姆的数学社会学》，这篇成型于 1971 年 10 月在爱丁堡科学元堪小组周三讨论班上经与巴恩斯反复讨论的文章，意识到"知识社会学核心的问题之一就是逻辑与数学的状态，知识的这两个分支如此的非个人化和客观，社会学分析看起来似乎是不可能的"（1973：173）。由于曼海姆就在这里停下了脚步，认为社会学不能说明诸如"2 + 2 = 4"，布鲁尔（1973：175）意识到只有解决好数学与逻辑的社会学，才能把知识社会学彻底贯彻进一切知识领域。如果强纲领不能适用于数学和逻辑这些曼海姆视为自明性的知识领域，那么强纲领就是不彻底的。

他从解读维特根斯坦的《论数学的基础》中认识到，维特根斯坦解决了曼海姆的难题，展示了社会学如何渗透到诸如数学与逻辑这样的基础知识中。进一步，维特根斯坦关于数学的论述可以发展成一门系统深入的科学知识社会学，由此，SSK 将知识社会学的研究对象扩展到自然科学领域。正是在这里，布鲁尔（1973：173 - 174）提出了知识社会学的强纲领（strong programme），认为知识社会学的目的就是解释人们的信念如何由其他因素导致，它需要遵守四个要求：1. 知识社会学必须找出信念的原因，包括心理、社会、文化的等。2. 没有信念能够例外，不管是真实信念还是虚假信念，都要接受社会学的说明，强纲领必须无偏地对待真理与谬误。3. 知识社会学必须能够解释它自己的出现和结论，它是反身的。4. 不仅真和假信念需要得到解释，同样类型的原因也必须能够解释真实信念与虚假信念。这四个要求：因果性（Causality）、无偏性（Impartiality）、反身性（Reflexivity）、对称性（Symmetry）成为知识社会学的强纲领。布鲁尔在 1976 年《知识与社会意象》一书中又重新阐述强纲领，这被称为科学知识之社会学研究的四个信条。在这四个要求中，对称性和无偏性是为第一个信条做补充，要求对称地、无偏见地寻求知识的成因。"信念如同于对象，它的出现需要理由或者原因，知识社会学的职责正是要理解这些理由或者原因，如果信念如同对象，那么所谓的真假、理性或非理性的信念也就不存在先天的区分了，而且理性本身也是需要研究的对象。"（Sismondo，2004：56）知识社会学的根本问题是，不同的社会如何决定什么是它们不言自明的信仰、知识体和世界观，什么东西算作谬误和异端。进一步，在一个社会中，知识和不言自明的信仰是如何植根于社会并被建制化的。而四个信条意味着，一个完全对称和无偏的科学知识社会学"不但要对宗教之类的信仰或炼金术这样明显失败了的知识体系，也要对现代物理学这样成功的知识体系，对其建制化给出同样原因的解释"（品奇，2006：21）。

布鲁尔认为曼海姆对于知识社会学的观念是非常接近于强纲领的，比如曼海姆也想找出知识的原因，这要超出意识形态之外去解释真实与虚假信念，主张知识社会学能够解释自身，也认同同样类型的原因可以解释真实与虚假信念。但是曼海姆在诸如逻辑与数学面前停下了步，这是由于曼海姆受到一种观点的影响，这种观点认为数学和逻辑属于自主性（truth as such）的领域，其真独立于是否有人相信它们或知道它们，有效的推理依然有效，即使人们没有这样做，这种观点可以被称为柏拉图主义或实在论。通过解读维特根维特根斯坦的《关于数学基础的评论》，布鲁尔认为维特根斯坦对于数学的非实在论观点——把逻辑作为一个需要被解释的事实而不是一个需要被确证的真理，解决了曼海姆的难题。

基于知识社会学能够突破逻辑与数学这类硬科学的限制，布鲁尔在《知识与社会意象》（1991/1976：46）中，批评传统社会学家在面对科学知识时缺乏魄力和意志力，"如果人们不能以彻底的方式把社会学运用于科学知识，那就意味着科学无法科学地解释自身"。他认为社会学家完全可以深入哲学家的工作领域中（界定知识本性的任务通常被认为由哲学家完成），明确提出了社会学家要对包括科学知识在内的所有知识进行社会学说明，所关注的是科学知识在内的纯粹作为一种自然现象而存在的知识。

一般来说，哲学家对知识的定义是经过确证的真信念（justified true belief），知识是沉思的产物，是无利益的个体被动感知实在的世界，并产生与之相对应的语言表达，这种表达是实在的函数，它对应着实在，能够为任何个体所验证，独立于个体的利益以及先前的经验，独立于知识所产生的情景。布鲁尔（1991/1976：5）从社会学角度重新定义了知识：知识是群体共享的信念。"对于社会学家来说，人们认为什么是知识，什么就是知识。它们是人们满怀信心地坚持，并且以之作为生活支柱的那些信念。社会学家尤其关注那些被人类群体视为理所当然的，被人类群体制度化了的，或者被人类群体赋予权威的那些信念。"因此，知识是人们对"实在"的集体观念，应当与"文化"等同起来，而不是与经验等同起来。"知识是文化的一部分，代代相传，在实践的偶然性中不断被发展与修改。"（Barnes，1977：2）如此，科学知识是关于这个世界的理论性看法：它们是通过讲述一个故事，将意义赋予经验的东西。社会学要解释的就是这些信念如何变化、为什么变化，并用对称的、无偏的态度分析这些信念，找出隐藏在这些信念背后的心理、社会、文化等的影响因素。

(二) 强纲领的"强"

关于为什么叫强纲领，根据布鲁尔的论述，尤其他的访谈（Zhengfeng Li et al., 2010），布鲁尔重点强调了以下几点。

1. 强纲领是总结不是引领

强纲领并不是说写下一个纲领，并且依从这个纲领来做事情。恰好相反，事实是很多历史学家和社会学家已经做了这方面的工作，我们只是用一个标签把这些工作概括起来，"它不是指引而是已有工作的总结"（Zhegnfeng Li, et al., 2010：425）。

2. 强纲领是相对于弱纲领而言的

强纲领之前，弱纲领认为社会学只能解释失败，不能解释成功；只能解释错误，不能解释知识；只能解释对合理性的偏离，不能解释理性的思维。因此，真信念需要内部的、理性主义的解释，而假信念需要外部的社会的解释。这种目的论或者辉格式的风格就是强纲领所反对的。辉格式的科学史区分了内史和外史，内史包括了那些正确的信念，假定从物质世界到物质世界的正确信念之间有一条理性的通道，保证了科学理论依赖于自然界这个坚实的基础。但其实，休谟的归纳问题已经表明没有确定性识别真理的方法，因此，无论是真信念还是假信念，发挥作用的都是同一种类型，意识形态、文化价值、政治压力等这些因素都会在知识的生产中起到作用。强纲领要对理解理性自身承担一定的角色，而不仅仅是解释对理性的偏离。"如果只能对付错误而解释原因，那么知识社会学就只能是关于错误的社会学。"（Bloor，1991/1976：12）因此，强纲领反对拉卡斯托所主张的以外史补充内在史的做法，认为这种做法将内在史置于优先于外在史的地位，内在史解释合理性和知识的自主性，而外在史解释各种错误和偏差；内在史留给哲学家，而外在史留给历史学家或者社会学家，这是对于历史学家和社会学家的羞辱。

3. 知识的社会性

从经验主义传统出发，布鲁尔认为社会所具有的知识，并不能与经验等同起来，虽然自然界也是知识的一种力量，且并不能决定知识。除此之外，知识的力量成分是一种社会成分，它是不可或缺的。如果单单局限于关于错误的社会学，那就不是一般地对知识的研究，不能探讨出知识的真正本性。"所有知识都包含着社会成分，没有一种信念能够处于社会学之外，都需要收到社会学的审视。"（Bloor，1991/1976：32）

有批评者认为关于知识的一切都是纯社会性的，没有心理、没有生物、没有物质世界，布鲁尔认为这是对于强纲领的误解。我们生活在一个物质世界，我们是生物有机体，我们生活在一个社会，因此，说一切都是社会性的是没有意义的。不可能一切都是社会性的，弱纲领也没有做这种区分。笔者认为，由强纲领并不能得出一切知识都是纯社会的。它只是强调了一切知识包含社会成分，而且不可消除。相比于实证主义科学观只把科学知识归因于自然，它并不否认外部世界的存在，也不否认人类的生物性质，并引入了社会维度。和STS后期的激进观点相比，强纲领并没有走得那么远。激进的观点（如柯林斯等）认为，物质世界在科学知识的制造过程中几乎没有起到作用，尽管这些知识是物质世界的知识。评论者说强纲领是激进的，主要在于强纲领对于科学社会学、知识社会学的突破，并把知识的规范性留给哲学家，只从社会学的描述维度探讨知识。

4. 方法论的相对主义

强纲领与其说是反科学，不如说是反科学主义，反对将科学作为神圣的事物；而正是这种将科学神圣化的隐喻，阻止了人们把科学运用于科学本身。在强纲领发表以来，《知识与社会意象》的第二版后记中，布鲁尔曾对关于相对主义的指责进行了回应。强纲领首先是一种"方法论上的相对主义"（Bloor，1991/1976：158），而不是什么都行（anything goes）的相对主义。方法论上的相对主义反对的是绝对主义，因为绝对主义认为知识的真是不需要检验的，它是确定的、稳定的和永恒真的。因此，强纲领首先是对真理保持不可知的态度，不抱理所当然的态度，设定科学争论是完全开放的。

在强纲领看来，一切知识都是有问题的，都是需要以科学的方法来检视它的成因的。这也是强纲领的强之所在：一切知识都是成问题的，一切知识都包含社会成分，都是需要经过社会学说明的。没有永恒的、确定的、不需要检验的知识。因此，布鲁尔说，他反对什么都行的相对主义，反对主观的相对主义，反对反科学的相对主义，反对知识建立在个体概念认知上的相对主义。因此，他认为强纲领是唯物主义而不是唯心主义，是客观主义而不是主观主义，是知识的集体主义而不是个体主义。

（三）经过社会学修正的经验主义

从强纲领出发，布鲁尔批判地继承了英国的经验主义传统，如洛克、穆勒、休谟等，发展出了对于数学和逻辑的本性进行自然主义的探讨方法。经验主义者认为，知识来源于经验，如果数学是知识，那它也来源于经验。穆勒在《逻辑体系》中宣称，几何学和代数学这样的演绎科学，只不过是诸如物理学和化学的归纳学科而已。他把数学当作关于物理世界的一套信念，这套信念也来自物理世界，来自对于物理对象的经验和操作，是一个可以用诸如卵石进行排列组合安排和分拣的游戏。布鲁尔虽然拒绝接受知识由经验所给定，却认为穆勒提供了一条充满希望的途径，指出了推理与运算中的经验成分，而无视这种经验成分来探讨数学知识的本性将是愚蠢的，但是穆勒的方法需要得到修正，才能公平地对待数学知识；这种修正就是从考察弗雷格在《算术基础》中对于穆勒的批评开始的。

布鲁尔认为穆勒对于数学的理解包括了两个核心的要素：1. 信念和思想过程是心理事件；2. 信念是关于物理状态的。而弗雷格就是从反对这两个核心要素开始的。弗雷格既反对数是主观的或心理事件，也反对数是关于物理对象或物理对象的性质。在弗雷格看来，数不是主观的、心理的东西。因为意识状态和数学有区别，意识状态是含糊不清的，而意识状态的内容即数学知识却是确定的、固定的，不同的人有不同的意识状态、有不同的个体心理，但不同的人有相同的数学观念。由此，弗雷格把数从人们的心理世界中驱除出来，数必定是某种独立的对象。弗雷格也反对将数看作外部事物的属性，因为数数的方式取决于看待事物的方式，并没有数所属于的那个东西。由此，弗雷格就把数从物理世界中驱除了出去。那么数到底存在于哪里？弗雷格将数置于物理世界与心理世界之外的第三世界中：理性的对象或概念。数属于理性的对象，数是概念，这些对象具有最重要的特性即客观性，它独立于我们的感觉，独立于我们的心理，但并不独立于我们的理性，是我们的理性需要把握的东西，就如地球赤道，我们可以谈论赤道，但赤道不是思想或心理过程的产物，而是人们需要通过思想来认识的东西。但是符合诸如数或赤道所具有的客观性的，又是什么呢？在这里，布鲁尔（1991/1976：97）认为，"存在于物理与心理领域之外的非常独特的弗雷格所谓的第三状态，属于并且仅仅属于社会领域"。诸如数、赤道、引力中心、地球轴线并不是一种经验性实在，而是一种经系统表述的世界图画，与经验的东西微弱相连，它们只是一种理论概念，而"知识的理论成分恰恰就是社会成分"（1991/1976：98）。布鲁尔又举了一个例子说明这个情况。中世纪的思想认为地球的中心是一个点，整个宇宙以这个为圆心排列。关于这个中心点：第一，它绝不是一个主观方面的问题，因为它不是个体的信念，也不是一种心理现象；第二，它不是一个现实的对象，人们并不能看到或触摸宇宙的中心；第三，从弗雷格来说，它是一个客观的对象，一个理论概念，是宇宙学理论的一部分；第四，它是一种社会现象，是制度化的信念，是文化的一部分，是得到人们接受和传播，由权威认可、神学和伦理学维护。正是在这里，布鲁尔将制度化的信念赋予弗雷格关于客观性的定义，把客观性与社会相联系："制度化的信念就是他所说的客观性。"（1991/1976：98）

布鲁尔承认这种从社会角度对弗雷格客观性定义的解读，弗雷格肯定是不认同的。弗雷格反心理主义是为了保证数学的纯洁性不受心理学的污染，由此发展出了其关于数的客观性定义，而从社会学解读客观性，恐怕社会学对数学纯洁性的威胁比心理学更大。但布鲁尔又认为，弗雷格所提出的客观性定义却为社会学解释提供了可能性，使得我们既可以坚持弗雷格的定义，又可以坚持把数看作社会的，而不仅仅是纯心理的或者纯物理对象的。

由此，布鲁尔发展了经由弗雷格修正的穆勒理论。穆勒坚持各种物理情境可以为数学推理的步骤提供模型，那么诸如 1000000 = 999999 + 1，会有人经历过吗？又诸如关于数字 0 的经验，它没有解释为什么数学结论看起来不可能是其他样子，因此，经验和数学必须是在有限的程度上有所交叉。这里需要增加社会学成分，而弗雷格把数学看作脱离物质世界，其实是在数学和世界之间画了一道鸿沟，但数学不需要这样的鸿沟，数学从这个世界中诞生，它的实在性一部分是物理世界；另一部分是社会世界。布鲁尔拒绝接受弗雷格将数学看作为某种超验的、独立于物理世界与心理世界的第三状态的东西，他认为经验成分为数学提供内容，而社会学成分论述对各种物理模型的选择以及说明某些模型为何具有了权威的光环。

因此，研究数学和逻辑如何从经验世界中出来，并最终被社会接受为知识，就成了社会学家的工作。这就是对待数学和逻辑的自然主义方法。可以看到，对于科学知识之社会学研究的方法论的探讨，布鲁尔受到了英国的经验主义传统的影响，但是他又不能接受知识完全来自经验，科学只是由自然世界所决定的这种科学观。他试图在方法论相对主义的维度下，找出科学知识背后的社会成分，去除赋予在科学身上的神圣的、权威的、理性的光环。知识的基础一部分是自然，另一部分是社会，推理的强制性是某种社会强制性。他要确认这种社会成分的影响到底有多大、是什么力量最终决定了，以及如何决定某种经验发展成为了社会中的知识，这就是强纲领的信条所意味的内容。

当然，20世纪的西方哲学反对将诸如认识论问题、逻辑问题和形而上学问题经由社会科学或者自然科学解答。因此，逻辑学家普遍认为，自然主义是不可接受的立场，诸如弗雷格、罗素、胡塞尔等都以反心理主义著称，弗雷格明确提出要把心理的东西与逻辑的东西区分开，因此，布鲁尔是以巧妙地误读的方式（尽管这种误读可能是弗雷格所不愿接受的）坚持了弗雷格的反心理主义立场，并把它贯彻到逻辑的分析中，认为逻辑所在的实在世界是社会世界。

三 批判与重建

自然主义方法下，布鲁尔是把逻辑（和数学）作为知识社会学中最难克服的障碍进行的，认为他们代表了圣物中的圣物，而圣物所具有的光环又阻止了人们从自然主义角度对其来破除人们加诸在它身上的迷信光环。如果这两部分无法得到社会学分析，那么知识社会学的论断就没有任何说服力。知识社会学能够说明推理的逻辑必然性吗？或者一个证明是一个证明吗？布鲁尔承认无法提出大量的社会学分析例子。确实，如他所言，他在对数学的社会学分析时，探讨了可供替代的数学什么样子。以《知识与社会意象》一书为例，他探讨了数学思想中不同的变化类型，诸如"1"是否是一个数，古希腊人们关于数的观念与今天的差异，$\sqrt{2}$是无理数还是根本就不是一个数，以及关于无穷的观念的变化等，试图找出这种变化的社会原因，相比之下，他对逻辑的社会学探讨就更少，只集中于最后一章，所举出的例子也比较少（部分原因或许是他本身是数学家，部分原因是逻辑学科的独特性）。

本节将在哲学的路标下，分析其在批判逻辑绝对主义的基础上，对逻辑进行的重建。逻辑的自然主义分析是将逻辑知识作为一种社会现象，分析它的自然与社会起源。首先需要做几点澄清：此处主要指形式的演绎逻辑；逻辑知识主要指逻辑规律，包括逻辑图式，如非矛盾律以及逻辑规则，如分离规则。尽管布鲁尔没有澄清这一点，但他主要的是针对这种逻辑规律。

(一) 逻辑与经验

逻辑通常被认为是先验的、与经验无涉的，是可以独立于经验而知道它们为真的命题，是通过对其自身的考察而断定其真的命题，或者是那些凭借一个丝毫不涉及经验的程序而确证其真的命题。布鲁尔则认为，逻辑是经验的，是社会学修正的经验主义，演绎逻辑，其本性是归纳的，是关乎人类推理的，其基础存在于人们的生物限度内，是心理学的、是社会学的。

1. 演绎逻辑的归纳本性

布鲁尔接受穆勒在《逻辑体系》中对三段论的质疑：三段论推理不是循环论证吗？所有人终有一死，威灵顿公爵是人，所以威灵顿公爵终有一死。如果我们能断定第一个大前提，即所有人都有一死，就必然已经知道威灵顿公爵是终有一死的。那么在我们得出结论说威灵顿公爵终有一死，这不是循环论证吗？布鲁尔认为，要理解逻辑推理的本质，就要寻求形式推理结构背后的根源。我们的推理有两个根源：一是心理的，二是社会的。从生物性上说，人类同其他动物一样都是能够综合各种信念进行外推。例如，给定一个颜色（如红色）的三四个样例，这样我们就趋向于找到一个与红色相匹配的物体出来。推理从本质上说是非形式的，从特称命题到特称命题，从过去的特殊案例到新的特殊案例，如我们在一定的条件下自发地把所遇到的物体看作与以前的经历过的物体类似而认为它为"红色的"，这样的推理并不依赖于"人终有一死"这样的一般规则。一般规则是派生物，是寄生在我们的非形式推理之上的。三段论的大前提，"人终有一死"是一个类似于登记簿、记录本、备忘录之类的角色，是一个事后补充上来的理由，如同法庭的记录员把已经发生的案件处理过程记录在案的手段。但是法官在判案时却不依赖于这样的记录，他只是以过去的经验为指导，对新的案例做出判决。这里，推理的一般原则对于特殊案例之间的关系是解释学的问题，而不是由一般规则推出特殊案例的推理过程。因此，穆勒断言，我们的推理本性是归纳的，却被表达成某种演绎的形式，其演绎的形式结构必定通过某个解释过程而与实际的推理相连，必定展示着某种强加的训练，代表着某种理智性的努力，包含着某种推理的形式，是某种人为的和模拟性的表层结构。它是我们推理借以表达的模式，代表了某种展示的模式、某种人工的表层结构。"推理的形式规则，是推理的非形式规则的工具。演绎逻辑是我们的归纳癖性的创造物，它是一种事后解释的产物。这一点，被称为非形式规则对形式规则具有优先性。"（Bloor，1991/1976：133）

2. 演绎逻辑的自然与社会基础

去掉逻辑的演绎光环，布鲁尔探求逻辑的自然与社会基础。在他看来，逻辑的基础既是自然的，也是社会的。逻辑的自然基础重返人类的生物本性。从本性上说，人类同其他动物一样，具有自然而言的归纳癖性和归纳能力，这使得归纳推理自然地或自动地发生，人们能够综合获取各种信息进行外推。如一个鹦鹉突然某一天向一个小女孩问好，如此几次之后，这个小女孩就会形成鹦鹉会问好的信念以及它今天也会同样向我问好的期待。因此，推理是从一个特殊样例到另一个特殊样例，自发地把遇到的新的样例归于以往的某类中。这就遇到一个问题，即规范性问题：下一个样例是归于 A、归于 B 还是归于 C 类，如同一个刀子，就其吃饭来说，它相似于叉；就其材料是金属来说，它相似于起子，而一个起子就其形状的长瘦有柄来说，它相似于伞；而一个伞又像一个降落伞。这样的后果就是没有限制、没有概念、没有区分。所以，这种人类的自然癖性（生物的、心理的）使得人类的推理可能自然地趋向于任何方向，本身并不构成一个稳定和有序的系统，但事实上，我们的推理并不是没有限制的、朝向任何方向的。"要想为每种趋向划定边界，分配一个专属于它的领域，需要某种非个人的因素。"（Bloor，1991/1976：145）布鲁尔认为这种限制的力量来自社会，是社会（文化）提供了拣选的标准，使得某些推理趋向成为可接受的，从而成为共享的推理模式，而某些推理趋向被抛弃。

布鲁尔这种对逻辑的解释模型是以心理学开始，以社会学结束的。对于解释人们的推理而言，心理学是必要的，却是不充分的。只有寻求到推理的社会起源，才能探寻到逻辑知识的本质。因此，对知识社会学家来说，2 + 2 = 4 为什么是自明的？逻辑演绎规则为什么是有效的？社会学家应该严肃对待这些"必然性"王国里的断言，找出附着在它身上的使之如此的自然与社会因素。

3. 演绎逻辑的经验性

布鲁尔对于逻辑的基础的断言，指出了演绎逻辑的归纳性和社会性，也指出了逻辑的经验性。对于布鲁尔来说，演绎逻辑的本质是归纳性，来源于人们的推理，有其经验的基础。这包含几层含义。

（1）区分了逻辑的对象和逻辑的理论。逻辑的对象是人们的推理（根据其对知识的定义，逻辑知识是集体共享的推理模式），而人们的推理本质上是归纳的，表达成的逻辑理论却是演绎的。

（2）逻辑与经验世界的关系。逻辑不是先验的法则，与经验世界有着直接或间接的联系。逻辑是经验世界经由一个解释过程所形成的一个表层的解释结构。

（3）演绎逻辑的确证问题。这是自休谟以来的归纳难题：有限数量的实例，如何走向所有相关事例的普遍陈述的确定性问题，也即演绎逻辑的确证难题：我们无法用演绎的方法确证演绎，那会陷入循环和倒退，也无法用归纳的方法确证演绎，这样的确证过于微弱。（Haack，1976）

（4）演绎逻辑的基础。演绎逻辑既是生物的，也是社会的。人们集体共享的推理模式是由社会所挑选、所塑造，是一种社会化的认识论。

可以看出，布鲁尔关于逻辑的经验论观点并不孤单，他呼应了逻辑的经验论立场。经验论者如穆勒、普特南、蒯因等都强调了逻辑的经验性质。对穆勒来说，逻辑命题和数学命题与事实或实在有关，根本上以经验为基础，它们所依靠的经验乃"重复多次的经验"，是一种"经验的一般化"。逻辑命题只是一种归纳真理。因此，逻辑命题的必然性和确定性只是一种错觉。普特南和达米特都写过一篇"逻辑是经验的吗？"支持了逻辑的经验性质，可以经由经验的理由而证明为假。比如，普特南结合量子力学和相对论带来的新的科学革命来揭示物理学、数学甚至逻辑学都有一定的经验基础，都是可错的，如欧氏几何中必然真的命题变成假命题，量子力学使得经典力学的某些命题变成假命题，因此，逻辑真命题也能够由于经验的理由而变成假命题。并不存在传统哲学所说的那种不可怀疑的先天法则，我们对于现存的看似先天为真的知识，甚至关于空间和时间的知识都是可错的。"作为必然真理的逻辑是能够被经验证明是错误的吗？我认为答案是肯定的。"（Putnam，1969；Dummett，1976）持有整体知识观的蒯因，将逻辑视为知识体系中的核心位置，与经验有着间接的联系，但仍然可以经由经验的理由证明为假，从而是可修正的。

逻辑学有着经验的起源，逻辑命题有着经验的成分，与经验有着或直接或间接的联系。布鲁尔将逻辑与人们的推理相连，也无意中呼应了20世纪中期以来逻辑的认知转向：关注人们推理的逻辑。同时，布鲁尔将逻辑定位为集体共享的推理模式，走向了社会化认识论，也无意中呼应了20世纪末以来逻辑学的实践转向：人们具体的论证实践。我们下一章将再次对这几个问题进行论述。这里我们主要继续关注布鲁尔对于逻辑的思考。

（二）逻辑与分析性

逻辑命题通常被认为是分析的，根据语言的意义而为真。布鲁尔反对分析性，他以分离规则为例说明了这个问题。推理从形式上是一个命题跟从另一个命题，是什么使得两个命题相连？推理的有效性是什么？哲学家或者诉求于某种形而上学的解释，如柏拉图主义者认为，两个命题的连接依赖于某种独立的、抽象的存在，逻辑规则就对应着这些超物理的存在；或者诉求于某种语言上的解释，如普赖尔（A. Prior）根据分析有效性理论认为有效性建立在逻辑连接词（并且，或者，如果……那么等）的意义上，这些意义由定义它的逻辑规则给定。有效性在语言上表达为不可能前提真而结论假。布鲁尔拒斥这两种观点，在他看来，对推理有效性的证立不能诉求于逻辑连接词的意义或者某种抽象的存在。逻辑演绎规则不是任意的，而是在人类的自然性、生物性限制内。逻辑规则对应着思维与推理在我们生活中的角色所受到的自然限制。如为什么"一个任意命题 p 推出任意一个命题 q"（表达为：p 推出 q，对任意的命题 p，q，从分离规则推出的一个荒谬结论）（Prior，1960：38 - 39）不能视为有效的？以上两种解释都没有对此做出满意的答案，而从人类的生物性来解释，这一推理可称为自由联系，如从 2 + 2 = 4 推出雪是白的，人类本质上是有选择性地进行信息综合与构建并进行推理，而自由联系式的推理是无选择、无方向、无原则、任意的，因此不在人类的自然限度内。给定演绎的自然基础，有效性必然诉求于别处，而不是来自逻辑连接词的意义以及给定其意义的规则。

在布鲁尔看来，这种别处就是社会，是社会的惯例，习俗与制度等给定逻辑的必然性与强制性。布鲁尔接受维特根斯坦对于逻辑推理的观点，维特根斯坦在《论数学的基础》中把逻辑推理等同于没有问题的推理步骤，只要人们认为没有其他情况可能，他们就得出逻辑结论出来。我们受到逻辑规则的强制，如同人类社会其他规则对我们的强制一样，如同我们被强制接受某些行为正确与某些行为错误，都是由于我们处于一定的生活形式中，而生活形式是我们不得不接受的、预先给定的东西。布鲁尔指出，逻辑强制性其实质是道德的强制性，如果我们没有得出同其他人一样的结论，我们就会陷于同社会的冲突中，如同一个孩子没有做出加法运算的结果，或者一个会计的记账法非常不合常规，都要受到惩罚一样。因此他说："在语言与思想的框架内，我们冠之以'逻辑关系'，'逻辑强制力'的东西，事实上是其他人强加给我们的，逻辑必然性是一种道德与社会的关系。"（Bloor，1991/1976：121）

布鲁尔的逻辑观点以心理学开始，以社会学结束，对他来说，心理状态由社会所建构，自我是由他者理解的自我，不存在私人语言，知识也并不是经个体经历走向公共知识；相反，是从公共知识走向个体自我。数学的基础是心理学的、社会的和经验的事实，而不是由逻辑学家诸如弗雷格和罗素所坚持的逻辑。数学和逻辑是两种语言游戏，都是本质、训练和惯例的产物，而不会是一个是另一个的基础。数学本质上是一种人类学现象，而不是某种柏拉图主义，同理，演绎逻辑也是一种社会惯例，在人类的生物框架内。

什么是一个正确的推理？判断正确的推理所依据的标准是什么？维特根斯坦说"它可能是一个惯例或用法，可能是我们的实践要求"。布鲁尔这里认为维特根斯坦是一种惯例主义者。这种惯例是什么呢？一种形式是哲学家认为逻辑对应着某种柏拉图主义的抽象实体，比如世界的逻辑结构；一种形式来自分析有效性，即前提与结论间的推理关系来自逻辑连接词的意义，布鲁尔认为这些都不是，逻辑推理对应着思维与推理在我们生活中的角色。他引用维特根斯坦的话"逻辑规律既是思维习惯的表达，也是思维习惯"，也就是说，它既是人们如何思维，也是人们称为思维的东西。因此，演绎逻辑是我们自然理性的一部分，在人类的生物学的限度内。那么维特根斯坦是哪种惯例主义者？进一步问，惯例如何具有逻辑后承？布鲁尔认为在语言游戏中，如果我们的行为与其他人不一致时，我们就会受到惩罚，这说明在语言和思想的范围内，我们指向逻辑关系与逻辑限制，其实是其他人给予我们的。逻辑必然性是道德和社会关系的一种。如果我们得出和其他人不一样的结论，我们就会陷入和社会、实践的后承的冲突中。因此，惯例是一种社会的惯例，是自然主义描述的惯例，提供了探求逻辑本性的一种有效方法。逻辑推理是语言游戏中没有问题的步骤，只要我们认为没有问题，就会得出逻辑结论。

在布鲁尔看来，演绎推理的基础也许是生物性的，作为一种整合信息的方式，它正好符合了我们的进化方式，它的推论形式也许已经证明了它的可靠性与实用性，是我们自然理性的一部分，因此，我们要选择的态度不是对它进行证立，也不是找出它的进化与心理学的表征，而是"关注那些从内在的心理趋向中经集体建构出来的惯例化的结构"（Barnes & Bloor，1982：45）。这些结构构成了我们称为逻辑规则的那些东西，这些生物与社会的东西建构挑选了这些规则，而不是来自逻辑的分析性。

（三）逻辑与必然性

逻辑真理通常被认为是必然的，即逻辑推理不可能前提真而结论假，如果你接受了 p，并且 p 推出 q，那么你必须接受 q；q 就是逻辑后承。在一个逻辑系统中，根据公理和推理规则，可以推导出所有为真的句子，即定理。必然性也是演绎逻辑的核心特征，演绎逻辑是关于保真的推理的逻辑，能够从真前提，经过一系列有效的推理规则，推导出真结论，因此，前提的真可以传递到结论的真，经由有效性的推理规则。而有效性就被定义为：不可能前提真而结论假。一个有效性的推理规则保证了从真的前提推出真的结论。这种必然性用在数学中，通过从逻辑中把数学中的公式推导出来，保证了数学的可靠性。这是弗雷格创立现代逻辑的初衷，这种必然性用在科学中，能够经由作为经验证据的前提，运用必然性的演绎的推理方法，把科学的结论推导出来，这就是现代科学的方法（当然，科学方法也包括了归纳法，溯因推理）。因此，通常认为，逻辑必然性具有强制力，如果你接受了命题 p 为真，并且 p 推出 q，那么你必须接受 q 为真。

布鲁尔并不反对逻辑的必然性和强制力，但他反对将逻辑的必然性诉诸语言表达式的意义或者逻辑对应着世界的逻辑结构。世界如此，因此逻辑如此，或者某种柏拉图式的共相等超物理的存在。在布鲁尔看来，逻辑必然性是一种道德的必然性，它的强制力来自社会，他是某种处于人类限度内的社会惯例。同样以分离规则为例，首先，它镶嵌在我们关于这个物理世界的经验中，处于人类的自然性和生物性限制内。其次，人类的推理可以去向任何方向，但最终并不是自然限度内所有的规则都能成为逻辑规则。"逻辑规则对应着思维与推理在我们生活中的作用。"（Bloor，1983：122）只有那些从内在的心理倾向经集体性建构出来的惯例化的规则才能成为逻辑规则。而在生活实践中，如果我们没有得出和其他人一样的结论（逻辑后承），我们就会陷于同社会、同其他人的实践冲突中，就要受到惩罚（Bloor，1997：10）。

因此，这种必然性是来自社会的，强制性也是来自社会的，是道德的强制性的一种。逻辑真理是一种社会惯例、习俗、约定，在下一步的推理中，不依从这样的惯例，就会陷入社会的冲突中，因此，必须如此，不得不如此，这就是强制力、必然性。必然性的本质是一种社会必然性，而非自然或其他的（诸如语义的）必然性。

这里有几个问题：1. 社会如何挑选某些推理方向成为逻辑规则？2. 个体如何进入这些逻辑规则？

第一个问题是逻辑规则的发生学问题，第二个问题是遵守逻辑规则的问题。

协商：对第一个问题的回答，布鲁尔用了一个工具——"协商"。既然逻辑是集体共享的推理模式，而这就是逻辑知识，那么这个共享的推理模式是如何形成的？布鲁尔认为是成员间的协商。成员间在面对压力的协商中，创造了新的意义，也创造了新的规则。这也可看作后来的利益分析模式的初始模型。

训练：对第二个问题的回答，布鲁尔用了一个工具——"训练"。个体通过训练进入一个文化实践中，也就进入了一个遵守规则的实践中，如果他和其他成员推理不一样，就会受到惩罚和冲突。

布鲁尔分析了一个著名的案例：阿赞德人的推理（详细分析见本书第五章）。阿赞德人是非洲的一个黑人民族，人类学家埃文斯－普利查德描述了其社会中存在的一套独特的信仰体系。阿赞德人认为，所有的不幸是由巫术导致，要找出作恶的施巫者，通常的应对办法是请教毒药神谕：通过喂食毒药给小鸡，并向小鸡询问想要问询的问题，神谕给出的答案是以小鸡在毒药的折磨下是否幸存来表示。阿赞德人相信，巫者具有先天的体质特征：巫术物质，可以通过尸体解剖检验出来，具有单系遗传性，通过父传子、母传女。这里，埃文斯－普利查德发现了存在于阿赞德人推理中的一个系统性的、显然的逻辑矛盾：如果氏族中（氏族 C）有一个男人是巫者，那么根据逻辑，该氏族所有的男性成员都是巫者。但阿赞德人却并不接受这个论断得出的结论。如果他们接受这个结论，就会使整个巫术信念体系陷入矛盾中；他们所接受的结论是：并不是氏族 C 的所有男性成员都是巫者。

非矛盾律是亚里士多德提出的三大定律之一，表达为：不可能 A 与非 A 同时存在，比如不可能她既是一个女孩又不是一个女孩。这也构成了整个经典逻辑的基础，因此，一个系统如果是存在矛盾的，由于矛盾推出一切，会使得整个系统变得"不足道的"(trivial),因此人们面临着非理性的批评。但是阿赞德人似乎对这个问题并没有理论兴趣,也没有觉察到我们所认为的矛盾,而整个巫术信念的情境也没有把这个信念强加给他们。比如他们从来不向神谕问某人是不是巫者这样的一般性问题,而只问某人是不是正在对某个人施巫,比如,某些人的巫术物质可能处于冷的状态,并不能危害别人。

布鲁尔这里不赞同埃文斯-普利查德的解释。普利查德认为,阿赞德人确实犯了一个制度化的逻辑错误,具有逻辑方面的盲目性;如果阿赞德人认识到了这个问题,那么整个巫术信念体系将会崩溃,他们的主要社会制度也就难以维持下去了,因此,阿赞德人拒绝接受这个结论。这里第一点涉及逻辑唯一性问题,第二点涉及逻辑潜能问题:逻辑的混乱会导致社会的混乱。布鲁尔质疑这两点,他引用维特根斯坦的观点,维特根斯坦把逻辑推论等同于其他情况不可能,"实际情况不是这样吗?人们认为其他情况不可能,他们就推出逻辑结论"(Bloor,1991/1976:138),逻辑推理步骤就是那些我们认为理所当然的步骤。阿赞德人认为,不可能在一个部落中,所有男性都是巫师,因此,不得出这个结论是合乎逻辑的。但是对于我们来说,得出这个结论是合乎逻辑的,"这里必定不仅存在一种逻辑,既存在西方逻辑,也存在阿赞德逻辑"(Bloor,1991/1976:139)。这就拒斥了逻辑唯一性问题。

其次,布鲁尔接受温奇在《理解原始社会》(1964)中认为阿赞德人的信念构成了一个自给自足的可以玩的游戏,并不会自然而然地发展成我们的游戏。但布鲁尔在这里坚持了穆勒的观点,认为我们所谓的推理图式,不过是一种事后解释和辩护的产物,是一个有待协商的问题。因此,阿赞德人一方面并没有如我们一般发展出系统详尽的辩护理论,如各种逻辑系统和规则;另一方面,他们又确定无疑地进行着他们的推理。一方面他们遵循着神谕的指示找出那些施巫的巫者,以对发生的不幸进行应对(如找到对方让对方停止施巫);另一方面他们又坚信并不是这个施巫者所在部落的所有同性都是巫者,这两个信念如此稳定可靠,对于他们的生活具有重要意义,这里并不存在任何逻辑的威胁,逻辑恰恰是威胁的对立面。即使这种推理曾经引起争论,人们也会通过巧妙的协商把它消除,如冷热巫师的区分。从"一个部落成员被发现是巫者"出发进行逻辑推理,并不会干扰"不可能一个部落的所有成员都是巫者",当需要为二者的共存做辩护的时候,一种事后解释的结构就出现了。我们没有感受到这种从一个巫者推及整个氏族都是巫者的压力，因为我们生活在不同的制度中。比如在社会中，认为杀人是谋杀，但我们并不会接受轰炸机飞行员执行任务时是谋杀，所以我们也可能发展出诸如轰炸机飞行员在履行责任这样的区分。这里既存在理所当然的制度，也存在对这些制度中的信念进行解释的理论表述，所以理论表述只是某种事后解释的产物。在某些社会中达到的程度比较低，如阿赞德社会，在我们的社会中却得到高度的发展。

因此，布鲁尔认为，阿赞德人具有与我们相同的心理特点、不同的制度。"如果把逻辑和推理的心理特点相连，我们会说他们具有不同的逻辑，如果和推理的制度性框架相连，我们认为不同的文化有不同的逻辑。"（Bloor, 1991/1976: 145）

这种协商创造的意义，不但在实际推理中出现，也在我们的科学推理中出现，在我们的常识中出现。布鲁尔分析了数学中这种协商的存在，以欧拉定理为例。这个例子由拉卡托斯《证明与反驳》（Lakatos, 1976）所提供。一个多面体，其顶点数（V），边数（E）和面数（F）存在如下公式：$V - E + F = 2$。欧拉相信这个公式适合于所有的多面体，由此成为欧拉定理，也即真的命题。但是事实上，这个定理（后来看来叫命题）后来受到一系列的挑战，即反例。那么面对各种反例的时候，人们如何协商？比如一个反例是：一个正方体内部存在一个小的正方体式的空洞。面、边、顶点数的数量并不满足这个定理。

人们面对反对，通常的反应是：1. 这个定理是错误的；2. 定理是对的，反例根本不是反例；3. 定理是对的，但在有限的范围内。如果假定定理是对的，那么，就可以认为反例根本不是反例。比如，通过限定多面体的定义，如：多面体是由多边形的面组成的表面，那么就可消除这个反例，它并不是一个多面体。因此这个定理并没有受到任何危险，它是有关多边形的定理。

比如一个反例是：两个棱锥体其顶点相连组成的"多面体"，$V - E + F = 3$，面、边、顶点数的数量并不满足欧拉定理。同样的问题出现了，这里是多面体吗？如果将之视为多面体，那么就要重新给多面体下定义，并且定理就是错误的，需要寻找新的描述公式。还有一种情况，限定欧拉定理的使用范围：对于简单的多面体来说，欧拉定理成立。这里简单地指它们可以伸展成平面，至于其他多面体符合什么定理，就需要进一步探讨。

布鲁尔（1991/1976：151）指出，在这里可以看出，定理是作为归纳的过程提出来的，因此，反例究竟是什么，多面体的定义是什么，其使用范围是什么，并没有确切的含义。在定理与反例的冲突中，定理及其使用范围，以及关于多面体的定义得到了修正。这些都是协商过程的备忘录或者登记簿，其特殊的形式结构是一种事后产物，是一种互动和协商的产物。

而成员间的互动和协商，正是社会力量进入的地方。从这个假设出发，爱丁堡学派走向了科学争论的利益解释模式。

就**训练**来说，个体通过学习或训练进入一个社会群体中（库恩所谓的范式，或者维特根斯坦所谓的"生活形式"），对于阿赞德的孩子来说，他们的文化传统中关于巫师的推理就是这样，他习得了这种推理。对于科学家说，他通过学术训练也习得学术的方式。而对于一个孩子来说，6，8，10，12，下一个数为什么是14而不是别的（设想一个偶数只到12的语言游戏），就源于语言游戏的训练。在我们的语言中，如果孩子没有回答14，也许就意味着扣分或者惩罚等。比如在垃圾分类的训练中，小孩子基于垃圾桶上图案的形状和颜色，把四个桶叫作：水的垃圾桶，树叶垃圾桶，黑色垃圾桶，苹果垃圾桶。经过几次纠正之后，他终于记得：可回收垃圾桶，干垃圾桶，有害垃圾桶和湿垃圾桶。这是一个社会化的分类过程，也是遵守逻辑的过程。因此，逻辑后承既不是一种分析的强制力，也不是一种心理的强制力，而是一种社会的强制力。存在于前提与结论间的有效性连接，是一种来自社会的力量：惯例、习俗、制度，它们是一种道德的、制度的压力。

（四）逻辑与自明性

逻辑的真被认为是自明的，其真是不需要确证的、是显然的、是关于世界的重言式。布鲁尔解构了这种自明性。仍以分离规则为例，p，p →q，那么q。如果断定q，而且p推出q，那么断定q。这是我们推理或证明经常用的方式。它保证不可能从真前提推出假结论。这是所有演绎推理最底层、最基本的东西，被认为是自明的，"也是反对知识社会学的理性主义哲学家奋起保卫的最后的避难所"（Barnes, et al., 1996：196）。

首先，我们不能证明分离规则的正确性。哲学上，对演绎的证立是个棘手的问题。哈克（1976）在《演绎的证立》中指出，不能用演绎的方法证立演绎。由于它设定了我们预先试图证立的东西，这种证立将陷于循环和无穷倒退；不能用归纳的方法证立演绎，这种证立过于微弱。布鲁尔（1991/1976：119）认为，对演绎的完全的、不限入循环的证立是不能达到的，证立必须终止于我们的实践，他借用维特根斯坦的话表达这一点："这里的危险在于，我们试图对没有证立这类事的过程进行证立。我们应该仅仅说：我们恰是这样行事的。"

其次，我们追随演绎规则可能得到一个虚假的结论。我们通常认为追随演绎规则，永远不会使推理者从真前提得到假结论，但事实是，我们追随演绎规则的自然步骤可能从一个真实的前提，引到一个虚假的结论，如沙堆悖论。圣波利（Sainsbury，1988）曾在《悖论》一书中专门讨论过这个问题。从一堆沙子开始，如果去掉一粒沙子，你还有一个沙堆。于是，去掉一粒沙子，你还有一个沙堆，再去掉一粒沙子，不停去掉，最后沙堆就不再是沙堆了。根据"如果 p，那么 q"，p 表示去掉一粒沙子，q 表示还有一堆沙子。重复这个演绎步骤，结果我们得出了虚假的结论。①

再次，自明的前提只是一个历史的、社会的变量。我们通常用演绎规则证明出一系列结论，在一个系统中，给定一定的公理，证明出一系列的定理，而公理通常认为是自明的。但自明性本身是个历史的、社会学的变量。在一个地点和时间被认为是自明的东西，在另一个地点和时间就不再是自明性命题。从逻辑史来看，布鲁尔的观察是对的，诸如经典逻辑以二值原则为基础，以非矛盾性、排中律为公理，以否定之否定等于自身（非非 A = A）为定理，但是对于这些公理系统的挑战，最终成就了各种非经典逻辑，如挑战二值原则的三值逻辑，挑战非矛盾律的次协调逻辑，经典逻辑的一些自明的公理和前提在这些系统里不复成立，同样地，平行公理在欧式集合中是自明公理，在非欧集合中是不成立的。

最后，自明性是个人工的事实。在演绎逻辑的推理中，分离规则是最简单、最核心的规则之一，但它"显然的自明性是个人工的事实，是我们有限视域和想象力的产物"（Barnes, et al., 1996：198），对社会学家来说，分离规则的自明性地位只是一个地域性的约定，只在于逻辑学家们依旧坚持分离规则是合法的。遇到诸如悖论这样的反例，人们只是把它视为一个特别的类别，归罪于反例本身的问题，比如堆概念的模糊性，或者它是个悖论等，但并不认为这个例子驳倒了分离规则。因为推理规则如此有用，

---

① 同样的例子可以用于秃头的人。掉一根头发是秃头吗？掉两根是吗？如此下去，将成为秃头。

没有其他东西能够在实践中取代它。分离规则的强制性与自明性也许是我们自然理性的一部分，正好代表了我们进化的方式，代表着我们一些基本的推理步骤（Barns，1976），但社会学家关心的是，从各种心理倾向中集体建构出来的约定化的那些推理结构，他们如何被选择，如何发挥作用，最终成为我们推理过程的集体表征。虽然在一般的意义上他们被视为自明的，但社会学家要明白，自明只是一个社会学的概念，是一个人工的事实。

这里，我们仍从逻辑史学反驳自明性，以补充布鲁尔的论证。比如，康德认为逻辑是已经完成了的学科，但是康德的自信在 20 世纪现代逻辑的蓬勃发展中被打破。比如弗雷格认为逻辑真理是自明的，通过将算术还原逻辑可以在认识论上保证算术。弗雷格的自信被随后的罗素悖论所打击。另外，弗雷格之后逻辑系统的多样性表明我们没有任何能力保证逻辑真理的自明性。自明是历史的、局部的概念。相对于系统和时间，它是客观的，却又是相对的、历史的。仍以堆悖论为例。沙堆悖论（也可以叫秃头的人）是麦加学派的欧几里德斯所提出，长期以来，这个模糊性问题被忽略了。面对分离规则所带来的堆悖论，有哲学家提出了用三值逻辑来解决这个问题，在真与假之间设置了一个中间值：既真又假。三值逻辑的问题在于，堆系列中相对连续的变化与不连续的逻辑之间是不兼容的，也是反直觉的。必须假设真值是连续的。逻辑学家也尝试用模糊逻辑来刻画。模糊逻辑着力解决诸如玛丽是个小孩（这个悖论的形式是：如果玛丽是小孩，那么一秒之后，她仍然是小孩，但是连续地使用这种推论之后，她不再是小孩），这种谓词的模糊性。在"是小孩"与"不是小孩"之间并不存在清晰的区分，因此微小的变化并不能导致谓词发生直接的变化。这种模糊性是以真假二值为基础的经典逻辑所不能刻画的，所以才会出现连续使用分离规则，最终出现悖论。对于堆悖论的解决，其真值具有"真""假""既不真也不假"的特征。模糊逻辑的真值是介于 0 与 1 之间的一个实数集合。模糊逻辑的问题在于，模糊逻辑本身是不精确的，它的真值集合在否定、合取、析取、蕴涵等方面是不封闭的，这就对于逻辑的目的和方法观提出了挑战：形式逻辑的主旨是精确刻画推理，而模糊逻辑却要和含糊性握手言和。因此，逻辑的保守主义者拒绝承认模糊逻辑。可见，所谓的自明性相对于时间和系统，是人类智识有限视域和想象力的产物。

（五）逻辑与普遍性

通常逻辑被认为普遍有效，逻辑表现为思维的形式结构、正确的推理规则，这是逻辑的规范性要求。如果没有以此进行思维或推理，那就是谬误。逻辑也通常被认为题材中立，只关注推理的形式而不关注内容。布鲁尔反对这种普遍性。他将逻辑定义为集体共享的推理模式，不同的集体也许有不同的共享推理模式。仍以上文阿赞德逻辑为例，由于阿赞德人并没有如我们所想，推出我们所以为的结论，因此布鲁尔说，阿赞德逻辑具有和我们不同的逻辑，他们所共享的推理模式和我们不同。

逻辑的普遍性通常来自逻辑的规范性和客观实在性。逻辑的规范性指出逻辑规定了推理的规范，或是思维的形式结构。逻辑的客观实在性指出逻辑是世界的逻辑结构，是思维的形式结构，是思想领域中命题间的推理结构。布鲁尔的逻辑定义拒斥这样的规范性，由于坚持社会认识论立场，逻辑所具有的规范性是在一种生活形式中的规范性，规定了社会成员必须如此推理，否则要受到社会的惩罚。推理规则是惯例，处于我们的生物性框架内。我们应该如何推理的规范性规则是从我们的自然本性中经特定的选择而变为社会惯例的。逻辑的普遍性也是一种相对于系统的普遍性，在一个语言游戏内部，或者在一个逻辑系统内部，这种推理具有普遍性。逻辑的客观实在性是一种社会实在性，而非抽象领域或神秘领域的实在性。

就现有的形式系统来说，如果逻辑知识不是普遍的，那么也许存在可供替代的逻辑，现有的逻辑知识也可能是另一种样子。准确地说，布鲁尔并没有针对可供替代的逻辑是什么做出系统分析，而只是提供了一个案例。从他对可供替代的数学是什么样子，我们可以做出如下结论。

1. 可供替代的逻辑看起来可能是错误的。它也许会走我们并不会自然而然地倾向走的那条路，某些方法或推理步骤会违反我们关于逻辑与认知特性的认识。人们可能会推出我们根本不会同意的那些结论。我们认为清晰有力的推理却可能遭到人们的拒斥或者忽略，它的风格或要点对于我们也许是无法理解的。

2. 它所包含的"错误"必定是某种基本的、系统的东西。我们认为这些看起来错误的东西，以某种一致的、有意义的方式被它的实践者们互相联系。

3. 它所具有的错误使它看起来与我们的逻辑不同，比如也许它并没有一致性的要求，也许也并没有共识的要求。

4. 可供替代的逻辑看上去似乎是错误的，但错误并不构成可供替代的逻辑。

依照这样一个标准，根据布鲁尔关于逻辑的两个层面的区分：1. 集体共享的实际推理；2. 对推理的表述：逻辑知识。根据逻辑是集体共享的推理，阿赞德人集体共享的实际推理显然和我们不一样，他们并不会得出那些我们自然而然会得出的结论，他们的逻辑是另一种不同的逻辑，只是他们并不如我们这般发展出对于推理的系统表述，在第一个层面上，他们是可供替代的逻辑。而在第二个层面上，对于推理的表述层面，布鲁尔接受了三值逻辑可以作为一种可供替代的逻辑的看法（也许是因为20世纪70年代，非经典逻辑并没有大量出现，而在第二版修订本的20世纪90年代，非经典逻辑成为20世纪逻辑与哲学的一大亮点，由于对经典逻辑的扩展与修正，产生了大量的非经典逻辑。

尽管他并没有提供更多的论证，根据他的思路，可以补充他的论证：整个经典逻辑以二值逻辑为基础，一个命题非真即假，由此，非矛盾律、排中律都是基于这个基础。三值逻辑恰恰就是挑战了这个二值原则：一个命题，除了真、假之外，还可能存在一个状态：不确定的。三值逻辑最早由波兰逻辑学家卢卡西维茨提出，并被赖欣巴哈应用于量子力学，因为经典逻辑在解释量子力学的"测不准"状态时遇到了困难，而用三值逻辑的"不确定的"这一真值，正好可以解释这一现象。在三值逻辑的框架下，传统的非矛盾律和排中律都不能再成立。作为形式体系，二值逻辑与三值逻辑完全处在同一个平面之上①，二者是相互独立又相辅相成，三值逻辑以我们的自然理性为前提，是一种可供替代的逻辑，它直接挑战了经典逻辑的基本原则——二值原则，使得经典逻辑的几个定理，诸如否定的否定是肯定、排中律、矛盾律等都不再有效。

不过，从逻辑哲学上，我们采纳国内胡泽洪老师等人的观点，认为从"可供替代"的意义上来说，对于经典逻辑的真正的可供替代的逻辑并未出现。因为它们只是对经典逻辑所没有或难以达及的某些领域或某些问题的补充与完善，并没有威胁经典逻辑在逻辑学中的核心地位，无论是就经典逻辑目前在逻辑学中的范式地位，还是就经典逻辑刻画了人类大部分的推理而言，目前的变异逻辑并不足以替代经典逻辑。目前的非经典逻辑大多应用于某个特定的领域，刻画某些特定的推理，比如三值逻辑用于量子力

---

① 值得一提的，提倡逻辑与文化的张东荪在其1938—1939年写就的《知识与文化》中也使用了这个三值逻辑的例子。

学领域，容忍矛盾的次协调逻辑，具有模糊性真值的模糊逻辑。模糊逻辑用于刻画日常语言或科学推理中的模糊性现象，如堆悖论难题。次协调逻辑用于刻画日常语言或科学推理中的有矛盾的但又不平庸的系统（即次协调的系统），最早是从谈判的逻辑中而来，它挑战了经典逻辑的非矛盾律，被冯·赖特认为是20世纪下半叶逻辑学中最有意义的变化之一，被次协调逻辑的创始人德·科斯塔认为是我们这个时代最有革命性的进步之一。下表2-1是布鲁尔对逻辑的批判与重建的总结。

表2-1　布鲁尔对于逻辑的批判与重建

批判	重建
先验的	经验的，来自于人们推理，其基础是心理的和社会的
分析的	推理在社会中的角色
自明的	自明性是个历史变量
必然的	必然性是社会的必然
普遍的	可能有不同的逻辑系统和规则
规范的	取消规范性，以描述的角度进行经验研究。如果说有规范性，其规范性是一个社会系统内的规范性，其约束力是社会约束力

四　利益分析模式

社会学如何研究逻辑？除了理论建构，还需要大量案例研究，而SSK主要的案例研究是科学争论研究。

既然我们的自然推理癖性本质上是归纳的、非形式的，却被表达成各种形式的演绎系统，我们的推理本性可以任何方向的，但事实上我们的推理并不会任意外推，各种表达是如何被惯例化成为真理的、推理的方向是如何被社会选择出来的，由SSK引入了一个解释的资源：利益（interest），以解决争论的关闭机制问题。面对相互竞争的理论，是什么决定了哪个理论最终被采用？利益是社会学中一个重要概念，诸如马克思、卢卡斯（Lukacs）、哈贝·马斯等都对之有讨论。马克思是较早引入这个概念到知识社会学中，如阶级利益分析；卢卡斯则在《历史与阶级意识》（1923）中断言，所有的意识以及知识都和人类利益有关；哈贝·马斯在《知识与利益》（1972）发展出了认知利益分析。SSK中最早使用利益一词的是社会学家巴恩斯，他在

《利益与知识的增长》(1977：45) 中，将"社会利益"作为一个解释资源，探讨知识、利益与社会结构之间的关系，"思想或知识如何成为社会集团或知识的特殊的利益的结果"。相比于巴恩斯，布鲁尔的《知识与社会意象》(1976) 使用的是协商这个词语，他没有引入利益概念，在 1983 年对维特根斯坦的解读中才开始使用利益一词。

关于我们非形式的直觉的逻辑实践如何表达成形式化的逻辑规则，古德曼曾提出了一个反思平衡策略，认为演绎实践的编码过程是在演绎直觉与逻辑规则之间双向调整的过程；布鲁尔认为这个策略是不准确的，它忽略了一个中间的环节：社会利益。由此，布鲁尔提出了三方模型：演绎直觉、现存的形式系统和与这两者的应用有关的利益。在这个模型中（图 2-1），演绎直觉指向心理学，它是我们自然的推理癖性和与外部的经验世界相连所形成的推理模式，这些模式被强化为逻辑与算术的基本规律，它是非语言的和前语言的。演绎直觉是通过语言来表达。形式系统包括了一套形式化的语言游戏以及技术惯例，是对演绎直觉的编码和语言表达，它是语言的，系一套语言游戏。连接二者的是内在的演绎技巧与外显的语言游戏之间的链接和媒介，指向了利益需要。而对不同的演绎直觉的利用，导向了对于不同的社会变量的因果分析。

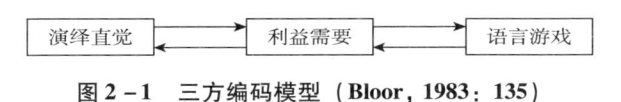

| 演绎直觉 | ←→ | 利益需要 | ←→ | 语言游戏 |

图 2-1 三方编码模型（Bloor, 1983：135）

因此，布鲁尔认为，反思平衡忽略了利益需要，无法理解人类连续的本质与多样性，也就无法理解我们概念的自然基础。这个模型为逻辑的社会学研究提供了基本的框架：为不同的逻辑学家为何选择不同的演绎直觉寻求因果的分析，找出其背后的影响因素。而社会学要做的，就是探寻社会角色与社会过程如何进入逻辑推理。由于存在各种各样的逻辑系统，哲学上就存在着逻辑的一元论与多元论的争论，社会学不去确证谁是正确的一方，而是去分析争论双方的观点是如何得到辩护的，其背后的影响因素是什么。

SSK 对于案例选取的一般是历史中的科学争论案例。比如，他回溯了波普尔与库恩的争论，并把这场争论上升到更为广泛的社会文化背景中的深层意识形态差异，认为双方的认识论争论是意识形态的表达。因此，这里的利益更多的是宏观的社会利益。当然，利益不仅指政治、经济、宗教等，也可以指认识、专业、职业等。（赵万里，2001：152－153）通过利益，一些宏大的社会背景与政治运动、文化与价值取向、学科共同体内部的学派与专业对于科学家构造知识产生影响（有时甚至是决定性的）。

　　就逻辑方面，布鲁尔分析了一个案例：这是在形式逻辑中的一个争论，关于命题演算的两个定理的有效性问题。罗素在《数学原理》中为数学提供基础而建立逻辑系统，其中使用了逻辑蕴涵概念，把"p 蕴涵 q"等价于"并非（p 并且非 q）"，这种蕴涵定义被称为实质蕴涵，即对任意的命题 p、q，"p 蕴涵 q"等价于"并非 p 真而 q 假"。实质蕴涵导致了两个反直觉的结果（被称为"实质蕴涵怪论"）：一是"真命题被任意命题所蕴涵"，二是"假命题蕴涵任意命题"。两个命题在实质蕴涵的定义下都是成立的，因为它们都避开了"p 真而 q 假"的情况。对这一现象，可能的反应或者说建立其上的逻辑系统是错误的，或者说我们对于蕴涵的非形式理解应该得到修正。布鲁尔分析了逻辑学家是如何对这一现象进行反应、反应所采用的权宜之计，以及不同的反应背后隐含的社会变量是什么。莱维斯（Lewis）诉求于直觉，认为蕴涵的技术定义与我们对于蕴涵的直觉理解存在偏差，应该对蕴涵的定义进行修正，由此他提出了"严格蕴涵"概念："p 严格蕴涵 q"被定义为"不可能 p 真而 q 假"，莱维斯认为严格蕴涵更好地符合我们日常推理的直觉。不幸的是，莱维斯的严格蕴涵也导致了两个反直觉的结果（称为"严格蕴涵怪论"）：一是"矛盾命题蕴涵任意命题"，二是"重言命题被任意命题蕴涵"。与莱维斯相同，贝尔纳普与安德森（Belnap and Anderson）也诉求于直觉，但他们挑战的是莱维斯定理（上述的严格蕴涵怪论）的证明过程，认为证明所用的前提之一析取三段论：非 p，p 或者 q，因此 q，连接词"或者"意义从直觉上说有一个"相关"的要求（贝尔纳普与安德森称之为"或者"的内涵意义）。p 与 q 必须彼此相关，"p 或者 q"意味着要在 p 与 q 间做出选择，放弃其中一个就要选择另一个。而证明所用的另一前提：p 推出 p 或者 q，对任意的 p 与 q，p 与 q 并不一定相关（这里"或者"的意义被称为"外延意义"）。贝尔纳普与安德森认为莱维斯定理的证明由于混淆了连接词"或者"的不同意义（内涵意义与外延意义），因此才导致了荒谬结论。由此，他们推出了相干蕴涵以及建立其上的相干逻辑。

　　布鲁尔指出：1. 逻辑推理就是没有问题的步骤，形式逻辑的严格的形式特点建立在一个想当然的基础上，只要人们认为它没有问题，它就被视为具有完美的技术性与绝对的强制性；2. 真正的逻辑推理并不是经历所有批判而幸存下来的那个，对莱维斯定理来说，如果它被视为有效的，因为它表达了一个稳定的人们可以玩的语言游戏；如果它被视为无效的，因为人们想用另一个语言游戏来替代它。批判没有终点，任何停止点都是一种惯例，一种惯例被另一种惯例推翻，如同一种游戏被另一种游戏取代；3. 形式逻辑作为实践推理的表达，存在两个外显的变量：一个是人们的演绎直觉；另一个是现存的形式系统，每一个都能用来评价另一个。如果把形式系统看作想当然的，就会说我们的直觉过于善变，没有形式系统能够对它完全刻画；如果把直觉看作想当然，就会说现有的形式系统是不令人满意的。问题在于如何在现有的逻辑系统间做出选择，使得其中一个被视为提供了完全而恰当的对于演绎直觉的表达，这里就存在第三个隐含的变量——利益，对前两个变量的使用而带来的利益。逻辑学家可以诉求于直觉修正形式系统，甚至挑战对实践推理进行的形式化表达，也可以诉求于该系统的适用性或修改带来的代价等为该系统辩护，关键在于如何提高自身立场的可信度（如布鲁尔分析出莱维斯如何诉求于直觉批判罗素，贝尔纳普与安德森如何诉求于直觉批判莱维斯，而当莱维斯面对贝尔纳普与安德森的批判时，如何又对直觉视而不见）。逻辑学家所持立场的背后隐含着该立场所带来的社会利益，社会利益在演绎实践与逻辑表达间起到了中介的作用（Bloor，1983：131-136）。

　　这种模式被巴斯学派的柯林斯（1981）进一步细化成三个阶段：1. 分析实验数据解释的弹性；2. 展示解释的弹性所带来的争论以及争论结束的机制；3. 把这个工作与更广泛的社会与政治结构联系起来，在这系列研究中，实验数据对于共识是非决定的，社会机制限定了解释的弹性，最终解释共识的达成来自实验数据之外。依照这一顺序，在逻辑学的历史争论研究过程中，当选择一个历史中的争论案例进行研究时，首先展示双方就某问题争论的观点，其次展示在这一争论过程中共识如何达成，双方采用哪些权宜之计，诉求于哪些解释资源，争论如何结束，最后把这一过程与更为广泛的职业的、哲学的、政治的、社会的背景联系起来。受这一思路影响，20世纪90年代，曾在爱丁堡学派工作的库什（Kusch，1995）提出哲学知识的社会学概念（SPK, The Sociology of philosophical Knowledge），一些哲学家、史学家等参与其中，接受了这一分析的思路。如库什（2000）分析了胡塞尔与弗雷格反心理主义的争论，普尔克奇宁（2000）分析了为什么弗雷格和施罗德无法说服德国的哲学家接受数理逻辑，从而导致数理逻辑直到20世纪由于英国逻辑学家罗素在《数学原理》（1903）发现了弗雷格的工作才得到广泛的认可的问题。这一模式不但可以分析逻辑历史上的争论案例，也可以分析当代发生的争论案例。

但是，利益是否能够起决定作用，使得知识从而为争论一方的社会利益所决定或所建构，这是值得商榷的问题。以普尔克奇宁对于弗雷格和施罗德的工作的案例分析为例。弗雷格作为数理逻辑的创始人，他的《概念文字》写出之后并没有在哲学界引起关注（施罗德的经历也似），一直当罗素在1903年独立发现了数理逻辑的方法，并提到了弗雷格的工作，弗雷格的工作才广为人知，并被奉为数理逻辑的创始人、分析哲学的创始人等。普尔克奇宁分析了其中的原因，他让我们注意到了19世纪末德国高等教育系统的结构：常规大学（universities）与技术学院（technical colleges）的区分。大学提供理论学习，技术学院提供技术教育；常规大学的教授自感优越于那些技术性学院的技术老师们。而大部分的哲学学者及听众都在大学里，弗雷格和施罗德是在达姆施塔特技术学院（Darmstadt，即如今达姆施塔特工业大学前身，Technische Universitaet Darmstadt）。而且，德国教育系统围绕序数展开，大学里的教授才能决定博士论文的题目以及招收博士，弗雷格和施罗德都没有达到这样一个序数的标准，他们的学术位置较低，承担大量的数学的教学任务，这使得他们的处境困难，没有办法招收研究生而建立自己的学派，扩展自己的学术主张。弗雷格的《概念文字》是从数学角度写成的，他想得到哲学家的认可就存在一定的困难，尤其让哲学家认可这种逻辑的数学化的研究方法（后来被称为逻辑学的数学转向）更为困难，哲学家们要承认逻辑的数学技术化本性会感到侮辱，因此发表之后主要在数学领域有一点反响。此外，弗雷格在社交上并不擅长处理这些对他文章的批判，不能与之建立较好的互动。凡此总总，这些制度性背景影响了德国哲学界对于数理逻辑（弗雷格的《概念文字》、施罗德的《逻辑代数》）的敌视态度。但普尔克奇宁也承认，这些只是影响因素，也有其他的因素，比如来自哲学的因素，如两人的写作风格比较难以接受和阅读等。因此，他反对将哲学史（逻辑也是哲学的一部分，这里也包括科学史）问题还原到社会因素如阶级利益等，而主张将哲学问题或理论放到他们的社会背景下去考察（Pulkkinen，2000）。

这里存在两个问题：1. 社会利益是否是决定性的；2. 逻辑知识是否可

以还原到社会学上的社会因素？这是一个值得深入的问题。对这种简单还原论的观点，也是后 SSK 所要批评的。此外，SSK 并没有对这个问题提出足够的论证，从哲学上、从案例分析上，都没有足够的论证。布鲁尔（1991/1976：x）自己也承认："人们仅靠历史材料和经验材料永远也不会取得胜利，必须从经验方面，又从理论方面进行系统全面的论述。"这就成为他后期解读维特根斯坦以寻找哲学理论论证的主要目的。

第二节　理论的哲学来源

布鲁尔在提出知识社会学的强纲领之后，一直面临各种哲学批评，他一直试图为这一研究纲领寻求哲学支持，他为知识社会学寻找到的主要哲学基础，就是从社会学角度重新解读维特根斯坦后期哲学，主要体现在他的《曼海姆与数学社会学》（1973）、《维特根斯坦：一种社会知识论》（1983）、《维特根斯坦与规则遵从》《1996》，以及《维特根斯坦作为一个保守的思想家》（2000）中。在 1973 年的论文中，他注意到了维特根斯坦哲学论数学的观点，并用维特根斯坦哲学为强纲领的四个信条提供理论支撑，解决的是研究初始阶段的方法论问题，这项工作启发了他试图将之扩展到知识社会学对于科学知识的研究。当然，在方法上的哲学基础中，他也采用了穆勒（J. S. Mill）对于逻辑的经验主义态度，弗雷格对于逻辑的客观实在性态度这些基础（前文已经论述，这里不再分析），以及赫斯（Mary Hesse，1974）关于科学推理的结构。在 1976 年发表的纲领性文献《知识与社会意象》中，以论战的方式，系统论述了科学知识社会学的研究纲领，并开始利用维特根斯坦来分析阿赞德逻辑的例子。但他并没有深入探讨这个问题，在其后的工作中，主要通过系统解读维特根斯坦，提供对于哲学基础问题的论证。1983 年的《维特根斯坦：一种社会知识论》是从整体上解读维特根斯坦哲学，来为知识社会学提供辩护。1997 年的《维特根斯坦与规则遵从》则主要针对遵从规则问题。1996 年与巴恩斯、亨利合著的《科学知识：一种社会学的分析》则是一本对其科学知识社会学观点的总结性书目，2000 年的《维特根斯坦作为一个保守的思想家》是为这种解读方式提供辩护。这里追随布鲁尔的论述，探讨 SSK 所展示的科学知识之社会学研究的哲学基础。我们这里主要关注的是逻辑的部分。布鲁尔对于逻辑的解读主要分成几个部分：1. 他的语言游戏理论；2. 他的规则遵从理论；3. 他的意义有限主义理论。通过1,从语言游戏的多样性,走向逻辑知识、逻辑风格、逻辑系统具有多样性的观点,宏观上为逻辑的社会学分析提供辩护。通过2,从规则遵从理论,主要针对逻辑规则,回答逻辑规则是什么、如何遵守逻辑规则、解决逻辑后承的多样性,以及推理风格的多样性问题。从意义的有限主义、从更为基础的角度探索语词与世界的关系以及语言的意义如何生成的问题图(2-2)。

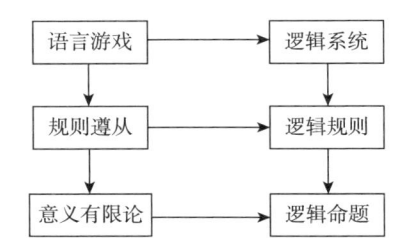

```
语言游戏  →  逻辑系统
  ↓
规则遵从  →  逻辑规则
  ↓
意义有限论 → 逻辑命题
```

图 2-2 维特根斯坦哲学的解读与逻辑的社会学观点

一 维特根斯坦语言游戏

布鲁尔(2000)从维特根斯坦自身的思想立场出发,认为维特根斯坦是一个保守主义立场的思想家,并借用曼海姆的术语"保守主义"去解读维特根斯坦后期哲学思想。

维特根斯坦后期哲学关注到了语言与思维的本质,认为语词的意义在于其在语言中的用法。意义就是用法,意义不是外在于我们,也不是内在于我们,而是在我们之间(in-between)。那么意义在哪里呢?我们从哪里为其提供一个位置呢?布鲁尔认为这个位置就是习俗、实践、惯例、制度。

针对维特根斯坦,不同的人有不同的解读方式:康德式的唯心主义者、休谟式的怀疑主义者、行为主义者、个体主义者或者社会学论者。布鲁尔则将它归结到曼海姆的"保守主义"传统中。曼海姆曾在《社会学与社会心理学文集》中区分了18世纪末与19世纪初的两种思想形式,被特定的社会群体所拥护,主要在德国、奥地利、英国出现,第一种叫自然律意识形态,和启蒙运动、法国大革命有关,强调个人主义、人权、社会契约、进步、普遍理性等;另一种思想形式叫保守主义,反对自然律意识形态,强调历史、传统与集体的重要性。即保守主义偏好具体而不是抽象,历史而不是理性,实践而不是理论,惯例而不是规则,生活而不是思想(Bloor,2000)。

布鲁尔认为维特根斯坦是曼海姆意义上的保守主义思想家,那么18世纪到19世纪上半叶的保守主义思想如何会在20世纪中期的哲学家身上得到显现呢?布鲁尔回溯到自然律意识形态的历史发展中,自然律思想方式发展到自由资产阶级意识形态,吸收了经验主义与自然科学,成为今天占据学术界的个体主义、理性主义、经验主义、科学主义的混合体。换句话说,是科学的国际主义与科学家的理性权威提供了这个自然律思想的今日表达,而这正是维特根斯坦所反对的。比如维特根斯坦宣称他对于西方科学家是否能够理解他的工作并不关注,他的工作与欧美文明的主流相抵触,他反对使用文明与进度等这些字眼,如同保守主义反对自然律意识形态,他也反对今天的理性主义与科学主义这个自然律思想方式的遗产,他支持斯宾格勒的《西方的没落》,后者主张西方文化尤其科学文化的没落,将自己置于主流意识形态之外等。

可见,布鲁尔通过将 SSK 所反对的理性主义传统回溯启蒙时代的自然律思想方式,将维特根斯坦拉入 SSK 阵营,也试图对于他对维特根斯坦的解读给出辩护,从而为 SSK 所主张的反对理性主义、科学主义、绝对主义、权威主义的科学知识社会学提供哲学辩护。

布鲁尔从社会学角度重读维特根斯坦,注意到了维特根斯坦对文化、制度、惯例等的强调,注意到了维特根斯坦思想中社会学与自然主义的方面,注意到了维特根斯坦所坚持的知识本质上是社会的,客观性与理性是如同建构集体生活一样由集体建构出来的一种东西,注意到了需要和利益在社会生活中的角色和作用,因此,他从维特根斯坦的核心理论概念语言游戏理论出发,把它与知识社会学相连,用经验材料超越维特根斯坦的理论,发展出维特根斯坦的语言游戏的系统理论,尽管维特根斯坦反对因果解释,经常用思想实验进行论证,但布鲁尔(1983:5)认为这是维特根斯坦的偏见,解读维特根斯坦就是要超越他,"要用真实的自然史取代想象的自然史,用真实的民族志取代想象的民族志"。

(一)语言游戏与知识社会学

布鲁尔将维特根斯坦的语言游戏从社会学角度进行解读,从而为知识社会学的经验研究以及强纲领提供理论支撑。在布鲁尔的解读下,或者说在布鲁尔解读的维特根斯坦那里,维特根斯坦引入语言游戏的概念,把它们定义为一个孩子刚开始使用语词时的语言形式,要研究语言游戏,就要去研究语言的原初形式或原初语言，语言的言说是行为或生活形式的一部分，在语言的使用中，语词获得它的意义，语言游戏本身是完全的，如同人类的交往系统。但语言游戏不是固定的、一劳永逸的，新的语言游戏可能出现，其他的语言游戏又会过时。布鲁尔（1983：25）在这里提出了"有限论：一个语词的过去意义不能决定它将来的使用，意义由使用的行为所决定，就像城镇一样，是在进行中被建造起来的，是使用决定了意义，而不是意义决定了使用"。一个孩子通过训练（包含了奖励与惩罚）进入语言游戏，在训练中，他的自然反应提供了语言游戏的基础，因为语言中存在着共识的东西，比如关于定义和判断。训练与本质提供了解释的起点和我们确证知识的终点，语词与世界相连，不是通过翻译，而是通过训练。一个孩子通过训练对于事物进行分类，在分类中，概念的外延并没有边界，分类是从一个样例到下一个样例，充满了偶然性，诸如这是水、那是酒的分类训练中，老师所知的也并不比这多。为了解释从一个样例到下一个样例的过渡，维特根斯坦引入了如下设置：1. 家族类似；2. 标准与症状的互动；3. 需要（needs）。

家族类似：分类的惯例化特征。一个语词如何应用于新的样例，传统的解释或者诉诸共相或者诉诸本质，认为事物具有共享的内核或属性，家族类似理论则认为，概念应用的理论是建立在语言游戏中相似性判断的基础上。比如"游戏"这个词，棋盘游戏、卡片游戏、球类游戏、街道游戏，它们之间有相似与差异吗？不要认为语言有本质，语言是由不同的语言游戏构成，它们彼此之间以不同的方式相互关联，构成了一个分类上的家族类似：棋类家族。分类的家族类似理论并不单单承认样例之间的相似性，而是家族相似性。在将一个样例纳入类别时，也有其他的因素在起作用，比如，相似性判断建立在已接受的范式上，又如，相似性总是在特定的语言游戏语境中被判断。正是语言游戏中的社会惯例，提供了分类的标准，使得分类不会处于一种开放的情景中。我们知觉上的相似性判断只是提供了分类的基础，而真正决定分类的却是存在于语言游戏中的一套惯例。

布鲁尔让我们想象一个游戏，A 和 B，A 指向一套颜色，B 要回答它们的共同点。当 A 指向粉色和橘色，B 就指向纯红色；当 A 指向绿色和蓝色的阴影部分，B 就指向纯绿或纯蓝。当 A 指向纯红或纯绿，B 回答没有共同点。在这样一个语言游戏中，问题和回答都是相对于游戏的。如果改变了游戏，那么问题和回答也将不同。比如一个语言游戏中亮蓝和深蓝没有共同性，一个指向剑桥，一个指向牛津。当重复上面的游戏，A 指向亮蓝和深蓝，B 就回答没有共同性。再想象一个语言游戏或者一个文化，存在两个群体：贵族和平民，贵族穿红色和绿色的衣服，平民穿蓝色和黄色的衣服（Bloor，1983：41）。在这个语言游戏中，如果重复上述的游戏，当 A 指向红色和绿色，B 作为该文化中的一员，将毫不犹豫地回答平民。即使有人反对说我们看到红色和绿色是不同的，我们也可以回答，我们看到亮蓝和深蓝也是不同的。因此，即使有主观上的知觉相似性特征，这些特征也并不能真正决定概念的正确使用。

因此，对于布鲁尔来说，概念的使用具有惯例化的特征。一个语言的使用者通过训练进入语言游戏，进入语言游戏中的一套惯例化实践，而不是试图通过把握所谓概念的属性或本质之类的东西，他们虽以相似性判断为基础进入分类，但相似性判断却并不能真正决定分类。

标准和症状：**标准的社会学研究**。标准和症状两个概念被引入来说明语言游戏的惯例化特征。标准是一个身份索引，被用来证立概念的使用，尤其使用在训练中。一旦标准建立，就用来评价语言行为。因此，最好把标准视为社会惯例。如在阿赞德人的案例中，一个人的妻子去世或者牛死了，被认为有人对其施巫，要找出作恶的巫者，即请教毒药神谕：给小鸡喂食毒药，小鸡的幸存与否回答了那个人是不是作恶的巫师，在这里，小鸡的反应是决定性的，成为判断巫师的一个标准。人类学家在讨论异域文化时总是习惯诉求于一套标准，如一套抽象的演绎与归纳逻辑，以及合理性标准。标准是权威的，有着实践的目的，传递着确定性。标准也是惯例化的公式，提供背景知识。

症状是关于语词的使用的索引，而且是和标准相关联的使用索引。仍以阿赞德人的案例为例，神谕是标准，而在神域中被提及的那些被怀疑者的名字就是症状。如果要问阿赞德人为什么要怀疑隔壁的那个坏邻居是作恶的巫师，阿赞德人会说，神谕显示如此。如果要问为什么神谕的回答可以证明某个人确实是巫师，对话到此结束。布鲁尔认为，这就是惯例的力量，到了基石的地方，那就是惯例。

在这里，布鲁尔通过分析权威和惯例，挑战了作为标准的权威性。首先，标准的使用是有问题的。阿赞德人也承认神谕有些时候也并没有给出正确的答案。但他们不会说神谕错了，而是说没有执行正确的询问程序，或者询问的条件没有满足等。总是有一些理由可以为这个特例进行解释以辩护神谕的权威。对于标准缺乏怀疑，是语言游戏的本质。其次，症状与标准在实践中是不相分离的。某些情景作为症状，某些情景作为标准。哪些是症状？哪些是标准？标准与症状的引入如何展示语言游戏中概念使用的惯例化特征？这就需要我们重回我们对于制度和惯例的理解。正是从这里，切入了社会学的研究。布鲁尔将制度和惯例解读为社会制度和社会惯例，认为需要对标准进行深入的经验研究，即经验地研究语词如何被赋予意义，因此，他提倡科学的民族志与历史学的经验研究。这也就意味着，要研究那些被作为制度化的信念是如何被制度化的。

需要：社会利益。布鲁尔注意到了维特根斯坦对于需要（needs）这个词的强调，并认为这是维特根斯坦著作中一个重要分析工具。需要是那些发展与改变语言游戏的人的需要。需要具有最大的多样性，在分类的相似性判断中，是什么决定了我们的分类？布鲁尔认为是需要，但需要是什么呢？他让我们想象一个部落，分类系统和我们不同，并不是说他们不能和我们一样感知，问题在于我们所认定的特定的相似性对他们是否重要。是什么使得相似性重要与否，维特根斯坦没有解释，布鲁尔认为这是由于需要的概念要求经验的探索，探索知识的本性，它要求我们与偶然性面对面，而这是哲学家既没有能力也没有意愿去做的事情："好奇心停止的地方，就是学科的边界。"（Bloor，1983：48）

布鲁尔决定以一种不同的方式关注"需要"的角色以及它们如何起作用，他从社会学角度将需要解读为"社会利益"，认为需要不是个体兴趣，而是集体现象，当语言游戏发生变化或转换时，我们必须找出那些游戏者的目的，这种目的足以宽广、足以产生那个转换。当面对相互竞争的用法时，我们必须找出竞争双方的原因，并且试图解释双方之间的连续性和联盟等。

可以说，通过社会学角度解读维特根斯坦的语言游戏理论，维特根斯坦的分析工具，诸如需要、标准、家族类似、训练等，强调了概念应用的惯例化特征，通过将需要等同于社会利益，布鲁尔开启了对于科学知识的社会学探索与历史学分析研究，也为其强纲领的因果性、无偏性、对称性等原则提供了理论的支撑。

（二）语言游戏的系统理论

通过分析维特根斯坦的语言游戏的理论并将之运用于心理学、数学、逻辑学，布鲁尔认为解开了加诸在诸如心理学图像、柏拉图主义的神秘实体,以及逻辑强制力的信念之上的神秘性,指出所有的语言化的规律、规则和价值在解释上都是有问题的,它们是需要被解释的对象,它们是因变量,依赖于自变量,而自变量就是那些隐藏在意义与用法背后的惯例化的行为,即维特根斯坦所说的,"接受和被给定的东西——生活形式"(Bloor,1983:137)。诸如标准、家族类似的分组、类比、需要与目的等会跨游戏而不同(比如科学是一个语言游戏,日常生活互动也是一个语言游戏)。布鲁尔认为维特根斯坦并没有对如何追踪和理解这些变化做出说明(布鲁尔将之理解为这是哲学家的局限性),由此,布鲁尔(1983:138)发展出了一个语言游戏的比较性的系统理论:"给出生活形式的类型,找出重要的自变量;描述把这些变量同文化形式联系起来的机制,以及变化的模式。"

布鲁尔引入一个概念"异常",即概念所遇到的"反例"或"不规则的例子"。由于概念的不可定义性,在遇到这种反例时,就好像我们遇到陌生人的反应,一般只有四种态度:1.漠视;2.排除;3.兼容;4.机会主义,即重新定义的可能空间。仍以拉卡托斯的多面体的欧拉定理为例。当面对反例时,第一种反应是排除法,认为异常不是多面体。第二种反应是兼容,比如说它们是不同的多面体,由此限制了定理的使用范围。第三种是漠视,就如同遇到陌生人耸耸肩无所谓的样子。第四种,拉卡托斯称为辩证策略,布鲁尔称为机会主义,它欢迎异常,并把异常看作新方法、新概念与新思路的证立。

将这四个策略对应四个基本的语言游戏的类型,策略就成了语言游戏,因此,知识社会学要问的就是为什么一个给定的策略要追求,为什么一个语言以这种方式进行,什么给了它可信度(credibility)。布鲁尔认为无论是拉卡托斯还是维特根斯坦都没有回答这个问题,但布鲁尔从玛丽·道格拉斯的群格理论发现了同盟,玛丽·道格拉斯在《洁净与危险:污染与禁忌的概念分析》(1966)中,发展了这种群格理论。

如果将维特根斯坦的"生活形式"看作"社会的边界",比如一个群体的边界可以把内部人和外部人区分开,也可以区分群体内不同的角色、级别与社会地位和责任。前者称为群边界,后者称为格边界。布鲁尔指出,在图2-3中,第4方块指的是那些有比较强的群边界的人,而内部边界较少。人类学家通常将之称为特定的、孤立的非洲村民,社会学家称其为贫民区。这些群体憎恨异常,这些异常会带来外部威胁与内部失序。由于人数较少,通常为外敌包围,所以发展了高度的边界保护意识。它对应着对异常的排除态度，对外部的威胁他们远离，通过排除异常来保留文化。高格低群对应着漠视的态度，这里信念与反信念、理论与反例和平共处。高格高群对应着兼容的反应。低格低群的群体内部外部缺乏边界，反例对之没有压力，而内部的分层差异也不明显，整个系统是流动和开放的，它是个体的、多元的、竞争的和实用的，因此它对应着机会主义。

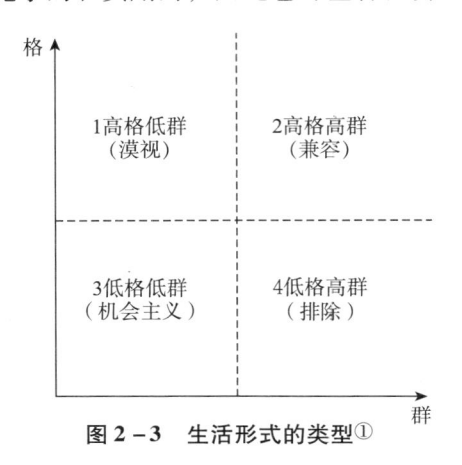

图 2-3　生活形式的类型①

通过发展这种系统的语言游戏理论，并将之置于比较的框架下，布鲁尔指出这个理论可以进一步通过经验的研究来丰富。

二　规则遵从：逻辑规则

如果说 1983 年的著作是对维特根斯坦的语言游戏进行一般解读，以便为知识社会学提供理论支撑，那么布鲁尔在 1997 年专门针对维特根斯坦的规则遵从这一问题进行了系统的分析，对维特根斯坦进行了集体主义解读，更加明确地把维特根斯坦的"惯例、制度、习俗"等解读为社会惯例、社会习俗、社会制度，以此来理解，什么是规则？什么是规则遵从？规则的强制力来自哪里？这个理解对于理解逻辑规则与逻辑推理具有重要的意义。其基本观点是：规则是一种社会惯例，规则的强制力不是来自语言表达式的意义，而是来自社会。

（一）规则遵从的社会学角度

布鲁尔认为要理解规则，从孩子如何学习规则开始。以偶数数列 2，4，

---

①　转引自 Bloor（1983：141，表 7.1）。

6，8，10，12……为例，若问下一个数字是什么，人们很自然地回答 14。若问为什么是 14 而不是其他？人们会说，是数列的规则（以 2 开始，每次加 2）决定了下一个数字是什么。在布鲁尔看来，维特根斯坦拒斥这种观点。维特根斯坦提醒我们注意，要理解遵从规则，不妨从人们如何学习一个规则入手。这个学习的过程包括：教师举出规则的一些样例，让学生进行训练；附之以对学生的做法给出相应的反馈；对其正确的反应给以表扬，对其错误的反应给以纠正，直至学生能够像老师那样做了（把该数列继续下去）。这时，我们就说：这个学生学会规则了。因此，布鲁尔（1997：15）指出，不是规则的意义，而是"一种默认的行为共识决定了什么是正确与错误"（Bloor，1997：15）。在遵从规则中，某一步被视为正确的，如果它和其他人所采取的一样。从某种意义上说，"正确性"等同于"我们也这样做"。某一步被视为错误的，就意味着该步最终导致那个人走向一个偏离的道路。从某种意义上说，错误就意味着偏离。对规则的遵从，就来自人们基于自我利益的计算中：违反规则将受到惩罚。

由此，布鲁尔（1997：34）将维特根斯坦的规则遵从理论表达为如下两个命题："一、规则是一种社会惯例；二、遵从规则即是参与一种社会惯例。"进一步，布鲁尔解读了维特根斯坦著名的规则遵从悖论。

对规则遵从悖论的讨论集中在维特根斯坦《哲学研究》的第 143 段到第 242 段（部分重印在维特根斯坦《论数学的基础》）中。维特根斯坦设计了一个"语言游戏"，其中，老师向学生发出一个指令，让他按照某种特定的规则写下一个符号序列。首先训练学生写下自然数列，当判断学生已掌握自然数列后，就教他写出 $n+2$ 的数列，并测验学生是否掌握了小于 1000 的 $n+2$ 数列："现在，继续让学生写下超过 1000 的数列，于是他写下 1000，1004，1008，1012。我们对他说：'看看你做了什么？'他并不明白。于是我们说：'你应该加 2，看你刚开始是怎么做的。'他回答：'是的，难道这不正确吗？我以为这就是你们要我做的。'"（Wittgenstein，1967：S185）

可见，在这里，根据"$n+2$"规则，只要运用充分的想象，可以写出完全不同的无数数列出来，而对于学生来说，他还没有碰到过大于 1000 的例子，怎么知道下一个数字是 1002 还是 1004，或是别的什么数字呢？

维特根斯坦由此提出其著名的"规则遵从悖论"："这就是我们的悖论，没有任何行动能够由一条规则来确定，因为可以使每个行动都与规则相符合。答案是，如果我们可以使每一行动与规则符合，那么我们也可以使每

个行动与规则相悖。因此，这里既没有符合，也没有冲突。"（Wittgenstein，1967：S201）

维特根斯坦抛出的这个问题实质是表达了一个难题：如果意义不能决定规则的遵循行为，那么秩序化的行为何以可能？换句话说，如果规则本身不能决定人们遵守规则的行为，规则遵从何以可能？维特根斯坦提出的这个悖论因克里普克（Saul Krikpe）的怀疑论解读而广为人知。克里普克在《维特根斯坦论规则与私人语言》中，把维特根斯坦解读成一个规则的怀疑论者，将规则遵从悖论视为《哲学研究》的核心问题，是哲学怀疑论（同休谟）的一种新的形式。他以加法为例，对于维特根斯坦的怀疑论问题进行了解读。一个怀疑论者问我们，68 + 57 等于多少，假设我们已经学会加法运算，做过的运算也有有穷多个，尽管我们从来没计算过超过 57 的加法运算，但我们仍然能够很有信心的回答：125。若怀疑论者说，答案不是 125，而是 5，并指出，以往所用的符号"+"和语词"加"指的不是加法（addition）运算，而是卡法（quus）运算，以符号"⊕"表示，并且定义如下：

x ⊕ y = x + y，如果 x，y < 57

   = 5 在其他情况下

"谁能够说这个不是我以往用'+'所意味的函数呢？"（Kripke，1982：9）

这时，面对怀疑论者的挑战，一个问题自然产生：我怎么知道我以往对"+"和"加"的使用不是指卡法而是加法，或者换句话说，就我过去对加法的意味来说，我怎么知道 68 + 57 应该指向 125？

这里，"我怎么知道下一步我该做什么"构成了问题的关键，也构成布鲁尔探讨该问题的起点。仍以偶数序列 2，4，6，8，10，12，……为例，怀疑论问题变成：我怎么知道下一步是 14 而不是别的什么？

面对怀疑论者的挑战，布鲁尔（1997：1）指出，任何一个对该数列熟悉的人都可能会说"如果我们要想遵从规则，我们必须这样做"。这种说法预设了规则的遵从是提前预定好的，就像机车的路线由铁轨设定一样，规则的意义也预定了规则的使用，掌握了规则的意义，便能确定地把规则遵从下去。意义成为让我们明确下一步如何进行下去的来源。这种回答是规则的怀疑论者所不满的，如果规则的解释提前决定了遵从者的反应，那么它会引发如下问题："1. 如果遵从规则依赖于解释，那么，解释的过程本身也具有规则遵从的特点，为了解释一个规则必须引入更多的解释，这样只能导致无穷倒退；2. 如果意义不能独立于解释，那么没有任何标准能够限制解释，任何行为都能被解释为遵从规则，也能被解释为与规则相悖。"（Bloor，1997：19）布鲁尔认为正是这种意义决定论的观点为维特根斯坦所竭力反对，也是悖论产生之原因所在。

面对怀疑论者的挑战，克里普克的规则遵从者面临着同样的尴尬。什么事实构成了我过去用"＋"或"加"意味加法，可以为我现在对规则的使用提供辩护，也即我怎么知道 68 + 57 的结果是 125，存在于过去的行为与未来的使用之间需要一种连接，是什么事实提供了这样一种连接？克里普克依次分析了几种可能的事实，如个体过去使用规则的行为实践、个体的心理状态、倾向性等，发现以上事实都不足以提供辩护，于是怀疑论者得到了颇具破坏性的结论：所有的语句无意义。"既然我们不能用语词意味什么，任何现有的意向都能被解释为遵从某个我们所选择的规则，如此，就没有遵从也没有违背。"（Kripke，1982：56）同样地，如果没有事实与意义对应，不存在意义这种东西，我们日常对语言确定无疑的使用又如何可能呢？我们对语词现有的意义确定无疑又如何可能呢？这构成了怀疑论的基本问题。

面对怀疑论的问题，克里普克给出了怀疑论的解答：没有任何事实与规则的意义相对应，规则的遵从依赖于意义的断定性条件，断定性条件由规则遵从的共同体规范所给定。不同于克里普克的解答，布鲁尔给出了一个直接的社会学解决方案：规则遵从是个归纳的，而非演绎的过程，规则的意义在规则遵从中有限生成，而非预成，规则遵从的规范由规则使用的社会共识所给定。

（二）逻辑规则作为一种社会惯例

更进一步，什么是惯例？以钱、婚姻、财产为例，布鲁尔分析了惯例的特点。在一个经济系统中，硬币作为经济交换的媒介，被制成金属圆片的形状。硬币的特点不在于它的物质组成、形状，而在于它的使用。换句话说，金属圆片成为硬币，继而成为钱，别人称它为硬币，只在钱的惯例语境下，人们通过思考、指涉与谈论钱而创造了钱，一旦人们不再这样称它，硬币作为钱的属性也就消失了。惯例的第一个特征在于：某物成为某物在于其他社会成员这样称呼它，即惯例来自人们的共识。约翰是房子的主人，因此房子是约翰的财产。房子被约翰拥有成为财产在于足够多的人在"房子属于约翰"上达成共识。这里,财产经由共识定义,共识(共识的内容)自身经由对财产观念的指涉定义,共识的对象与内容互相定义,进入循环,无法脱离循环而为这种行为模式进行证立。惯例的第二个特点是:惯例是自我指涉、自我证立的。由此,布鲁尔(1997:33)指出:"惯例是自我指涉,自我创造,自我证立的行为的集体模式。"又如婚姻,结婚是一种社会状态而非物理状态,结婚意味着被别人称为结婚,依赖于一种社会共识,而这种称谓的对象与内容循环定义是自我指涉与自我创造的。将惯例的自我指涉模型用于逻辑推理,布鲁尔认为,"正确的"逻辑推理步骤就是因被集体认可而被称"正确的"步骤,这是一种交互的稳定模式,笔者认为这种推理是正确的,是因为其他人认为它是正确的,我认为它是正确的又促进了其他人认为它是正确的。逻辑规则就存在于这种"引用它、指涉它、让其他人遵从它、告诉其他人没有遵从它或没有正确遵从它的实践中"(Bloor,1997:33)。逻辑的必然性以一种循环的方式展示自己,自我指涉实践没有独立的证立基础,所有试图去证立这种必然性的做法最后都返回实践自身。

对规则与惯例的讨论实质是布鲁尔为逻辑必然性的自然主义解读提供进一步的哲学辩护:通过对维特根斯坦后期哲学进行惯例主义的解读,并发展了惯例的自我指涉模型,布鲁尔试图表明,1. 逻辑规则是一种社会惯例;2. 逻辑规则是不需要证立的;3. 逻辑必然性的强制力来自社会共识。

三 意义有限论:语词与世界

布鲁尔更进一步探讨语词与世界的关系,由此提出了社会学有限论,这也是SSK后期提出的重要观点,这一观点也使得SSK更进一步走向了激进的立场。"有限"(finite)一词本是数学中的用语,与"无限"相对,而有限论(finitism)作为一个标签,始于赫斯(Marry Hesse),她在《科学推理的结构》(1974)中探讨了有限概率与无限论域的问题。巴恩斯(B. Barnes)在《库恩与社会科学》(1982)中把它引入知识社会学的视野中,指出知识的观点符合有限论,充满情景的、偶然的因素。布鲁尔则对有限论进行了系统的分析。如果说前文讨论的主要是逻辑系统、逻辑规则的多样性问题,讨论逻辑真理与世界的关系,关注的是命题、推理规则、逻辑系统;有限论则深入更为基本的层面:概念、语词,关注概念的本质与使用,它提出了一个问题:什么构成了语词的意义?语词与世界的关系如何?其要解决的是下一个样例问题,并进一步回答语词与世界的关系问题。有限论的观点主要在他解读维特根斯坦的语言游戏理论的著作中提出，在其 1996 年与巴恩斯、亨利合写的《科学知识：一种是社会学分析》中得到系统阐述，该理论被冠以社会学有限论之名。

（一）从决定论到有限论

在哲学的传统中，有着所谓本质主义、柏拉图主义等诸种观点，而这些观点被布鲁尔称为：意义的决定论，即概念具有本质或内核，对应着某种柏拉图实体或世界的对象，意义一经确定，便决定了其使用。在布鲁尔看来，这些观点是有待考证的。布鲁尔采取了自然主义立场，认为要想理解意义，就要从意义是如何被学会、被传播、被交流开始。他指出，概念的学习是例证式学习的过程，是最终可追溯到指向有限样例的过程。以最简单直观的语词为例，如孩子学习"鸟"的概念，父母会指着天空中的某个物体说"这是一只鸟"，如此几次示意之后，孩子就能够对不同的鸟进行辨识和区分，也就是说，他掌握了鸟的概念，也可以说，鸟的概念通过这些例子而获取意义。但孩子也可能指着天空中的飞机说：这是鸟。此时大人就会对他进行纠正："不，那是飞机，不是鸟。"布鲁尔指出，这个学习的过程是"社会控制与文化传播的过程，是一个缓慢的、从文化中的特定惯例中获取的过程"（Barnes & Bloor，1982：37），在这个过程中，个体的知觉经验被加以组织成序，纳入社会特有的惯例、习惯与特定的文化模式之中。这里不存在概念的不变内核，不存在标准的意义，不存在"合理性的桥头堡"，只存在局部的、偶然的判断。

布鲁尔认为维特根斯坦在后期哲学中亦反对概念具有本质或共相的观点，由此引入语言游戏与家族类似观点。对意义决定论更为集中的批评体现在布鲁尔对维特根斯坦规则遵从问题的解读上。仍以简单的数字序列 2，4，6，8，10，12 等为例，意义决定论认为，一旦我们固定"2""加法""数列"以及其他一些相关语词的解释，如何把数列继续下去就是确定的了。布鲁尔认为这种意义决定论的观点是维特根斯坦所竭力反对的。规则的学习是一步一步地从特殊样例到特殊样例的过程，是指向有限样例的过程。这里难题在于[①]：1. 有限的意识如何把握住无限的概念之外延？即我们的意识内容总是有限的，而概念的外延却是无限的，如何从有限到无

[①] 参考臧艳雨（2012）。

限？2. 有限的样例如何过渡到无限的未来之使用？即老师举的例子总是有限的，而规则的未来使用总是无限的，如何从有限到无限？

对于以上问题，意义决定论给出的方案是人们能够通过这些有限的样例，抓住概念的意义，因此，超越有限的例子，走向无限的应用、无限的概念外延。对于难题1，有限论给出了否定的回答，它主张"忘掉无限的外延，关注这有限的样例"（Zheng Feng Li, et al., 2010：423），布鲁尔借用维特根斯坦的话："你所能知道的，并不比你所能解释的更多。有限的举例之后，当你说'等等（and so on）'时，你所知的也并不比'等等'多"（Bloor，1983：12）。

这也是"有限论"之"有限"的要义之一。**关注有限的样例、有限的意识，概念建立在有限的样例之上**。概念的先前使用并不能决定或完全决定其后续的用法，显然，如果承认难题1，单单从个体的心理事实出发就无法解释难题2，即我们对规则的无限使用的确是日常不争的事实，对此，有限论对意义进行了重构。

1. 有限生成的意义

布鲁尔（1983：22）借用了维特根斯坦后期哲学中的语言游戏理论。维特根斯坦在后期哲学中，强调"语言的言说是行为的一部分，其意义来自于它在语言游戏中的用法"。语言游戏自身并不是完备的，处于不断的变化中：新的语言形式总会出现，而旧的就会过时。维特根斯坦将语言的扩展类比于小镇：有新房子、旧房子以及经过各个时期改造过的房子，参差不齐。小的广场和街道也许在中心，而规整的马路、房屋在外围。小镇的发展反映着历史的偶然性，其改变的风格依赖着当时当地的需要。正是在这里，布鲁尔（1983：25）正式引入"有限论"概念，并将语言游戏理论视为维特根斯坦式的"有限论"："语言已有的意义并不决定它将来的使用，语言游戏的发展也不由它过去的形式所决定。意义是在不断的使用行为中创造出来的。这些观点用'有限论'来标签是合适的，因为意义的扩展处于语言使用的有限环境中。"

这里就有了"有限论"之"有限"的要义之二。**意义是在语言使用的环境中有限地生成，而非预成**。那么意义的生成怎样受到环境的限制？布鲁尔解读了维特根斯坦的"需要"概念。

2. 利益决定的意义

维特根斯坦在后期哲学中引入"需要"，并把它作为语言扩展的动力所在：人们在语言交流中需要多样化，新的需要刺激了新的语言使用，造成了新的语言扩展，形成了多样性的语言游戏。以分类为例，分类建立在相似性判断的基础上，但不单单是相似性判断，而是语言游戏中的相似性判断。纯粹的相似性判断会出现如下问题：既然新的样例被纳入某个概念下是依据它与其他样例的相似性进行判断，那么一个新样例被归入哪个概念下就是不确定的。一个刀子就其用来吃饭而言，相似于叉；就其材料是金属而言，相似于起子；一个起子就其形状长而瘦有柄而言，它相似于伞；一个伞又像一个降落伞。"这样的后果就是没有限制，没有概念，没有区分。"（Bloor，1983：32）对这个问题的解决就是还有其他因素在分类中起作用。这个因素就是需要，具有最大可变性的需要。因此，如何对事物分类，取决于我们语言游戏中特定的需要。为了满足需要，在这个语言游戏中某些相似性被强调，而在那个语言游戏中另一些相似性被强调。比如，想象一个部落，他们的分类系统和我们完全不一样，这并不是他们看到的相似性和我们不一样，而是某些特定相似性对他们是重要的、值得强调的，由此成为他们分类的标准。

但是，"需要"如何决定意义的生成与语言游戏的扩展，布鲁尔认为应该进行经验的探索，而维特根斯坦没有进行下去，布鲁尔将之归咎于"这个涉及知识本质的探索是哲学家不愿也不能涉及的领域，因为好奇心停止的地方就是学科的边界"（Bloor，1983：48）。布鲁尔认为这正是社会学家大展身手的地方，他将"需要"解读为"社会利益"，指出利益不是一种个人偏好，而是集体现象，当我们注意到语言游戏中的变化时，必须寻找游戏者的目标与动机是如何足够充分地产生这种变化的。

由此，也就有了意义有限论之"有限"的要义之三：意义的有限生成充满情景的偶然性，总是存在历史学家或社会学家询问概念（无论是数学概念、理论概念还是经验概念）为何被以如此使用，意义如何生成的问题，总是存在环境的或因果的因素连接于概念的先前使用与后续的用法之间。因此，有限论"由心理学开始而社会学结束"（Bloor，1997：21）。

3. 社会构成的意义

什么构成了意义？这是克里普克对意义陈述事实的一种怀疑论挑战。在对维特根斯坦规则遵从问题进行解读时，克里普克反问：什么事实构成了意义？然而，他考察了几种可能的备选事实：过去的外部行为实践、内部心理状态、个体倾向性（disposition）、原初事实（如柏拉图主义），发现这些都不能对我过去的使用提供辩护,我们无法提供这样的事实。那是否所有的语句都无意义呢?克里普克并不愿意接受这样的破坏性后果,由此,他抛弃了意义的对应条件(correspondence conditions)观点,主张语句为真并不在于其对应某种独立的外部事实,而在于其满足了某种被语言使用者所处的环境所广泛接受与理解的断定性条件(assertability conditions)。布鲁尔接受了这个怀疑论挑战,却并不接受"断定性条件"的解决方案。他指出,怀疑论者所真正挑战的,并不是意义的事实论,而是意义的个体事实论,即"对某人遵从规则观念的分析,仅仅关注规则遵从者个人的事实,而不关注它所在的共同体其他成员"(Kripke,1982:109)。布鲁尔认为克里普克正是混淆了这二者的区分,才会得出意义的非事实论。这里不是不存在事实,而是不存在个体事实(个体的外部行为、内部感觉、心理状态、倾向性、语言的自我指令等)构成意义。布鲁尔在这里引入了另一种"特殊的"事实或实在——社会。以约翰拥有土地为例,什么事实构成了约翰拥有土地这一拥有关系?约翰以他的名字所签署的文件、合同、地契等,这些在法律惯例下的事实确立了他的财产主人关系,也正是这些事实构成了人们对拥有关系的谈论与指涉。在这里,拥有某物如同意指某物,存在于一套惯例性的事实与实践中。由此,有限论对意义的重构建立在了社会实体的基础上:社会构成了意义。

可见,有限论对意义的重构是沿着如下的进程进行的:意义是个实时的创造,如此,新的情况总有可能出现,会改变其原来的使用方向。概念使用者面对这种变化的可能总是能够根据自己的需要做出适当的选择,比如改变概念的意义,或者说其以前的用法在某些方面是错误的,这也就出现了对过去用法的反思与重新解释。某种使用被接受在于它处于社会的惯例之中,在于人们对其集体共享的使用实践中,即意义作为人们实用主义的和集体共享的创造物,其规范性是内在于社会内部的,不存在外在的评价标准。

显然,有限论对难题2的解决借助了社会学的帮助。虽然个体的心理事实无法解决从有限样例到无限使用的问题,但个体间的群体互动却创造了一个社会,人们进行着概念使用与规则遵从的实践,改变着意义的先前用法,也创造着意义。

(二) 从意义有限论到社会学有限论

意义有限论对意义的重构,强调了概念应用的社会特征——社会学有限论。

1. 作为惯例的分类与规则

分类与规则遵从是人类重要的认识活动，而有限论之于分类与规则遵从，便成为分类与规则的一种有限论观点，它强调了分类的惯例特征与规则的惯例特征。就分类而言，它涉及人类最直接的认识活动——语词与世界的直接关系。分类的有限论观沿袭了法国社会学家涂尔干的思想。涂尔干在《原始分类》与《宗教生活的基本形式》中指出，分类是一种社会惯例，是人类构造起来的一种框架。布鲁尔将分类的有限论观点概括为五个要点：（1）语词的未来使用是开放的；（2）没有任何一种分类活动是永远正确的；（3）所有的分类行为都是可以修改的；（4）语词的连续使用并不是独立的；（5）不同语词的应用并不是彼此独立的。

分类的有限论思想将分类视为一种社会惯例，蕴含了彻底的文化相对主义倾向：经验世界只是分类的基础，提供了分类的材料，而不同的文化传统传递到下一代，有不同的分类体系。存在着各种可供选择的分类，由不同的文化与亚文化体系支撑着，而在所有这些分类中，不存在唯一正确的分类。所有这些分类仅是人类用语言对世界进行的摹写，摹写着各种事物间的显然的相似与差异之处。布鲁尔用了一个形象的比喻：世界是一个有待切割的蛋糕，切割的刀子永远在人们手中。我们可以横切竖切斜切，可以一刀两刀三刀，没有任何东西能够决定我们如何继续下去。但是一经切割，所有事物的位置便固定下来，我们必须照此方式对事物归类。

分类的有限论思想运用于规则，不管这些规则是日常生活规则还是数学规则、逻辑规则，则规则是一种社会惯例（习俗、制度、约定）。逻辑规则是道德规则的一个子类，其强制力不是来自某种超验的、绝对的真理，而是来自社会。

2. 作为否定的"无限"与"外延"

有限论强调"有限"，提醒我们忘掉无限的规则、无限的外延，这就蕴含了它对"无限"采取的否定态度。布鲁尔（1997：23）指出，要理解"无限"的意义，也要从"无限"这个词是如何被我们日常使用开始。而我们对之的日常使用表明了当我们无法找到结束的惯例时，我们就说它是无限的，"无限"的意义来自我们有限的规则遵从活动。因此，在有限论的视野中，说某某"无限"，仅在于它缺乏特定的限制、边界或终点，缺乏结束的惯例，而不是真的无限。布鲁尔以游戏场为例指出，说某游戏场是无限的，也就是说"该游戏规则没有对场地划定边界，在场地的边界上保持沉默"。

同样，对于外延，有限论持否认态度，认为外延是哲学家的假想创造物，是始自亚里士多德的概念观的附属产物。一个词的外延通常被认为包括了属于该类的所有事物，比如"猫"的外延装进了所有被称作"猫"的东西，界限分明而清晰。有限论却指出，概念的使用具有模糊性、开放性，不存在确定的边界，它不是封闭的，概念的边界是惯例化的产物，是社会生成品。

可见，有限论从英国的归纳思想出发，从规则遵守的下一例问题，到语词与世界的关系，强调了概念使用的多样化和在实践中使用的重要性，探讨社会因素介入概念、规则、逻辑推理的过程，从而试图为知识社会学的哲学基础辩护。

整体上来说，爱丁堡学派利用宏观利益的解释资源，自然主义的研究进路，历史案例的分析方式，认为逻辑是集体共享的推理模式，逻辑规则对应着社会实在，这种宏观的利益分析方式以及基本的理论立场在巴斯学派柯林斯，以及后SSK那里得到了进一步的修正，进入了微观进路。比如，针对爱丁堡的宏观社会学分析框架，柯林斯提出了更为细致的微观进路，尽管没有关注逻辑，但他提出的一些问题却也对于逻辑适用。在认识论上，明确提出了经验相对主义，在研究方法上，不但关注历史案例，也关注当代案例，不但历史分析，也引入经验研究，如访谈、参与观察等，在案例分析上，他的经验相对主义纲领细化了三步的分析步骤，在观点上，柯林斯比布鲁尔走得更远，认为自然界在科学知识的生产中几乎不起作用。而对于实践的关注，也使得后SSK走向了更广泛的研究。

第三章　SSK 的批判性反思

本章在上一章考察 SSK 的逻辑观点的基础上，进一步分析 SSK 的研究立场，并借鉴逻辑学的当代理论发展，提出一种基于实践的逻辑观念。

第一节　逻辑与经验主义

经验主义是 SSK 的基本立场。SSK 反对逻辑的狭义观点，反对逻辑的自明性、先验性和分析性，从自然主义的立场出发，将逻辑建基于人类的心理的与社会的基础上，逻辑既是自然的，也是社会的，是人类的生物限度内的一种社会惯例，逻辑知识是集体共享的推理模式，演绎推理的本质是人类的归纳本性。SSK 将逻辑知识与人类的实践推理相连，反对将逻辑等同于某种抽象的结构或本质（或柏拉图意义上的，或语言意义上的），表现出了强烈的经验主义的立场。这种经验主义立场从认识论上来说，逻辑与经验有不可分割的联系，从方法论上来说，逻辑研究需要引入经验科学的方法。这种立场也与 20 世纪中期以来逻辑学领域中对于人类推理与认知的关注，以及关于逻辑与经验世界的关系问题的讨论表现出某种的一致性。

一　逻辑与经验世界的关系

这个问题涉及逻辑与经验世界的关系以及随之而来的逻辑学与经验科学的关系。从逻辑的起源上来说，逻辑起源于人们实际的推理与论证实践，包括日常生活和科学中的推理论证，是人们实际推理与论证的概括、总结和抽象。但就演绎逻辑的传统来说，亚里士多德等构建的传统逻辑起源于政治辩护和数学证明，如三段论为职业辩论家提供辩论工具，以便他们能够在法庭或政治集会上抛出论证。弗雷格、罗素等构建的数理逻辑起源于为数学提供牢固的逻辑基础。如果我们扩展逻辑的概念，使之包括归纳推理等其他推理形式，培根发明的归纳逻辑（归纳逻辑的古典类型）以及随之产生的归纳逻辑的现代类型（如归纳概率逻辑，归纳统计逻辑）起源于为科学探求提供工具，皮尔士发明的溯因推理及其形式系统，是为了刻画科学探求中的溯因推理模式。如果我们从形式逻辑扩展到广义的非形式逻辑，则 20 世纪后半期起源于北美和荷兰的非形式逻辑等论证理论则是为了刻画日常语言中的论证。如果我们继续扩展逻辑的概念，使之包括其他非西方的逻辑，则逻辑学三大传统（普利斯特，2010：中文版序言），除了刚才所述起源于古希腊的西方逻辑传统，还包括起源于中国的中国古代逻辑和起源于印度的印度佛教逻辑。在中国古代的先秦逻辑学家那里，逻辑是政治劝服的工具，在印度佛教教徒那里，逻辑是为佛教教义的辩护所用。"墨子把论证中的坚定信仰与研习兴趣结合在一起，将论辩视为一种活动，通过这种活动，我们能'明是非之分，审治乱之纪，明同异之处，察名实之理，处利害，决嫌疑'"，"藏传佛教辩经的主要目的是消除误解，树立正确观念以及迎接对这些观念的异议，为了达到这些目的，喇嘛们努力进行辩论，勤奋学习语词和充分理解佛教教义之意义"（范·艾默伦，2020：914–915）。

狭义逻辑观中康德曾将经验科学排除出逻辑的范围，他认为逻辑作为一门已经完成了的学科，只和理性自身打交道，给它塞进一章心理学，讨论认识能力，或者塞进去一章人类学，讨论偏见，就让逻辑变得面目全非。在中世纪，逻辑曾被视为思维的艺术，而在近代，在西方理性主义的背景下，在弗雷格等反心理主义的背景下，逻辑经由数学化发展，成为数学的一部分，形式演绎逻辑由此发展成为自明性与分析性、先验性的代名词，成为孤立的和抽象的东西，使人们几乎忘记它从哪种母体上诞生。

自然化认识论的取向使人们重新认识逻辑的经验性。哲学中的自然化认识论强调利用经验科学的方法、结果和理论来处理知识论问题，以区别于以往用先验的概念分析处理知识论问题，或者强调知识论独立于那些研究大脑如何工作的特定自然学科。蒯因、古德曼（Alvin Goldman）、库恩等，都对此有所讨论。蒯因把认识论视为心理学的一部分，古德曼则认为认识论仅仅需要从心理学获得辅助，而库恩则认为应该将自然科学应用于认识论。

蒯因的自然化认识论和他的整体主义知识观有关系。早在《自然化认识论》（1969）发表之前，蒯因在《从逻辑的观点看》（1953）时，他的自然主义理念就已出现。在《经验主义的两个教条》一文中，他对经验论的两个教条进行了批判，这两个教条：一个是分析与综合之间的区分，即在分析的或以意义为根据而不依赖于事实的真理与综合的或以事实为根据的真理之间存在区分；一个是还原论的，即每一个有意义的陈述都等值于某种以指称直接经验的名词为基础的逻辑构造（Quine，1953：20）。蒯因认为，抛弃这两个教条的后果就是模糊了形而上学与自然科学之间的假定的分界线，并由此转入了实用主义。蒯因对两个教条的批判基于他的整体主义知识观：我们关于外界的陈述不是个别的，而是仅仅作为一个整体来面对感觉经验的检验，具有经验意义的单位是整个科学。"我们所谓的知识或信念的总体，从地理和历史的最偶然性的事物到原子物理学乃至纯数学和逻辑的最深刻的规律，是一个人造的结构。它只是沿着边缘同经验紧密接触。或者换一个比喻说，整个科学是一个力场，它的边界条件就是经验。在场的周围同经验的冲突引起内部的再调整。"（Quine，1953：42）而逻辑和数学也属于知识总体的一部分，受到了观察和经验的间接支持，处于这个知识体系的中心地段，通过一系列中介而与经验联系着，都具有或多或少的经验内容，当知识体系的边界与经验发生冲突时，可以引起逻辑规律的修正。"没有任何陈述是免受修改的，甚至有人提出修正排中律，作为简化量子力学的手段。这种改变同开普勒取代拖勒密，或爱因斯坦取代牛顿，或达尔文取代亚里士多德的改变，在什么原则上有什么区别呢？"（Quine，1953：43）因此，全部科学，数理科学、自然科学和人文科学，是同样地被经验所不完全决定。

蒯因延续了杜威的自然主义，在《本体论的相对性》（1969）一文中，他认为"知识、心灵、意义是它们不得不与之打交道的同一个世界的部分，并且必须按照使自然科学充满生机的同样的经验精神对它们加以研究，这里，没有先验哲学的位置"（Quine，1969：26）。卡尔纳普曾在《世界的逻辑构造》中力图把一切知识领域的对象和概念从自我的心理过程中构造出来。蒯因认为，这种还原论的教条是不能成立的。因为接受检验的是知识的整体，而不仅仅是处于整体边缘的那些陈述。

在随后的《自然化认识论》（1969）中他仍然用整体论原则重申了卡尔纳普式的经验还原是不可能成功的，以此作为认识论应当自然化的重要原因。他认为逻辑根源于实在，是可修正的客观知识，具有本体论与认识论的基础，他批评传统的认识论只关注形而上学意义上的哲学问题，不能为知识提供可靠的基础，因此，他提倡自然化的认识论，使得逻辑成为心理学的一部分（Quine，1969：82）。

几乎在同时，普特南在《逻辑是经验的吗》(1969)一文中，也讨论过逻辑的经验性问题。欧几里德集合由必然真理被证明为假，逻辑是否可以由经验的理由被证明为假？他从经典逻辑不能刻画量子物理现象这一分析出发，认为逻辑和几何一样是经验科学，逻辑某种意义上是自然科学，可以经由经验证据证明为假。

蒯因和普特南的自然化认识论倾向影响到了苏珊·哈克，在《逻辑哲学》(1978)中，她综合皮尔士的实用主义思想，把逻辑学看作是一个从自发的逻辑到自觉的逻辑的过程，即逻辑系统中形式论证的有效性是对日常的非形式论证的直观有效性的刻画。由此，她区分了系统外有效性和系统内有效性概念，并且认为如果系统内有效性与系统外有效性相符合，那么就是个正确的逻辑系统，否则就是不正确的。布鲁尔也区分过这种自发的逻辑与自觉的逻辑，比如阿赞德人的推理，是一种自发的逻辑，而对于推理的理论阐述，是一种自觉的逻辑，在阿赞德社会并没有如我们般系统地发展起来。苏珊·哈克由此坚持逻辑是多元的，正确的逻辑系统不止一个。这种多元论是一种部分多元论，认为不同的逻辑系统可以适用于不同的论域，相对于不同论域是正确的。如普特南认为经典逻辑适用于宏观世界，量子逻辑适用于微观世界。部分多元论的观点也支持了布鲁尔关于阿赞德逻辑的构想：当经典逻辑不能刻画阿赞德人的推理时，必定存在另一张逻辑：阿赞德逻辑。

在国内，陈波、胡泽洪、王路、桂起权、任晓明等多个学者都关注过逻辑与经验世界的关系，尽管存在观点上的差异（如温和的和激进的），但都不能否认的是：逻辑，与经验世界，存在直接或间接的联系。我们认为，首先，逻辑起源于经验世界，是经验世界的概括和总结，是对于日常推理与科学推理的抽象概括和总结。其次，逻辑的研究也受制于经验，在经验面前不断地修正。比如经典逻辑在刻画系统外某些领域的有效性出现局限性时，一种新的逻辑系统和逻辑形式就出现了，如扩展逻辑与变异逻辑，如非形式逻辑。亚里士多德逻辑擅长表达生物学中的论证，这影响到了他的逻辑理论的结构和特征。现代逻辑的创始人主要是以严格的方式为数学表达论证，并不需要考虑时态问题，这就造成经典逻辑没有表达时态的明确手段，因此在刻画带有时态问题的论证时，就显得局限了，这就是时态逻辑的发生学理由。人们在构建逻辑系统时，必然会受到系统外有效性的约束和限制。再次，逻辑既是关乎推理，也是关乎认知主体的推理，而不

第三章 SSK 的批判性反思

是无主体的推理。对推理主体的考虑，使得逻辑学研究从关注单主体无主体的推理到关注动态的多主体，乃至社会群体互动的信息处理过程，如动态认知逻辑（van Benthem，2010），社会认知逻辑（刘奋荣，2023）等。

自然化认识论主要面对的问题是规范性问题。它并不判断人们实际上应该如何推理。如果逻辑与人们的推理规则相连，研究人类的实际推理过程，但个体的心理事实如何解决规则化集体化的知识状态，SSK 对之的解决是诉求于社会化的认识论：集体主义的认识论取向，关注集体化的推理规则，关注社会背景下的实际论证。推理与论证实践是人类社会生活不可或缺一部分，对其规则的遵守也不可避免要受到群体互动的影响和社会规范的影响。因此，研究方法也从关注个体的心理事实走向关注集体的认识活动：逻辑推理与论证规则如何在社会生活中产生、获得、运行以及获取其规范性的。这种取向也呼应了逻辑学中的认知转向与实践转向。

二 逻辑学中的自然转向：认知转向、实践转向

自然转向这里用来指逻辑学对于经验世界的关注所带来的转向，关注逻辑的实践性和经验性。加拿大逻辑学家多夫·加贝（Dov Gabbay）和约翰·伍兹（John Woods）2013 年出版的《推理之谬：将推论逻辑自然化》曾用这个术语（Gabbay&Woods，2013），在这里用它包括 20 世纪中期以后逻辑学研究的动向，可以分为认知转向与实践转向[①]两个取向。所谓转向，是指出现了新的逻辑类型，逐渐取代原来的逻辑类型并成为被关注的主流。转向并不消灭原来的逻辑类型，而是多元类型并存（鞠实儿，2003a）。弗雷格引发了逻辑的数学转向，使得逻辑成为数学的分支，基于数学方法的经典逻辑，逐渐取代以亚里士多德的词项逻辑为核心的形式逻辑的古典类型，在 20 世纪初开始成为逻辑学研究的主流，成为形式逻辑的现代类型。20 世纪中后期计算机科学兴起，数理逻辑为其发展与应用提供了理论基础和实现方法。计算机的发展使得人们相信任何一个知识领域，只要给出严格的形式表达，就能用计算机对之解决问题。由此，当计算机的发展进入了知识处理和智能模拟领域时，构造逻辑系统进而描述认知过程的特征，并利用它们进行知识表达与处理、研制新型软件，就成为逻辑学研究的主流方

---

① 鞠实儿在《简明逻辑学》的中文版导言中使用了"文化转向"，参见普里斯特（2010：中文版序言）。

向。特别地，图灵机理论的发展使得人们将人的信息处理过程类比于计算机；认知心理学的发展使得人们用实验的方法对逻辑规则与推理模式进行验证与修正，这是人类第一次能够运用科学的方法研究人类的高级认知过程。由此，认知转向使得"从起源于弗雷格的以数学基础为背景的逻辑学，转向构造认知过程的规范性或描述性的逻辑学"，"认知转向的目标是给出知识获取，知识表达以及知识的扩展和修正的方法和模型"（鞠实儿，2003a）。认知转向使得逻辑家族中出现了在对认识论概念分析和对认识过程直观理解的基础上构造起来的认识逻辑，与在对人类高级思维的心理学研究基础上建立起来的心理逻辑（二者统称为认知逻辑）。前者立足于对认知过程的哲学分析，构成了当代哲学逻辑与人工智能逻辑的主流，后者立足于心理学实验结果，是认知心理学研究领域的前沿。认知转向由此使得逻辑学研究涉及认知科学、心理学、语言学、计算机科学、行为科学和神经科学等相关学科。在认知转向背景下，逻辑学研究不再仅仅是一种由纯理论兴趣驱动的活动，它同时具有了强烈的工程应用背景。事实上，逻辑学的研究成果不仅传统地以论文和著作的方式出现，而且也越来越多地以软件产品的形式为社会提供服务。正是基于上述特点，"逻辑学对人文社会科学、自然科学和工程技术的发展起着重大的推动作用。"（鞠实儿，2003b）

这种转向，一方面使得逻辑学更多关注人们的推理与认知；另一方面逻辑学研究也更多与经验科学结合，诸如心理学、认知科学、计算机科学等。

荷兰逻辑学家范丙申（Johan van Benthem）在《逻辑与推理：事实重要吗?》一文中，也曾对这种认知转向做过探讨。"历经随之而来的数个世纪，这门学科变得越来越抽象，最终非常数学化。逻辑还是关于人类推理的吗？或者如康德和鲍尔察诺（Bolzano）所说，它只是关于在纯粹理念王国中的一种抽象？在后来的发展中，逻辑推论就是一种命题之间永恒的关系，完全清除了任何人类推断可能有的泥污或血迹，气味或声音——因此也清除了它的丰富多彩以及诱人的曲折隐秘。换一种说法，关于人类推理的经验事实与逻辑有关吗？或者说我们应该仅仅研究在某个纯粹理性的、太阳永不落山的永恒王国中的证明模式以及他们的舰队，而后者我们通常称之为形式系统？大多数逻辑学家接受后一个观点。据此，（逻辑）与推理实践的确切关系就是一个开放的问题"（van Benthem，2008）。

范丙申认为，在弗雷格的反心理主义的教条下，逻辑与人类推理之间的划分只是我们智力贫乏的一个标志，而非"忠实的"绝妙分离。逻辑当然不是实验心理学或者甚至不是理论心理学，但是"如果逻辑理论与事实相分离，那么就任何目的来说它都是无用的"（van Benthem，2008）。逻辑学家与更多以经验观察为根据的研究领域之间的合作正在增进，特别是在关于理智主体的推理与信息更新方面的研究，逻辑学与认知科学相互影响，如在 2007 年出版的《逻辑学与心理学》中，包括了一系列关于信念修正、缺省推理、数字推理、自然语言解释、条件推理以及认知进化的研究，涉及在逻辑学、语言学、博弈论、认知心理学和脑研究之间的联系。事实上，包括范丙申自身、国内如刘奋荣等，也在关注推理的主体，将推理置于多主体互动背景下，关注群体互动中的信息更新和信念修正，个体认知行为与他人如何互动，并用逻辑来刻画这种博弈和互动现象。由此范丙申接受一种新心理主义的立场，即与经验事实的遭遇可以丰富逻辑的概念，逻辑与人类认知实践之间的交互影响使得规范/描述的划分能让我们见到更多的多样化。

认知转向在刻画推理方面关注与主体相关的因素，致力于分析与刻画推理、信念、认知以及行动等一系列主体专属的自然现象。在方法论的层面依赖于数学逻辑的形式公理系统，所追寻的依旧是数学意义上形式化或公理化的坚硬内核，其经典代表是 20 世纪 50 年代冯·赖特创立的道义逻辑和辛迪卡创立的信念逻辑，以及随后的认知逻辑、动态逻辑、行动逻辑、可能性逻辑、时间逻辑，等等，也并没有放弃规范性要求。

20 世纪 80 年代以来，另一种研究取向悄然兴起。当代论证理论崛起，主要包括了非形式逻辑、修辞学与论辩术、语用论辩术，等等。首先，非形式逻辑崛起，从人类之自然或日常推理的实然角度重新审视形式逻辑，认为将演绎有效性和归纳强度毫无修正地应用于人类的实践推理领域，那么必然产生两种结果，即：要么对人类推理的刻画过于呆板，进而在某种程度上不得不对其有所歪曲；要么由于数学或形式逻辑自身的形式化限制从而不能充分表现人类推理的丰富性和灵活性，因而强调关注人类的日常论证领域。这种转向被加拿大学者约翰·伍兹（John Woods）和约翰逊（Ralph H. Johnson）等所提出，在《逻辑与实践转向》（2002）以及《逻辑中的实践转向》（2005）中，对这一转向进行了表述。实践转向指逻辑学研究对于人类实践推理与论证的关注与回归。形式逻辑系统在刻画人类实践推理与论证方面的局限性促使研究者重回亚里士多德传统。亚里士多德将论证研究分为三个领域,"分析的"关注从真前提出发,以获取绝对确定和可靠知识的"证明性论证",最终发展出以三段论为主要形态的形式逻辑理论。"论辩术"关注从普遍接受的意见出发,以批判性检验为目标的"论辩性论证",探讨论辩性讨论的程序和规则,以及立论与驳论的辩论技巧。"修辞学"研究从特定听众所认同的前提出发,以达到劝说效果的"说服性论证",分析在具体情形中进行有效说服的方法与技艺(谢耘,2012)。即论证的评价通常有三种方式:(一)逻辑的,关注前提与结论之间的保真性问题;(二)论辩的,关注前提与结论的真;(三)修辞的,关注论证的说服性。逻辑学的发展使得第一个方面得到了充分发展,关注从前提到结论之间的形式保真问题的研究,而其他两个方面被搁置。20世纪50年代,图尔敏的《论证的运用》(1958)重新发掘了亚氏的《论题篇》及其论辩术传统,提出了一个基于司法程序的论证模型:图尔敏模型,重启了对于论辩术的研究。佩雷尔曼的《新修辞学》(1969),建构了以"获取听众认同"为主导的"新修辞学",重启了论证研究中修辞学传统。而兴起于20世纪80年代的北美的非形式逻辑,发展了分析评价日常论证的理论和方法,以宽容原则扩宽了论证的识别和解释,扩宽了逻辑学研究传统中仅关注归纳论证与演绎论证的局限,并以非形式论证的好的与坏的论证评价,取代了形式逻辑的有效性评价概念,发展出了相关性、充分性和可接受性标准(RSA)的评价标准。约翰·伍兹与约翰逊等所主编的《论证与推理的逻辑手册:实践转向》(2002)中,提醒大家关注实践推理与论证的逻辑,而对于形式化方法在处理日常语言论证中的局限性给予了激烈的批判:无论是演绎逻辑(手册第二章)还是归纳逻辑(手册第三章),都不足以表达日常推理的丰富性,标准逻辑并不是为实践推理而设计,它并不是一套合适的理论,这种标准形式系统用于刻画日常推理,既有来自内部的批判(手册第四章,主要是哲学逻辑的研究所带来的对标准系统的挑战),也有来自外部的经验证据的批判(手册第五章,主要是认知科学与实验心理学的挑战),因此他们提倡非形式逻辑,构建了一套新的论证识别与评价的体系。

而在荷兰,"语用论辩术"正日渐成为当代论证研究中一股强势的力量,以范爱默伦等为代表的学者将论证界定为"一个对话过程或活动",或者对应于"一种言语行为之间的论辩性互动",发展出了语用论辩术,针对不同的对话类型,发展出一套导控论辩程序和行为的规则体系。

这种关注人类日常论证实践的论证理论，不满于形式逻辑在刻画论证的局限性，如论证类型的局限性，评价方式的局限性，等等，展现出了一个更为关注实践而非抽象形式，更为多元的评价标准，关注日常论证中的逻辑，将逻辑放回到日常的生活世界中，关注论证的修辞的、论辩的维度，走向了逻辑研究的实践回归。

SSK 对于逻辑的关注，在对演绎逻辑批判的基础上，也走向了关注实践推理与论证中的逻辑，认为逻辑不仅是人们的实践推理与论证，而且是实践推理与论证的表达，既是思维形式，也是思维形式的表达，他提醒人们将集体共享的推理视为逻辑知识，关注一个群体所满心信心地持有的推理模式。而对于实践推理的关注，却是从维特根斯坦就有的传统，他的"语言的意义来自于用法"，逻辑推理就是一个群体中没有问题的推理步骤，逻辑的辩护并不需要形而上学的抽象辩护，而是人们恰是这样行事，这是语言游戏，这是生活形式给定的，这些观点无不指向一种走向实践的逻辑。同样的，在研究方法上，实践转向更多提倡逻辑与经验科学结合，而在 SSK 的研究中，其社会学的研究取向本就是一种经验主义取向，以经验科学代替哲学思辨，研究哲学领域中的知识问题。

第二节　逻辑与相对主义

如布鲁尔、巴恩斯所言，在学术界，相对主义处处让人讨厌。作为一个古老的不断惹争议的话题，相对主义无数次被推翻又无数次被提起。按照《斯坦福哲学百科全书》相对主义词条，"相对主义不是一个单一的理论，而是某些相似观点的集合。这些观点通常主张经验、思想、评价甚至实在等相对于别物，如确证的标准、道德准则、真理等相对于语言、文化和生物构造等"[①]，通常可分为认知相对主义，道德相对主义，美学相对主义等。认知相对主义又可细分为关于真理的相对主义，关于理性的相对主义，关于知识的相对主义（认识论相对主义），关于本体论的相对主义（概念相对主义）等（Baghramian，2004：6）。就逻辑而言，逻辑相对主义是指，逻辑规律、有效性标准、推理规则都是文化依赖的，只能从局部标准，当地人或者语言群体的生活方式中去理解和评估，不同的文化可能有不兼

---

① 参见 https://plato.stanford.edu/entries/relativism/。

容的逻辑推理方式，不存在文化上超越的标准对这些推理方式进行裁决（Baghramian，2004：156-157）。逻辑相对主义最早可以追溯到法国人类学家列维-布留尔的《原始思维》(1923)，以及温奇的《理解原始社会》(1964)，自强纲领提出以来，SSK 中所包含的相对主义广受争议，也广受关注。《知识与社会意象》的结论部分，布鲁尔就对 SSK 所持有的相对主义立场进行了澄清，此后，他又在《相对主义、理性主义和知识社会学》，《三万英尺上空的相对主义》，《相对主义和知识社会学》等系列文章以及个人访谈中对之做了说明。在就其方法论意义和对于逻辑的考量来说，本书认为，具有一定的可取之处。

一　社会学相对主义

强纲领的四个信条已经预设了其持一种相对主义的立场（通过对称性和反身性表达），在通常的相对主义的定义上作了修正，限定了一种特殊的形式。通常相对主义具有下列条件：（一）同一论题有不同的信念；（二）信念依赖于所处的环境。除（一）与（二）外，布鲁尔等人又为此增设了一条"等值假设"：（三）"所有信念，就它们可信性的原因而言，都是彼此平等的"（Barnes & Bloor，1982：23）。对科学知识社会学来说，并不是说所有信念都是真的或都是假的，而是，它们都是有问题的，需要经过经验研究，找出其为真或为假，为合理或为不合理的原因。这种相对主义的界定，使布鲁尔等人更愿意称自己为"方法论的相对主义"（Bloor，1991/1976：169）。这种相对主义被视为是绝对主义的否定，其中的真理概念不指向任何绝对属性，相对主义被定义成绝对主义的否定，承认相对主义就是否认绝对知识与绝对真理，即 R = 非 A（相对主义等于绝对主义的否定），即任何知识都不是自明的，绝对的，都是需要经过重新审视的。相对的对立面不是普遍主义，而是绝对主义。它把真（信念）与假（信念）、正确的（知识）与错误的（知识）和合理的（认识）与不合理的（认识），完全放在了对等的位置上，而不像传统观点那样，给真、正确和合理性以社会学因果解释的豁免权。因此，它也是一种社会学相对主义。强纲领的相对主义，是唯物主义的，客观主义的，实在论的。是对知识绝对性所做的细致得多的形式化拒斥，它并不肯定或否定知识的真假，而是反对知识分析上的哲学优先性（philosophical a prioria）原则，并把它们置于同样的社会学分析之下。这种社会学相对主义拒绝主观主义的相对主义，拒绝反科学的相对主义，拒绝以高度个人化的知识概念为基础的相对主义。

一般批评者认为 SSK 最终走向了认识论的相对主义，即真理、知识等相对于某种语言或文化，承认存在着若干认识世界的"同等有效"的方式，科学只是其中的一种。"据布鲁尔的说法，这种看法并非来自爱丁堡学派，却被错误地转嫁给它了。强纲领相对主义表述了一种方法论步骤，用以确定真和假能够得到同等对待。在方法论上保持对真和假的同等好奇，并不意味着在认识论上承认它们'同等有效'，或者认为它们拥有同样的本体论地位。因此，'同等有效'这种描述完全是对对称命题的误解。其实，这个命题是建立在把信念区分为真和假这个假设之上的。一个人当然可以坚持一种与'同等有效'意思相同的对称概念，但是对称并不就是同等有效。这就像一个人可以坚持一种主观主义的相对主义，但是相对主义并不就是主观主义一样。所有主观主义都是相对主义，同等有效也可以是一种形式的对称，反之则不成立。实际上，对称命题的陈述形式暗示了它是否定'同等有效'论的，爱丁堡学派中也没有什么人支持'同等有效'这个论题。"（刘文旋，2018：99）

这里，从知识社会学角度考虑，笔者认为，强纲领倡导科学知识的社会学分析，并不必须做"同等有效"的认识论判断。SSK 将社会建构论引入科学知识社会学领域，《现实的社会建构》一书作者伯格与卢克曼曾指出，就其理论层面的认识论和经验层面的思想史问题的研究旨趣来说，对知识社会学来说，尽管是重要和恰当的，却遮蔽了学科本身的意义。

"从知识社会学角度本身出发来讨论'社会学知识的有效性'，这一认识论问题就如同坐在车上推车。一切经验科学，只要它关心人类思想相对性和决定项，并进一步搜集经验证据，就会导向科学知识的认识论问题。此类学科的三个重要代表，历史学、心理学、生物学均遭遇了这种认识论困难，知识社会学也不例外。……但是，这些问题并不属于经验社会学的内容，他们理应被纳入社会科学方法论这一哲学领域，这一领域本身不是社会学，社会学实际上是它的一个研究对象，那些总是制造认识论麻烦的经验科学，包括知识社会学在内，都在为这一方法论领域输送着待解答的问题，而这些问题是那些经验科学自己回答不了的。因此，可以将那些认识论和方法论问题从知识社会学中排除出去，将知识社会学看作为经验社会学的一部分，针对的是经验学科的具体问题，而不是它的哲学基础，研究的是社会学理论，而不是社会学方法论。"（Berger &Luckmann，1966：17 – 19）

因此，SSK 只是用社会学分析对科学固有的信念进行重新审视，对加诸在科学上的各种禁忌光环做去魅化，其认识论难题并不是社会学本身要解决的问题，也并不能取代哲学家的工作。同样，这个说明也可以反驳相对主义的自我驳斥：他并不解决或关注这个问题，并坦承具有反身性问题：科学知识社会学的理论本身也需要进行反思和分析，可以说，他对认识论的相对性问题进行了搁置。社会学不是哲学，它并不对知识的有效性进行辩护和判断，只关注那些作为社会现象的知识。但哲学研究规范性和有效性问题。SSK 以坦诚的态度对待相对主义这个问题。从方法论来说，SSK 公开宣称自己是相对主义，并且只承认自己是方法论的相对主义。

爱丁堡学派从没有承认在哲学上自己是相对主义者，即认识论上的相对主义。就其经验研究的结果来说，他也并没有说一切知识都是社会的，而只是说，一切知识包含着社会成分，作为人类文化的一部分，受到社会因素的影响，这种社会成分不可消除，始终存在，但他并不是说社会成分是知识唯一的成分，或者把社会成分确定为任何变化的导火索。社会成分始终是一种背景条件而存在。但强纲领提出以来，其后期的有限论观点，已经是具有明显的相对主义取向。此外，SSK 几经演变，其广度和深度也早已超越了原来的爱丁堡学派。比如巴斯学派的柯林斯，在认识论的相对主义上持激进的态度，否认外部世界的角色和存在，认为自然在科学中并不起作用甚至起很小的作用，这其实是对强纲领的激进处理。后期诸如塞蒂娜（Karin knorr-Certina）说："在实验室中找不到自然"，"对于外部世界的观察者来说，实验室展示为一个行动场所，自然被尽可能排除出去了而不是纳入进来"（Knorr-Cetina，1981：115 – 40），正是这种激进的态度被学界认为是反科学的，并最终导致了科学大战。布鲁尔本身并没有这么宣称，他始终认为自己是一个实在论者和唯物主义者。

整体上来说，笔者认为，强纲领研究更为强调的是一种科学的去魅化取向，把科学和宗教视为同样需要解释的信念，但并不讨论二者是同等有效的。受涂尔干的启发，以世俗化而非神圣的眼光看待科学，始终将科学认为一种人类社会生活的实践，同人类其他实践一样，是人类有限智识的产物，是社会与文化实践的产物，因此要像涂尔干研究宗教一样将科学当作一种社会现象进行研究。在1991年的《知识与社会意象》第二版的后记中，他提出，怎么才能不攻击强纲领呢，"人们要记住的是，我们的知识总是猜想性和暂时性的，包括为了应付新情况而提出的新理论，概念的意义也总是可能变化。有限论的观点也承认了这一点"（Bloor，1991/1976：164）。

二 逻辑知识的相对性

从布鲁尔对于二值逻辑与三值逻辑的讨论来看，布鲁尔的观点隐含着，单就形式系统而言，逻辑规则的强制性是相对于特定的逻辑系统的。这里结合逻辑哲学与逻辑史对于逻辑有效性的讨论，对于逻辑知识的相对性做一阐述，这也是本书所主张的一种对于相对主义的态度。仅承认逻辑具有相对性。此处的基本观点是：如果逻辑指现有的逻辑知识和逻辑系统而言，逻辑具有相对于特定系统和特定领域的有效性；就布鲁尔所主张的集体共享的推理模式而言，有可能存在不同的逻辑推理模式，即逻辑有可能具有文化相对性，这是个需要经验探索的问题。

这一节主要讨论形式系统的相对性。在第4—6章，我们试图说明推理实践所具有的社会文化相对性。逻辑系统起源于人们对于实践推理与认知的提炼概括和总结，并上升为理论或学说，它是基于对于有限实例的考察，要求它具有普遍的适用，运用于未来的思维和实践，这本身就是个归纳难题。逻辑学家在进行逻辑形式化过程中，抽取了人类日常语言与思维中的某些方面，从而形成连接词，比如否定、析取、合取、蕴涵等，并以之为基础建立联言推理、选言推理、条件推理等演绎推理规则，建立形式演绎系统。这个形式化的过程与日常语言没有完全的符合。以"如果…那么…"为例，前后句之间也许表达时间，也许表达因果，等等，但逻辑学家在建立实质蕴涵的时候，仅仅抽取了"不可能前提真而结论假"这一种情况，也就意味着，如果前件假或者后件真，整个句子仍然是真的。这就导致了推出反直觉的结论，即实质蕴涵怪论"假命题推出任何命题"，"真命题被任何命题所蕴涵"。正是由于出于实质蕴涵怪论的修正，才有了严格蕴涵、相干蕴涵、反事实蕴涵等，并建立以此为基础的形式系统。

因此，这里就涉及形式化的目的和限度。逻辑的形式论证来源于日常语言和科学语言中未经形式化的实际论证，即非形式论证。形式逻辑系统力图把非形式论证形式化，用精确的、严格的和可概括的名称来表述它们：构造形式语言，建立演算系统。它体现了现代逻辑的基本精神（王路，2000：63）。那么什么是一个论证？一个论证是一个句子序列，旨在通过前提来支持结论，表达从前提到结论的推论关系，从而从前提推出结论。在自然语言中，这种推论关系通过诸如"因为"，"所以"，"因此"，"由此得出"等来表示这种论证的推论关系。形式逻辑力图用符号语言来表达这些非形式论证,抽取出连接词、词项、推理规则等,从而建立形式系统。因此,一个论证在形式系统中,就是一个公式(被称为合式公式,一个形式语言的合语法的语句)序列,A_1,A_2,A_3,$\cdots A_{n-1}$,An($n >= 1$),其中,A_1,$\cdots A_{n-1}$是前提,An是结论。对于非形式论证有不同的评价标准、逻辑的,即前提和结论之间是否存在一种恰当的联系;实质的,即前提和结论都是真吗?修辞的,即论证能说服吸引听众并使它们感兴趣吗?

形式逻辑只关注逻辑的部分:即前提与结论之间的推论关系,前提结论之间或者是演绎有效的,或归纳有强度的,或两者皆非。形式逻辑(这里把归纳逻辑也包括在内)旨在通过构造公理形式系统以及推理规则,以一种严格的方式来表达那些有效论证的形式,抓住某些方面,而舍弃其他方面。

形式化的程序,按照鲍亨斯基(J. M. Bochenski)的说法:先确定有意义的符号,然后从符号中抽象掉意义,并用形式化方法构成系统,最后对这个系统做一种解释,即分析非形式论证原型,从句法上构建形式系统,从语义上对句子做解释,最后判定系统的可靠性和完全性。在做非形式论证的分析时,是基于现实原型论证的考虑。比如德·科斯塔在创建次协调逻辑时,是基于发现了"存在着有意义的矛盾"这一科学与哲学论证中的现象,而经典逻辑无法表达。在构建形式系统时,先确立字母表和形成规则。字母表规定了初始符号(自身没有任何确定意义的符号),以一阶命题逻辑为例。

初始符号一般包括:

命题符号:p_1,p_2,$p_3\cdots p_n$。

命题连接词:否定(¬),蕴涵(→),(合取(∧),析取(∨),等值(<->)通过初始符号可定义)

括号:(,)

其他符号通过定义引进。形成规则以规定哪些符号序列可构成合式公式。经过解释之后,初始符号成为初始概念,合式公式成为有意义的句子。

经典逻辑中命题逻辑的形成规则通常包括:

(1)Pi是合式公式($i >= 1$);

(2)如果A是合式公式,那么¬A是合式公式;

(3)如果A是合式公式,B是合式公式,则A→B,(A∨B,A∧B,A<->B)都是合式公式;

(4) 只有符合以上规则的符号才是合式公式。

有了初始符号和形成规则，就有了命题演算的语言，由此可以建立命题演算的公理系统。公理系统包括公理、变形规则和定理。公理一般要求一致性，完全性和独立性。

命题逻辑通常有三条公理。

公理1：A → (B→ A)

公理2：A → (B→ C) → (A →B) → (A→ C)

公理3：(¬ A →¬ B) → (B→ A)

变形规则：命题逻辑选择的是分离规则 ⊢ A →B，且 ⊢ A，则 ⊢ B

根据公理和变形规则，可以把系统中所有的定理推导出来。

给出形式系统后，由于形式系统只是句法系统，要刻画现实原型，就需要对形式系统进行语义解释，并由此判定系统的性质即可靠性和完全性：在语形上有效的公式，在语义上都是真的；在语义上为真的公式，在语形上都是可以得到证明的（即是定理或公理）。这保证了所构建的形式系统既是一致的，又是完备的。

因此，苏珊·哈克区分了形式系统内外的有效性。以演绎逻辑为例，在日常和科学论证中，系统外有效性通常理解为：不可能前提真而结论假。即能够保真地从真的前提，根据有效的推理规则，推出真的结论，这个系统就是可靠的。这就是人们直觉到的一个好的非形式论证的评价。当然，苏珊·哈克也承认，一个好的论证，远比有效性所展示的东西要多得多。有效性只是论证评价的一个重要优点，但不是唯一优点（这里，论证的评价标准中，形式逻辑的有效性概念只是其中一种标准，非形式逻辑提出了RSA的评价标准）。形式系统的有效性分为语形和语义。

语形有效性指：A_1，$\cdots A_{n-1}$，A_n 在系统 L 中是有效的，仅当 A_n 通过 L 的推理规则，可以从 A_1，$\cdots$，A_{n-1} 和 L 中的公理（如果有的话）中推出。通常表示为：$A_1 \cdots$，$A_{n-1} \vdash_L A_n$。

语义有效性解释为：$A_1 \cdots A_{n-1}$，A_n 在 L 中是有效的，仅当在 $A_1 \cdots A_{n-1}$ 是真的一切解释中，A_n 是真的。通常表示为：$A_1 \cdots$，$A_{n-1} \vDash_L A_n$。

这两个公式中的 L 表明，有效性这个概念是相对于形式系统而言的。前者的合式公式被称为定理，后者的合式公式被称为逻辑真理。

当论证只有一个合式公式组成时，A 在 L 中是有效的（A 是 L 中的一个定理），仅当 A 根据 L 的推演规则，可从 L 的公理（如果有的话）中推出（ $\vdash_L A$ ），并且 A 在 L 中是有效的（A 是 L 中的逻辑真理），仅当 A 在 L 的一切解释中都是真的（ $\vDash_L A$ ）。

对应着定理和逻辑真理的非形式的系统外概念，如非形式的重言式（同样的事情说了两遍）。当然，苏珊·哈克也承认，非形式的重言式这种概念比技术性用法肯定宽泛的多，因为形式系统只包括了真值函项的逻辑真理。因此，"形式系统总是力图把非形式论证形式化，用精确的形式化语言和公理系统来表达它们。一个可接受的形式系统，应该是这样的：如果一个给定的非形式论证通过某种形式的论证在这个形式系统中得到表述，那么形式论证在系统中是有效的，仅当非形式论证是在系统外的意义上有效的"（Haack，1978：15）。而逻辑哲学的中心问题，就是"围绕非形式论证与形式表示法之间的符合问题"（Haack，1978：16）。

因此，她区分了两种：自发的逻辑（Logica utens）与自觉的逻辑（Logica docens）。自发的逻辑是指人们关于非形式论证有效性的未反思的判断，自觉的逻辑是指通过对于非形式论证的反思而建立起来的更为严格和精确的形式论证。这是皮尔士从中世纪逻辑学家那里借来的概念，因此分别又可以被称为"本能的逻辑"和"学院的逻辑"。二者关系如下（Haack，1978：16）：

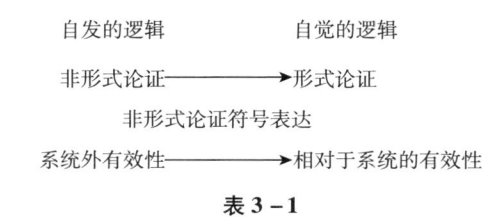

自发的逻辑	自觉的逻辑
非形式论证	→ 形式论证
非形式论证符号表达	
系统外有效性	→ 相对于系统的有效性

表 3-1

形式化的目的是给出公理/规则，使得可在形式语言中表达的，在直观上判断是在系统外意义上有效的非形式推理在该系统中也是有效的。人们直觉上觉得一些非形式论证是有效的，另一些是非有效的，由此构造的形式语言，通过公理与推理规则，表达这些有效论证，它是以概括简化增加精确性和严格性的方式，也克服了日常语言的模糊性和歧义性。因此，既不能指望系统化有效的非形式论证在系统内都是有效的，也不能指望非形式论证的所有方面都能在形式系统中得到表达。记住这一点非常重要。这是形式化的限度，形式化只是抓住了非形式论证的某些方面。这也揭示出逻辑真理相对于系统的有效性。一个系统中有效的逻辑真理，在其他系统中可能就不是有效的了。逻辑系统的适用性也是限定于某个领域的。

以经典逻辑为例，经典逻辑是目前应用最为广泛的系统。它建立在下述的原则上：（一）外延原则。指在处理语词和语句时，只考虑外延，语词的外延就是对象，外延决定真值。用具有同样外延但内涵不同的语词或语句替换时，真值保持不变。（二）二值原则。命题具有真和假两个真值，因此任一命题非真即假，非假即真。如果诸如这些原则被打破，也就不再是经典逻辑了。非经典逻辑应运而生，用于刻画那些经典逻辑的局限性所留下的领域，这就涉及逻辑修正问题。

关于逻辑的修正，在面对经典逻辑的局限时，有对于解释工具表现各种非形式论证之明显不妥感到忧虑，有对于那些标准工具的应用和解释感到担心，苏珊·哈克曾列举了面对这些压力所做出的七种应对方式（Haack, 1978: 153-155）：

（一）将标准的逻辑工具对之不能适应的非形式论证排除在逻辑的范围之外。如认为无意义的语句不在逻辑形式化范围之内，这属于逻辑的划界反映。

（二）承认有问题的非形式论证是在逻辑的范围之内，并保留标准的逻辑工具，但要做出调整，使那些难处理的非形式论证得以表达，称为新奇的释义策略。

（三）承认有问题的非形式论证是在逻辑的范围之内，并在语形层面保留标准逻辑工具，但是对于标准逻辑工具的解释被修改，使得那些难处理的非形式论证得以表达，称为语义的革新反应。

（四）扩展标准的逻辑工具，获得的形式系统可以表达先前不能表达的非形式论证。如添加一些算子（如时态算子和模态算子）以及由之的公理规则，或者扩展标准运算，以处理新的项目如祈使句和疑问句，称为扩展的逻辑反应。

（五）限制标准的逻辑工具，保留它的词汇，限制其公理和规则，使得经典逻辑的定理和推理不再有效。如，由于经典逻辑不能刻画量子力学，1936年冯·诺伊曼（Von Neumann）和毕浩夫（Brikhoff）创立量子逻辑，通过修改经典逻辑的分配律而得，1944年赖欣巴哈所创立三值量子逻辑，通过修改经典逻辑中的排中律而得，从而也使得经典逻辑的二值原则不再有效，称为限制的逻辑反应。

有些反应综合了（四）和（五），既增加了新算子，又限制了旧规则，比如相干逻辑，既引进了新的条件句，又限制了经典逻辑中实质蕴涵条件句不再成立。

（六）对于逻辑元概念层次的反思及发明带来了形式系统的发明。直觉主义逻辑的出现源于对经典逻辑的真理概念的挑战，相关逻辑的出现源于对经典逻辑的有效性概念的挑战。称为对经典元概念的挑战。

（七）对逻辑的范围和目标的等概念的挑战。如直觉主义逻辑不仅挑战逻辑的基本语句演算，使得诸如排中律等不成立，也挑战了真理概念，提出真理即是可构造，更挑战了逻辑的作用：提出逻辑的作用次于数学，而不是相反，要为数学提供基础。称为修改逻辑范围的反应。

这个修改的过程和不同的面对经典逻辑的限度以及压力所做出的反应，展现出以下几点：

（一）由于经典逻辑形式化的目的以及限度，其在表达科学与日常推理论证时，面对新的系统和新的领域，经典逻辑的元规则、元概念等不断受到挑战，由此导致多元的逻辑系统不断出现。以上（二）（三）属于语形层面上的修改，（四）和（五）属于语义层面的修改，产生了扩展逻辑和变异逻辑。也许，基于不同的考虑，保守的人，并不接受（二）—（七）中的某一种逻辑，尤其是（六）—（七）中的修改，不承认这种修改是逻辑。如同，一些形式逻辑学家并不接受非形式逻辑是逻辑一样。这也属于布鲁尔所言的，对于异常现象的"排除"的反应。

（二）逻辑规则、真理是相对于系统和领域的。从语形和语义上来说，其有效性相对不同的形式系统，从其所使用的领域来说，不同的逻辑系统可使用于不同的领域。当面对经典逻辑系统所不能刻画的领域时，对于压力的反应就是或者不承认这是逻辑，或者对经典逻辑进行修正，创造不同的逻辑规则或系统来刻画这种领域。哪怕是一些被认为比较核心的逻辑规则，如二值原则、排中律、矛盾律，都可能在另一个系统中不成立。形式逻辑，在此是一种具有相对性的知识，是逻辑学家的发明。苏珊·哈克在不同场合用了这个词，"包括经典逻辑本身，也是一种逻辑发明，记住这一点是有益的"（Haack，1978：152）。

（三）逻辑的修正有哲学的考虑，有数学上的考虑，有现实应用的压力。比如直觉主义逻辑是基于哲学上的考虑，直觉主义者认为数是一种心灵实体，存在就是被构造，因此一个数存在就是该数可构造，因此它限制了经典数学上的一些结论并把它延续到逻辑中。三值逻辑最初建立时是出于对于探索与经典逻辑二值语义学不同的语义学的纯数学兴趣，并最终用于解释量子力学中的特异现象。相干逻辑是出于对实质蕴涵的不满，认为经典逻辑的有效性并不考虑前提结论之间的相关性才出现蕴涵怪论，因此提出相干蕴涵，并建立相干逻辑系统。

（四）逻辑学家在选择不同的逻辑系统时，基于不同的哲学、数学或者应用的考虑，接受或者不接受某种修正，关键看他把什么赋予是经典逻辑的不可改变的东西。比如时态问题。时态性是经典逻辑所没有考虑的东西，弗雷格在创立现代逻辑时，主要是想以一种严格的方式表达数学论证，而时态被认为是与数学论证的有效性无关的，因此，经典逻辑在时态上是不变的。而在非数学的论证中，时态却是存在的，那么如何表达带有时态的论证？如果认为时态性不是逻辑的本质，就不是通过增加时态算子建立时态逻辑［如普赖尔（A. Prior）的做法］，而是通过重新解释谓词演算的变元使其遍历时间（如蒯因）。又如精确性问题。形式系统的精确性是构造形式语言的重要理由，以克服自然语言的含糊性。如果将精确性看作为逻辑的本质，那么基于模糊性概念的模糊逻辑就是不可接受的。那么如何处理模糊语句呢，一种做法是认为它是无意义的，不是逻辑的范围，如果认为模糊语句并不是无意义的语句和无意义的逻辑，而经典逻辑在刻画模糊语句方面有存在困难，即在评价含有模糊语句的非形式论证存在困难，那么可行的解决办法就是：或者对于含有模糊语句的非形式论证进行整理以符合经典逻辑，或者直接发明一种新的形式逻辑系统。后一种做法，比如在保留精确性的同时，修改经典逻辑，利用三值逻辑来刻画模糊论证，或者，甚至直接放弃精确性要求，直接利用具有模糊真值的模糊逻辑来刻画。如果认为含糊性是个不可放弃的原则，那么，后两种方案就是不可接受的，如果如波普尔认为的精确性只是一个虚假的理想，那么，突破对精确性的限制就是可行的。这里，从保守主义（如将含糊语句从逻辑的范围中排除出去）、到适中的创新者（引入三值逻辑，其第三值是不确定的），再到激进的改革者（引入模糊逻辑，建议逻辑应该放弃实现精确化的意愿，与含糊性调和）。不同的反应背后是不同的坚持和放弃，基于不同考虑。

这里苏珊·哈克主要提供了一种实用主义的哲学考虑：放弃精确性所得到的好处是否能够抵消人们所付出的代价。由于精确性是形式化不可缺少的核心所在，所以是不能够轻易放弃的，如果采用模糊逻辑，牺牲了简单性,那么这种游戏是否值得,她认为修改逻辑要基于简单性和经济性的原则。无论理由如何多种多样,任何一个支持修改逻辑的合适论证应该是这样的:"由于经典逻辑和其他确定的信念一起会产生不可接受的后果,根据简单性和经济性原则,最好的办法是修改逻辑而不是其他信念。"(Haack,1978:41),可以从如下四个方面进行评估:"一、所谓的后果是否真的产生了?二、这些后果是否真的不可接受?三、为了避免这些后果,是否必须采取修改逻辑这样激进的办法?四、是否所提议的某个变异系统真的能避免那些不想要的后果,并且如果不能的话,那么哪种系统可以做到?"(Haack,1978:42)这是哲学家基于实用主义原则给出的选择标准。

相比之下,SSK将这个选择的过程归结为利益,认为是社会利益在起作用,尤其是宏观社会学利益,或者是宏大的意识形态背景等,或者是个体的认识利益或职业利益等,这个结论是过于激进和单薄的,也是并没有得到确证的。这里面确实存在着SSK所说的面对异常的四种反应:漠视,排除,兼容和机会主义,存在着选择的弹性问题,也存在有比如布鲁尔在刘易斯与贝尔纳普面对实质蕴涵问题时,是用严格蕴涵,还是用相干蕴涵的争论,SSK也并没有得出和当时的社会背景以及双方的职业利益等相关的东西出来。这里面也许会有这种因素存在,比如不同的选择背后有不同的意识形态影响,有个体的知识背景影响,按布鲁尔的说法,这种东西始终存在。但如果说它是决定性的,却是过于激进了。比如库什(Kusch,2000)在分析弗雷格与胡塞尔关于反心理主义的争论中,认为专业利益和政治事件在哲学家评论是否在哲学中引入心理学起到了关键作用,这个结论也是较为激进的。

(五)苏珊·哈克并没有列举出来的一种,即20世纪80年代之后由于挑战形式化的目的和限度,对于整个形式化的方法给予的挑战,由此产生了非形式逻辑等。可以认为,一方面《逻辑哲学》被写作时,非形式逻辑概念并没有兴起,因此她还不能充分关注这个层面;另一方面,这也许和苏珊·哈克本人的逻辑观有关,她也许认为,形式化的目的和限度在面对非形式论证所遇到的困难时,形式化这个特征是不能被放弃的。但是她也承认,"不仅总是有人批评具体的形式系统,也总是有人批评对形式化本身的追求,记住这一点是有益的"(Haack,1978:xi)。

(六)就逻辑规则的真理性相对于系统,也相对于时间而言,SSK坚持了这一立场。比如,他认为三值逻辑是和二值逻辑处于同样的平面上,是可供替代的逻辑，二者有不同真值假设，由此有不同的公理定理规则，应用于不同的领域。比如，他又认为，不断应用分离规则得出堆悖论，说明了经典逻辑的限度，它的真是相对于系统，在某些领域，它就不成立了，比如，他又认为，所谓的自明性是个人工的事实，在特定的时间自明的东西，在其后的历史中就不再是自明的。

（七）上述立场是将逻辑作为一种科学探究的产物，如此可以认为，逻辑理论是猜想性的和可以出错的。这一点也正是 SSK 的观点。在《知识与社会意象》的最后一章《结论：哪里是我们的立身之处》，他表达了这种相对主义所意味的东西，而且是一种波普尔可接受的相对主义。正如波普尔所说，知识和科学知识，都不过是猜想，而猜想，都具有相对的真理性，都可能被修正。

"正是科学那作为一种状态的，不断进行的活动，构成了科学存在的本身。它归根结底是一种思想模式和行为模式，是一种具有自己独特的规范和价值观念的不断对事物进行研究的风格。它并不需要任何终极性的形而上学的认可来支持它，或者使他成为可能。在这里，正像我们不需要任何绝对的道德标准，而是需要那些得到局部接受的道德标准那样，我们也不需要任何诸如绝对真理这样的东西，而是需要具有猜想性的相对真理。如果我们可以接受道德方面的相对主义，那么我们也能接受认识方面的相对主义。

社会学家欣然接受波普尔的主张，即知识成为知识，并不是由于知识的结论所具有的真理，而是知识所服从的各种程序规则、标准以及理智方面的常规。说知识是一个有关各种标准和常规的问题，就是指它是一个有关各种规范的问题。这一种约定主义的知识理论，就是一种知识社会学说明的摘要。"（Bloor，1991/1976：159）

而这一点也是逻辑学家苏珊·哈克、蒯因、普特南等持有逻辑可修正观的立场。不将其视为绝对性真理，而是视为科学探究的结果，是科学假说，具有科学假说所具有的全部特征（包括科学知识社会学本身）。

陈波曾将这种相对性总结为以下四点理由（陈波，2005：63 – 65）：

（一）一个逻辑常常是建立在许多基本假定或原则之上的，其中的命题（逻辑真理）只是相对于这些假定或原则才是必然的；一旦否定或修改这些假定或原则，它们就有可能不再是必然的；

（二）逻辑命题的必然性与推出该命题的逻辑系统的解释有关，其真理性只能在相应的解释或模型中才能得到刻画和说明；

（三）逻辑命题相对于不同的系统和解释可能有不同的真值，其中有些命题在一种系统及其解释中逻辑真，而在另一种系统及其解释中不再逻辑真；

（四）使一系统的所有定理都逻辑真的解释不是唯一的。对于同一逻辑系统，我们可以设计不同的语义学加以解释；这些不同解释可以是彼此独立、相互平权。

至此，我们讨论了逻辑规则的有效性相对于系统和领域。就形式演绎系统而言，本书并不支持认识论的相对主义立场，但认为逻辑知识具有相对性，相对于时间，也相对于系统。它是历史的，相对的和客观的。

就社会学相对主义，也即SSK的方法论相对主义而言，这种途径是一种从经验角度重新思考逻辑的方法，打开了从不同视角思考逻辑的途径，是值得肯定的。

这里，如果我们把逻辑系统的概念扩大，使之成为某种生活形式，我们就来到逻辑的相对性的第二个层面。

当我们暂时离开演绎逻辑，将目光投向布鲁尔对于人们实际推理与论证的关注，他所持的逻辑观是逻辑既是思维形式，也是思维形式的表达，既是人们在社会生活中的集体共享的推理论证实践，也是人们集体共享的推理论证模式的表达，他对于阿赞德人逻辑论证事件的重新审视，我们就来到了自发的逻辑这个层面。那么，维特根斯坦的生活形式理论表明，有可能存在某种文化系统，其推理与我们有截然的不同，比如阿赞德逻辑，而这是一个需要经验探索的问题（鞠实儿，2010）。他对于实践推理的关注，他对于不同的逻辑的思考，一方面使得我们走向了一种关注实践的逻辑观，更为关注人们日常推理与论证实践，逻辑从抽象的数学，走向日常生活世界的回归；另一方面也让我们重新思考逻辑的观念，以及逻辑与社会文化的关系。

第三节　逻辑与社会建构主义

SSK通常被称为社会建构论。公正地说，爱丁堡学派并没有自己给自己贴上标签，说自己是建构主义者。较早使用建构主义标签的是诺尔·塞蒂娜和拉图尔，也是科学知识建构主义的代表性人物。诺尔·塞蒂娜的《制造知识：建构主义与科学的与境性》（Knorr-Cetina, 1981），提出了科学知识的建构主义理论，其后的《认知文化：科学如何生产知识》（Knorr-Cetina，1999），也表达了科学知识的建构主义的思想，从其用语"制造""生产"这些字眼可见一斑。在《制造知识：建构主义与科学的与境性》中，她表达了对于表征主义知识观的批判。表征主义知识观认为科学知识表征自然，科学知识与自然规律符合，反映着自然的内在规律。诺尔·塞蒂娜用人类学观察的方式深入到科学知识的生产过程中，用"制造知识"指出，科学知识是制造出来的，是建构性的，是由协商和决定的链条组成，包括实验室中知识的制造和科学论文的制造。科学事实在实验中建构出来，渗透着情境的偶然性。作为实验室研究的另一位代表人物，拉图尔几乎在同时提出了建构主义的思想。他的《实验室生活：科学事实的社会建构》（1979）[①] 通过微观的实验室观察，指出了科学事实如何在实验室中被建构出来。皮克林在《建构夸克》（1984）中，也描述了夸克这种实在如何在粒子物理学的历史中被建构出来。但以上提及的这几个人，由于其研究更多地关注科学实践，我们主要将其纳入了后 SSK 研究的阵营。如果我们仔细审视爱丁堡学派的观点，会发现其理论与方法已经具有建构论的某些倾向和立场。因此，作为在爱丁堡大学攻博博士学位的皮克林，才把自己的博士论文《建构夸克》作为对于科学知识社会学中"相对论者—建构论者"课题研究的一种贡献（Pickering，1984：xi）。

仍以作为强纲领提出者的爱丁堡学派为例，他将知识社会学的"建构论"立场引入对科学知识的社会学说明中。而在知识社会学中最早提出建构论思想的是伯格和卢克曼，他们在《实在的社会建构》中指出，"知识社会学必须关注一个社会中所有被当作知识的事物，而无须从任何角度去关心这些知识终极可靠性。不管什么样的知识，都是在社会情境中被发展，传播和维持的。在这样的过程中，一种理所当然的实在就凝结在普通人面前，而这一过程正是知识社会学的关注点，换言之，知识社会学的分析对象是实在的社会建构"（Berger&Luckmann，1966：3）。"在任何社会中，都只有一小撮人在专研理论考量观念和构筑世界观，但是社会中的每个人都会通过各种途经参与到与知识有关的事物中。换句话说，在一个社会中，虽然只有少数人关心对于世界的理论解释，但是所有人都生活在某种世界中，因此，过于注重理论思想的做法是对知识社会学的不当束缚"（Berger&Luckmann，1966：15）。伯格和卢克曼主张，社会实在因人的活动

[①] 在其 1986 年的第二版本中，删掉了"社会"二字。

和态度而出现，在社会互动中派生，因此没必要把知识社会学限制在对于这些实在的理论化表达的研究方面，应该研究那些社会中所有被当作知识的事物。

正是从这里，SSK 将建构论引入进来，对于"知识"一词给予了更为一般的理解，而不仅仅是理论性的知识，它将知识定位为集体共享的信念：知识社会学研究那些人们满怀信心支持，并以之作为生活支柱的信念，那些被人类群体视为理所当然的、制度化了的、赋予了权威化了的信念，是集体认可的信念，而不是个人的纯粹的信念。

这里有两个知识的层面，加引号的知识和不加引号的知识。

"知识"，或者叫我们对于世界的理论表达，是一种社会实在，知识，或者叫集体共享的信念，也是一种社会实在。

如果加上逻辑二字，那就区分了："逻辑知识"，关于逻辑的理论表达，是一种社会实在；逻辑知识，集体共享的推理和论证模式，是一种社会实在。

而逻辑知识社会学，是研究这些实在的社会建构。也即它研究规则、规律、推理图式等是如何由社会所影响的。SSK 在后期的研究中，尽管不承认自己是建构主义者，也不承认一切知识都是社会的，或者社会变化就一定会影响科学知识，但就其所持有的将知识建立在社会基础上的立场，以及其后期的意义有限论和规则遵从的探讨而言，仍然是走向了社会建构论立场，承认某些知识具有社会建构的可能，而一切知识都含有社会成分，不可消除。

如就现有的逻辑理论知识来说，在逻辑直觉与社会利益之间，布鲁尔认为是利益决定了理论的最终选择。逻辑知识是社会的，是实在的，是建构的，理性并不能保证从逻辑（作为研究对象的逻辑，当然这一点也是有争议的）到逻辑的表达之间有一条直达的通道，社会因素总是在其中。

就逻辑作为集体共享的推理模式而言，下一步的推理是开放和不确定的，充满着情境的偶然性，是社会的压力和惯例决定了下一步的选择。逻辑规则是一种社会惯例、习俗、制度。惯例存在于人们使用它的共识中。他们因人的活动和态度而出现。大多数成员知道他们存在并依此行事。就如同行为要礼貌的规则，具有实在的效果。又如同钱币，婚姻，财产等。人们依照这些规则行事，在行为中对于规则做出反应。

苏珊·哈克曾对布鲁尔这种立场进行过批评：一、布鲁尔混淆了知识的对象和知识的理论表达；二、布鲁尔混淆了社会学的相对主义与哲学的相对主义；三、布鲁尔混淆了哲学上的相对主义与可错论。（Haack，2003：184－185）

笔者认为，第一个批评是可商榷的，第二个是不准确的。其一，准确地说，SSK 并没有做这种清晰的区分，而把它们都称为逻辑。但从其具体的分析来看，他一方面解构了形式逻辑系统的独特地位，一方面也分析了逻辑的应用实践，从这一点看，它仍然是做了区分的。但正如上文分析，社会学并不否认作为研究对象的知识，而是承认存在着一个客观的世界，宣称自己是唯物主义者，就像他并不否认逻辑的生物学基础和心理学基础，承认人类的自然理性和推理的癖性。他关注的是作为理论形态的知识是如何获得其权威地位得以体制化的，换句话说，他将逻辑视为人类的思维实践，逻辑既是思维实践，又是思维实践的表达。他将知识的规范性放置一边，而主要从描述角度研究那些被视为知识的东西。其二，布鲁尔一直强调自己是社会学相对主义，对于别人加在自己身上的建构主义和认识论相对主义并不认同。他是方法论的相对主义，社会学相对主义。但这种纯描述的立场又会被哲学家嫌弃为在"认识论上不相关的"，或者"认识论上是惰性的（inert）"（Haack，2003：183）。关于第三个批评，笔者认为，可错论与相对主义问题，可以从以下形态去理解，作为理论形态的知识是可修正的，也就意味着它的有效性是相对于特定的领域和系统的，它是相对的，作为研究对象的知识（如自然界）不是可错的，可修正[①]的，并不是哲学上所说的相对主义。可错论表明，作为理论形态的知识是相对的，只能适用于特定的领域和特定的系统，甚至是相对于特定的社会系统与文化群体，会不断得到反例的冲击。

同相对主义的立场一样，本书认为：就现有的形式逻辑系统而言，它具有社会性，是人们科学探究的产物，科学是日常思维的精致化，受制于人们的认知局限及社会影响，但并不足以表明其完全是社会建构出来的。就集体共享的推理和论证模式而言，不同的文化群体有不同的历史传统、文化实践，有可能存在不同的论证规则，从这种观念出发，逻辑有可能是由社会（文化）所建构的。

当然，关于建构主义，存在强的建构主义与弱的建构主义。强纲领所说的利益是有时/经常/总是决定/影响理论的选择，回答这个问题，才能理

---

① 当然，可修正未必是可错的，参见：王路（2007）。

解爱丁堡的立场问题。前一组选项"有时/经常/总是"里,"有时"是最弱的那个,后一组选项里,"影响"是最弱的那一个。建构主义观点中最弱的那个,利益(某一个或某几种利益,如阶层利益,职业利益,认识论利益,等等)有时会影响理论的选择。最强的那个,利益总是决定理论的选择。最弱的这一种,一般人都会接受。做理论选择时,科学家会选择符合自己认知期望的那种。布鲁尔在这一点上也是承认的。进一步,利益有时决定理论选择,这一点布鲁尔也是没有否认的。把中间的词替换成"经常"二字,布鲁尔也是认可的。问题在于"总是"。因为布鲁尔一直在强调,这种社会因素一直存在,无法消除。从这一点可以推出,社会因素总是影响理论的选择。但是最强的建构主义,社会因素总是决定理论的选择(当然,理论上无法证明,由于归纳难题,经验上也无法证明),布鲁尔在这一点是不承认的。从这一点上来看,爱丁堡学派至多持有弱社会建构主义立场。

在SSK群体中,案例分析以利益来解释的并不少[①],如麦肯齐的统计学与社会利益(Mackenzie,1981),巴恩斯的寿命测定以及孟德尔遗传学说与社会利益(Barnes,1977),维尼的J现象与社会利益(Wynne,1976),皮克林的粒子物理学与社会利益(Pickering,1984),迪恩的植物分类学与社会利益(Dean,1979),哈伍德的种族智力和社会利益(Harwood,1979)。但是这些个案研究并没有明确指出这些认识论的或者社会学的利益是决定了知识还是影响了知识。如夏平(1975)对于英国颅相学之争的分析。在19世纪20年代的英国爱丁堡,对颅相学的兴趣增长与当时的阶级斗争有关,爱丁堡颅相学的听众,主要是下层和中产阶级,而当时的皇家学会则主要是上层阶级。夏平承认,尽管这种关联性比较模糊,相关的理由也比较模糊,但颅相学与当时的社会改革运动的关联性却是不可忽视的。如果仅仅承认有影响,也即社会因素有时影响科学知识,罗斯(Paul Ross)抱怨说这些案例只是提供了解释的多样性叙述而已(Haack,2003:185)。

西斯蒙多对此提出批评:一、分析者往往认为争论的参与者具有两个品格,一是社会利益,二是科学思维路线;二、他们使用简化的社会理论,分离出为数不多的冲突,并且对所用的冲突加以简化;三、很难说社会群体的成员身份与信念之间,有真正的联系;四、通常认为利益是固定的,社会是稳定的。但社会也是如要解释的科学结果一样是建构起来的,可塑

---

① 转引自 Haack(2003:186)。

的。(Sismondo, 2004: 47)

这几个批评比较集中点出了利益分析的困难所在。影响知识的社会因素很多，单单以利益分（尤其是宏观社会冲突与意识形态等），很难对结论提供多大支持，无论社会是影响还是决定科学知识，要回答这些问题，需要更为谨慎和细致的经验研究，其次，回应第四个困难，社会或利益也在不断变化而不是稳定的，后 SSK 如拉图尔和皮克林发展出了基于实践的建构主义，承认社会也是建构出来的。

爱丁堡学派之外，如巴斯学派等，对建构主义立场有所加强。如柯林斯坦承"自然界在科学知识的建构中作用很小，或者根本不起作用"（Collins, 1981: 3）。他明确提出了相对主义与建构主义，认为自然科学是社会建构物而非真实存在物。虽然自然世界应该被怀疑地视为是未知的，但社会世界应该被视作真实的，并且我们拥有关于它的可靠资料。社会学家在研究各种自然事件时，应该对被讨论的现象的实在性保持中立，社会学说明也不应该诉诸于科学工作的真理性，合理性，成功性，进步性等（TRASP）。这就是彻底的相对主义，也是彻底的建构主义：自然是被建构出来的。

关于 SSK 的建构主义立场，这里补充几点。

一、社会建构论立场促使人们关注科学知识的偶然性和情境性，并注重偶然性的原因，打破了原来理想的科学观念，打破了逻辑的标准观点，这是其价值所在。正是科学技术论将建构论立场引入科学知识的分析，才使得建构论立场在心理学、地理学、环境学、教育学、文化学、政治学等各个领域得以产生更大影响。

二、SSK 为了强调科学知识的社会性，为了清晰解释这些社会性，他将其置于明处，而将知识的自然性置于暗处，这在方法论上是可行的，但是结论上却是激进的。科学家成为被动的，社会制度和社会利益的木偶，世界如何切，刀子在人们手中，科学知识也是被动的。这样的结论自然是过强的。因此，后 SSK 更为强调了物质和社会的各种力量的作用，也更加关注科学与社会的互动与互构。

三、SSK 将社会建构中的"社会"，简单从其中抽取出了利益这一分析原因，尤其是早期的宏观社会利益，认为知识为利益所建构，这样的原因说明又显得过于单薄了。"其基本的问题或许是，无法断定是否在某个时代的社会秩序与科学思想之间，存在着一种因果关系，或者是否存在着某个可以产生社会秩序和科学思想的第三者，诸如时代精神，什么的"（Knorr-

Cetina, 1981: vii), 因此, 后 SSK 更为关注科学中的微观层面, 关注科学的具体实践过程。

四、SSK 的建构主义立场使得 SSK 知识主张的反身性成为难题, 对科学知识的社会学说明同样适应于自身, 使得自身陷入理论的自身驳斥, 具有解释的循环特征 (陈群, 2009: 39)。SSK 试图利用从自然科学那里继承的实证的、经验证明的社会科学的研究方法来证明科学知识是社会建构的, 利用自然科学的分析方法, 利用自然科学的理想模式的解释方法, 而在表述自己理论的语言模式上也类似于自然科学所用的语言形式, 并预设一个外在的社会实在, 可以经过经验的证实达到对外界社会实在的合理认识。从哲学上来说, 如果知识由社会实在所建构, 那么科学知识社会学的理论自身也是一种社会建构的产物, 这就陷于自我反驳性。从社会学上来说, 科学知识社会学在解构了自然科学的"实在"地位的时候, 在另外一级又预设了"社会实在"的本体论地位, 预设了存在着一种稳定的社会实体, 陷入了社会科学的自我指涉性。对于反身性难题的反思, 使得如柯林斯的经验相对主义纲领, 避开了反身性问题, 后 SSK 诸如马尔凯发展出了话语分析的研究进路, 着重于分析如何在研究文本上建立他们关于自然世界与社会世界的不同解释, 做出文本与话语模式的描述, 并且把分析者的话语的变化与发生这些变化的社会语境因素联系起来。

第四节 在绝对主义与建构主义之间

SSK 从反对逻辑的狭义观点出发, 尽管其出发点是方法论相对主义, 但是在其后期的理论发展中, 却是走向了相对主义与建构主义立场。这一点上, 哲学家苏珊·哈克在《理性地捍卫科学》中, 已经表达了这一问题的看法。她既批评传统的尊崇主义 (old deferentialism), 将科学视为神圣的事业, 科学因其独特的客观性和合理性的探究方法而享有独特的认识论权威。"由于现代逻辑的成功, 传统尊崇主义持续寻找'科学的逻辑': 通过增加和积累被经验证据、观察事实确认为真或可能为真的理论, 科学归纳地进步; 或者通过理论与基本陈述的对比检验, 以及用被确证的猜测取代被证伪的猜测得以改进理论的逼真度, 科学演绎的进步; 或者通过发展理论, 尽管理论自身并不是真理, 但却提供了更有效的检测工具, 科学工具地进步。"(Haack, 2003: 20) 她指出, 相信科学在一定意义上是一个理性的事业，传统尊崇主义在这一点是正确的，但是却假定以形式化的逻辑足以阐明认识论的核心，在这一点上却是错误的。她又批评新犬儒主义（New Cynicism），"激进的社会学家，女性主义者，和多元文化主义者，以及在严格的科学哲学圈之外的哲学家，他们意见一致地坚持认为，诚实的探究、尊重证据、寻求真理，作为假设的理想状态只不过是一种掩盖其背后的权力、政治和修辞的运作的烟幕，……偏好使用事实，证据和合理性，仅仅只不过是意识形态的欺骗，用来掩盖对这个或那个被压迫群体的排除，科学主要的或彻底的是一个关乎利益和社会协商的事情，或者神话、铭文或叙事的生产，它不仅没有特殊的认识论权威，而且也没有独特的合理性方法，它同其他探究一样，仅仅是政治性的。"（Haack，2003：21）哈克认为，新犬儒主义相信传统的尊崇主义已经失败了，在这一点上是正确的，但是他们认为科学的认识论主张是站不住脚的，这一点却又是错误的。

哈克认为，如果科学是一项理性的事业，那么它的合理性必须用狭隘的逻辑术语来解释，也就是说，它必须是语形可刻画的，这个假定是错误的，科学事业的合理性只能通过考虑尘世性的证据与方法来把握，也就是说，不仅考虑到科学的形式和结构，而且要考虑科学家与世界的相互作用，科学语言与世界之间的关系。因此，她提出批判的常识主义，它既承认观察和理论的交互依赖，承认科学词汇的不断转换和意义变化，也承认科学在深层次上是社会性事业，但社会性并不妨碍理解科学如何取得显著性成功，反而这是理解科学的一部分（哈克、陈波，2003）。因此，一方面，科学仅仅是人类日常思维的精细化，同其他人类其他探究一样，受制于人类的认知局限性；而另一方面，科学探究的社会特征，有时虽被看作对其认识论主张的一种威胁，但也可被认为是一种科学可错的帮助。尽管"科学的真相总有一天会大白于天下"这话听起来有点幼稚，但它却抓住了某种东西，即科学的进步虽然是缓慢和曲折的，但正是由于科学，我们对于世界的理解比400年前要多得多。科学既非神圣亦非骗局。科学是非神圣的：像人类的其他事业一样，它归根结底是易错的、不完美的、获取成绩之途是不平坦的、经常是摸索性的、不时也有腐败、当然也是不完善的。同样，它也不是一个骗局：无论如何，自然科学无疑处于人类最成功的事业之列，因此，我们要正确地、理性地对待科学，既不要高估也不要低估科学事业。

在此，本书赞同哈克对待科学的理性温和的态度。这种态度也适用于逻辑。

一、逻辑是对于人类推理的精细化刻画。科学被视为理性的事业，而逻辑被视为理性的极致，成为理解科学事业合理性的关键，由此赋予了逻辑至高的地位，然而，从历史的眼光看，20世纪随着数理逻辑的兴起，传统的、比较宽泛的逻辑概念逐渐被一个精细的、具有有效性的形式化理论所取代。"逻辑"这个词渐渐脱离了它的旧的、宽泛的范围，呈现出现代的、精细的指称，由此被推上尊崇的地位，但显然，逻辑也是人类探究的产物，是对科学推理与日常论证的总结，受制于人类所调查的世界的厚重和作为探究者的我们的局限性。因此，要理性地捍卫逻辑，它既非骗局也非神圣，而是在可错中得到不断的修正。逻辑作为认知主体信念组成的一部分，跟其他信念一样，需要不断地接受实践的检验和批判，再不断地试错与修正。

二、形式化的限度需要重新审视。摒弃逻辑的狭义观点，不将逻辑诉诸某种抽象的世界结构或实在结构，直接关注日常或科学中的非形式论证，那么，形式逻辑只是对于非形式论证的一种刻画，是对于系统外有效性的一种理解。形式化既不是万能的，也不是逻辑的本质。正是由于系统外有效性的不同理解，导致了多元的逻辑后承与逻辑系统（Restall&Beall，2006）。因此，对于同一种非形式论证，有不止一种形式论证的表述方式，并且不同的形式论证也可以对应于不同的系统外有效性。因此，对于堆悖论，既有经典逻辑刻画，又有三值逻辑的刻画，亦有模糊逻辑的刻画，而每一种刻画都面临局限性。面对阿赞德逻辑，既有经典逻辑的刻画，亦有三值逻辑、次协调逻辑的刻画[①]，而近年来崛起的非形式逻辑等论证理论，直面日常语言中非形式论证之系统外有效性概念的复杂性本身，更是直接对于形式化本身提出了质疑。"当把日常论证置于形式化的抽象中时，实践论证中的真正意义被丢失和扭曲了。"（Greiffenhagen，2006）这种思考一方面需要我们更为关注日常论证实践的丰富性以及系统外有效性的多样性（毕竟逻辑的标准只是评价论证的一种标准）；另一方面也需要谨慎对待形式化方法，清楚其目的和限制，发展更为多元化的论证评价标准，它也许是某种非形式的、关注主体的、情境依赖的，而不是形式逻辑的无主体的、内容中立的、忽视背景的等标准。这种思考也带我们走向一种关注实践的逻辑观，以一种更为理性和常识化的、温和的态度对待逻辑。

---

① 参见臧艳雨（2011，2014）。

第五节 走向实践的逻辑

学者们对于 SSK 的批评,往往关注于其对于形式逻辑知识的批判,逻辑知识是社会利益协商的结果,却往往遗漏了 SSK 对于逻辑理论的重建,其对于人们推理论证实践的真正关注。这种关注如果细分起来有两点:一、对于狭义逻辑观的抽象研究对象的不满,认为逻辑应该关注人们的推理实践,而且是集体化了的思维习惯和推理实践。二、隐晦地对于用形式化方法刻画人们日常论证实践的不满,用形式逻辑规则刻画一个民族的日常论证实践是否是恰当的和充分的,如果用于其他文化群体,形式逻辑是否可作为一个文化比较的工具?但是具体应该以何种方法表达具体论证模式,SSK 也并没有指出。

SSK 在第一点上着墨较多,但他在第二点上表述不多。但 SSK 对于阿赞德逻辑的关注,以及关于阿赞德逻辑的后续争论(见本书第五章),无不彰显了这一点。

这种关注逻辑实践的取向,成为 SSK 留给后人的遗产,可以从两个方面加以扩展:一、关注科学家构建逻辑知识的实践,才有了后 SSK 对于科学实践的关注:实验室生活研究,实验实践研究,常人方法论研究,话语实践研究等。二、关注一个民族具体的论证实践,从当代论证理论的视角,以逻辑的、修辞的、论辩的等多个视角,社会的、情景的、主体的等多个视角,综合评价和考虑论证实践,而不是局限于形式逻辑的有效性概念。

因此,逻辑社会学,这里的逻辑,既包括逻辑知识,也包括逻辑实践,这里的逻辑实践,既包括科学家构建逻辑系统的概念实践,即自觉的逻辑实践,也包括人们日常推理论证的具体实践,即自发的逻辑实践。下一章,我们将对作为实践的逻辑进行分析。

第四章 作为实践的逻辑

本章基于后 SSK 对于实践的关注，并结合逻辑学中当代论证理论的发展，提出一种基于实践的逻辑观念，并在此基础上思考逻辑与社会文化的关系。第一节主要分析后 SSK 对于科学家构建科学知识的实践关注，第二节则重点关注了另一种实践即人们的论证实践。

第一节 后 SSK 对于实践的关注

一 从 SSK 到后 SSK

20 世纪 80 年代之后，随着 SSK 研究的影响，STS 从对科学知识的关注走向了对于科学实践的关注，更为强调科学的实践维度，尤其是科学生产的重要场地：实验室。SSK 将科学视为知识体系，认为科学知识不过是一种社会现象，可以自然主义立场进行研究，采用社会实在论和利益说明模式，解释知识为何是这样而不是那样，指出其中起决定或影响作用的是社会力量，是利益，是政治的、社会的、文化的等外在于知识的因素在起作用，这种解释模式超越了传统的科学哲学，批判了传统的科学观，在 70 年代与 80 年代取得丰硕的成果。随着研究的深入，20 世纪 80 年代之后受到了挑战。SSK 研究转向了后 SSK 研究。后 SSK 不仅指出 SSK 的内在矛盾，也表现出对于科学实践的细致分析和关注。由于 SSK 主要采用回溯式的知识理论的历史案例分析，宏观政治文化等背景分析模式，后 SSK 则从宏观到微观，从科学知识到科学实践，展现出更为细致的反思视角。由于实验室是科学研究实践中的一个重要场所，尽管并不是所有的自然科学知识都是从实验室中产生，但实验室却是集中体现了现代科学与知识，如同工厂生产工业品，实验室生产出科学对象与科学事实。人类学家塞蒂娜（1981）、拉图尔和伍尔加（1979）、特拉维克（Traweek，1988）开启了对于实验室的民族志研究，关注科学制造过程中的与境性，关注工作中的科学家的日常活动如何导致科学事实之建构，关注实践中的各种因素的异质性。同样的是关注实验室生活，同样是基于民族志研究，加芬克尔的学生林奇发展出了对于实验室生活的常人方法论研究（Lynch，1985），不同于拉图尔等人的陌生人视角，林奇亲自参与了科学家的工作，既作为观察者也作为行动者，引入常人方法学视角，而加芬克尔的另一个学生利用常人方法论，展开了对于数学实践如哥德尔定理证明的分析（Livingstone，1986），他们在无意中将自己纳入了 STS 研究的阵营。而在美国，以马尔凯为首的社会学家展现社会生活解释的多样性，提出一种新的社会学语言，以区别于传统的解释社会学，由此发展出了话语分析与新文体形式的分析模式，使用多种声音的文本，使得分析性观点和文本观点都成为以自然方式批判讨论的主题，"取代常规社会学中的单一的、匿名的、去社会的声音"（Mulkay，1991：xvii）。此外，针对科学实践，哲学家哈金推出了新实验主义，关注实验室中的操作性因素，哲学家约瑟夫·劳斯，提出了科学实践的解释学，而在爱丁堡大学拿到博士学位的皮克林尽管其研究起点是 SSK，但在其后续研究中，提出了冲撞理论，关注科学实践中社会的、物质的、概念的力量等，而不仅仅是社会因素。STS 研究中的这种转变在皮克林编著的《作为实践与文化的科学》中得到了部分呈现。

从 SSK 到后 SSK 的转变，突出体现了 STS 学者从关注作为静态理论知识的科学到关注作为实践活动的科学。后 SSK 突出了一个新的主题：实践，认为由于实践本身的固有性质，实践值得被研究和分析。尽管实践概念本身存在着相当的模糊性，但还是有一般意义上的"实践"：关注科学家怎样制造知识的实践，围绕这种实践，各种要素如何组织起来。

由于科学文化的丰富性以及科学实践的复杂性、多样性，SSK 采用的古典社会学的概念框架和理论工具就显得简单和贫乏了。一方面社会科学家借鉴各种新的社会理论和方法，突破了传统的涂尔干式的结构主义以及宏观社会学分析框架，引入诸如人类学、常人方法学等更为微观或中观的理论工具，研究进路上也从科学史学的历史案例分析走向人类学、符号学、解释学等多种理论视角，而不仅仅局限于社会学领域；而另一方面，科学实践的多样性复杂性使得后 SSK 更加注重科学实践中的各种异质性和力量，围绕实践活动，出现了彼此不同的社会的、体制的、概念的、物质的等科学文化要素，相互之间辩证演化，不再是 SSK 中的社会因素的优先解释权。

因此,"SSK 只剩下第二个 S (science),而第一个 S (sociology) 已经失去,由于知识走向了实践,K (Knowledge) 也已失去"(Pickering,1992:14)。后 SSK 转向实践研究,主要是转向研究科学家实际上在做些什么,以及研究他们怎样利用起各种各样的资源。实践指向了科学家制造知识的活动,文化指向科学家在工作中所利用起来的各种资源。要完成知识制造的活动,就离不开各式各样的资源,所以,科学既作为实践又作为文化。相比于 SSK 把科学看作为一个单一的概念网络的扩展,而实践仅仅是概念网络为适应环境而实现的创造性扩展,后 SSK 注意到了实践的丰富性:仪器的制造,实验的计划,运行和解释,理论的说明以及与实验室管理部门、出版部门、基金提供部门等的谈判。

皮克林在《作为实践与文化的科学》一文中,曾对这种转变的差异进行过分析。整体上,后 SSK 较之 SSK,有如下差异(Pickering,1992:1-26):

(一)从知识到实践。SSK 关注静态的知识,采用回溯式的分析,批判传统的科学知识表征自然的知识观,批判实证主义科学哲学对科学知识进行逻辑结构分析,SSK 着力分析知识所具有的社会成分。如果说传统科学哲学致力于分析科学理论的内在逻辑结构,而 SSK 则致力于找出科学理论的社会因素。后 SSK 则将科学看作为一个动态的实践过程,具有更加丰富的物质、时间和空间维度,展示出实验室内外各种行动者如何参与科学制造的丰富图景。

(二)批判还原论。这涉及强纲领的"因果性"信条。SSK 追寻涂尔干以及知识社会学的古典社会学模式,突出了科学中的两个部分,一个是可见的知识,由此它继承了知识的哲学传统,另一部分是社会,试图去寻找科学背后隐藏的秩序,并从社会学角度认为这种隐藏的秩序是某种隐藏的社会结构,诸如利益、习惯、结构、惯例等,以此来解释知识的成因,并认为社会是某种先验的实在的东西,可以对知识的反思提供解释,社会取代了自然。后 SSK 则拒绝这种还原论立场,不去寻找这些所谓的隐藏秩序。它从可见的东西出发,把科学理解为一种实践过程,是各种异质文化因素相互作用的结果。

(三)不单单是社会因素,而是多种异质因素相互作用。SSK 从社会角度解释科学,用社会取代了自然的角色,认为科学知识是社会所建构,科学知识不应被视为对于自然的透明的表征,而应该被视作相对于某种特定文化的知识,知识的相对性可以通过社会学的利益而得到解释,是社会提供了解释的工具，因此主张用同样的社会原因说明被认为是真实的信念和虚假的信念（强纲领的对称性和无偏性）。后 SSK 认为从单一社会利益的古典社会学概念和框架来考察复杂的科学实践途径还是过于贫乏和简单了。SSK 的实践概念也是过于理想化和还原性了。认为把实践描述为不确定和利益导向的，最多只是捕获了问题的表面，因为利益本身也是动态变化的，不能够作为解释的工具。科学活动作为一个动态的实践过程，牵涉到一个更为复杂的力量和因素（行动者），实验室内和实验室外，非人类的、人类的，社会的、物质的、概念的，各种力量和行动者在动态的博弈过程中，都参与了科学的建构过程。

（四）由社会实在论走向建构的实在论。SSK 坚持古典社会学，将社会作为一种与自然对称的另一种实在，社会取代了自然承担起知识解释的角色。后 SSK 打破了这种传统的主客以及自然社会的二分，认为不但自然是被建构的，社会也是被建构的，它们是各种行动者（拉图尔），各种力量（皮克林），在科学实践过程中动态博弈建构起来的。后 SSK 认为作为解释资源的社会因素并不是一个稳定的实体，也不是某种能够解释其他事件的工具，相反，在与其他科学技术因素（物质的、概念的、社会等力量）的相互作用中，社会本身也在不断变化与生成，因此走向了建构的实在论。

这里主要以对逻辑有所关注的拉图尔的行动者网络理论和皮克林的冲撞理论，以及利文斯通的数学的常人方法论研究来展示后 SSK 的实践建构的观点，并以此发展本书关于逻辑的实践概念。

二 皮克林的冲撞理论

20 世纪 70 年代，已具有理论高能物理学博士学位并有相应研究经历的皮克林进入爱丁堡大学攻读科学史和科学社会学博士学位，并最终写成博士论文《粒子物理学史：社会学分析》，这就是其《建构夸克：粒子物理学的社会史》（1984）一书。《建构夸克》将时间因素纳入科学实践的分析中，从高能物理学家发展运用夸克这一概念的实践过程来分析其创立、制定和使用，而夸克的实在性逐渐被接受也与这一实践的动态过程相关联，夸克的实在性是粒子物理学家实践的结果，因此，科学概念的获得不是单由实验所判决，而是实验与理论不断互动共生的结果，这其中，理论传统与实践传统相互共生，相互加强。皮克林用语境机会主义（opportunism in context）（Pickering，1984：10）来说明这个动态过程的模型。实验传统和理论传统都致力于探索自然现象，共同构成了一种相辅相成的语境。从宏观角度分析，语境与资源的共享使从事理论研究的物理学家与从事实验研究的物理学家能够以实现共同的利益为目标而达到共生，而从微观角度分析，科学实验室中作为独立个体的科学家如何进行实践，是根据科学家个人以享有的资源在不同的语境下做出的创造性探索的机遇而定的。每位科学家在面对实践中出现的问题时，都有自己独有的资源来处理，这种资源包括物资设备、专业知识技能、职业训练三个方面。科学家会找出最适合的方法来满足自己当前所处的语境，同时使自己的资源得到最大的利用。最终，新概念的获得和确立不仅仅只是知识的增长，而是一种新的传统或范式的出现，包括概念、定理、判断标准以及研究规范在内的一套新规范，使得粒子物理学从旧物理学转向了新物理学。

可见，作为受 SSK 训练的博士，皮克林进入 STS 领域是从 SSK 开始的，并在反思 SSK 中走向了后 SSK。在《建构夸克》中他仍然延续了 SSK 的利益解释模式分析科学知识的增长，但他注意到了实践过程的动态性，注意到"社会利益"是跟随实践的过程而不断变化，并非稳定不变，而一个持续变化的因素是无法来解释同样不断变化的科学活动的。在反思 SSK 的研究，并回应对于《建构夸克》的各种批评中，他逐渐修正了自己的理论，意识到在知识生产过程中，物质因素和人类因素同样存在，而不能单纯强调社会文化因素的影响。由于 SSK 将科学当作一种概念网络，知识的增长即是网络的延伸，皮克林以一种新的思路看待科学，将科学看作一种实践活动，是多种力量相互交织、持续演化的过程，不单单是人类力量或社会力量，而是人类力量和物质力量相互作用的结果。1992 年他主编的《作为实践和文化的科学》，总结汇总了从 SSK 到后 SSK 的转变，以及双方存在的主要分歧。他在 1995 年的《实践的冲撞》中，提出了实践的冲撞理论。

同 SSK 其他学者一样，皮克林也反对传统的科学观。传统科学观把科学视作是知识体，是关于我们世界的实证命题的集合（Pickering, 1995：2），科学哲学试图为科学所包含的各种命题建立形式化的关系，科学知识体系构成一个自足的体系。库恩的科学革命理论挑战了科学的自主性，为重新认识科学开辟了道路。SSK 认识到了科学的人类与社会的因素对于科学的影响，社会结构、社会利益、人类技能都成为科学的组成部分，与科学有机结合。而皮克林注意到了科学的另一个维度：物质维度，实验室中的仪器，设备，实验组织体系。而这个维度被科学史与科学哲学忽略了，也被 SSK

忽略了。

皮克林从对利益模式的不满开始,认为利益模式不够细致:(一)利益自身在实践中也会发生变化,而 SSK 对之不能提供任何有意义的解释。(二)利益在实践中重新界定自己,在实践某一阶段被确定和显现,而不是如 SSK 所认为的被预先设定。(三)应该从微观到宏观来思考利益,利益既包括了实践者的人类动机和目标,也包括了科学活动者的社会认同和社会关系,它们在实践中冲撞和重新界定自己。

皮克林意识到了科学实践中,除了这些人类力量,也有物质力量在起作用,这些物质力量主要包括实验室中的仪器设备等,比如气泡室、粒子加速器等,此外,皮克林还注意到了规训的力量,科学家所进行的操作、推理等活动是由其文化与知识背景、科学共同体的信念等一系列因素所规训的。

由此,皮克林在扩展的意义上使用文化一词,科学文化以往指知识领域,皮克林用它表明科学中被制造的事物,包括了技能、社会关系、仪器和设备以及科学事实和科学理论。科学实践被视为文化的扩展。他也引入时间的维度,试图理解科学在时间中的演化,即科学的文化扩展过程。

为了思考科学实践,皮克林区分了操作性语言与表征性语言,认为正是表征性语言造成了科学能否表征自然的恐惧。皮克林用操作性语言来理解科学实践,认为把社会的、物质的、实践的等多重维度纳入科学,可以超越把科学作为知识的理解,从而将科学视为人类力量与物质力量的持续和扩展,可以脱离纯粹以知识来理解科学的局限,走向对于科学中的物质力量的关注。

皮克林认为,SSK 没有关注物质力量,只着力于科学活动中的人类力量。认为科学知识的生产、评价和使用,受制于人类力量的约束,虽然挑战了对科学的表征语言描述,却导致各种科学信念,只能从社会学角度按照这些信念自身的意义去解释。其科学只能是半操作性质的,显示出对于人类力量与物质力量的非对称性处理。原因在于受传统的科学哲学对科学的表征性语言描述的限制,深层在于同时承认人类力量与物质力量从而转向科学的操作性语言描述变得艰难。拉图尔等人也意识到了科学的操作性理解的方向。如行动者网络理论认为,科学是一个人类力量和非人类力量(物质的)共同作用的领域,在网络中人类和非人类的力量相互交织并在网络中共同进化,人类力量与非人类力量是对称的,内在构成于科学中,因此只能一起考察。相较于拉图尔以修辞学角度对称手段处理人类与非人类因素，取消自然与社会，主观和客观的二分，皮克林认为自然与社会的划分并不能取消，行动者网络理论从符号学角度看待人类力量与物质力量，二者完全对等严格对称，持续地相互转换相互替代，这一点会遇到困难，因为人类与电视机、气候等非人类力量有着明显不同，虽然在符号学意义上人类与非人类相同，但在实践中却并不如此。需要接受的是：人类力量与非人类力量存在着并行关系，存在着有机的交织。

皮克林决定以操作性语言而不是符号性语言来理解这种特征。机器领域不能存在于纯粹的人类空间，仅仅被人类的各种实践活动所包揽。人类力量与非人类力量的对称性与相互作用性体现在：前者在实践活动中被规训，后者在机器运行中被捕获。二者都是重复性的，如机器一样，在各种操作中相互合作。

皮克林指出，科学是操作性的，在其中，行动，也就是人类力量与物质力量的各种操作居于显著位置。操作性语言把世界认为是一种持续地制造事物的过程，我们自身也是如此。一旦把知识理解为操作性的，整个科学图景将变得更为精致。

在操作性语言中，科学的实践图景是什么呢？人类力量在实践中瞬时突现，物质力量也在实践中瞬时突现，科学家在物质力量的领域通过机器奋力捕捉物质力量。人类力量与物质力量相互交织，彼此界定，彼此支撑，在实践中突现，最终成为科学文化的重构与扩展。作为有目标和动机的科学家，人类力量尝试构造新的机器，由此带来一系列的扩展过程，构成阻抗与适应的辩证运动，力量的舞蹈。阻抗来自于捕获物质力量的失败，适应来自于应对阻抗的人类策略，如重新调整目标动机和社会关系等。

"实践的、目标指向的以及目标修正的阻抗和适应的辩证法，构成了科学实践的一般特征，这就是实践的冲撞。"（Pickering，1995：23）在冲撞的图景里，科学被视为一种人类力量与物质力量经由阻抗与适应的辩证法运动的人类文化的一个进化领域，其中前者寻求捕获后者。在强调实践的冲撞过程中，皮克林主要强调了两点：一、瞬时突现。即我们对机器的确切要素集合并无认识，也没有任何能够决定未来文化扩展脉络的线索，我们只能在实践的冲撞中发现下一个被捕获的物质力量如何被建造起来，以及其可能的面貌如何，即捕获及其特性都是即时发生的，阻抗和适应的力量在持续地不可预期地在其中突现，纯粹的偶然性构成性融入冲撞模式中。

二、后人类主义：人类主体的后中心化。皮克林反对 SSK 将人类主体中心化，站在后人类主义立场，认为人类力量非人类力量相互交织相互界定，人不再是活动的中心和主体，世界以我们建造世界的方式建造我们。

由此可见，皮克林对科学的理解是操作性而非表征性的，后人类主义的而非人类主义的，时间性瞬时突现的而非非时间性静态回溯式的。这种关注力量的冲撞理论将逻辑置于何地呢？

皮克林没有对逻辑展开分析，但他分析了数学实践中的一个案例：汉密尔顿（William Hamilton）建构四元数，用以展示科学活动中概念的扩展，"思维活动如何使思维自身成为问题"（Pickering，1995：114），认为概念实践同样是一个自由运动与强制性运动组成的筑模过程。他以此来理解在单纯的概念王国和思想王国中，为什么概念的扩展不是任意的和纯粹主观的，科学家到底与何种力量抗争，在科学家和他们的目标之间隐藏着什么。在实验室中，科学家和物质力量相抗衡，但在概念实践中，阻抗则来自于规训的力量（DISCIPLINARY AGENCY，规训这一词来自于福柯）。

他的分析框架基于三个基本的思想：（一）各种文化实践具有规训的、机器一样的运作性质；（二）实践，作为文化的扩展，是开放式终结的筑模过程；（三）筑模发生在文化的多重性领域，指向各种文化要素的产生。

以这三个思想为指引，重新看待代数实践，我们学习代数就是承认一套符号体系并且知道如何使用这些符号。因此，我们会自动得出 a（b + c）= ab + ac。这种规训使得概念实践独立于个体的愿望和动机。实践的扩展作为开放式终结的过程，不存在任何现存的决定性，筑模过程可以细分为架桥、誊写和填充三个步骤。架桥和填充是自由运动，科学家展示选择和判断，是科学实践中的主动部分，具有人类力量的典型特征，誊写却是被力量包围的受迫运动，是被动部分，是规训表现自身的过程，和科学家活动结合在一起，使得科学家在面临他们的训练和接受某种公认的程序过程中由主动变为被动。因此，誊写是受规训的强制运动。这样，概念事件就有了力量的舞蹈的相似形式，在舞蹈中，规训力量和人类力量轮番起舞，构成阻抗与适应的辩证法。科学过程是筑模化的开放式终结过程，是汉密尔顿构造四元数实践的内在构成（Pickering，1995：第四章）。

（一）架桥。在汉密尔顿之前，二维平面上的复数代数的运算已经与几何的线段之间建立了一一对应关系。汉密尔顿的探索从已知走向未知，探索三元组代数，从二维数学体系走向三维数学体系。寻求一个已知二维系统的创造性扩展。伴随筑模过程的文化扩展过程，是开放式终结的。

他在各种的开放式终结空间中周旋。他在思考平面上的点时，借用复数代数的几何表达，从二维平面中的线段思考转向三维空间中的线段思考，建立了复数代数向三维空间扩展的桥头堡，通过架桥，在代数表示 x + iy + jz 与经过适当界定了的三维空间中的线段，建立了对应关系。桥头堡操作的意义在于为筑模化过程标志了一个特定目标。有两点要强调：（1）从二维空间向三维空间的转换，是一个自由的运动，没有力量强迫他这样做。固定一个桥头堡的行为是一个自由的或积极的运动，降低筑模的不确定开放。（2）这样一种自由运动是尝试性地和可修改的，不能保证一定成功。

（二）誊写。当把代数表达与三维空间之间建立对应关系后，当需要在两个系统（代数与几何）中保持数学操作的链接的可能性时，规训的力量出现了，阻抗开始明显。令 $t = x + iy + jz$，那么 $t^2 = x^2 - y^2 - z^2 + 2ixy + 2jxz + 2ijyz$。这个三元组如何与三维几何建立对应关系呢？伴随着 $i^2 = -1$，$j^2 = -1$，誊写相当于把基本模型里的操作复制到桥头堡所建立起来的系统，誊写是被动的、强制的活动，一系列与已经建立起来的基本模型相关的活动。这就是规训的力量，任何受过代数训练的人都能看懂汉密尔顿所进行的乘法运算是正确的。

（三）填充。誊写过程的受约性质使得阻抗的突现成为可能。规训力量不足以贯穿筑模的全部文化扩展过程，断裂（gaps）出现。这就是方程右边的最后一项：ijyz。这个未被界定的量，既不取决于汉密尔顿的自由运动，也不取决于其受迫运动，它是一种突现：断裂的突现。对断裂的回答，即是填充：为了进行更进一步的自由运动，为未被界定的术语赋值。如规定了空间中线段的乘法的法则，从而使得从二维复数转为三维复数的誊写成为可能。这种可能使得汉密尔顿对于任意一个三元组可以进行平方运算。基于这一考虑，汉密尔顿对所产生的阻抗的直接适应是让 $ij = 0$，或者 $ij = -ji = k$。这种对于新变量的定义，最终使得汉密尔顿建立了四元数。在阻抗与适应的辩证法中，在冲撞中，他意在建立三维空间的链接，却经由桥头堡引进的一个新的叫作 k 的平方根的转换，最终建立了四元数体系。

这个汉密尔顿建构四元数的案例，布鲁尔在《汉密尔顿和皮科克论代数的本质》（Bloor, 1981）也曾分析过，并将汉密尔顿的数学思想与他的学派抱负与社会地位联系在一起，构筑了一个社会—形而上学——数学的关联模式。这是一种外在主义的指向社会的解释。皮克林认为社会因素是随时间变化的，而这种文化布鲁尔没有提供任何检验和分析（Pickering，1995：151-152）。因此，皮克林展示了内在于汉密尔顿专业实践的更为精细化的分析方式。

在科学观上，皮克林坚持了知识的客观性，比如四元数实践中，汉密尔顿要保留的代数与几何运算中一一对应关系。但是标准是相对于情景的服从于实践的，汉密尔顿打破了曾被视为方法论的代数的形式永恒原则，带来了代数的重要发展，这意味着标准也是随着特殊技术发展的。这种思路离开了客观性走向相对主义。知识相对于一种特殊的文化（这里文化指科学家所用的各种资源）：新知识是从老知识制造出来的，因此，知识相对于这种文化资源。在新知识点的制造过程中，利益自身也为文化资源所建构，随着实践而发生变化，因此，汉密尔顿的四元数也改变了文化空间，由此，知识具有了相对性。此外，考虑时间的因素，走向了对于科学的历史主义理解，具有文化情景上的历史性。

遗憾的是，由于皮克林主要的学术领域在粒子物理学，他没有对逻辑展开探讨，并认为对概念实践的分析是一个尚待进一步开发的领域。但皮克林对于逻辑的研究启示在于：

（一）用一种新的分析框架分析实践。他用操作语言代替表征语言，突破了人类主义，以后人类主义的视角，将科学实践的瞬时冲撞性展示出来，揭示出其中的各种力量。

（二）对于科学实践中的影响因素进行了更为细致的分析。他认为利益并不是恒定不变的、外在的因素，而是内在于实践，在不断变化，这其中，有人类的力量，有规训的力量，有实践者的目标和动机，有社会认同和社会关系等多种影响因素。

（三）在哲学立场上，坚持非反映论的实在论。他认为科学知识是客观的、历史的、相对的，注意到了科学实践中的时间因素。

三　科学的实验室民族志与行动者网络理论

（一）实验室研究与形式科学的建构

20世纪70年代以后，塞蒂娜（1981），拉图尔（1979），林奇（1985），特拉维克（1988）等人类学家发展出科学实验室的民族志研究，塞蒂娜是一位文化人类学家，为了把握科学知识生产的具体运行过程，亲身参与了加州伯克利一家大型研究所的科研活动，实地观察科学家如何做实验和拟定论文，与科学家交谈，对交谈内容进行录音，研究实验过程中的原始材料，这种实地参与的研究方法开创了科学哲学和科学社会学研究的新思路。在《制造知识》一书中，塞蒂娜总结了实验室研究的几个特征：首先，实验室研究关注点在知识生产的语境上，其对于发现语境的关注与以往科学哲学家对于辩护语境的关注形成了对照。其次，实验室的人类学观察研究，打开了科学实践的黑箱，有助于了解知识生产的环境、过程及其经验性、语境性，这是其与其他知识社会学研究方法的区别之处。再次，实验室研究对于实验室发生的所有实践与事件具有包容性。实验室研究表明，科学事实和对象是在实验室中被创造出来，符号性地政治性地被建构，通过科学论文中的文学技巧被建构，通过科学家在形成同盟与调动资源中的政治策略被建构，通过建立科学成果的选择被建构。因此，实验室不仅干预了自然界，也干预了社会。实验室研究也表明，科学成果是文化实体，而非纯粹由自然赋予的东西。实验室中的实践是文化性的，该实践生产出来的事实也是有文化性的。最后，实验室研究开启了重要的研究领域和研究架构，而实验室本身也成为科学研究中的一个重要理论性概念，成为理解科学与知识的成功不可缺少的部分（诺尔·塞蒂纳[①]，2001：中译版前言）。而人类学研究方法是进入实验室研究的一个途径：人类学家将从事科学研究视为科学家的一种生活方式，对其以陌生人视角进行参与观察。这是一种更为细致的研究风格，试图按本来面目来描述实验室和研究机构中的生活社会秩序，打开科学黑箱。

人类学家拉图尔是另一位较早从实验室角度研究科学实践的学者，开创了巴黎学派。同样不同于 SSK 的回溯式静态分析，他的方法是走进实验室，利用人类学访谈和观察，追随行动中的科学，看看科学家实际上怎样工作，由此开展实验室生活的人类学研究。他指出，数百名人类学家访问过所有能想象到的部落，然而，对于他们自己的工业、科学、技术和管理的研究却很糟糕。他们被从非洲、拉丁美洲或亚洲的土地上赶走了，感到只能在自己的社会里研究他们刚刚离开的土地的情况，研究亚非拉地区的艺术、民间传统、巫术、符号表现、战役、所有生活在各个阶层边缘的人、犹太人区，他们顾虑重重地在自己的城市里工作。他们深入居民内部研究他们的关系准则，却不去分析城市设计者、地铁或旅馆的工程师们所做的事情；

[①] 即塞蒂娜。

第四章 作为实践的逻辑

他们研究工厂里那些异域特点的穷人，却不对工程师和老板进行研究。他们可能去研究医学，却不去研究医生，更不用说物理学、生物学、数学等这些精密科学家的工作（Latour&Woolgar，1986：27）。因此他指出，实验室的民族志需要存在，要让科学家成为人类学家口中的"情况提供者"。

拉图尔认为，近20年来，科学社会史被英国人更新了（指布鲁尔、柯林斯、品奇等的工作），这些社会学家不但研究历史的争论，柯林斯的工作更是指明，应该对当前正在形成的，正引起广泛争论的科学进行研究，不是那些被认可的科学，而是那些尚待完善的或尚无定论的科学。

他评价爱丁堡与巴斯学派的历史分析案例，"无论用什么办法搅动，他们像两种液体一样，仍然不能混合到一起……如同一种三明治现象：一片新鲜的观念史夹在两片不新鲜的社会学面包之中。这是由于，社会历史学家拘泥于档案（文献、文章、谈话记录），而并不直接去现场。这种退缩阻碍了他们去观察，虽然深刻更新了我们的科学图景，但是他们丝毫未更新自己的形象，因而也就是我们自己的社会形象。他们认为可以把社会、集团、实践的观念应用于热力学、统计学和细菌学上。然而，关于社会、社会的功能和实践，我们又知道多少？归根结底，社会学家用访谈和问卷的方式只能研究很少的事情，而人类学家又从不研究学者协会，工业协会和现代的国家科研中心"（拉图尔、伍尔加，2004：13）。因此，拉图尔提倡研究实验室生活，观察科学的形成过程，把科学家制造知识的实验室作为田野，如同研究原始部落社会群体一般，以他者的眼光，陌生人的视角，对其进行参与观察，追踪行动中的科学，由此打开了科学家制造知识的微观世界，如同打开知识制造的黑箱，观察科学家如何制造知识，在这一过程，各种行动者（人的，非人的，物质的，非物质）如何相互作用，共同建构了科学事实。

拉图尔支持并扩展了布鲁尔的对称性概念，认为不但要用同样的术语探讨科学史研究中的成功和失败，也要用同样的术语来探讨自然与社会，不能为了解释社会而相信自然，也不能为了怀疑自然而对社会坚定不移，因此，要在自然和社会，真与假之间形成对称（广义对称性）。

在人类学的研究方法上，拉图尔将研究人员作为有特长的信息提供者，而不是用他们所说的东西来解释他们所做的事情。人类学家走近科学，去熟悉事实产生，然后返回自己的家，用一种不属于分析语言的元语言来分析研究者所做的事情，这是一个人类学家的工作方法：使自己熟悉一个领域，并保持独立和距离。

拉图尔的实验室民族志是从对美国一个著名的萨尔克实验室（The Salk Institute）[①] 的参与观察开始的。通过萨尔克实验室的参与观察，拉图尔试图表明：一个诸如TRF（促甲状腺激素）的科学事实如何从实验室中被制造出来。因此，该书的副标题是"科学事实的社会建构"。他试图展示，一个事实如何获得一种性质，使其绕开社会学和历史学解释。因此，《实验室生活》从理论来说，寻求的仍然是社会因素作为解释资源，虽然其方法是人类学的：通过重建实验室中发生的历史事件，试图证明一个原始事实如何从社会学角度加以解构，即事实如何失去自己的全部时间属性并融入其他人所提出的宏大知识整体中而被承认为事实。他指出，TRF完全是社会的构建物。这个"社会"一词的理解，他也承认，是超越了社会学层次的，尽管这里有意识形态的影响，职业发展的规定，制度性的因素等。这种超越就在于，科学家的实践具有特殊性、局部性、不相似性、背景性和多样性，这是一种解释的实践，由局部的、心照不宣的协商、不断改变的评估和无意识的或制度化的行为构成。

在1979年的《实验室生活》中，尽管他意识到了实验室研究的局限性，认为，就田野来说，传统的人类学田野是一个场地和属地的混合，而科学的实验室是一个网络系统，网络系统的枢纽是实验室，也可能包括办公室、工厂、医院、律所、私人住宅以及所有能生产和销售大脑激素的场所，实验室只是网络系统的一部分，但是他仍是把自己限制在实验室内（实验室内高墙封闭，植根于自己的范式，把必要的学科聚拢在周围，有一个得力主管掌管，像一个教学场所），他认为"这是个错误，但是可原谅的"（拉图尔、伍尔加，2004：22），认为这是实验室研究的局限性，停留在一个地点而无法估计网络，而且对于网络缺乏系统研究。在1987年的《科学在行动》，他走出实验室，通过追寻实验室内外网络建立的情况，在科学实践中找到了更多的东西：各种行动者，不区别自然与社会，人类的与非人类的因素，并认为科学事实是实践的建构。

作为一个卓越的STS学者，拉图尔主要的研究在自然科学，对逻辑的关注较少，但他提倡形式科学（如数学与逻辑）的人类学研究是个有待开发

[①] 美国的一个果蝇实验室，从事神经内分泌学的研究，以发现TRF（促甲状腺素释放因子）的特征而著称。

的领域，在形式化的过程中各种因素进入其中。我们首先看看他将逻辑研究置于何位置。

　　除了研究方法上采用人类学观察，在理论上，拉图尔最著名的当属行动者网络理论：各种行动者建立联盟，构建更强更大的网络。行动者网络理论的主要思想体现在他的《科学在行动》中。拉图尔认为"即成的科学"如同一个黑箱，使得人们只能看到输入与输出，而要了解黑箱如何形成，就要闪回到黑箱闭合之前，追踪"形成中的科学"。他发现黑箱闭合前，争论和修辞是重要的部分。在科学争论中，一个陈述的命运掌握在后来使用者的手中，"事实和机器的建构是一个集体的过程"（Latour，1987：29）。而在科学争论中，技术性论文为了争取更多的盟友和支持者，修辞学是其中重要的部分，运用一些诉诸权威、引证从前的文本、被后来的文本引证等这些在逻辑上被批评为是逻辑谬误的手段。在文本组织上，作者层层组织布防，聚集起足够多的同盟，操纵读者只能按照作者所设想的路径往前行，通过这些技术性手段，读者只能持三种态度，放弃，赞同和重来。大部分读者也许放弃或赞同了论文，如果有读者也恰好有一个实验室，可以把作者做过的事再做一遍，那作者还有进一步的步骤防备异议者的攻击：那就是带着大家进入实验室，这里决定了论文所展示的事实。而在实验室中，各种各样的仪器、设备、代言人替自然发声，把读者引向一组可见的显示，读者不是从文献走向自然本身，而是从一组修辞学资源走向一组由仪器展示的可见的显示资源，作者依赖这些仪器资源，展示"自然与我们同在"。当争论结束的时候，自然在哪里呢？通常科学哲学认为自然是争论结束的原因，而拉图尔认为，"自然只是争论的结果，而不是原因"（Latour，1987：99）。进一步，当从实验室内走出实验室之外，弱的修辞学变成了强的修辞学，科学家如何利用实验室之外的资源，吸引他人参与事实的建构，并使得他人的行为变得可预测，就成为科学家们要做的事情。而这一事情，是通过"转译"完成的：事实建构者给出了符合他们自己利益，也符合他们所要吸引的人的利益的一套解释。这套转译利益的策略包括：转译兴趣（运用一些策略诸如，我想要的正是你想要的；我想要它，你为什么不？你可以稍微迂回一下达到你的目标；重组利益和目标；变得不可或缺等），使被吸引的群体保持一致。通过这些战略和战术，招募更多的同盟者参与事实的建构。通过转译模型和扩散模型，联合实验室外的更大的网络，吸引人类和非人类参与者，拉图尔发现了围绕在黑箱两旁的社会网图与技术网图。在这里，正如自然是争论结束的结果一样，社会也不是争论解决的原因，相反，社会是争论结束的结果。他对称地处理了自然与社会的关系，没有赋予任何一方以认识论优先地位，而是把人类资源与非人类资源加以对称考虑。

实验室之外，网络继续扩大，拉图尔把目光投向科学家群体之外即局内人之外，这里同样有科学家要争取的资源，实验室老板从实验室外争取更多的资源，和各种行动者打交道，资金提供者、公司、大学、记者、宗教人士、同行等，这些资助者、盟友、雇主、帮手、信任者、赞助者、顾客、厂家等，这些都被纳入科学的图景中，是科学家需要利用的资源，因此，科学的边界是开放的，只是在科学家和工程师关闭它们时才关闭。

拉图尔描绘一个庞大的网络，在这个网络中，实验室、论文、新客体、职业、利益群体，人类与非人类辅助因素等各种行动者都被纳入了网络中，共同促进了科学的建构。那么，存在于网眼之中的是什么呢？以及网络如何维系呢？正是在这里，逻辑进入了拉图尔的视野。

网络中心的科学家拥有了知识的解释权，成为知识的代言人，而网络之外的人们也仅仅是拥有信念而已，以气象为例，气象学家掌握着关于天气的知识，而其他人则只是有关于天气的信念。由网络之内看网络之外，就会有不合逻辑不合理性的指责，而要解释这种偏离，一些诸如偏见、文化差异、冥顽不灵等各种特别的解释资源被引入，这是一种不对称的做法。而在拉图尔看来，要避免这种不对称，首要要做的是，不合理性仅仅是从科学网络内部向外观察的结果，需要把不合理性不合逻辑看作某种指控的结果，需要虚构不合理性的心智这个概念。

以阿赞德逻辑为例，阿赞德人并没有如西方人所预想的那样，从"氏族中一个男性是巫师"，推出"氏族中全部的男性成员都是巫师"这个看起来合乎逻辑的推论，而是区分了冷巫师和热巫师，因此被西方人指为不合逻辑。埃文斯－普利查德将之解释为如果认为氏族的每个男性成员都是巫师，可能导致整个氏族都被毁灭，为了保护他们的社会稳定，而拒绝合乎逻辑，因此阿赞德人虽然不合逻辑但却是可以理解的。

拉图尔认为处理这个问题，更应该从修辞学角度看待。既然不合逻辑是某种指控的结果，那不妨先不要急着去解释为何他们不合逻辑，而是先颠覆其结论，讲述一个观察者位置置换的故事：比如一个研究英国的非洲人类学家。他观察到英国人把杀人视为谋杀，凶手要接受法律的制裁，但是他们又把向敌方人民投放炸弹的轰炸机飞行员排除在凶手之外，并没有得出合乎逻辑的结论，而是认为他们是执行任务的杀人，和任性杀人的凶手不同。为了解释英国人对矛盾漠视的态度，非洲人类学家认为如果把轰炸机飞行员定为谋杀，那么军队的威严就荡然无存，而这将威胁到整个英国的社会制度。因此为了社会制度的稳定，英国人宁愿不合逻辑。通过讲述一个同样的但位置置换的故事，拉图尔认为，所有的指控，都是一种修辞学术语，形容词加上副词，比如严格合乎逻辑的，绝对理性的等等，他们并不说明那些判断的本质，只是帮助人们增强他们的辩论，如同号声帮助工人推动重物一样，是一种修辞学手段。这些形容词如此的不可靠，以致我们根本看不清事情的本质。

这里的问题在于，来自异域社会的人类学家认为对方的推理存在偏转，而事实上根本就不存在偏转，那个本应推出的直线方向是人类学家自己构造出来的，对于阿赞德人来说，他们的信念里巫术传播从来都不包括污染整个氏族的可能性，当阿赞德人定义巫术时，本身就包括了冷巫师与热巫师的区分。同样的，英国人的杀人定义里也从来没有包括战争情形，英国人对杀手下定义时，区分了执行任务的杀人和有目的的杀人。这里，英国人和阿赞德人只是提供了一个词的定义，如此而已。双方的指控都在于在两个社会间进行了划界，不了解这些词在当地人的定义。因此，阿赞德人与英国人都像对方一样不合逻辑，也都像对方一样合乎逻辑。他们揭示了网络的范围以及网络之内和从网络逃逸的事物之间的矛盾冲突。合理性与不合理理性的分水岭并不存在，一切仅是网络长度和规模问题。

那么规模的差异在哪里呢？拉图尔走向了计算的中心：即知识的累加。这些中心以科学的累加特性从远处运来数据和资源，以稳定性、移动性和聚合性实施可行的远程支配，把世界带回中心。在中心，这些聚合的东西形成了抽象和理论，而形式主义是其惯常的表现方式，具有了精密性和神秘性。形式主义（如抽象的数学和几何）距离应用最远，占据战略的核心位置，维持着网络内外的支配权。

正是在这里，拉图尔谈论到了对于逻辑、数学等形式科学的看法。同布鲁尔相似，拉图尔把形式主义（诸如数学与逻辑等）置于跟随行动中的科学所走向的最神圣的地方。要跟随科学家和工程师，走进计算中心，拉图尔指出，需要对形式主义持如下看法（Latour，1987：245-246）：1. 形式主义不在网络之外，而在网络中心，它不是先验的，而是发展它们的人用于增强其网络与力量的补偿物。2. 不要去寻找形式主义的经验对应物，利用实例解释这些形式，如同摆弄鹅卵石绝不会建立集合论和拓扑学。3. 不要去寻求形式的社会解释。人们通常用社会解释形式主义扭曲的部分。但形式既不扭曲，也不以错误的方式展现任何东西。比如数学和社会结合为可固的同盟。4. 不需要求助于科学家所共识的惯例来解释形式主义。5. 为了理解形式主义，又需要借助诸如超验主义、经验主义、社会决定论或约定论等这些解释模式的一些成分。依靠形式主义，计算中心集中起更多的联系，链接起更多的元素，成为净化—形式化的具体结果。这几条也展示了SSK与后SSK的一些相同之处以及分歧：比如他们都反对形式系统（比如数学、逻辑等）对应着经验，或者对应着超验。但不同的是，布鲁尔寻求的是社会解释，使用的是社会决定论或约定论，拉图尔却并不仅仅依赖社会，而是认为多种解释资源共同作用的结果。布鲁尔更多考虑社会对逻辑以及数学系统的影响，使用的是自然与社会的二分，而拉图尔打破了这种二分，形式主义与各种解释资源是互构的：依赖形式主义，也聚集起更多的解释资源和联系。

拉图尔认为目前还没有一个研究满足上面的要求，去研究形式问题，研究计算中心内部发生的一切，因为，"目前没有人有勇气做这种形式化的人类学研究（anthropological study of formalism）"（Latour，1987：246）。

尽管没有针对逻辑做专门的阐述，但拉图尔的理论和方法对于逻辑的研究带来如下重要的启示：

1. 他走进科学实践（实验室）的场景，利用民族志的方法观察科学家怎样做科学，开辟了新的研究框架，用新的概念工具来分析具体的实验室实践，观察科学家如何在实验室中制造科学事实，启发了逻辑实践的人类学研究。

2. 同皮克林一样，他注意到了多种因素在其中，所不同的在于他模糊了自然与社会、人与非人的区别，而认为是各种行动者的联合作用。逻辑处于科学的修辞学中心，各种行动者的作用，形成了逻辑的权威地位：它的形式主义的方式是它增强其说服力的工具，是各种资源和链接集结的结果，对于理解逻辑实践中的各种因素提供了启示。

3. 他提倡了一种针对逻辑实践的人类学研究方式，论述了逻辑的民族志的可行性与必要性。这种逻辑实践包括他所提出的逻辑学家构建逻辑知识的实践，从他对各种异域社会的推理与论证实践的分析（主要集中在

《科学在行动》的 5—6 章）来看，这种研究也可以包括各种不同异域文化群体的推理论证实践的人类学研究。

4. 在观点上，同皮克林类似，他更强调事实的实践建构，而非社会建构。直接以实践为研究对象，在实践中建构了科学事实。

不过，就行动者网络理论来说，虽然拉图尔强调了实践建构中各种异质性因素，但他从符号学出发，把对称性扩展到人与非人的区分上，平等地对待非人类的"行动者"与人类的行动者，正如柯林斯所批判的，"符号学方法的结果是一种倒退，会导致我们再次去拥抱由科学家与技术专家采用的技术的、规则控制的、描述的优先权，而我们曾经学会了如何忽视这一切"（柯林斯、赵喜凤，2012）。皮克林也指出，在人与非人之间，没人否认一个人与非人的明显差异，比如桌子与一个人是不同的。

（二）编织的自明性

拉图尔的思想激励了法国国家科学研究院的罗森塔尔，他在《编织自明：逻辑的社会学》一书中沿用了拉图尔的研究范式，对行动中的逻辑（Logic in action）进行民族志观察，挑战了逻辑活动对于社会科学家来说是不可观察的这一刻板印象，逻辑活动不单单是一个文本实践，逻辑领域的工作者同时也是一个完全的社会行动者，他们的观点不应该只由稳定的社会制定框架所决定，而是同时促进了社会的重新塑造，逻辑的争论也不仅仅是双方论证的交换，而是存在着交换的物质经济与媒介。他结合实验室和争论研究，分析了 20 世纪 90 年代模糊逻辑领域的一场争论，被葛瑞芬哈根称之为"第一部系统地经验地探索形式逻辑的社会学研究的著作"（Greiffenhagen，2010）。罗森塔尔攻击的主要目标是形式逻辑作为先验的、普遍的、自明的真理这一图景，通过人类学观察、文本分析和人物访谈，他展示逻辑命题如何被产生、传播并最终封装成真理的这一社会过程（Rosental，2008：61–63）。在 20 世纪 90 年代美国的大学逻辑学课堂里，他观察到逻辑学如何被讲授以及学生的反应，当老师把自然语言翻译成形式逻辑符号时，他应用了一系列的工具诸如符号、图表、颜色等以帮助学生理解，因此，命题的形式化更像是从书写的物质操作中而来。进一步地，在形式语言与非形式的直觉之间，似乎对于学生也没有那么自明。比如把"现在的总统"形式化成："存在一个 x，使得 x 是总统，并且如果存在一个 y，使得 y 是一个总统，那么 x 等于 y"，学生会疑问，"为什么要这样做，美国只有一个总统啊"（Rosental，2008：62）。罗森塔尔认为，做逻辑更像是一种技术，就像弹琴一样，包含着物质的与手工的操作。这期间，他结识了计算机科学家与逻辑学家埃尔肯（Charles Elkan），后者彼时是加利福尼亚大学的一个助理教授，曾撰文指出模糊逻辑的四个定理存在矛盾，并给出了自己的定理证明，从而指出模糊逻辑在人工智能领域应用的有限价值，由此围绕 Elkan 定理在人工智能逻辑学家与模糊逻辑学家之间引起论战。罗森塔尔追踪考察这一过程，在他的观察访谈下，埃尔肯代表了美国人工智能领域经典 AI 专家学派（如 MIT 和斯坦福）的立场，他们坚持经典逻辑的立场，反对诸如模糊逻辑、神经网络或基因代数等竞争理论，这种学术立场使得埃尔肯是反对模糊逻辑的价值的。他的初稿于 1991 年写出，指出模糊逻辑的四个定理存在内在的矛盾，其本质只有一个真值，他的初稿写出来后，经几位同事的修改，论文指出模糊逻辑本质是两个真值，这里，他才确认自己的证明没有问题。罗森塔尔指出，定理的正确性更像是埃尔肯所互动的群体行动者共享的确信态度的程度。

此后埃尔肯把文章投到了美国模糊逻辑的一个会议上，结果未被采用，转投到人工智能的会议（AAAI93）上，很快被发表了，这不同的接收情况表明会议的选择过程并不是建立在直接的定理有效性标准上。在罗森塔尔看来，会议是一个共享同一利益的行动者聚集的场所，资源交互与交换的工具，是为增强特定的理论方法优点的证明强度而组织的资源。因此，就组织者而言，会议的主题与论文既是有选择性的，也是特定研究领域多样性的表达。对于埃尔肯的论文来说，它对于模糊逻辑，既没有理论也没有实践上的贡献，因此并不可能在模糊逻辑的会议上展出，而且会议的主席还认为埃尔肯证明中其中一个定理的使用不可接受。相比之下，AAAI 会议都是经典 AI 的方法的支持者，模糊逻辑的作者则极少在这里出现，并且也没有一个会场（Session）是关于模糊逻辑的。由于组办方没有在埃尔肯的证明中发现技术性错误，因此不但决定接收它，还作为四篇最优论文之一给他颁了奖（即：Elkan，1993）。这里，罗森塔尔指出看起来好像埃尔肯论文作为经典 AI 的支持者在反对他们的对手方面有所促进。ELkan 定理的被拒绝和被接受涉及了一套机制，其中竞争、考虑、决策等因不同的会议而不同。对于一篇论文的判断，依赖于一个评议专家的意见，而这些专家对于学科外的人又是不可达的，作者的声望、可靠性、初衷以及是否引证该杂志或者该会议所涉及研究领域的表达等，这些关键因素等都会影响到一篇论文是否被接受或者被拒绝。围绕着 Elkan 定理在 AI 会议上的发表，在 www. comp. si. fuzzy 电子论坛上引起了争论，争论的双方主要是经典的 AI 学者与模糊逻辑专家。由于电子论坛没有编辑或选择的限制，该论坛就成为一个论战的公共场所。模糊逻辑的专家认为，Elkan 定理削弱了他们研究领域的可信度（credibility），带来 AI 专家与模糊逻辑专家的敌对。因此他们组织了有效的反击，甚至一度给 AAAI 的组办方写信，要求发表他们对于 Elkan 定理的回应，这种反击从电子论坛蔓延到专业的 AI 期刊，成为削弱 ELkan 定理可信度（credit）的一个来源，给人感觉好像所有模糊逻辑专家都反对 ELkan 定理一样。随着双方争论的激烈化，在论坛发起了问卷，直接比较双方观点，用语也越来越直接，比如模糊逻辑专家宣称 ELkan 定理是对模糊逻辑的误解，而埃尔肯坚持认为他的定理是正确的。在 AI 杂志上，则直接加粗如下字眼：埃尔肯的文章标题是"我论文中的定理是正确的……"反对者的标题是"作者拒绝认为根据定理，经典等值原则不能应用于模糊断言"。甚至 IEEE 专家杂志在 1994 年 8 月开设一个专栏发表双方的论战。在数月的论战过程中，最终的共识并没有达成，有些人退出论战，有些人加入论战，有些人保持了沉默，参与的人数逐渐减少，而各种批评或支持观点的出现，也使得埃尔肯利用这些争论资源，修正或加固他的结果，以便更好重新表达他的定理的本质，因此有机会重新阐述并加强了他的论证。因此，修改后的论文版本，以更加区分化的、进化的、个人化的方式调整了表达，综合考虑了批评者与支持者的观点，使得他的论证和结论既能够有效缓解反对者的恶意，也能够忠于经典 AI 的立场，比如他增加新的文本新的语言，提供新的更为广泛的解释工具，通过这些手段，他改变了读者与他的初稿的关系，从而也改变了与反对者的关系。因此，几个月后，在他论文的新版本印刷在 IEEE 专家杂志上时（即 Elkan, 1994），在 1993 年年底论文的手稿就提前放在了互联网上，呈现给最广泛的公众，这个手稿没有关注核心证明部分，而是关注于定理的简单陈述、对于结果的评论以及脚注等，使得这些被区分过的读者能够较容易理解和把握他的定理的本质和意义，并进而赋予该定理以正确性。比如在新版本中，他认为模糊逻辑的四个定理对模糊逻辑提供了"显然合理的描述"，这个表达可以被不同的读者解读成不同的意思。对于熟悉模糊逻辑四个定理的参与这场论战的模糊逻辑的研究者来说，这个表达意味着埃尔肯考虑进了他们对于 Elkan 定理的有限适用性的批评建议，双方误解就此结束；而对于这场争论或模糊逻辑所知甚少的读者来说，则能够把 Elkan 定理适用于更广泛的范围。通过这种可能读法的模糊表述，埃尔肯在经典 AI 与模糊逻辑学者之间取得了平衡，一方面他使得经典 AI 的研究者们确信他是站在他们的立场，证明了模糊逻辑在 AI 领域的使用有限性；另一方面他又使得模糊逻辑学者确信他的定理并不包含矛盾，因为他已经考虑进了各种的批评，通过证明定理传到了丰富的信息，并且提出了未来和对方合作的可能性。事实上在和几位模糊逻辑顶级专家经过长期的讨论后，埃尔肯已经和他的讨论者考虑合作一篇论文。案例的最终，双方握手言和。在 IEEE 专家开设的专栏里，双方的论文并排印着，争论也好像结束了，但真正的共识并没有达成。那些关于 Elkan 定理正确性的一致意见与陈述，并不是一个单一的个人表述，而是一种集体陈述。在 Elkan 定理修改的这一动态过程中，对于确证定理的正确性，其他因素也起到决定性作用，诸如新版本的多义性，解释话语的弹性，其他行动者互相合作的能力，以及使得文本为公众可见的能力，等等，这对于构成确证一个陈述的共享证据本身都是不可少的。换句话说：一个定理的正确性是一个集体的陈述。基于此，作者指出（Rosental, 2003）：一、一个定理表征的塑造的动态过程不仅仅是从抽象的推理、观点的交换或者语言的论证中而来，而是在与读者与文本的交互中而来。二、一个定理表征的形成并不是一个个人事件，而是一个集体行为。共识很难获得，因为定理以不同的方式被解读，尽管大家共享相同的符号语言。三、争论的参与者并不是同质或典型的主体，而是异质的社会行动者，冲突中的各种参与者，参与了竞争的活动与项目，调用了不同的资源与能力，因此既不是并列的，也不是彼此可替代的。四、电子论坛的使用，不仅仅是一个工具，也改变了论证被组织与论证发生的方式。五、定理的确证过程反驳了社会还原论的观点。Elkan 定理的形成并不是单单由稳定的制度惯例设置所决定，不能仅仅把争论还原为权威论证与制度考虑。六、定理的理想真也并不足以决定定理的被接受与否，定理与社会是共同起作用。

由此可见，罗森塔尔显示出其后 SSK 的立场：1. 不接受布鲁尔等社会实在论的建构主义立场，认为不能把定理的被接受与否仅仅归因于制度性等社会因素。2. 也不接受传统的实证主义科学家的观点，认为不能把知识的确证与否归因于客观或概念因素。3. 不能接受布鲁尔等人认为争论最终结束达成了共识，而坚持认为，共识并没有达成。4. 知识的确证是个各种异质行动者综合作用的结果，概念的、物质的、社会的等。

这是一个从人类学方法研究逻辑的后 SSK 的尝试性案例，在这案例中，作者展示了一个定理的自明性是如何经由整个定理的从初稿到后期修改的过程中在实践中被编织出来的。他也打开了从人类学家角度观察逻辑学家如何建构逻辑知识的实践的研究模式，由此可以启发后来的学者在此的探索：参与观察一些当代逻辑学案例，尤其是逻辑学争论实践，深入这些实践中追随逻辑学定理、理论等的提出与产生过程。

整体来说，实验室研究起于从细节上对于实验室的科学实践进行研究，但其叙事功能式的研究方法显得过于琐碎。此外，他直接针对科学家群体，并且直接鲜明提出建构主义立场，如科学事实的建构论观点，不但引发了哲学家的反对［如哈金（1999）就在反对建构主义立场上将建构主义立场的典型代表视为拉图尔和皮克林］，也引发了科学家的反对，被认为是反科学的，引发了世纪末的科学大战。20 世纪 90 年代之后，这个领域逐渐式微（当然原因也有人类学田野工作实施起来的耗时和经费问题）。但这确实是一个探究逻辑实践的一个可供思考的方式。

四　迈克尔·林奇的常人方法论研究

常人方法论（Ethnomethodology）是加芬克尔（Harold Carfinkel）所创立的一种新的社会学学派或社会学分支，通常认为是一种研究社会实践之间的关系并且说明这些实践的方法。加芬克尔的《常人方法论研究》（1967）的出版，引起了人们对这个新建学派的兴趣，该书也成为这个学派的核心文本。作为社会学家帕森斯（Talcott Parsons）的学生，加芬克尔试图回答帕森斯作品中反复提出的一个问题：社会秩序如何产生的。不同于帕森斯坚持宏大的功能主义理论，加芬克尔将注意力放在人们借以不断地解释其周围环境的共享的常识程序，也即普通社会成员用以理解并作用于其日常生活的程序。因此，常人方法学研究日常生活的惯例，研究日常语言和实践理性，在日常生活中，普通人利用复杂的解释程序、假定和期待的网络，他们因此理解并作用于他们的周围环境。常人方法论通过不言而喻的、实践的知识而获得，而不是通过推论或理论的知识而获得。他提供了一套独有的陈述方法，包括行动、秩序、理性、意义、结构及其他，使得他的理论和方法与 20 世纪传统的社会理论和社会学方法大为不同。

加芬克尔对常人方法论的研究起于他 20 世纪 60 年代针对陪审团意愿的研究，他发现陪审员自己在收集和认定证据，以某种方法对事实或观点做出判断过程中，并不借助于职业的或专业领域的知识，而是以一个实践理性者的方式行事。这个方式类似于社会人类学中的"日常科学"。作为一个人类学家，加芬克尔曾经在日常科学研究的方向上付出过最初的努力。日常科学，如日常植物学、日常医学、日常物理学等，都是在揭示植物、动物、医药、色彩以及其他语义的特定的文化分类起源，勾画他们，并以此对抗于科学知识所勾画的图景。日常植物学研究"原始"分类，并将之与当代植物学分类比较。原始分类与科学分类的差别，可解释为原始习俗、庆典活动以及组织亲缘关系的特质。同样类似的，常人方法学对人们处理实际事物的日常方法进行研究，因此"它是研究实践理性中大量的无人教授的方法的路径"（Lynch，1993：4-5）。

因此，常人方法论首先是一种方法，通过参与者构成寻常社会场景和常规的相互作用过程，将之视为理所当然的假定、默会知识、行为模式和标准期望，认为社会行动日常生活有一套隐含的不言明的规则，因此设计出其著名的破坏实验，探究扰乱这些社会生活规则的后果，发现人们对于这些规则有强烈的感情上的忠诚，而违反了这些规则，人们就会在道德上谴责这些违规者。其次，常人方法也是一种观点，来自于对于传统的社会科学在实践活动方面研究的无情的、毫无保留的质询和批判。

林奇曾对常人方法的基本概念做过总结，认为其包括了三个核心概念：可说明性，反身性，索引性（Lynch，1993：14-15）。加芬克尔将常人方法论定义为："把分析日常活动作为研究成员的研究方法，以便使这些同样的活动对于——所有的——实际的——目的——都是——可见的——理性的——和——可报告的。由此，可说明性是日常活动的组织原则"（Lynch，1993：14）。术语是可说明的可以理解为可观察、可报告的。

因此可说明性可以如下解释：（一）社会活动是有序的；（二）这种有序是可观察的；（三）这种可观察的秩序是寻常的；（四）寻常的可观察的秩序是有指向的；（五）这种有指向的寻常的可观察的秩序是理性的；（六）这种理性的有指向的寻常可观察的秩序是可描述的。（Lynch，1993：14-15）

其中，反身性是隐含在现象的可说明性之中的，而索引性是指社会秩序的反身性、可说明性和地方性产生。

加芬克尔及其团队展开了工作研究（work study），重点考察科学的发现和数学证明是如何产生的以及如何从实验室项目或者数学课程的学科限定的生活世界中提取出来。

作为加芬克尔的学生，迈克尔·林奇将常人方法论应用于对实验室生活的研究中。他的博士论文《实验室科学中的技艺和人工事实》（1985）是将常人方法论用于科学实践的典范，建立在他对一个神经科学实验室进行田野工作的基础上。他的实验室工作几乎是与塞蒂娜、拉图尔同时进行的，都是在 20 世纪 70 年代末，都是在加利福尼亚进行（拉图尔和伍尔加在生物化学实验室，塞蒂娜在蛋白质化学实验室），都描述了实验室田野中的科学实践。但是林奇的工作却又展示出不同。他收集了大量显微镜照片剪辑、书面文本、实验室研究人员工作与日常谈话的记录、录音带、录像带等研究素材，并基于对这些素材"深描"（Thick Description），包括对话的语调、装置的安排乃至实验室人员身体动作的细节等，尝试揭示实验室实践的秩序。

在他的《科学实践与日常活动》中，林奇试图把常人方法论和科学社会学①这两个社会学"边缘分支"（Lynch，1993：xii）结合起来，提出了一种研究科学实践的新思路：对科学实践的常人方法论研究。常人方法论一般用于微观社会现象分析，主要针对街道、家庭、商店、办公室等进行面对面访问，而科学社会学则主要针对诸多现代社会建制的研究。同其他后 SSK 相似，科学实践的常人方法论研究不去揭露其背后的社会活动或隐藏的力量，关注的是特定场景中具体的运作实践，"比如计数的操作如何从一个案例到另外一个案例发生变化，受制于特定的偶然性，因此，它要研究的是特定场景中数字如何和使用的问题"（林奇，2010：中文版序言）。他基于一个基本的研究起点：科学是在实验室第一线建构起来的。事实上，林奇指出，常人方法论强调社会事实的稳定的、有约束的、可辨识的、理性的、有序的性质是地方性的成就，这一点上和科学知识社会学②所认可的自然事实的社会性建构是一致的，两个领域都试图表明那些被视为理所当然的事实何以从一致性的人类活动中产生。他们都明确反对哲学上的本质主义，反对事实是通过一种探究的理性方法证明的一种先验的自然秩序的体现（Lynch，1993：265）。

加芬克尔另一学生利文斯通（E. Livingstone）则将常人方法学应用于数学实践，其博士论文《数学的常人方法论基础》（1986）中，分析了哥德尔

---

① 这里主要指科学知识社会学及其变种，在欧洲美国和澳洲流行。默顿的科学社会学在美国也受到一定冲击，但地位仍然显著，因此林奇沿用了科学社会学这个术语。

② 根据林奇的论述，这里的 SSK 主要是宽容的含义，包括了从爱丁堡及其之后的一系列社会研究纲领，比如爱丁堡学派，巴斯学派，实验室生活研究等，大致等同于 STS。

定理证明。

他首先提出以常人方法论研究数学家实践的两点建议：（一）将数学对象放回到数学实践中，使得数学家的工作作为真实世界中的实践变得可分析的、可说明的，是可以进行可探索的；（二）这种探索把数学家的工作可分析与可说明性作为一个问题，去探索其中社会秩序的产生（Livingstone，1986：1）。在对欧几里德几何和哥德尔定理证明的分析中，利文斯通发展了加芬克尔的"规则与其制定的不可分割性"论题，指出了数学证明的"对结构"现象，即在证明的说明和证明的真实工作之间彼此依赖，不能够单独存在，也不能在分离的状态下被利用。在证明的真实工作即实践活动中，通过画草图，利用系统的符号、计算、讨论和争论下一步做什么，数学家解决了证明。所产生的社会对象—证明，以及其所观察到的，可证明的性质，只有成对出现时才有效。因此，对于一个有经验的数学家来说，在一张纸或黑板上的演算，这种特定的证明序列就精细刻画了证明活生生的工作，证明的工作一旦完成，就达到了对于证明工作的"精细描述"或"超验说明"。

整体上来说，科学工作的常人方法论研究，其面对的研究对象是科学实践（也包括数学实践），由于其所引用的方法是社会学中的分支：常人方法论，而这种方法本身在20世纪的社会理论总体背景中，属于揭开日常生活之谜的理论而非早期的经典社会学理论如涂尔干式的结构主义或帕森斯式的功能主义的这种宏观理论结构，这就使得在以宏观社会学方法进入知识社会学的科学知识社会学如爱丁堡学派等，与科学实践的常人方法论研究之间产生了分歧。这也造成了布鲁尔与利文斯通关于数学基础的争论。前者坚持数学的社会基础，后者坚持数学的常人方法论基础（Bloor，1987）。由于双方都坚持是从解读维特根斯坦出发，也造成了布鲁尔与林奇关于维特根斯坦规则遵从悖论解读的争论，这个争论被重印在皮克林1992年主编的文集《作为实践与文化的科学》（Pickering，1992：7—9章）中。在争论中，布鲁尔坚持对于规则遵从悖论一种怀疑论的解读，并用社会共识作为悖论的解决方案，因此，规则外在于实践，规则和实践通过一种社会性的东西而结合在一种。而林奇主张非怀疑论解读，认为把握规则就要把握规则作用的实际活动领域，而不存在规则与规则所涉及的具体实践活动之外的东西。因此，对科学知识社会学来说，知识是经典社会学的社会变量（如社会利益）的一个函数，从而由社会所建构，而科学实践的常人方法论研究则通过探讨科学实践内在的有机性，科学是实践活动建构的结果，不存在置身于科学实践和知识之上进行理解的科学霸权。

五　走向实践的科学观

总体上来说，后 SSK 更为关注科学实践，关注科学家做科学的实践，科学作为一种实践，而不是科学作为一种理论体系。随着这种实践研究的展开，直接以科学实践作为对象，后 SSK 开展了更为丰富的实践研究，在观点上也从社会建构走向了实践的建构（这是内部的划分，尽管在外界，STS 整体上仍被称为社会建构主义者）。这种研究带来了新的眼光看待科学实践的重要性，关注科学在形成中无所不在的冲突和协商。这种研究也对科学哲学产生了影响，哈金提出了实验室实践的新实验主义，提出实验既是表征，也是干预。劳斯提出从哲学上涉入科学实践，理解科学，试图融合科学的哲学解释与社会学解释，综合哲学、社会学、人类学、历史学、文化批评、女性主义理论等研究，提出了科学的文化研究（Rouse，1996）。吴彤将这种研究称为科学实践哲学：一种"实践优位"的科学哲学，以对比于以往的理论优位的科学哲学（吴彤，2010：7）。由此，科学不是命题陈述之网，不是表征与观察世界的方式，而是操作介入世界的方式，科学是一种实践性的活动，发生在技巧实践和工具的背景下，科学实践不仅重新描绘了世界，也重构了世界。

实践概念最早可以追溯到亚里士多德以及康德，其后，马克思的实践思想对于 STS 的实践研究产生重要影响（吴彤，2010：第一章）。在劳斯的理论中，实践主要是围绕科学工作进行的，其中理论建模和实验微观世界及其二者的相互作用与重叠，是科学工作的两大核心。此外，科学实践延伸研究环境之外，比如相关的训练模式、识字能力、数学能力、掌握某种习惯性技能等，从而构成人们生产生活的一部分，在文化的情境中获得其意义。

吴彤也区分了两种类型：（一）科学实践、实验室实践和实验实践：一般意义的科学实践，即科学研究全体意义上的科学实践；实验实践，即以实验为活动特征的科学实践；实验室实践，在地方性的实验室展开，实验室发挥重要作用。（二）思想实验、话语实践和概念实践。

如果回看 SSK 的研究，SSK 已经注意到了科学知识的实践性。SSK 强调的科学知识蕴含着社会性，而且这种社会性永远存在，科学知识以一定的社会文化背景为基础，对科学知识的探讨要以自然主义与经验主义的研究取向进行，以实证研究丰富其理论，这种立场本身就已经注意到了科学知识的实践维度。

由于 SSK 要反对的规范哲学的先验论，它是从知识社会学的传统而来，反绝对主义，反基础主义，反本质主义，因此，它要在科学知识与经典的社会学变量诸如利益、意识形态等之间建立因果的联系，要通过对科学知识的过去现在和未来的探讨，宏观或微观的研究，来展示科学知识蕴涵的社会因素。在这其中，无论是爱丁堡的强纲领，还是柯林斯的经验相对主义，都在致力于揭示在达成知识共识中科学家之间的协商和权宜之计及其背后的影响因素。实践在这个过程中，是一个单一的概念网络的扩展。皮克林曾对这种实践进行过总结。科学知识是个单一的概念网络，网络中不同抽象水平的概念通过对不同程度的确定性进行概括而彼此联结在一起，通过各种可观察术语所描述的例证而与自然联系起来，在这一科学的图景中，实践是概念网络为适应环境而实现的自身的创造性扩展。概念的未来扩展方向是不确定的，而社会行动者的利益填补了这个解释的空白，使得网络的扩展、共识的达成、理论的选择，朝向相关利益的方向。由此，知识由自然所决定的就变成了由社会所决定。知识不再是相对于自然的表征，而是相对于某种特定文化的表征。因此，皮克林认为，这种途径下的实践概念是站不住脚的，理想化的和还原性的。"把实践仅仅表征为由利益建构的一个不确定性终结的筑模过程，这类表征不能很好地把握实际的实验室科学所显现出的复杂性说明。把实践描述为不确定的和利益导向的，最多只是捕获了问题的表面。单纯的 SSK 不能向我们提供把握行动中的科学丰富性的概念工具，包括仪器的制造、实验的计划、运行和解释、理论的说明，以及实验室管理部门、出版部门、基金提供部门的谈判，等等"（Pickering，1992：4）。

因此，在 SSK 那里，科学的图景仍然是知识，是表征，尽管科学是从实践出发，但实践只是一种服务型手段。因此，后 SSK 一方面注意到了科学实践的物质维度，如科学仪器、设备等，注意到了概念维度、话语维度、解释学维度等；另一方面注意到了实验室及实验室内外各种资源的互动。后 SSK 既肯定了 SSK 关注科学实践的积极意义，意识到了科学知识与社会建构的关系，这种关注使得相较于传统的科学哲学仅关注科学知识内部的推理关系，科学实践活动得了关注和重视，又认为 SSK 的实践概念过于单一了。后 SSK 的做法是直接面对实践，并由于直接面对实践，打破了各种学科的界限，拉图尔与塞蒂娜对于实验室实践的参与观察，走的是人类学方法，林奇和利文斯通对于科学实验室及数学实践的常人方法论，引入了社会学中的一个分支——常人方法论的解释，吉尔伯特和马尔凯开展的对于文本和话语分析实践的关注，走向了话语实践的概念。哈金对于实验室中表征与介入的关注，发展了新实验主义，劳斯更是直面科学实践本身，提出了科学实践的解释学，而我国以吴彤为代表的学者则提出了科学实践哲学，这些直面科学活动自身，将科学活动看作人类文化和社会实践的一种特有形式，并对科学实践的结构和变化的主要特征进行深入的研究，"如果说 SSK 的实践概念是方法论的，其作用是在社会学的社会因果解释机制与科学理论之间架构桥梁，那么后 SSK 实践概念是本体论的，它成为消解一切哲学和社会学二元论的基础"（刘鹏，2015）。这种直面实践的结果之一就是打破了学科的界限和学科的领域，哲学、社会学、历史学、人类学等都进入其中，瓦解了其中的传统的学科还原，出现了多学科综合的文化研究的可能性；同时，传统的学科分类上的思维方式将受到挑战，诸如主客二分，自然社会二分等这些现代思想的核心观念。

就逻辑而言，学者们关注的焦点主要在于逻辑实践的一个方面：即逻辑学家构造逻辑系统的实践。如皮克林的建构四元数（当然皮克林并没有研究逻辑）以及拉图尔将逻辑视为计算的中心主张人类学研究，罗森塔尔关于一个定理的证明实践的研究，这些对于逻辑实践的关注，从其观点上来说，属于逻辑由实践所建构，从研究方法上来说，不仅仅是社会学，也有历史学、人类学、常人方法学等研究传统，这就对我们的研究提出了一个新的启示：

（一）从研究方法上，以更为多元的研究方法进入逻辑的社会文化研究。

（二）从观点上，关于形式逻辑的建构主义观点，但就现有的演绎系统而言，本书认同在这个逻辑系统的构建过程中会有社会的、文化的、实践的因素影响，但并不接受强建构主义：即由这些因素所决定。

（三）从逻辑观上，SSK 起源于对于逻辑的标准观点即狭义逻辑观的批判，这种批判也使得我们反思逻辑观问题，由此也导向我们持广义逻辑观。

（四）从研究内容来看，现有研究主要关注逻辑学家构建逻辑活动实践，即自觉的逻辑，却往往忽略了逻辑实践的另一个层面，这个层面属于自发的逻辑的范畴，而这一点，无论是布鲁尔还是拉图尔，早就给了我们启发。从这一层面出发，也促使我们重新思考逻辑的本质、形式系统、逻辑观，逻辑与社会文化的关系等。因此，下文我们将主要从这一实践层面入手，重新思考逻辑与社会文化之关系，也希望这种思考能够成为逻辑的社会文化研究的一种新视角和新思路。

第二节 另一种实践：作为论证实践的逻辑

后 SSK 对于实践的关注，以及逻辑学自身研究的实践转向，促使我们直面逻辑实践自身，这种逻辑实践，既包括了后 SSK 已有的关于逻辑学家建构逻辑知识的活动与过程，如皮克林对于概念实践的探索，罗森塔尔关于一个逻辑定理的证明的人类学研究等，也包括了人类的具体论证实践。在广义逻辑观下，这种人类的具体论证实践，具有前提—结论的结构关系，理应纳入逻辑学刻画的范畴，而形式逻辑不能对之进行准确刻画，需要从用于刻画日常生活论证的理论中借鉴理论和方法，对其加以研究。

其实，关于直面人类论证实践的研究早在布鲁尔就提出了，但这一点却往往都被学者们所忽略了。我们通常认为 SSK 研究都在关注作为知识表征的逻辑，后 SSK 关注逻辑学家构建逻辑知识的实践，但布鲁尔早在其《知识与社会意象》中，就已经表达了他对另一种论证实践的关注：即人们的日常论证实践。他对于逻辑既是思维习惯，又是思维习惯的表达，既是论证实践，又是论证实践的表达；他对于阿赞德逻辑所持的阿赞德就是阿赞德人集体共享的推理模式，这一模式在阿赞德人的实际推理中建构起来，需要我们深入其论证实践中去理解这一自发逻辑的关注，启示我们跳出现有的自觉的形式逻辑知识框架去重新思考作为论证实践的逻辑。殊途同归的是，拉图尔将形式系统视为计算的中心，是行动者网络系统中建构网络的一个重要因素和手段，他对于阿赞德逻辑对称性的思考，无不彰显他重新直面论证实践的思考路径。沿着这一思路，本节试图借鉴用于刻画日常论证规则的当代论证理论来作为工具进入本书的研究。

事实上，以当代论证理论介入 STS 研究，早已引起学者的关注，《科学技术论手册》（第三版）曾提出这种研究思路，如用当代论证理论分析公共辩论，如科学政策的辩论等（Keith&Rehg, 2008），展示科学政策选择过程中论辩的与社会的维度，促进了当代论证理论与 STS 研究的相互借鉴。这种思路在 2010 年的国际论辩大会（ISSA2010）大会上，也得到提倡。本书主要从当代论证理论中选择广义论证理论作为分析工具,直面另一种实践:人们的论证实践,重新思考逻辑与社会文化的关系,并由此假设,这种方式将可能提供一种逻辑的社会文化研究(也可以直接以逻辑社会学谓之)的新思路,纳入 STS 研究的框架下。

一 为什么选择广义论证

逻辑学的实践转向表明,形式逻辑不能完全刻画人类的具体论证实践,在法庭论辩、政治论辩等具体实践实践中,形式逻辑的适用性局限凸显出来。在形式化过程中,论证的各种丰富信息被忽略掉。如果从更为广阔的社会文化背景等考虑,关于阿赞德逻辑的争论历史也表明,形式逻辑不是一个合适的文化比较的工具,需要一个更为丰富的逻辑概念。在思考形式逻辑刻画人类论证实践局限性的基础上,发展起来的关注日常论证实践的当代理论理论,主要包括了起源于北美的非形式逻辑,起源于法国的新修辞学,起源于荷兰的语用论辩术,起源于中国的广义论证理论等(范·艾默伦,2020:下册第 12 章),都直面人类论证实践,走出形式逻辑的框架,扩充逻辑的概念和类型,探讨人类的具体论证实践和论证方式。论证在我们生活中无处不在,从公共领域、专业领域到私人领域的各种论证话语,在政治辩论与司法辩论,在日常生活中的家人讨论某事的看法以决定一天的行程等。当代论证理论(argumentation theory)以论证作为研究主题。通常认为论证的评价有三个维度:逻辑的、论辩的和修辞的(Haack,1978),而传统逻辑和现代逻辑只是考虑了前提和结论保真的一种推论关系,即有效性问题。但现实的论证除了有效的要求,还有修辞的、语用的层面,而日常论证中这些论辩的和修辞的维度被形式逻辑所忽略了。因此,当代论证理论要考虑日常论证的论辩的和修辞的维度,而不仅仅是逻辑的维度。"论证是一个交际与交互行为的复合体,其目的是通过提出一组论证者可以为此负责的,能使理性裁判者通过合理评判接受争议立场的命题来消除论证者与听众之间的意见分歧"(范·艾默伦,2020:6)。这个定义主要是从词义和规范性角度下的,从词义层面,这个定义来自于论证的日常用法。在规范层面,该定义对论证的描述更为清晰明确。它将论证分为论证的过程和论证的结果两个层面。过程指论证是一种旨在消除意见分歧的交际性和互动性行为,结果指论证是由一组旨在维护争议立场的可接受性命题构成。在论证理论这一称呼下,涵盖了所有形式和类型的论证研究,体现了研究者不同的学术背景和研究兴趣以及角度。"主要地包括了论辩视角和修辞视角：前者关注论证交换中的程序理性，后者关注论证话语中追求时效性的各种方法，这二者来源于古代西方的古典学问，如亚里士多德传统。"（范.艾默伦，2020：2）对论证的分析通常三种方法：逻辑分析是从逻辑角度（如命题逻辑），修辞分析借助修辞概念，论证分析借助论证模型，逻辑分析关注的是论证的推理形式，修辞分析重视劝说过程的交际方面，论证角度分析强调批判性论证交流的步骤。他们总体上为论证实践和论证话语的分析批判、评价和表达提供合适的手段。

由于无论是形式逻辑还是非形式逻辑以及语用论辩术，所考虑的论证仅仅是默认了西方文化和源自西方理念的主流社会，无法覆盖逻辑谱系中其他文化的具体的论证实践，近些年提出的广义论证理论（鞠实儿，2010、2020）主张探讨不同文化群体下的论证，既包括西方文化也包括非西方文化，关注其不同的论证实践和论证方式，以促进文化交流。这种关注不同文化论证实践的理论选择方式也与劳斯对于科学实践的理解相吻合。在他的笔下，"科学是一种欧美的故事，以不同的方式被讲述"（劳斯，2010：中文版序言），关于科学的各种哲学和社会科学讨论，它们具有共同的科学概念，而这些科学概念是根据欧美现代故事。这些共同的科学概念具有限制性和误导性。由于这些是欧美的故事，对于中国来说，科学在现代化过程中的作用也许有不同的经验。但是，学者们对于科学的理解，却总是受到这些常见但是过分单纯的故事影响，这个故事强调的是对于国家和文化来说变得现代意味着什么。

"在这些故事中，现代科学是一个重要角色，学者们听任他们对于科学的理解受到他们偏爱的，讲述这一故事的方式所假定的影响。这些现代性故事讲的是城市、世俗和理性社会的逐渐出现。在这一叙事中，科学和技术总是扮演了突出的角色，并以适用于其故事讲述的方式而被理解。有时，故事被讲成一个进步和启蒙的传说，有时是一首挽歌，讲的是从自然和有意义人类群落中的异化；更经常的是，它被貌似均衡地讲述为有得有失的故事。"（劳斯，2010：中文版序言）因此，劳斯对于中国的读者说，这些关于科学的不同的讲述方式都有类似的假定，它是建立在西方经验基础上，但是这些假定却没有得到批判性的质疑，对于中国读者来说，这个过于简化的故事也许是误导性的。劳斯提出，通过把科学理解为实践发展一种新的方式，这种方式不是去解决以往有关以科学合理性、进步以及实在的发现和构造为中心的争论，而是去消解他们，以一种不同方式来思考科学。

提出科学实践哲学的吴彤指出从科学实践来理解科学，由于科学实践的地方性，由此它打开了理解地方性知识的新视角，比如中医学、风水学、民族植物学等地方性知识（吴彤，2010）。

本书对于广义论证的理论选择，也是基于这种考虑。

其一，从逻辑学的起源发展与历史来看，中国古代逻辑、印度佛教逻辑、伊斯兰逻辑，甚至还有阿赞德逻辑等，他们在各自文明的背景下，也许具有不同的目标，主导推理类型和推理成分，而隶属于印度文明的佛教逻辑和隶属于西方文明的逻辑具有实质的区别（普利斯特，2010：序言）。现代逻辑的发展使得它成为一个数学分支，而这亦是古希腊哲学传统遗留并发展起来的，是西方理性主义传统下的故事。而人们对于逻辑的各种研究，人类学家、历史学家、社会学家、心理学家、女性主义者等，已经从不同角度、以不同方式，挑战逻辑的那些传统的哲学与社会学假定。而广义论证直接关注不同文化文明群体下的论证实践以及论证方式，扩展原有的逻辑概念，以一种新的方式理解逻辑，关注逻辑实践与世界的互动关系，使之成为内在于社会文化的必要部分。因此，这里引入广义论证的理论进而探讨逻辑与社会、文化、实践等的关系问题。

其二，从 STS 的实践转向以及逻辑的实践转向来看，它们都无一不要求重回实践，无论是科学实践还是逻辑实践，而当代论证理论更是提出了逻辑面临生活世界的回归。在面对阿赞德逻辑的争论中，布鲁尔要求重回阿赞德人的论证实践，拉图尔将形式逻辑视为计算的中心，是一个修辞学的结果，这一中心导致没有人有勇气对形式主义科学做人类学的研究。而他对待不合理性的批评的做法是重回当地人的论证实践，看看他们的逻辑到底是什么。广义论证恰是重回这些当地人的论证实践，论证实践既是地方性的，属于地方性知识的部分，也是其文化的一部分，社会生活实践的一部分。这就对我们以论证实践而不是逻辑学家实践作为研究对象提供了研究的思路。

其三，历史上，关于某些偏远民族的论证实践争论，如关于阿赞德逻辑的争论，提出了一个问题：什么才是理解一个文化下的具体论证实践的恰当方式，这些非西方民族的论证，当置于现有的逻辑框架下，如经典逻辑、非经典逻辑等，并不能得以恰当的理解。这个问题既对于如何思考逻辑与文化、社会、实践等的关系提出了新的思考空间，也对于现有的逻辑概念和框架提出了挑战，有必要扩展逻辑的概念，以恰当的逻辑工具理解这些非西方民族的论证实践。而广义论证的理论宗旨也在于此，关注不同文化群体的论证方式和论证实践，这也成为我们选择其作为一个理论工具的原因。

其四，逻辑的社会文化研究要求探索逻辑与社会文化的关系，而广义论证理论对不同文化背景下的论证的研究，也为这一宗旨提供了一个思考逻辑与社会文化之关系的可行途径。

以上总总，使得我们在STS框架下思考逻辑时，不是从逻辑学家的实践活动出发看逻辑的制造过程，而是从自发的逻辑出发，思考一个文化群体具体的论证实践，关注逻辑的产生运行以及与社会文化关系的互动等，并以之为基础思考逻辑与社会文化的关系。本书也试图将这种研究纳入STS研究的范畴，从STS的视角思考这种思路，并为科学哲学、逻辑哲学以及STS研究中逻辑研究的一些问题的解决提供一个可能思路。

因此，本书的研究主要是在逻辑的社会文化研究的框架下，或者叫STS框架下进行，思考逻辑与社会文化等的关系，这种研究在扩展的意义上阐述我们关于逻辑的概念，采用更广泛意义上的逻辑概念与文化概念，指明逻辑是文化实践的一部分，既受到社会变量的影响，也受到诸如包括社会关系、社会结构以及论证实践的影响，它既包括传统研究又超越传统研究，既扩展了文化概念，也扩展了逻辑概念。

二 什么是广义论证

论证是人类社会中普遍的社会交往活动，其实质是社会群体成员试图借助语篇展开博弈进行的说理。说理是社会生活不可或缺的重要组成部分，是一种普遍而广泛的论证活动，具有论证实践的典型特征，这属于一种自发的逻辑。说理是"从属于一个或多个文化群体的若干主体在某个语境下以某种方式通过语言进行交流，其目的是促使活动参与者采取某种立场"（鞠实儿，2010）。

这种活动的特征如下：

"其一，说理活动的社会文化性。说理活动的参与者（简称参与者）隶属于某一文化群体；为了实现某一目标，他们在给定社会的某个环境中展开说理活动。其二，说理活动的动机。参与者通过说理活动辩护或反驳某一立场或论点，提高或降低其他参与者对该立场或观点的接受程度。其三，说理活动的语言。作为说理这类社会交往活动之媒介和背景的语言，它不仅包括自然语言，还包括肢体语言、视觉形象语言以及具有象征意义的其他事物等。其四，说理活动的规则。控制说理活动的规则是被参与者所属文化群体接受的社会生活准则的一部分；它确保说理活动有序进行，以及说理活动的结果为上述群体所接受；同时，只有满足这些规则的活动才被称为'说理'。其五，说理活动的结构。根据上述规则，参与者分别根据自己的目标和背景进行表达或对另一方的表达做出回应；通过这种互动，双方的语言交流逐步展开，直至终止于某个立场；因此，说理具有一个博弈结构。"（鞠实儿，2010）

为了刻画这种论证，提出广义论证概念："所谓广义论证是指：在给定的文化中，主体依据语境采用规则进行的语言博弈，旨在从前提出发促使参与主体拒绝或接受某个结论。其中，主体隶属于文化群体和相应的社会，语言包括自然语言、肢体语言、图像语言和其他符号。"（鞠实儿，2010）

依据此定义，对应于说理的五个特征，由此广义论证具有如下相应特点：

"广义论证是主体在某一文化背景下特定的社会环境中进行的活动。该活动按规则以博弈的方式展开，促使博弈者形成某种命题态度，以便实现某一目标。根据格莱斯（Grice）的意义理论，博弈者对语言表达式中某表达式意义的理解取决于他们所处的语境；而博弈者随之做出的博弈步骤恰恰依赖于他们对表达式的理解。因此，广义论证的具体形态依赖于语境。据此，广义论证具有如下特点：主体性，社会文化性，规则性，目的性，语境依赖性。"（鞠实儿，2010）

由于说理活动所具有的前提—结论式的逻辑特征，由此它应该被纳入逻辑学研究范围。而这种逻辑特征由于说理本身所具有的社会文化性，和说理所凭借语言的复杂多样性等，无法在现有逻辑的范围内得到刻画："由于说理的主体隶属于某个文化群体，而说理本身是一项社会活动，涉及一系列难以用形式语言描述的性质，例如，主体动机、文化特征、社会组织和社会环境。"（鞠实儿，2010）

因此，为了严格研究说理这一现象，采用"广义论证"概念对之进行重建。

说理活动属于社会生活领域中的博弈现象，具有一个博弈结构，因此，广义论证沿袭了在逻辑学与哲学领域中用博弈描述逻辑与用逻辑来刻画博弈的这一做法，将之视为主体依据语境采用规则进行的一种语言博弈。

这种为研究说理现象、通过扩充逻辑学的研究范围而建立起来的广义论证概念，它同现有的逻辑学经典著作中的形式论证、非形式论证的关系如何？它既不同于形式论证，也不同于非形式论证（鞠实儿，2010）。同形式论证相比，它注意到了被形式论证所忽略的，而在实际的说理过程中却又是不可或缺的社会文化因素。而同非形论证相比，虽然二者都注意到了社会文化因素、语境因素在论证中的地位和作用，但在对于"文化"的定位上存在重要的差异。在广义论证的视野中，文化是作为变量被引入的。广义论证要求考察不同文化群体的说理方式，以及不同说理方式之间的互动与交流方式。这种不同的文化同时包括了现代文化与现代文化之外的其他文化。但在非形式论证的论域中，文化背景是常量，是作为论证的背景而固定不变的，也即仅指现代文化。从这个意义上说，广义论证的外延是包括了非形式论证，因为非形式论证是广义论证在现代文化中的代表。

针对广义论证这一人类社会的交往现象，已有的形式逻辑和非形式逻辑均不能较好刻画它，现有的形式逻辑学与非形式逻辑学同属现代文化中的逻辑学，二者都无法全面描述和恰当评价广义论证，因此要建立关于广义论证的逻辑学，即广义逻辑学（鞠实儿、何杨：2014）。就形式逻辑来说，首先，在将广义论证按照形式逻辑学的方法进行形式化时，广义论证的诸特点（主体性，社会文化性，目的性，规则性、语境依赖性）都被忽略掉了，这样的做法其实质是取消了广义论证。其次，形式逻辑学中的有效性概念不能用来评价广义论证，因为后者涉及语用因素，由此存在着广义论证的形式描述有效而广义论证自身不合理，广义论证的形式描述矛盾而广义论证本身合理，广义论证的形式描述既不有效也不矛盾而广义论证本身却是合理的等现象。就非形式逻辑来说，由于广义论证的外延包括了不同文化下的广义论证，因此它也就包括从属于现代文化中的非形式逻辑，以及其他文化中的广义论证。如果用非形式逻辑研究其他文化中的广义论证，就需要对后者进行翻译，并用前者的评价标准评价后者的译本。这种翻译使得后者的文化特征失去，而这种评价不可能对后者进行评价，只能在后者译本上进行。

基于此，通过将逻辑学的研究范围进行扩展，建立广义逻辑学。广义论证既不同于形式论证，也不同于非形式论证，因此，广义逻辑学既不同于现有的形式逻辑学，也不同于现有的非形式逻辑学，它既不能被形式逻辑学所取代，也不能被非形式逻辑学所取代，它有自己独特的研究领域，研究方法与应用范围。

由以上的描述可见，首先，广义论证是一种研究对象，是人类社会的重要的交往活动，是一种论证实践，由于具有逻辑的特征，应被纳入逻辑学的研究，但现有的形式逻辑和非形式逻辑均无法较好刻画他，因此需要建立一种新的逻辑类型。其次，广义论证也是一种新的逻辑类型，因为现有逻辑类型都无法对逻辑是什么这一问题给出以充分必要条件表达的回答。从维特根斯坦的家族类似理论出发，需要对逻辑学概念进行重新理解，逻辑学概念是个家族类似，而"已有的逻辑类型，甚至主流逻辑类型都无法借助定义或本身的特点否认其它逻辑类型的合法性，即总是可能出现不能归入已知逻辑类型的新逻辑类型。而利用家族类似性引入的新逻辑类型将扩充逻辑学家族的成员和改变'逻辑学'一词的内涵"（鞠实儿，2006a）。因此，逻辑学的内涵与外延具有开放性。

由于逻辑学是人类所创造的文明（包括物质产品与精神产品）的重要组成部分，不仅是为数学和经验科学提供研究的工具，同时也是人类进行交往所必需的手段。因此，逻辑学研究应有助于实现跨文明说理。要实现跨文明交流，就必须通过了解对方的推理和说理方式才有可能实现。"从刻画典型特征的角度说，逻辑是关于说理规则的理论"（鞠实儿，2006a），逻辑学研究必须从经验科学中获取生命力，进行一种对话和交流的互动关系，逻辑学家应该和人类学家，社会学家、语言学家等合作，共同去关心逻辑学未来的发展方向，共同去研究不同民族和不同文化的说理方法（鞠实儿，2006b）。

这种思路建立起来的广义论证理论，其理论内涵包括：

（一）从应用范围来说，广义逻辑学要为说理提供可靠的工具，能够有助于实现跨文明的真正交流。因此，它要探索不同文化下的论证规则，探索具有不同论证方式的文化群体如何进行跨文化说理。这种不同文化，既包括现代文化，也包括其他文化。"论证规则作为某社会文化群体共享的社会规范在社会互动中的具体体现，它展示了该社会文化群体的文化特性"（鞠实儿，2020）。

（二）从研究对象来说，广义逻辑学将广义论证作为研究对象，分析它的主体性，社会文化性、目的性、规则性与语境依赖性诸特点，探索特定的广义论证如何在特定的语境下生效，这种语境既包括了广义论证的主体在社会组织和权力机构中的地位，也包括了广义论证活动发生的具体社会环境。这种生效,既涉及成功交际,与语境的知识相协调等,也涉及文化中特定信仰、制度、习俗等。

(三)从研究方法来说,广义逻辑学从形式学科走向跨学科的文理结合的研究,主张与社会学、政治学、人类学等社会科学结合,与历史学、民族志等人文学科结合。

(四)从其合理性上说,广义论证是一种逻辑类型,是通过改变"逻辑学"概念的内涵而引入的一种新的逻辑类型,这种逻辑类型不同于以往的形式逻辑,也不同于以往的非形式逻辑,在家族类似这一特征下,任何逻辑类型都无法否认其他逻辑类型的合法性,任何逻辑类型都具有同等的地位和平凡的未来。

以上分析可见,广义论证这一理论,这里既将其作为一种论证实践,也作为一种逻辑类型。作为一种论证实践,它要求我们关注不同文化群体的说理活动以及论证方式,作为一种逻辑类型,它扩宽了我们对于逻辑的刻板概念与理解,是一种大逻辑观,试图从一种新的视角,去探讨逻辑与社会、文化、实践等的关系。

三 基于广义逻辑的逻辑社会学研究

基于广义论证规则而建立起来的逻辑规则集合被称为广义逻辑。广义逻辑主要是当代我国逻辑学家对于逻辑的本质、地位、作用以及逻辑学研究的问题与未来的思考,既有学理的考虑,也有现实意义的考量,为当代文明冲突提供对话途径,却无意中与 STS 思考逻辑与文化的旨趣不谋而合。从持大逻辑观的学者张建军对于逻辑的分层来看,它属于应用逻辑的范畴(张建军,2011),在当代论证理论的地形图中,被认为是"从人类学和社会学角度关注论证实践的研究"(范·艾默伦,2020,下册:915),而从 STS 的地形图中,则可以认为是一种基于逻辑实践(论证实践)的逻辑的社会文化研究。由此,建立逻辑学与 STS 研究的对话,在 STS 的研究背景下,从逻辑学的当代论证理论发展中引入广义论证理论,思考逻辑与社会文化的关系[在广义论证中,将文化要素引入论证研究,逻辑具有文化相对性(范·艾默伦,2020:915,脚注3)],这是逻辑学理论发展对于 STS 研究的启示与借鉴意义;而反之,这种逻辑的社会文化研究也为逻辑学自身理论发展提供经验的、崭新的思考视角,从而表明建立学科对话消除两种文化割裂的必要性和可行性。

从这种思路出发,本节试图借用广义逻辑,从这种广义逻辑出发,以不同文化下的论证实践(即广义论证)的逻辑实践为研究对象,将文化要素引入论证实践中,探讨逻辑实践与社会文化的关系,并期望将之形成一种逻辑之社会文化研究的新思路,纳入 STS 视角下的逻辑研究,进而在科学哲学、STS、逻辑哲学等学科融合的背景下探讨逻辑与社会、文化、实践等的关系。

我们的基本理论假设是:广义论证作为人类社会一种重要的论证实践,是人类社会生活中一种重要的社会活动、社会现象,它是历史的、实践的、社会的、文化的、地方情境的,逻辑学是人类所创造的物质产品与精神产品的重要组成部分,它不仅能为数学和经验科学提供研究的工具,同时也是人类进行交往所必需的手段。广义论证作为一种重要的逻辑实践,它理应纳入逻辑的 STS 研究范围,同时,作为一种新的逻辑类型,也是逻辑的社会文化研究的应有对象。

广义论证理论要求探索不同文化下的广义逻辑,为说理提供工具,这种逻辑隶属于其所由生的文化实践。问题是:不同的文化是否具有不同的说理方式,以及不同文化的逻辑的合理性如何?广义论证理论从理论和逻辑规范性角度试图回答这个问题。它指出,维特根斯坦后期哲学认为:能够存在与我们不相容的语言游戏或生活形式,它使用的逻辑规则和推理程序与我们所认可的有实质区别,这一论断表明了正面解决这一问题的可能性。而人类学家对偏远民族(如原始思维)思维习惯的研究,也表明了某些地区的人们也许使用同我们不一样的逻辑。因此,从理论上来说,不同的文化可以具有不同的逻辑,也可能具有不同的逻辑。另外,不同文化下的逻辑是否具有合理性,从演绎方法出发,这些逻辑具有同样合理性,没有逻辑在合理性方面是超越的。西方文明及其附属之上的逻辑,同其他文明下的逻辑在合理性方面具有同等地位,并不具有超越地位。(鞠实儿,2006a)

因此,以此理论为基础,探索逻辑与社会文化的关系,就是探讨不同社会文化背景下的逻辑。文化,通常指一个群体中价值、信仰以及对世界的认知的总和。从大的角度,如文明的角度,根据亨廷顿对世界上的文明所做的划分,世界文明经过分化组合,主要形成八个文明:西方文明、中华文明、日本文明、印度文明、伊斯兰文明、东正教文明、拉丁美洲文明和非洲文明。在大的文化群体下,可能存在亚文化或子文化,如在中华文明视野下,则存在如西藏、内蒙古、新疆等少数民族子文化群体(范·艾默伦，2020，下册：915，脚注 2）。社会，通常指一个文化群体中的组织结构和权力关系。探求不同社会文化群体下的论证实践、说理方式、广义论证，也即探讨逻辑与社会文化之间的互动关系。这种论证实践内在于其文化社会情境中，是一种地方性的知识与实践。而在研究方法上，将广义论证作为一种研究对象即逻辑实践，则可大胆借鉴 STS 的当前研究方法。

因此，下文将选取几个典型的广义论证案例，探讨属于该文化的广义论证，并以此为基础，探讨逻辑与社会、文化、实践的关系。由于广义论证概念包括了现代文化之外的其他文化的逻辑，因此选择的案例，主要是属于其他文化。这些文化，历史上曾经因为不属于西方文化，也许会被认为是不同的逻辑，甚至是不合逻辑。我们的案例，第一个（第五章）是阿赞德逻辑的例子，该案例在西方社会曾引起广泛争议，第二和第三个（第六章）则是中国古代逻辑和佛教逻辑的例子，是基于中国文化的自觉与自信而探讨的例子。就其典型性而言，这三个案例是非常典型的。在目前的方法上，我们主要基于文本分析，当然，我们也期待未来的研究，将尝试更多的如人类学、历史学、社会学、解释学、女性主义、常人方法学等其他视角与方法，以开展更多的经验与理论研究。

第五章　阿赞德逻辑的案例考察

本章及下一章主要是案例研究，分析几个具体的论证实践案例。这些案例的主要特点是，他们主要是具有地方特色的论证实践，或者是非西方的论证实践，而在历史上，关于他们的逻辑问题及其理解，曾经引起学术界争论。

第一节　阿赞德逻辑的争论历史与逻辑类型

一　阿赞德逻辑的基本背景介绍

阿赞德逻辑是一个备受争议的案例。阿赞德人是非洲的一个黑人民族，位于尼罗—刚果河的分水岭上，当人类学家埃文斯－普利查德于1926—1930年进入该民族进行调查的时候，它们正处于英、法、比利时的殖民统治之下，被当时西方的学者（包括政府）视为原始民族。从20世纪30年代英国人类学家埃文斯－普利查德发表他的民族志《阿赞德人的巫术、神谕与魔法》（1937）至今，对此的引用与讨论一直不断。

这里选取其作为一个典型案例，在资料的选取上，主要以埃文斯－普利查德的民族志《阿赞德人的巫术、神谕与魔法》［1937年第一版，1976年再版，再版增加了吉利斯（Eva Gillies）作的序言，以及埃文斯－普利查德本人所做后记］为主要资料来源（事实上众多学者的讨论也是以该书为主要文本），辅之以对阿赞德历史文化等所做的介绍（Evans-Pritchard, 1971；Douglas, 1970），埃文斯－普利查德与列维－布留尔就阿赞德人的问题进行讨论的一些书信往来（Evans-Pritchard, 1934；Levy-Bruhl, 1952），埃文斯－普利查德本人思想的传记（Douglas, 1980）[1] 等，埃文斯－普利查

---

[1] 中译本参见玛丽·道格拉斯著，蒋斌译《原始心灵的知音——伊凡普里查》，台北：允晨文化出版社公司1982版。后文的注释中如采用（玛丽·道格拉斯，1982）这种形式，即表明参考的是该中译本。

德就原始思维所作的一些分析［Evans-Pritchard（1965，1981）］，以及一些后来的人类学家重返阿赞德地区所做的一些调查（Reining，1966）等，以便从多个角度加深对埃文斯－普利查德关于阿赞德人的描述文本的理解。

根据埃文斯－普利查德（1937），阿赞德人认为，所有的不幸都是由巫术导致的，举凡生活中遇到不幸的事情，如夫妻冷淡，狩猎失败，庄稼枯萎，粮仓倒塌，生病死亡等，阿赞德人便归咎于有人施巫。他们相信有些人是巫者，能够凭借天生具有的能力，通过精神的力量对他人造成伤害。要找出作恶的巫者，通常的应对方法是请教毒药神谕。毒药神谕被阿赞德人作为一种探求模糊的或困难问题（如找出巫者、通奸者）答案的方法，通常有一套固定的请教程序：通过喂食毒药给小鸡，并向小鸡陈述想要问询的问题（"是某某让我生病吗，如果是，就杀死小鸡，如果否，就让小鸡活下来"），神谕给出的答案以小鸡在毒药的折磨下是否幸存来表达。神谕的第一次回答需要验证，因此在第二回合验证性的请教中，把毒药喂食另一只小鸡，提与上次相反的问题（如果是某某让我生病，就让小鸡活下来，如果否，就杀死小鸡）。仅当两个回合的请教中小鸡一次死了一次活下来，这样的结果才被认为是有效的，否则，如果两次测试中小鸡都死了或者都活了，这样的结果被认为是无效的。

毒药是一种红色的粉末，从一种特定的森林爬行植物提取而制成，经加水和成糊状，喂食到小鸡的喉咙，强制其吞服。服用一定剂量的毒药后，小鸡通常有剧烈的反映，有时致命，但有时活下来，看起来似乎不受毒药的影响，埃文斯－普利查德把毒药带回英国进行化验，发现它的成分类似于士的宁。正是小鸡反应的不可预测性：根据它在毒药作用下的反应，尤其是最后的死活，回答了呈递给它的问题。虽然阿赞德人有其他神谕（如摩擦木板神谕，白蚁神谕），但毒药神谕被认为是最可靠的，被应用在法庭裁判上。

阿赞德人找到作恶的巫者姓名后，会把神谕的判决结果呈递给对方，要求对方停止巫术伤害，重大的不幸（通常是死亡与通奸事件）中，这种呈递直接提交给了所在地区的亲王。亲王会询问他自己的神谕，如果神谕给出了确证的答案，被指控为巫者的人就要根据惯例做出相应的赔偿。此外，阿赞德人实施魔法保护自己免受巫术伤害，并对巫者进行魔法报复。

在这个巫术、神谕、魔法的日常生活信仰实践中，埃文斯－普利查德发现，阿赞德人的信念系统中，存在着一个显然不合逻辑的推理，这一推理可以表述如下：

1. 不幸为巫者施巫所致；
2. 巫者具有巫术物质，可以通过尸体解剖检验出来；
3. 巫术物质单系遗传：父传子而母传女；
4. 氏族中的一个男人是巫者；
5. 该氏族所有的男人都是巫者；
5'. 并不是该氏族所有的男人都是巫者。

阿赞德人接受前提 1-4，但是并没有如西方人所设想的那样得出结论 5，他们接受结论 5'。

阿赞德人拥有怎样的逻辑，以致有这样的论证？

如前文分析，在《知识与社会意象》（1976）一书中，科学知识社会学的早期代表人物布鲁尔，分析了阿赞德人的这种论证特点，明确地提出了阿赞德逻辑是一种不同于西方逻辑的逻辑。

这种不同于西方逻辑的阿赞德逻辑是什么，后续的逻辑学家对此进行了努力。

二 阿赞德逻辑的争论历史及逻辑类型

（一）阿赞德逻辑是形式逻辑

持此观点的以库伯（Cooper，1975）、赛门（Salmon，1978）、特里普利特（Triplett，1988，1994）、德·柯斯塔（da Costa et al.，1995，1998）等人为代表，主张阿赞德逻辑是形式逻辑，即某种非经典逻辑或经典逻辑。

在《"原始思维"中可供替代的逻辑》（1975）中，库伯指出，原始思维，尤其是巫术—宗教式思维，通常被认为是包含矛盾和逻辑不一致性，但是如果引入一种非经典逻辑，则其中的矛盾和不一致性就能消除。这种逻辑就是三值逻辑，它由卢卡西维茨（Lukasiewicz）创立，并由赖欣巴哈（Reichenbach）用来解释量子力学中的测不准现象。三值逻辑（L3）的主要特征在于它抛弃了经典逻辑中的真假（T，F）二值假定，引入第三值"非决定的"（indeterminate），即 L3 拥有三个真值：真、假、非决定的（T，F，I）。对于阿赞德人来说，如下推理中，

1. 一个巫者的所有具有生物关系的同性亲戚都是巫者；
2. 如果 1，则所有阿赞德男性都是巫者（因为他们彼此生物性相关）；
3. 并不是所有阿赞德男性都是巫者（通过肠检）。

前提 1 既不是真的，也不是假的，而是被阿赞德人视为在原则上不可测

试的（untestable）命题，因而在真值上是"非决定的"。

那么根据三值逻辑的真值表，当前提1在真值上是不确定，结论"所有阿赞德男性都是巫者"在真值上也是不确定的。

因此，库伯认为，"如果假定阿赞德人使用L3进行推理，那么我们就不能说他们得出这个'所有阿赞德男性都是巫者'的结论，也不能说他们的推理中存在矛盾"（Cooper，1975）。

赛门对库伯的这种做法表示反对。在《阿赞德人和努尔人①使用某种非经典逻辑吗》中（1978），赛门指出：

第一，阿赞德的例子并不能和量子力学在命题的不可测试方面做足够相似的类比。因此，不能保证二者能够用同样的方法进行处理（即用三值逻辑进行解释）。

根据赖欣巴哈，量子力学中说某些命题不可测是由于理论原因，如粒子的位置和冲量不能同时测得，给定一个，另一个就原则上不可测。而不是指如"上帝存在"这样的命题一样在经验上永远无法证实其真假。阿赞德人的例子显然不属于"原则上不可测"这一类。"即使'一个巫者的所有具有生物关系的同性亲戚都是巫者'这一陈述是理论陈述，也无法证明它的真值是非确定的。库伯没有展示阿赞德人把这个陈述视为原则上不可测，即在某些情况下可测，另一些情况下不可测。正是这一特征把阿赞德人的例子和量子力学中赖欣巴哈逻辑的非决定性陈述给区别了开来"（Salmon，1978）。

第二，赛门指出，被库伯视为不可测试的这一命题"一个巫者的所有具有生物关系的同性亲戚都是巫者"对于阿赞德人来说并不是不可测的，而是假的，因为阿赞德人仅把巫术物质的遗传限制在同性的近亲之间，而且他们承认巫术物质有时是冷的，并不使得其拥有者成为巫术，该条件仅是成为巫者的必要条件，而非充分条件。阿赞德人并不需要由此得到结论"所有阿赞德男性都是巫者"。

赛门的做法（在面对存在显然的矛盾的推理时，检视其前提，看是否前提为假）被特里普利特所采用，特里普利特在《赞德逻辑VS西方逻辑》（1988）一文中反对布鲁尔把阿赞德逻辑视为另一种不同的逻辑，指出阿赞

---

① 努尔人（Nuer）是埃文斯-普利查德进行民族志调查的另一非洲民族，其思维存在着同样的显然的不合逻辑的矛盾之处：他们认为小孩子没有灵魂，但又认为双生子的灵魂死后升入天堂，于是就出现矛盾，即他们相信幼小的双生子既具有又不具有灵魂。参见Evans-Pritchard（1956：Chapter 6）。

德人是用归谬法进行推理，当发现结论（所有阿赞德男性都是巫者）存在矛盾，不可接受时，就修正了导致该结论的前提，比如认为有些时候巫术物质处于冷状态，虽然每一巫者都有巫术物质，但并一定有巫术物质的每一个人都是巫者。因此，他认为阿赞德逻辑是亚里士多德式的经典逻辑（Triplett，1988）。

在德·柯斯塔等人看来，无论是库伯、赛门还是特里普利特，他们的做法有个共同的地方就在于受到了经典形式逻辑中不能容忍矛盾的影响，因此，为了消除矛盾，他们不得不借助于引入第三值或修改前提等做法。而这样的做法是大不必要的。在《有一个赞德逻辑吗？》（1998）中，德·科斯塔等人指出，人们不能容忍矛盾在于矛盾导致系统混乱，矛盾使得整个系统陷于平凡。但是次协调逻辑主张：1. 矛盾的存在并不一定非要避免；2. 矛盾也不一定导致整个系统的平凡。阿赞德人的推理的特点是：1. 他们的推理系统中存在矛盾；2. 他们的信念系统并不是平凡的。因此，用合适的既包含矛盾的信念但是又不导致整个系统陷于平凡的次协调逻辑去刻画阿赞德人的推理，就能解释在阿赞德案例中发现的矛盾现象（da Costa et al.，1998）。

（二）阿赞德逻辑是非形式逻辑

持此观点的以米勒（Mill，2006），葛瑞芬哈根（Greiffenhagen et al.，2006）等人为代表，认为形式逻辑不能解释阿赞德人的推理，阿赞德逻辑必须从非形式逻辑角度进行考虑。

德·科斯塔等人把阿赞德逻辑解释为次协调逻辑，这一观点为米勒所不认同，他认为，一个关于平凡性如何被避免的逻辑是值得我们关注的，因为它使得我们注意到了自身思维的局限性。我们强调设法避免矛盾，而次协调逻辑却能够做到存在矛盾而不陷于混乱，这一点是值得探究的地方，但它是否能够用来刻画一个文化下的实践推理，却是值得商榷的（Mill，2006）。

质疑用形式逻辑系统来解释阿赞德推理的恰当性这一思路同样的被葛瑞芬哈根等人所采用。在《逻辑相对主义：文化比较中的逻辑、语法与算术》中，葛瑞芬哈根等人指出，用形式化方法构建实际生活的论证，继之判断它是符合经典逻辑还是非经典逻辑，这个方法严重存在问题，至少是不成熟的，正是在把信念翻译成形式结构的过程中实践论证的真正意义被丢失或扭曲了。

来自非形式逻辑的批判展示了用形式逻辑刻画一个文化下的具体论证

所面对的问题，比如：1. 所构建的命题是否真正表达了人们所相信的；2. 矛盾的出现来自我们将其信念翻译成命题串，而阿赞德人自身并没有宣称（1）"所有阿赞德男性都是巫者"，并且（2）"并不是所有阿赞德男性都是巫者"；3. 矛盾的消除来自我们对其信念的阐释，为了避免矛盾，库伯引入三值逻辑，同样的为了避免矛盾，赛门和特里普利特（包括埃文斯-普利查德本人）认为阿赞德人修改前提，由此把阿赞德人的信念区分为初级信念与次级信念，问题在于，如果"有些巫术物质是冷的"这个信念不是次级信念，而是和初级信念处于同一水平上，问题就不一样了，因为这样的话根本不存在矛盾，也就不存在修改信念的问题。因此，矛盾是西方人推出来的，所谓的修改信念也是西方人推出来的。

由此，葛瑞芬哈根等人认为，形式逻辑并不能作为一个文化比较的策略，因为：第一，形式逻辑不能正确刻画推理实践；第二，西方人自身也不是严格按照形式逻辑进行思考的。由此，葛瑞芬哈根等人主张一种"非形式逻辑"的分析视角，没有这一步，就不能做到对于具体文化中的论证事例进行正确理解。（Greiffenhagen et al., 2006）

（三）阿赞德逻辑是广义论证逻辑

当葛瑞芬哈根等人使用"非形式逻辑"一词时，他是在这个词的通常用法中使用的，即逻辑学经典著作所称的"非形式逻辑"，而我国学者鞠实儿（2010）则对这一思路进行了继承和扩展。

继承在于，鞠实儿拒斥用形式逻辑刻画阿赞德人的论证，认为从一个动态的社会文化活动中抽取出其语言形式时，论证的社会文化性、目的性、规则性、语境依赖性、主体性等都被系统忽略了，而这是这些特性构成阿赞德人论证的特性，使其成为阿赞德论证，正是这些因素制约着阿赞德人不接受西方人认为理所当然的结论，而接受西方人认为错误的结论。因为论证是一种社会行为，而剥离出的语言形式仅是语言标记，只有合乎社会规则的结论才是被接受的和没有问题的，这些没有问题的结论就是逻辑推理。从这个意义上，阿赞德人的论证不是某种非经典逻辑，而是相对于其文化的一种论证方式。

修正在于，鞠实儿扩大了论证的外延而建立广义论证概念，使之不但包括现代文化下的论证（非形式论证），也包括其他文化下的论证。即把文化作为变量引入论证的概念中。阿赞德人的论证构成他们信仰系统的唯一一条路径：除此之外，别无他路，他们并不会如我们的非形式论证那样面对不一致的结论时，能够找出具有启发性的信息，如诉诸权威、诉诸无知、诉诸偏好等，相反，阿赞德人对他们的结论确信无疑，也不能识别我们所认为的矛盾，并坚信他们的论证是合理的，从这个意义上说，阿赞人的论证不同于我们（也即现代文化）的非形式论证，而是发生在阿赞德人文化（也即其他文化）下的一种广义论证。

由此，鞠实儿发展了葛瑞芬哈根等人的结论，指出，阿赞德逻辑既不是某种非经典逻辑，也不是某种非形式逻辑，而是一种广义论证逻辑。"正是那些使得阿赞德人的广义论证在其中毫无问题的社会文化背景，既塑造了阿赞德逻辑的独特形式，也为他们的合理性提供了基础。"（鞠实儿，2010）

可以说，这种逻辑类型的定位从某种程度上回应了布鲁尔对于阿赞德逻辑的期待。

布鲁尔对于阿赞德逻辑的分析，认为阿赞德逻辑具有如下特性：共享性（集体成员共享），非形式性（本质上非形式），实践性（社会生活实践），强制性（规则遵循的强制）与协商性（规则运用的协商）。换句话说，阿赞德逻辑是阿赞德人在社会生活实践中，在阿赞德社会惯例的强制下经协商而生成的集体共享的论证模式，它是从阿赞德人的自然癖性中经社会拣选而出的，它是非形式的，并且自身已成为阿赞德社会的惯例。这种分析与鞠实儿将阿赞德逻辑视为一种广义论证逻辑的结论是暗合的。

就共享性而言，它是广义论证的题中应有之义。当把论证视为"主体在给定的文化中依据规则进行的，旨在从前提出发促使参与主体拒绝或接受某个结论的语言博弈"时，它已经预设了共享性这一特征。作为一个多主体间的社会交互过程，规则是社会生活准则的一部分，语言是社会交往活动的媒介：如果博弈者使用的规则不被他们所属的社会群体认可，博弈的结果将不会被相应的群体所接受；如果某人的论证所凭借的语言、媒介、工具、手段等不被他人认可等，均使得他的论证不能生效。因此，论证的生效是来自参与主体间的共识，若无这种共识、共享，便也无被认可的论证，甚至也可以说，若无共识，便无真正意义上的论证。

就非形式性而言，亦是广义论证的题中应有之义。广义论证逻辑通过拓广逻辑概念重建说理现象。同形式论证相比，广义论证为元论证（meta-argumentation），不同于形式逻辑把论证狭义地理解为由前提与结论组成的语句串，论证的合理性由"有效性"概念来刻画，而有效性被从形式上定义为当且仅当前提为真时结论不可能为假等这一系列做法，广义论证逻辑强调要关注论证中不可或缺的社会文化因素。同现有的非形式论证比，广义论证亦为元论证，不同于非形式逻辑仅关注现代文化下的论证，广义论证逻辑也包括了其他文化下的论证。因此，广义论证是在元论证的层面来研究人类说理的。

就实践性而言，是广义论证的社会文化性所承诺的。拒斥任何先验的、形式的、绝对的规则与意义，广义论证把论证放回到其所由生的社会文化背景中进行研究，论证走向生活世界的回归。其论证的模式和规则、论证的结构和类型、评价标准都是来自生活世界的，而非优先于、基础于或先验于生活世界。仅当在具体的生活世界中，论证才有意义，甚至可以说，离开了生活世界的依托，便无真正意义上的论证。广义论证的合理性依赖于其社会群体，相对于其文化。

就强制性而言，是广义论证的规则性所保证的。广义论证强调论证是个规则控制的过程，这些规则使得说理有序进行。这些规则也是说理这种社会活动中的"理"之所在：若无"理"，"说"便无了意义；以"理"才能"服"人，有"理"才能"说"。换句话说，规则构成论证的基础，构成论证得以进行的前提，论证目标得以实现的保证。规则赋予"论证"以意义，无规则的论证便是"伪"论证。因此可以说，没有规则，便无论证，不遵从规则，便无法参与论证，无法实现论证，比如游戏，不遵从游戏规则，面临的结果或者是被罚，甚至出局。

就协商性而言，是广义论证的主体性、目的性与语境依赖性所要求。广义论证强调论证参与主体的社会隶属关系，指出参与主体隶属于某一社会群体这一特点对于论证有重大影响；广义论证强调论证参与者的目的性，指出参与者旨在促使博弈者形成某种命题态度；广义论证强调论证发生的具体语境，指出博弈者对某表达式的意义的理解取决于该表达式的说者和听者的动机以及相关的社会环境（以下统称这种主体的社会隶属关系、动机与社会环境为语境）；而博弈者的博弈步骤依赖于其对表达式的理解。对广义论证而言，主体性、目的性、语境依赖性使得论证中的规则是变化的，它是语境的函相，而变化正是主体协商的结果。

可以说，这种暗合绝非巧合。作为科学知识社会学派的早期代表人物，布鲁尔拒斥传统的认识论主张，反对将现有的逻辑知识视为某种理所当然的理性的基础，因此，在布鲁尔看来，我们所谓的逻辑规律、推理规则，以及现有的形式逻辑的研究方法,都是不同文化下被社会选择出来的结果,并不具有普遍的适用性。相比之下,广义论证尽管研究的出发点不同,却与布鲁尔的趋向殊途同归。广义论证从人类说理现象出发,认为逻辑是关于说理规则的理论,逻辑学要为说理提供可靠的工具,而说理涉及一系列无法用形式语言刻画的因素,如文化因素、动机因素等等,因此必须建立一种关于说理的理论:广义论证理论。这种理论不能采用形式逻辑的工具,而要采用广义论证的理论视角:关注论证的主体性,社会性、文化性、目的性、语境依赖性。因此二者都在于意识到传统的形式主义解决方案的局限性,对于前者而言,首先假定它是值得质疑的,应该无偏见地探索所有知识的社会成因,对于后者而言,则是通过比较它和广义论证在处理说理这一现象,而抛弃了形式主义的解释,采取广义论证的解释。不同的研究旨趣带来了同样的考虑,即将论证放回到其所由生的文化环境中,论证是具体文化中的论证,论证主体是具有能动性的主体,仅当在具体的情境中,才能理解一个文化下的具体论证;仅当考虑这个文化的背景、常规、习俗、惯例等各个因素,才能寻求到逻辑的本质、起源、作用等这些重要问题的答案。

既然广义论证逻辑由构造论证的规则(广义论证规则)组成,阿赞德逻辑的逻辑类型是一种广义论证逻辑,则下一步的问题自然为:这种逻辑的论证规则是什么,换句话说,阿赞德人的论证规则,或说理方式是什么?

第二节 阿赞德人的规避式论证规则

本节主要将从广义论证的理论视角出发,对于阿赞德人的论证实例进行分析,抽取出其主导的论证规则,将其命名为"规避式论证",并深入到埃文斯-普利查德关于阿赞德人论证的民族志记载文本(1937)中,对于规避式论证作为阿赞德人的一种主导论证规则做出详细的阐释。

一 广义逻辑视野中的阿赞德论证

广义论证不但是一种研究对象,也是一种理论视角。作为一种研究对象,它重在刻画说理这种社会活动,作为一种研究视角,它对论证的分析中重在关注论证的社会文化背景。本节即从广义论证的视角出发,试图对阿赞德人的论证实例(见第一节)进行分析,并找出其论证规则和结构。

说理是一种社会文化实践,从广义论证的视角看,阿赞德人的这一论证实例即是发生在阿赞德社会文化背景下的由于不幸引发的巫者的指控与辩护（指控与反指控）过程①，它是指控者与辩护者双方在一定的语境下，依据社会规则进行的语言博弈，旨在从前提出发促使博弈参与者拒绝或接受某种结论（对于指控者来说是被指控者需要为自己的不幸负责，对于被控者来说是自己的无辜以及指控者的误控）。

　　这一博弈过程受制于如下因素：博弈发生的社会文化背景，博弈参与者在社会组织结构和权力关系中的隶属关系，博弈所依据的规则，博弈者的目的以及对于语境的依赖。

　　这一博弈过程发生在阿赞德社会中存在的对巫术、神谕与魔法的信仰实践中。发生了不幸要寻找巫者，寻找巫者要求助于神谕，找到了巫者要进行指控，要求惩罚；接到指控要进行辩护，辩护失败要进行抵偿。一系列的运作彼此勾连，互相证成，对巫术的归因，对神谕的相信，对魔法的使用，彼此依赖，埃文斯-普利查德将之称为"信念系统的网状结构"（Evans-Pritchard，1937：194-195），这种网状结构使得"经验与一个神秘观念的矛盾经由另一个神秘的观念而获得解释"（Evans-Pritchard，1937：339）。正是其独特的社会文化背景（不同的信仰、价值观、习俗）塑造了阿赞德人的论证模式，形成了阿赞德人的论证特点。

　　在这一独特的社会文化背景下，论证的产生与生效必有其特殊的途径。

　　不同的论证者在社会的组织结构与权力关系中的地位必然影响到论证的产生与生效性。因此，巫术的指控与辩护多发生在平民中地位相差不够悬殊的同性同辈之间、邻居之间、朋友之间等。平民不会指控贵族，因为冒犯他们是对己不利的；妻子不会指控丈夫，因为请教神谕是男人的专利，妇女不被允许使用神谕；亲王家族的人被认为对巫术免疫，因为这会有损于他们的权威和声望，为了解释不幸，他们诉求于妖术（妖术即坏的魔法，依靠咒语与魔药，不具有遗传性）；儿子不会指控父亲，那无异宣称自己也是带有巫术物质的人。所有这些都反映了阿赞德社会存在着的男人对女人，老人对年轻人，贵族对平民的地位差异。在裁决谁是巫者时，尽管所有人都有自己的毒药神谕，但亲王的神谕具有最终判决权。

　　这一特殊的社会必然有其特殊的行事规则。它们是阿赞德人在长期的历史实践中所形成的社会常规、制度、习俗、惯例等，在阿赞德人的日常

---

① 玛丽·道格拉斯将之称为"不幸引发的责任追究体系"，参见玛丽·道格拉斯（1982）。

生活中具有长期的、稳定的地位。比如发生不幸,要归因于巫术,找到巫术,要诉求于神谕。根据埃文斯-普利查德,"如果某人对因果关系的了解和其他人不一样,他势必就无法在他们所组织的这个复杂的社会中生存"(玛丽·道格拉斯,1982:90)。"如果一个人不请教毒药神谕,他就违背了习俗,因此会有损社会声望,还会由此招致法律的惩罚"。(Evans-Pritchard, 1937:261)

这些惯例、常规、习俗稳定可靠,形成他们思维的框架,他们无法跳出这个框架进行思考。一方面,他们听从"神谕对某人是巫者的判决"(信念1),并坚信"巫术物质同性遗传,可经由尸体解剖检验出来"(信念2)。而另一方面,他们也并不认为"巫者所在氏族的所有男性都是巫者"(信念3)。这种方向成为他们推理的唯一通道,一条必然途径。他们就是这样推理,这种模式被社会成员所认可,这个结论被社会成员所接受,因此其生效性由社会成员共同接受所保证。

这样的模式要成为规则,必须能够在实践中顺利地运作。而在具体的论证中,阿赞德人总是目的与语境依赖的。阿赞德人追究彼此的责任,而让自己免受追究。在具体的情境中,他总是选择对自己最有利的信念,最有力的理由,适时适地发展出新的观念,对原有的信念进行有策略的使用,巫术的遗传理论在某些情境下被使用,而某些情境下被忽略。他会借助于"这个人不是我们氏族的真正成员,他是他母亲与外族人通奸所生(信念4)"为自己辩护,也会借助于"即使我是巫者,但我的巫术物质可能处于冷的状态,因为我并无意伤害你(信念5)"为自己辩护。因此,阿赞德人对某人是否天生是巫者没有理论的兴趣,仅对具体情境中的巫者感兴趣。他们关注的是某人是否此时此地正在对其实施伤害。一个被指控为巫者的人在事情得到解决后并不被大家视为巫者,大家也对此事毫无兴趣。

在以上的分析中,存在着:一、对神谕的信仰(信念1),对巫术遗传的确信(信念2),对一个氏族男性都成为巫者的整体性不承认(信念3);二,这个巫者非我族类(信念4),我的巫术物质是冷的(信念5)。而信念二是需要得到社会成员接受的,因此,某些辩护被抛弃,如信念4,而某些信念被普遍地接受,成为惯例,如信念5。

在广义论证的视野中,阿赞德人的论证呈现出如下图景:面对社会惯例的强制性压力,阿赞德人依据论证的目的性与具体语境,创造出了新的解释性的观念,使得他们的论证被纳入社会共识的范围。这种论证方式,我们称之为"规避式论证"。它使得阿赞德人避开了所不愿得出的,与社会惯例相违背的，而西方人认为理所当然得出的结论。

二　何谓规避式论证

（一）何谓"规避"

何谓"规避"？根据《辞海》（1999 版），规：指规则，规范，规定，避：避开，避免，躲避。规避即：设法避免。《旧五代史·孔谦传》记载：帝怒其规避，将置于法（辞海，1999："规"字条）。

"规避"一词在现代汉语中本是一个社会科学中的术语，如贸易规避，法律规避，风险规避等。如贸易规避，指在贸易中，一切逃避监管和绕过贸易惯例规则的变通甚至违规行为，例如出口商为了逃避"多种纤维协定"等国际贸易协定有关数量限制协议的约束，达到多出口的目的，采取转运、改道、谎报原产国和原产地，伪造文件和谎报产品成分、数量、货品名称和税号等以绕过协定和监管（辞海，1999："规避"词条）。

又如法律规避，是指涉外民事法律关系的当事人为利用某一冲突规范，故意制造某种联结点的客观事实，以避免本应适用的对其不利的法律，从而使对自己有利的法律得以适用的一种逃法或脱法行为。

又如风险规避，是风险应对的一种方法，指通过计划的变更来消除风险或风险发生的条件，保护目标免受风险的影响。

由此可见，"规避"即"设法避免"，在贸易规避、法律规避、风险规避等这些规避行为中，存在着规避的主体，对象，目标，方式诸因素。

就规避的主体而言，是规避行为的参与主体，如上文所列贸易规避中的贸易出口商，法律规避中的当事人等；

就规避的对象而言，这是规避主体所要设法避免的事物，如贸易规避中对己不利的贸易规则，法律规避中的对己不利的法律规则，风险规避中潜在的风险等。而这些规则是依照规范本应适用的强制性规则。

就规避的目标而言，这是规避主体实施规避行为所要达到的目的：避开这些规则，而使主体适用于另一种对己有利的规则。

就规避的方式而言，是规避主体实施规避行为所采用的手段，如上文所列贸易规避或法律规避中所采取的一些规避策略。

在贸易规避、法律规避、风险规避等这些规避行为中，还存在着主观与客观两个层面：就主观而言，规避是主体有目的、有意识地进行的。就客观而言，规避的行为完成，主体得以适用对己有利的规则。

（二）"规避式论证"：定义与图式表达

将"规避"这个社会科学中的术语，应用于刻画论证方式，则有

规避式论证是指：

在论证中，参与主体根据论证的目的与语境因素，为了避开与社会惯例相违背的结论，通过创造一些关联性的意义，从而得出遵从社会惯例的结论。

这一描述性的定义，仍可以从主体、对象、目标、方式四个因素进行理解：

就规避式论证的主体而言，是论证的参与主体；就规避式论证的对象而言，是论证主体在具体论证中所要避开的与社会惯例相违背的结论；就规避式论证的目标而言，是论证主体在具体论证中所想要得到的遵从社会惯例的结论；就规避式论证的方式而言，是论证主体为了实现论证目标而创造的关联性意义。

而这一描述性定义，亦包括主观与客观两个层面：

就主观而言，规避式论证是论证主体在有意识、有目的的条件下进行；

就客观而言，规避式论证已经发生，论证主体得到了遵从社会惯例的结论。

对该定义，补充说明如下：

1. 该定义使用了"与社会惯例相违背"与"遵从社会惯例"这样的字眼，而没有使用"对己不利"或"对己有利"这样的字眼，意在强调，作为一种集体共享的论证方式，规避式论证本身也是一种社会惯例。而对己有利与否是一种个人的行为与价值判断，二者也许是一致的，也许不是一致的。但无论怎样二者不是处于一个水平面上。如果仅仅对己有利而不合社会惯例，这样的规避将得不到社会的认可而被抛弃，如在阿赞德人关于巫者的指控与辩护中，当某人被指控为巫者时，他的族人有时为了氏族的清白而宣称这个人是他的母亲与外族人通奸所生，而非他们氏族的真正成员。但这样的辩护并不被该氏族以外的其他人承认，而这种方法也不被广泛使用（Evans-Pritchard，1937：25 – 26）。

2. 该定义使用了"根据论证的目的与语境因素"，"创造一些关联性的意义"字眼，意在强调规避式论证中一个重要作用：协商的生成作用。协商是一种社会过程，它是社会成员间通过互动达成共识的过程，其协商的结果将由可能对其产生影响的各种自然的偶然性而决定。假定有 A，B，C，D，E 五个人，每一个人都面对巫者的指认带来的危及整个家族的清白的压

力，他们都根据自己的具体语境，发展出了表明自己无辜的、使他们的结论变得可以理解的阐释，比如 A 指出被指认的巫者是个野种，B 指出指认者与己有仇，根本没有请教神谕，故意编造神谕的指示来污蔑自己，C 指出指认者的神谕说谎，D 指出巫者有冷热之分，即使有巫术物质也并不一定会伤害他人，E 指出施巫有有意与无意之分，可能使得自己在无意识的情形下而伤害他人。但 A，B，C，D，E 不是脱离社会的孤立的个体，这里存在他们之间的互动，而这种互动创造一个社会。A、B、C、D、E 的阐释也许并不处于同样的显著位置，由于结论的被接受来自成员间的共识，他们试图对这些阐释进行协调。而协调是在人类自然性、生物性的限度内，使得某些人发展出来的阐释处于人类自然而然的推理倾向中，处于社会惯例的自然约束中，而获得显著位置，并最终成为常规而被全体接受，如 D 的阐释。

3. 该定义使用了论证主体"根据……为了……通过……从而……"这类字眼，意在强调规避式论证的主观层面：意识作用，这种意识作用如何理解，后文有详细论述。

4. 言阿赞德人的论证为规避式论证，意在强调规避式论证的客观层面：规避式论证已经发生，阿赞德人避开了西方人认为理所当然的应该适用的、却不符合阿赞德人社会惯例的结论，而得出了符合他们自身社会惯例的结论。

根据定义与说明，则规避式论证可以图式化表达如下（图 5-1）：

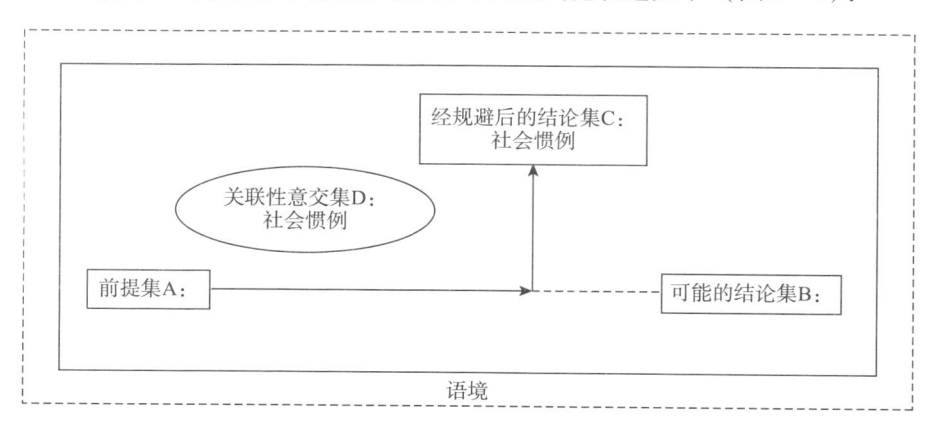

图 5-1 规避式论证图式①

---

① 该图的思想来源出自布鲁尔先生，他在分析阿赞德人的推理时使用图示［参见 Bloor (1976：41，图 11)］展示了阿赞德人的推理如何进行偏转。此处对布鲁尔的图示进行了更为一般的表达，并扩展他的分析。

对该图 5-1 说明如下：

1. 该规则是阿赞德社会成员共同接受的论证规则。

2. 该规则发生在阿赞德社会的社会文化背景之下，以其社会文化为其基础。

3. 作为该论证的结论集 C 与关联性的意义集 D，均是社会惯例，即其为社会成员所共同接受。B 为与阿赞德社会文化背景不相容的结论集。

4. 该图式展示了由前提集 A 出发的论证轨道由于被纳入到阿赞德人特定的社会文化背景中而得以生成（即生成了论证路径 A→C，而非生成论证路径 A→B）。

5. 位于整个论证结构背后的是论证主体的社会隶属关系、论证发生的具体语境、论证者的目的。这些连同其社会文化环境，我们统称为论证的语境，用虚线框表示。这种规则—语境的二分表示法意在强调规则是语境下的规则，生成于语境，受制于语境。

三 规避式论证作为一种论证方式

（一）规避式论证实例：结构分析

将规避式论证称为阿赞德人的论证方式，意味着：它是一种稳定的，建立在阿赞德社会文化背景下的、经长期的历史实践而形成的一种论证的"模式"，为阿赞德社会成员所共享，在阿赞德人的社会生活、日常论证（巫术的信仰实践）中居于重要的位置，被重复使用而得以显现。由于前文只考察了阿赞德人在巫术遗传这一实例对该模式的使用，本节将从其他案例中对这一模式进行详细的考察，展示原民族志文本中阿赞德人的论证中为西方人所疑惑不解的，所谓的漠视矛盾、不合理性之处，如何被纳入这一论证模式中而获取合理解释。

为了便于具体分析，将规避式论证中规避的对象（可能的结论集 B）、规避的目标（规避后的结论集 D）、规避的方式（关联性意义集 C）称为规避式论证的结构①。

公平地说，埃文斯－普利查德注意到了阿赞德人在论证中对于规避式论证的使用，尽管没有明确提出。诚如玛丽·道格拉斯评价的，埃文斯－普利

---

① 如前文所分析，这一结构包括了主体，对象，目标，方式四个元素，此处为了简化分析，将主体这一元素省略。

查德致力于探究日常生活知识的社会取向,知识如何与制度相互支撑(玛丽.道格拉斯,1982:28-29)。因此,在他1937年的这本人类学著作中,他从阿赞德社会中人们面对不幸,如何进行责任追究这一角度入手,考察了该社会建立在阿赞德人面对不幸进行巫术指控这一基础上的整个责任追究体系,在这个体系中,人们的日常知识(包括推理、论证)与制度(包括政治制度、社会惯例、常规等)相互支撑:人们在追究不幸带来的责任承担过程中建立了一系列的制度,而一系列的制度反过来也支撑了人们关于巫术、神谕、魔法等的知识体系的运作。正是在这整套的责任追究体系中,在巫术的指控与辩护中,阿赞德人规避了自己的责任,而将责任追究于他人。

因此,在1937年的这本著作中,埃文斯-普利查德寻着这样的一个写作思路:

1. 发现阿赞德人的不合逻辑之处:规避从逻辑上来讲应该接受的结论,接受另一些结论;2. 对阿赞德人为何作此规避给出解释(尽管他仍把阿赞德人的论证视为不合理性的,错误的)。这样的情景在整本书中俯拾皆是。如上文所列阿赞德人在巫术的遗传上所展现的规避:

阿赞德人本应接受如下结论:巫者所在氏族的整个与巫者同性的成员都是巫者(规避的对象);

实际上阿赞德人接受的是如下结论:并不是与巫者同性的所有氏族成员都是巫者(规避的目标)。

指出这样的现象后,埃文斯-普利查德接着举出了几条理由对此进行解释:

1. 阿赞德人会说这些巫者不是他们氏族的真正成员,他们是其母亲与外族人通奸所生;2. 阿赞德人承认某些时候巫术物质处于冷的状态,并不必然使得巫术物质的拥有者成为用巫术伤害他人的巫者;3. 阿赞德人不能像我们一样感知出其中的矛盾,他们对于巫术的理论不感兴趣,也无意探讨;4. 阿赞德人在巫术的实践情形中不用考虑这个矛盾之处,因为他们在实践中从来不问神谕某人是否天生是巫者而问在这个具体的情境下是否是某个对我有仇的人在用巫术对我施巫。(Evans-Pritchard,1937:24-25)

在这些解释中,解释1与2涉及论证中规避的方式:关联性意义集,因此是本书所关注的(对于解释3与4后文将有相关的论述)。解释2尤为本书所关注,它反映了某些方式经过历史的进程而被人们所普遍接受,成为进行规避时所采用的主要方式。

以下寻着埃文斯-普利查德的文本记述,就阿赞德人对于规避式论证的使用再举几例,并对其进行结构分析。

(二)巫术归因中的规避式论证

阿赞德人把不幸归因于他人施巫所致。对他们来说,巫术无处不在,涉及生活每一活动。"花生苗枯萎,人们归因于巫术;在丛林里没有捕捉到猎物,归因于巫术;妇女从池塘捞鱼,只捕到几条小鱼,归因于巫术;人们捕捉白蚁而等了一个晚上却一无所获,归因于巫术;妻子生闷气,对丈夫要求没有反应,归因于巫术;亲王对臣民冷淡,归因于巫术;魔法没有达到效果,人们也会归因于巫术。实际上,任何不幸或失败,都可以归因于巫术。"(Evans-Pritchard,1937:64)

埃文斯-普利查德奇怪,这些不幸都有着显而易见的自然原因,比如一个小男孩走路时把脚踢在丛林小路中的木桩上,他遭受疼痛和不便,而由于伤口在脚趾上,开始化脓。小男孩说是由于巫术才让他遭此不幸。埃文斯-普利查德总是同他们辩论,向他们指出,脚踢在木桩上是由于他自己不小心,巫术并没有使木桩在那里,因为木桩本就在那里,有没有巫术存在木桩都是在那里。伤口化脓因为伤口感染了灰尘。小男孩的反应则是,他虽然承认巫术与木桩没有关系,但是他又说,他走路时眼睛睁得大大的,非常小心而谨慎,如果不是巫术,他怎么会踢到木桩呢?如果不是巫术作祟,他肯定能够看到木桩的。同样的,伤口一般都愈合得很快,如果不是巫术作祟,这一次伤口为什么会化脓?

埃文斯-普利查德把这种对不幸的解释方式称为"赞德式解释"(Evans-Pritchard,1937:65-66):巫术解释了一连串因果关系中的某种特定情形。比如一个人在丛林中和大象相遇被大象刺伤,这个人要解释的是,与大象相遇并不经常发生,为什么被他遇上了?别人与大象相遇都安然无恙,而为什么他却受伤了?为什么是他而不是别人?为什么在这个时候而不是别的时候?为什么是这只大象而不是别的大象?因为大象能够伤人是大象的普遍性质,但大象伤害你却不是大象的普遍性质。因此,埃文斯-普利查德认为,个人生命与不幸事件在特定的时间与地点的相遇,西方人认为是偶然,没有相互依赖的关系,阿赞德人却是"用巫术填补了这个推理中的缺失环节"(Evans-Pritchard,1937:71)。

埃文斯-普利查德发现，阿赞德人并不是没有注意到自然原因，他们注意到是大象撞伤人，是火烧伤人，是木桩让脚踢伤，但阿赞德人要解释的是：为什么倒霉的偏偏是我？总要有人为此负责。

正是为了规避自己该为不幸承担的责任，阿赞德人挑选了巫术这一具有社会意义的原因，并把这个原因置于自然原因之上。正是以巫术为起点，人们开始了对他人追讨责任的过程。

在向他人追讨责任中，产生了巫术的各种观念：巫者凭借精神力量施巫，巫者因为仇恨而施巫伤害他人，施巫以巫术物质为基础，巫术物质可以遗传，遗传物质可以通过尸体解剖检验，巫术物质同性遗传等。

而同样的，为了对抗巫术，产生了神谕揭示巫术的存在，魔法对抗巫术的伤害等一系列的观念。

以上的分析，如图 5-2：

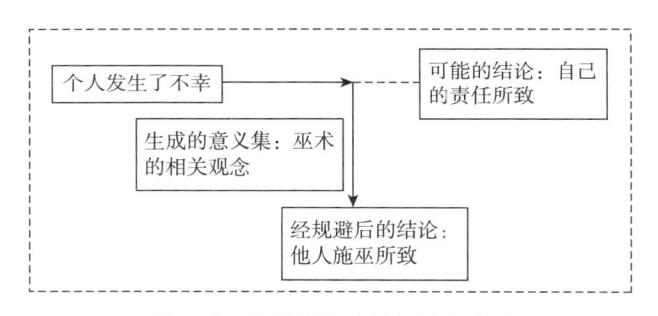

```
┌─────────────────────────────────────────────┐
│  ┌──────────────┐      ┌──────────────┐     │
│  │ 个人发生了不幸 │─────▶│ 可能的结论：自 │     │
│  └──────────────┘      │ 己的责任所致   │     │
│         │              └──────────────┘     │
│         ▼                                   │
│  ┌──────────────┐                           │
│  │ 生成的意义集：│                           │
│  │ 巫术的相关观念 │                           │
│  └──────────────┘                           │
│         │                                   │
│         ▼                                   │
│  ┌──────────────┐                           │
│  │ 经规避后的结论：│                          │
│  │ 他人施巫所致   │                          │
│  └──────────────┘                           │
└─────────────────────────────────────────────┘
```

图 5-2 巫术归因中的规避式论证

这种分析在考虑以下情景就显得更为明晰。埃文斯-普利查德发现，尽管所有的不幸人们都要追究他人责任，一旦这种追究和社会的道德法律等社会规范相冲突时，人们便拒绝接受用巫术进行解释（Evans-Pritchard，1937：75），比如一个被抓的通奸者说是巫术让自己和他人通奸，或者一个人因撒谎欺骗亲王被发现而辩称是巫术使自己撒谎，这样的归咎是不能被接受，也不能使他们免受惩罚。

此外由于明显的技术缺陷、懒惰、无知等原因造成的失败，尽管失败者自身会为自己开脱说：那是因为巫术，但这样的归咎并不被承认。比如一个蹩脚的工匠说是巫术让自己烧制的陶器出现裂痕，这样的归咎要受到嘲笑，别人会说是他技术的原因。

因此，阿赞德人说："巫术不会让人撒谎"，"巫术不会让人通奸"，"巫术不会使人偷窃"（Evans-Pritchard，1937：74）。

显然，尽管所有的不幸人们都规避自己的责任而追究他人的责任，但并不是所有的追究都受到社会的认可。明显的由于道德的责任或技术的缺陷而造成的不幸归因于巫术，是得不到认可的。

这里，为了防止那些与社会的道德、法律规范相违背的行为应该承担的责任也被规避掉，阿赞德人发展出了"巫术不会让人做某某行为"之类的观念，这也成为又一个规避式论证的事例。图示如下（图5-3）：

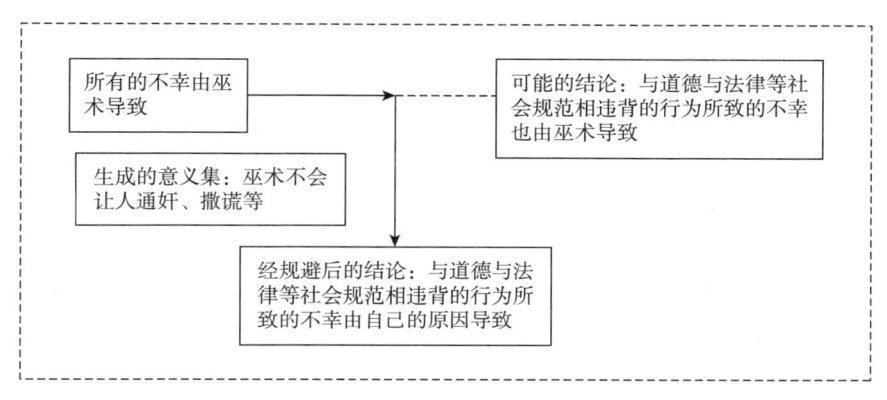

```
┌─────────────────────────────────────────────────────────────┐
│  ┌──────────────┐          ┌──────────────────────────┐    │
│  │所有的不幸由巫│  ─ ─ ─ ─▶│可能的结论：与道德与法律等社│    │
│  │术导致        │          │会规范相违背的行为所致的不幸│    │
│  └──────────────┘          │也由巫术导致              │    │
│         │                  └──────────────────────────┘    │
│  ┌──────────────┐                                           │
│  │生成的意义集：巫术不会│                                    │
│  │让人通奸、撒谎等│                                          │
│  └──────────────┘                                           │
│         │                                                   │
│         ▼                                                   │
│  ┌──────────────────────────┐                              │
│  │经规避后的结论：与道德与法│                              │
│  │律等社会规范相违背的行为所│                              │
│  │致的不幸由自己的原因导致  │                              │
│  └──────────────────────────┘                              │
└─────────────────────────────────────────────────────────────┘
```

图5-3　巫术归因中的规避式论证

（三）神谕问询中的规避式论证

除了巫术的信仰实践，神谕是阿赞德人论证中引起人们广泛关注的又一例子。毒药神谕，阿赞德人称之为本吉（benge），是阿赞德人探索巫术威胁的来源所在的主要手段。毒药采集于森林中的一种爬行植物，制成粉末状，从采集、保存到使用都需要遵守一定的方式：包括特定的操作程序，遵守特定的禁忌等。请教毒药神谕时将该粉末用水拌成糊状，喂食小鸡。一次完整的神谕问询包括两次测试，两次测试中必须一次鸡死了一次鸡活下来，这样的测试才有效，如果两次鸡都死了或两次鸡都活下来，这样的测试无效。

埃文斯-普利查德奇怪，毒药神谕就是毒药，他们既不是人也不是国王，只不过一种红色的粉末，怎么能像人一样听到人们对它说的话，像国王一样断案呢？小鸡的死亡不过是毒药的作用而已。

因此，埃文斯-普利查德设想如下问题（Evans-Pritchard, 1937: 313）：

情形一：既然第二个测试与第一个测试一致时神谕判决才有效，那么如果第二个测试与第一个测试相矛盾（如对同一个问题，神谕第一次回答

"是",第二次回答"否"),会怎么样?

情形二:如果神谕的发现与实际发生的情况不符,会怎么样?

情形三:针对同一个问题,两个神谕给出相互矛盾的答案,又会怎么样?

在我们看来这些情形会使得神谕的信念与实践体系陷于矛盾,进而使得整个体系陷于荒谬,但阿赞德人对于这些问题并不感到困惑,他们并不会接受他们的神谕信仰是错误的这个结论,而是对于这些问题准备了许多可能的解释:

对于情形一,如果神谕的回答自相矛盾,即如果神谕在回答某个问题时,先说"对",然后又说"错",阿赞德人对此有多种解释,他们可以根据当地情景(尤其根据小鸡服用毒药后的反应)选择最适合的解释,埃文斯-普利查德指出,这些解释不下八种:1. 采来的毒药种类错了;2. 没有遵守禁忌;3. 巫术;4. 长有毒药爬行植物的那片森林的主人生气了;5. 毒药的时限;6. 亡灵生气了;7. 妖术影响;8. 使用方法等。(Evans-Pritchard,1937:330)这些影响或失误使得神谕成为愚蠢的、失效的,恰恰证明了它的有效性:外来的巫术、妖术干扰会使它出错,若是操作失误或没有遵守禁忌,对神谕不敬令其生气,神谕就会拒绝做出回答。当实在没有理由的时候,阿赞德人就会说,神谕累了。

对于情形二,如果实际发生的事情与神谕的预言相矛盾,如神谕说某件事情会发生,但事实上发生了另一件事情,埃文斯-普利查德说:"阿赞德人对此不会感到任何惊异,对他们来说,这样的事情并不证明神谕是无效的,相反,它证实了他们对巫术、妖术、以及禁忌的信仰是何等地有根据。在这个具体的情境中,神谕不可靠完全是因为它受到了邪恶力量的破坏,神谕判决之后发生的事情正好证实了早先情境中巫术的出现。阿赞德人同我们一样清楚看到神谕预言的事情与实际发生的事情之间的矛盾,但他们只对个别毒药的不准确做出解释,而从来不会从总体上对神谕进行片刻的质疑。"(Evans-Pritchard,1937:338)

而且,埃文斯-普利查德又进一步解释,阿赞德人通常是没有机会证实神谕是错误的。因为一旦神谕给出了判决,询问者就会接受,如停滞或推迟某个举措,直到神谕确认不再有威胁存在。此外,神谕回答的问题一般是:巫术、疾病、死亡、远行、周期较长的农业与狩猎活动,这些问题不是那些很容易被实践验证的问题(Evans-Pritchard,1937:339-340)。

因此，神谕的回答要么是不能或不被验证的，要么被事实证明了错误仍然有解释的余地：比如由于神秘力量的干扰，巫术、妖术、禁忌的影响等。

对于情形三，如果两个神谕的判决不一致，就存在一些解决机制。由于神谕的判决得到了国王权力的全力支持，因此国王的神谕判决就是最终的判决。因为私人的神谕并不总是保持一致，如果某人想娶某个女孩，他的神谕说他可以娶这个女孩，而他未来的岳父的神谕说，这桩婚事会导致那个女孩死亡。这种情况下，解决办法之一是准女婿找出威胁女孩安全的巫者，请其停止巫术伤害，然后与未来的岳父公开请教神谕，直至神谕确认没有威胁为止；解决办法之二便是请教可信度更高的人的神谕，某些人的神谕比其他人的神谕具有更大可靠度，而这往往和社会声望、社会地位等相关：神谕是脆弱的装置，易受污染，较高的社会声望与地位的人在采集、保存、操作毒药的过程中更为谨慎，从而更能保证神谕的纯洁与可靠性。

在以上所有的这些情形中，阿赞德人都规避了神谕是无效的这一结论，而接受了神谕是有效的这一结论，前者是规避的对象，后者是规避的目标。而规避的方式则是产生了各种各样的具体解释。

情形一：神谕的回答前后矛盾

规避的方式：神谕的脆弱性（八种解释）

情形二：神谕结果与实践矛盾

规避的方式：神谕受到巫术、妖术干扰

情形三：两个神谕结果互相矛盾

规避的方式：神谕的可靠性有等级之分，可靠性低的神谕易受污染失效。

三种规避的方式，产生了关联性的意义集，即关于神谕的观念：神谕的脆弱性，它的采集、制作、保存、操作需要严格的程序，遵守一定的禁忌，易受巫术、妖术、亡灵等神秘力量的影响等。埃文斯－普利查德说：对我们来说，本吉是毒药，对阿赞德人来说，它不是。只有在操作本吉的过程中遵守了禁忌，并按特定的方式使用，它才能成为请教神谕的本吉，否则，它就是一种"普通的、木制的东西而已"（Evans-Pritchard, 1937: 314）。

这种规避式论证图示如下（图5-4）：

因此，埃文斯－普利查德说：

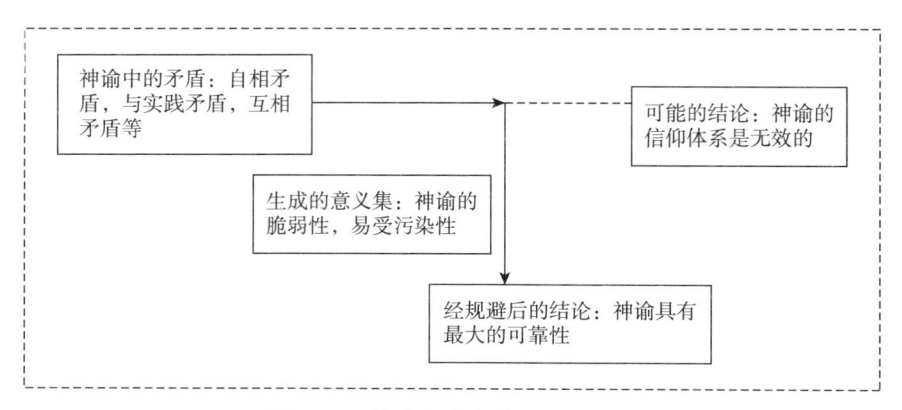

```
┌─────────────────────────────────────────────────────────────┐
│  ┌──────────────────┐                                       │
│  │神谕中的矛盾:自相矛 │────────────┐   ┌──────────────────┐  │
│  │盾,与实践矛盾,互相 │            └──▶│可能的结论:神谕的 │  │
│  │矛盾等            │                │信仰体系是无效的   │  │
│  └──────────────────┘                └──────────────────┘  │
│         ┌──────────────────┐                                │
│         │生成的意义集:神谕的│                                │
│         │脆弱性,易受污染性  │                                │
│         └──────────────────┘                                │
│                  │                                          │
│                  ▼                                          │
│         ┌──────────────────┐                                │
│         │经规避后的结论:神谕具有│                            │
│         │最大的可靠性       │                                │
│         └──────────────────┘                                │
└─────────────────────────────────────────────────────────────┘
```

图 5-4 神谕问询中的规避式论证

"阿赞德人同我们一样观察毒药神谕的作用,但是他们的观察总是从属于他们的信念,甚至融入他们的信念,对他们的信念做出解释与证立。读者可以设想一个论证来驳斥阿赞人对于神谕能力的信念,如果这个论证被翻译到阿赞德人的思维模式中,它将转而支持他们整个的信念结构。"(Evans-Pritchard,1937:319-320)

"阿赞德人只会对具体的神谕产生怀疑,而不会从整体上对神谕产生怀疑。仅在具体的情形中,因为某个具体的原因,所使用的神谕会出错,而这种差错恰好证明了毒药神谕是一种正确的制度。"(Evans-Pritchard,1937:351)

(四)魔法实践中的规避式论证

魔法实践中的规避式论证是埃文斯-普利查德着力探索的又一例子。

埃文斯-普利查德说:"巫术、神谕与魔法如同三角形的三个边,神谕和魔法是对抗巫术的两种不同方式。"神谕揭示巫术的来源,魔法对抗巫术的伤害。同巫术不同,巫者凭借遗传物质,通过精神力量对他人伤害,既不举行仪式也不念咒语,而魔法师则要使用魔药、仪式与咒语等实行魔法。

阿赞德人通常用魔法保护自己的活动免受神秘力量(巫术、妖术等)的干扰,分为生产性的魔法,保护性的魔法与惩罚性的魔法,通过处罚实施神秘力量的人来阻止神秘力量的干扰。这些魔法被用于狩猎、捕鱼、采集、种植、手工制作等生产活动中,也用于健康、交友、旅行、社交等社会活动中,以保证这些活动的顺利进行。

实施魔法时,人们通常对着一些由树木或植物制成的物品(魔药或魔法物）念咒语，阿赞德人相信这些物品听懂这些咒语，明确自己的任务并去执行。如一个阿赞德人对着魔药说："你保护我的花生不受巫术的破坏，让它长得茂盛。"

在埃文斯－普利查德看来，显然，魔法是无效的，什么也不会帮助阿赞德人。魔法所保护的活动的成功是由于活动自身的自然原因，失败也是由于自然原因。如花生苗长势旺盛是由于阳光水分良好，而花生苗枯萎则是由于病虫侵扰等。但阿赞德人坚持认为，魔法是有效的。

埃文斯－普利查德试图探明：为什么阿赞德人要规避"魔法是无效的"这个结论，由此他罗列了22条可能的原因，用以解释为什么阿赞德人不能觉察到他们的魔法是无用的，这些原因包括以下几类（Evans-Pritchard, 1937: 475–478）：

1. 魔法自身的特点：魔法用于抗击神秘力量，不易与经验相悖；魔法实施后产生应有效果，证实了魔法作用；巫术、神谕与魔法形成统一体系，互相证实。

2. 社会文化的影响：阿赞德人的文化中对于魔法的信仰根深蒂固，阿赞德人一出生就进入这样的文化，无法用自身魔法仪式的失败来质疑整个体系；政治权威支持魔法的使用。

3. 魔法观念的特点：任何魔法的失败总有现成的解释，受巫术、妖术、禁忌等影响。某些人的魔药较之另一些人的魔药（通常和社会地位与声望相关）可信度低，因此没有产生作用正说明了另一些人的魔药较好。

4. 阿赞德人自身的原因：他们对魔法缺乏了解，不善于归纳，对信仰的表达模糊，无法发现其中的矛盾等。

显然，对我们来说，如果魔法的结果与预期结果不一致，不是说明魔法无效吗？比如某人实施魔法保护花生苗生长茂盛，而花生苗实际上却死了。

但阿赞德人却规避了这个结论：魔法是无效的。他们反而接受了深植于其文化体系中的另一结论：魔法是有效的。前者是规避的对象，后者是规避的目标。

而对于规避的方式，同神谕的观念一样，阿赞德人发展了一系列可能的具体解释：魔法是脆弱的，巫术干扰，妖术影响，或者没有遵守禁忌等都会影响魔法发挥作用；魔药的可靠性有等级之分等。

因此埃文斯－普利查德说，阿赞德人深陷在他们信仰的海洋中，"那些对我们显而易见的矛盾，阿赞德人却毫无察觉，即使他们能够察觉，也总是能够借助他的信仰对它做出解释"(Evans-Pritchard，1937：319)。这种论证图示如下（图5-5）：

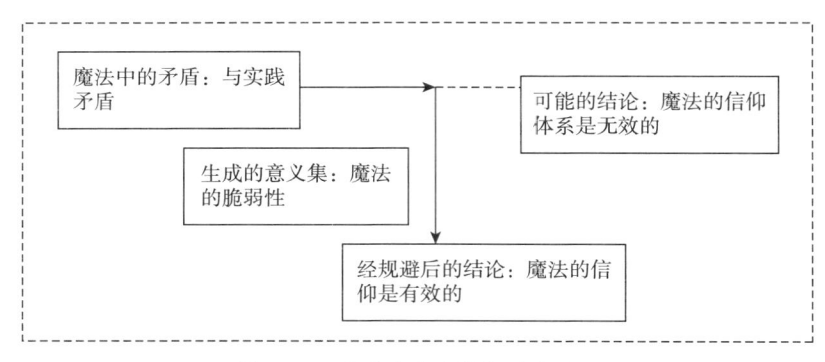

```
┌─────────────────────────────────────────────────────────────┐
│   ┌──────────────────┐                                      │
│   │ 魔法中的矛盾：与实践 │─────→ ┌──────────────────┐         │
│   │ 矛盾             │        │ 可能的结论：魔法的信仰│         │
│   └──────────────────┘        │ 体系是无效的       │         │
│        ┌──────────────────┐   └──────────────────┘         │
│        │ 生成的意义集：魔法 │         ↓                      │
│        │ 的脆弱性         │                                  │
│        └──────────────────┘                                  │
│           ┌──────────────────┐                               │
│           │ 经规避后的结论：魔法的信│                         │
│           │ 仰是有效的       │                               │
│           └──────────────────┘                               │
└─────────────────────────────────────────────────────────────┘
```

图5-5 魔法实践中的规避式论证

（五）复仇机制中的规避式论证

在以上关于巫术、神谕与魔法的分析中，一直关注着规避过程中规避的方式：关联性意义集如何应规避的对象和规避的目标要求而生。这些关联性意义集产生了巫术的具体观念、神谕的具体观念、魔法的具体观念，这些具体观念，被埃文斯-普利查德称为：次级信念（Evans-Pritchard，1937：330）。而在复仇机制中，规避的方式却已不仅仅是信念的产生，还有政治体制支撑下的以权力为基础的政治处置方式。

由于所有的死亡都归因于巫术，因此，一旦发生巫术杀人事件，就允许报复行为，杀人的巫者需要为自己的罪付出代价。在欧洲人统治阿赞德社会之前，亲王的神谕是决定某人是否是杀人巫者的唯一途径，具有法律的效力。一旦神谕断定某人有罪，有罪者或被亲王处死，或亲王允许死者的家属用矛将巫者刺死，或者巫者做出相应的赔偿。事情到此为止。

欧洲人的统治之下，一方面，巫术杀人在欧洲人那里成为胡说八道，欧洲人不承认这样的刑事案件；另一方面，亲王的权力受到限制，不能再对杀人巫者进行法律制裁。因此，尽管人们有了死亡事件仍旧求助于亲王的神谕裁决，但以亲王的名义杀死巫者的行为已不被允许。这样，复仇机制发生了变化：以复仇魔法的方式进行。

正是在此情况下，产生了复仇机制中的规避式论证。

一旦发生死亡，死者的亲属就着手进行复仇，使用复仇魔法追杀肇事的巫者：通常是对着魔药念咒语，让其去寻找并杀死罪人。魔法实行以后，

第五章 阿赞德逻辑的案例考察

阿赞德人密切关注附近地区是否有人死亡，并时常询问神谕，这个人是否死于他们的复仇魔法。如果不是，他们会等待下一个人的死亡，并再次询问神谕，直到神谕回答某个人的死亡是由于他们的复仇魔法所致。这时，阿赞德人就会去亲王那里，把自己神谕的结果告诉亲王，如果亲王的神谕证实了他的结果，则复仇完成，阿赞德人挂起哀悼的树皮布，向众人表明复仇已完成。

这里，埃文斯－普利查德发现了这个复仇机制中的荒谬之处：所有的死亡都被亲人宣布由于别人施巫所致，而同时，所有人的死亡都被他人认为是死于别人的复仇性魔法。因此出现如下情形：巫者 Y 因为 X 的死受到了报复，而同时，Y 的亲属又因为 Y 的死而对巫者 Z 进行了报复（Evans-Pritchard, 1937：27）。换句话说，如果把死亡的原因统计起来，死于巫术的人数与死于报复的人数应该几近相等，但实际上二者的数量却存在差异。

埃文斯－普利查德曾就这种复仇机制的合理性问题问过阿赞德人，阿赞德人给出如下两种可能的解释：1. 如果亲王的神谕已经证明了 Y 是死于 X 的复仇性魔法，这时，如果 Y 的亲属请求亲王把 Z 的名字放在神谕面前看是否 Z 是死于 Y 的复仇性魔法，亲王就会拒绝这样做，会告诉他们 Y 死于犯下的罪，不能为他的死进行复仇。2. 某人的死亡可能由复仇魔法与巫术共同作用而导致，即 Y 的死可能由于 X 的复仇魔法与 Z 的巫术共同导致的。

这里，可以看出，根据这个复仇机制存在的矛盾之处，为了规避"复仇机制不合理"这个结论，除了发展出了巫术与复仇共同导致死亡这个观念，还进一步利用政治手段：亲王对于臣民关于请教神谕的请求有条件地接受。

以上规避式论证可以图示如下（图 5-6）。

可以说，埃文斯－普利查德在考察阿赞德人巫术信仰实践中的日常推理论证时，注意到了其与西方人不同之处，某些西方人看来应该接受的结论，阿赞德人却不接受，他们接受的是另一个结论，从西方人的眼光看，他们的推理与论证似乎是充满矛盾，不合逻辑。但是，一旦深入到他们推理与论证的具体情景中，埃文斯－普利查德却不得不承认，阿赞德人有自己的逻辑，"巫术思想有其自身的逻辑和规则"（Evans-Pritchard, 1937：79），阿赞德人是依据他们自己的逻辑规则进行思考。在他们的信仰系统内，他们是合乎逻辑地思考的。"赞德观念在理性上具有一致性，连贯性。如果把赞德观念像博物馆中没有生命的物品一样分类，呈现出来的是非连贯性。但

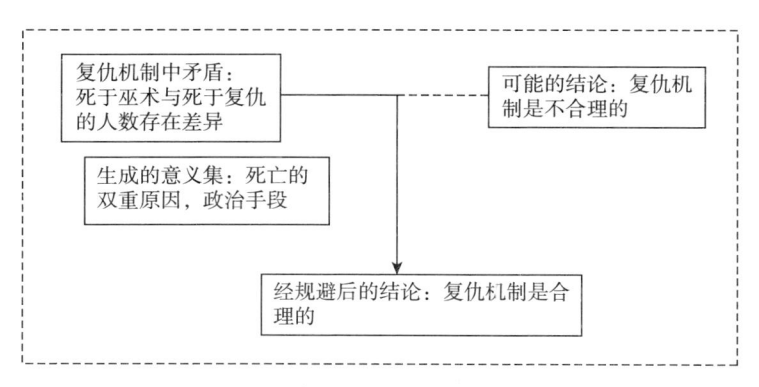

图 5-6　复仇机制中的规避式论证

是当我们了解到个体的赞德人如何运用这些观念的时候,我们不能说阿赞德人对它们的运用是没有逻辑的,甚至也不能说阿赞德人是在不加批判地运用这些观念的。"(Evans-Pritchard,1937:540-41)

本节通过详述规避式论证这一论证方式,给出其定义、图式、结构分析等,由此,把阿赞德人论证中那些西方人认为不合逻辑之处,纳入到了这一论证方式中。埃文斯-普利查德注意到了这一方式,他反复对阿赞德人论证的这一特点进行描述、解释、说明,却始终没能明确地把这一方式刻画出来。这样的一种论证方式,何以能够在阿赞德社会中形成乃至稳定地运行,其基础是什么,下一节要对此进行探索,我们将发现,这一问题亦是埃文斯-普利查德着力探索的问题。

第三节　规避式论证的基础

本节从对于阿赞德人论证的民族志记载文本出发,探索规避式论证的基础:规避式论证作为一种论证方式是如何受制于阿赞德社会特殊的文化系统,从而得以能够在阿赞德社会中形成并稳定地运行。

一　规避式论证的稳定性

公平地说,埃文斯-普利查德致力于探索这一问题。他在解释阿赞德人对巫术、神谕与魔法的信仰时,一直对阿赞德人为什么要规避那些西方人看起来理所当然的结论而偏爱另一些结论深感惊奇,并致力于解释阿赞德人为什么能够进行这样的规避,他的这一努力贯穿于 1937 年的这本人类学著作中，在解释巫术、解释神谕、解释魔法时莫不如此。他意识到这样的一种特殊论证方式是与阿赞德社会特殊的文化系统密切相关。这样的文化系统中，有政治体制，有民族心理、有信念系统自身，从而使得这套关于巫术、神谕与魔法的信仰实践得以继续与保持。

就政治体制而言，巫术、神谕与魔法的观念不但与人们的信仰相关，还与政治体制勾连，亲王对于神谕的控制，对于巫术案件的受理，对魔法复仇的接受，无不支持着这套信仰，甚至在面对政治变迁时，信仰系统仍然保持着稳定性：欧洲人的统治下，复仇机制发生变化，亲王对巫术案件的处置方式也随之变化。政治体制支撑着它的运作。

就民族心理而言，埃文斯－普利查德发现阿赞德人对理论探索不感兴趣，这套信仰不是以教条形式表现从来，而是以行动方式展示出来，只要他们不违背习俗，不涉及个人利益，不产生实际行为，他们就不会对之进行纯理论的探索。①

因此，这套信仰是实践性，这种论证也是实践性的，它在日常的实践中使用，在具体的情境下生效。

具体到这套信念系统自身而言，根据埃文斯－普利查德的记载（1937），以及随后的一些人类学家重返阿赞德地区进行的调查［玛丽·道格拉斯（1970）以及吉利斯在为《阿赞德人的巫术、神谕与魔法》的 1976 年版所作序言中对后续的调查进行了总结］，这套信念系统具有以下几个特点②：（一）网状结构性；（二）自我扩展性；（三）强制接受性；（四）实践可行性；（五）动态平衡性。

（一）网状结构性

网状结构性指信念之间彼此支撑，互相证成，形成一个彼此勾连的网状。"阿赞德人的信念都捆绑在一起。如果他们放弃对巫医的信仰，也就不会相信巫术与神谕，巫医的存在既肯定了巫术的存在，也是神谕信仰的一部分。他们的信念构成了一个网。在这个网状结构中，每一个组成部分都依赖其他组成部分。阿赞德人脱离不了这个网状体系，因为这是他所能了

---

① 这一点在埃文斯－普利查德论及阿赞德人对于巫术、神谕、魔法中的矛盾时均有体现，参见 Evans-Pritchard（1937）：25–26，475–478。

② 对阿赞德人信念系统的稳定性分析最早见于 Polyani（1958）：chapter 9，他指出阿赞德人信念系统的稳定性来自其三个特点：环形性，自动扩展性，受抑聚性。此处扩展他的分析。

解的唯一世界，这个网不是把他从外部包围起来，而就是他自己的思维结构"(Evans-Pritchard, 1937: 194-195)。

以巫术、神谕与魔法三者的关系为例，埃文斯-普利查德指出三者形成一套完整的三角结构，互相支撑。

一方面，不幸让人们想起巫术的存在，抗击巫术人们依赖于神谕和魔法：神谕揭示着巫术的来源，找到来源，人们提出指控要求对方停止施巫，或对施巫者进行魔法报复。而魔法的报复成果又由神谕来确认。另一方面，魔法对抗着巫术的干扰，保护自己的生产活动不受到巫术的干扰，而巫术也能干扰魔法的实施与神谕的问询。

这里，魔法在连接神谕和巫术之间起到了重要的纽带作用。人们在日常的活动中，为了防止巫术导致的不幸，往往实施魔法保护自己的活动不受巫术干扰，而一旦巫术发生，又需要魔法对施巫者实施报复。

神谕在连接魔法和巫术之间也起到了重要的纽带作用。人们在日常的活动中，为了探知未来可能的危险，往往请教神谕询问实施该活动有没有危险，一旦神谕断言某个活动存在巫术的干扰，人们或者取消该活动，或者推迟该活动，直到神谕断言不再有危险时再实行，或者找出对完成计划有威胁的巫者，劝其收回巫术。而一旦不幸发生，需要用魔法进行复仇时，又需要请教神谕询问是否魔法完成了复仇任务。只有当神谕断言魔法已完成复仇，人们便停止魔法的实施。

巫术在连接魔法和神谕之间也起到了重要的纽带作用。人们用巫术解释着不幸，也解释着当魔法的实施效果或神谕的问询结果与现实经验不相吻合时的情况。例如人们实施魔法没有达到预期效果，则可能归因于巫术破坏了魔法的实施，请教神谕时神谕给出的答案与实际不符，则可能归之于巫术的干扰使得神谕的结果不可靠。图示如下（图5-7）。

这种网状结构使得任何可能的反对意见都被逐条规避掉，因此，埃文斯-普利查德说："阿赞德人同我们一样观察毒药神谕的作用，不过他们的观察总是从属于他们的信仰，甚至融入他们的信仰，并被用来解释他们的信仰。读者可以设想某个证据试图摧毁阿赞德人对神谕的效力的信仰，然而一旦这个证据以阿赞德人的思维方式来理解，它就转而支持整个阿赞德人信念系统，阿赞德人的信念具有极强的黏合性，形成一个彼此关联、富有逻辑的网络"(Evans-Pritchard, 1937: 319-320)。由此，这套信念系统在具体的应用中不断增强自己，巩固自己。

第五章　阿赞德逻辑的案例考察

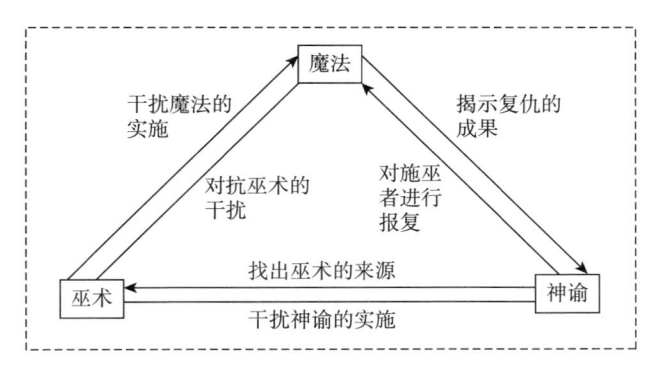

图 5-7　信念系统的网状结构

（二）自我扩展性

自我扩展性指信念系统能够自我扩展，面对需要规避的结论时，补充性的解释性信念总是能够应运而生，这些解释无所不及，几乎可以涵盖任何可能的情况。如阿赞德人为神谕的效力面对的困难提供了不下八种可能的解释。埃文斯-普利查德感叹于阿赞德信念种类繁多，具有极强的可塑性，而在具体的应用中又是随情景而变化，其可塑性与情境高度相关。

"阿赞德信条种类繁多，具有很强的可塑性。阿赞德人总是能够从这些信息中发现某一点支持自己在某个具体情形中的利益。他并不否认这些信条都是正确的，但是在每个具体的情形中他只选择对自己最有利的因素，而排除其他因素。"（Evans-Pritchard，1937：133）

"阿赞德人不是在任何情形下都会联想起同一传统的信条，在某些情形下它会被忘记，而在其他情形下它又被强调，为了满足一个人在不同时候的要求，它的意思可能是变化的。"（Evans-Pritchard，1937：120）

比如，以巫术中的指控与辩护为例，指控者会说"他对我怀有敌意，所以对我施加巫术伤害我"，因此他放在神谕面前的那些名字，都是那些他认为对他可能怀有仇恨的人，这里，他强调的是巫术的"仇恨"特性：仇恨使巫者伤害他人。被控者会说"我的父亲或兄弟都没有巫术物质，我怎么可能是施巫者"，这里，他使用的是巫术的"遗传"特性：巫术由同系遗传。被指控者也会说"即使我是施巫者，我也不知道，因为我从来不想伤害别人，但愿它能够冷却下来"。这里，他使用的是巫术的"冷却"特性：巫术物质可能处于无效状态。阿赞德人总是选择对自己最有利的信条，而忽略其他信条，以适应具体的情况。

这一点，在巫术、神谕的观念上体现得尤为明显。巫术、神谕的观念表现出巨大的动态性、情景相关性。就巫术而言，一个人是巫者吗？埃文斯－普利查德明确说：人们对这个没有理论兴趣，也没有人会问神谕这个问题，他们只对动态的巫术感兴趣（Evans-Pritchard，1937：25－26）。一个人即使有巫术物质，但他不伤害我，那他就不被我看作巫者；一个人即使有巫术物质，但他的巫术物质可能处于冷状态，那他也就不会被大家看作为巫者；一个人即使被指控为巫者，但指控事件过后，这个人并不会被大家视为巫者，也没有人再对此继续感兴趣。而每一个阿赞德人在一生中也许都会接到诸如此类的巫术指控，同样地，面对不幸，阿赞德人可能把他周围的每一个邻居的名字都放在神谕面前询问了一遍。这一点很显然：作为一个社会中的人，谁不会与别人发生矛盾而被指控呢？谁不会产生一时的嫉恨等情绪呢？因此，埃文斯－普利查德发现，巫术是情景的函数，是社会关系的函数（Evans-Pritchard，1937：99）。

就神谕而言，那种红色的粉末在什么状态下才成为本吉，即成为毒药神谕？对于阿赞德人来说，仍然是随情景而变化的。在阿赞德人看来，红色的粉末只有在正确的采集、制作、保存、操作时，它才能成为神谕，回答人们的问题，否则它只是一种普通的东西。而任何可能的神谕询问中出现的矛盾，都可以解释为是因为毒药受到污染，不再成为神谕了。至于为什么而受到污染，答案依然是依情景而变化的。

因此，自我扩展性使得阿赞德人能够规避任何可能的结论，只要人们不接受这个结论，便能产生新的解释性信念出来。至于这解释性信念是什么，却又是情景性的函数。

（三）强制接受性

信念系统的强制接受性指信念系统是人们不得不接受的，是由生活给定的。这一点也是埃文斯－普利查德一直强调的。作为一个致力于探索人们的日常知识如何受到社会因素影响的学者，埃文斯－普利查德相信，人们生于其中的社会文化系统塑造了人们的知识体系。

"阿赞德人一出生就进入了这样一种文化中，这种文化包含着现有的信仰模式，而信仰模式的背后又是强大的传统。他们极少质疑这些信仰模式，他像周围其他一些人一样接受这些模式，并根据这些模式的重要性和自己所受的教育或多或少地相信它们。他的信仰在他看来是公理，如果发现别

人不这样认为，他会很难理解。"（Evans-Pritchard，1937：476）

这套信仰的约束力是社会性的：

一方面，个体无法超越这样的约束而进行思考。这就是他们生活的世界，这就是他们论证的实践，他们不能跨出这个模式外进行推理，也没有其他方式表达他们的思想。（Evans-Pritchard，1937：338）

对阿赞德人来说，巫术、神谕、魔法，这就是他所知的世界；发生不幸，求助于神谕，对抗巫术，实行魔法，这就是他实践的生活模式。这种信仰早已融入他的生活，成为他生命的一部分，根深蒂固，不可分割。巫术、神谕与魔法，"与其说是一种理性的符号，毋宁说是面对不幸的一种应对方式"（Evans-Pritchard，1937：83）。

因此，阿赞德人不会用个人经历的失败去质疑整个信念体系："用个人的经历去驳斥被人广为接受的观点是没有什么价值的。如果个人的经历与某个信仰产生矛盾，则不能说明信仰是没有根据的，只能说明个人的经历太特殊或者根本不足以说明问题"（Evans-Pritchard，1937：476）。

面对神谕的失败，魔法的失败，阿赞德人不会去质疑神谕的信仰有问题，魔法的信仰有问题，恰恰相反，正是这种失败才证明了神谕、魔法的效力：它本来应该成功的，如果它不是受到污染，如果它不是受到妖术、巫术的影响等。这次的失败只能说明这次的毒药已成为"愚蠢的毒药"，国王的神谕最为准确，公正，像法官一样断案。这次的魔法没有发生作用，只能说明这次的魔药是"坏的魔药"，那些更为有声望的人的魔药效果更好。

面对不幸的发生，阿赞德人不会质疑巫术的解释有何问题，伴随着无数的解释，是一系列的信念以及相关的实践，神谕证明着它的存在，魔法证明着它的存在，一系列的信念体现在有社会约束的一系列行为中。

另一方面，而个体若不这样行事，便无法在集体中生存下去。

阿赞德人无法想象离开神谕的日子如何生活，神谕成为他们的向导，是他们生活的顾问，如埃文斯－普利查德说，"如果我想去打猎或出行，没有人愿意和我同行，除非我已经得到神谕的证实说此次行动将会一切顺利，不会存在巫术的干扰"。[①]

玛丽·道格拉斯也指出：

"所谓理性，便是特定的行为如何统一在相互勾连的制度之中。"（玛

---

① 参见 Evans-Pritchard（1976：附录 IV）：《关于田野工作的回忆与反思》。

丽·道格拉斯，1982：95）

"巫术思想同其他思想一样，乃是表达社会利害关系的媒介，其逻辑的范围受到社会认可之反应范围的限制。"（玛丽·道格拉斯，1982：97）

网状结构性与自动扩展性保护着现存的信念体系免受任何不利证据的质疑，强制接受性防止任何替代性的观念能够在此基础上萌发。

（四）实践可行性

实践可行性指信念系统内化为实践，体现在阿赞德人的行动中。这套信念是阿赞德人面对不幸的一种处置方式，是对不幸情形的一种行为反应。埃文斯-普利查德指出，巫术既是一种思维模式，又是一种行为模式（Evans-Pritchard, 1937：84）。因此，阿赞德人没有巫术、神谕、魔法等这些观念的系统化、理论化的阐述，他们也不对其进行系统的总结，没有详细的、一贯的表述，他们只是"把这些信念体现在有社会约束的行为里"（Evans-Pritchard, 1937：83）。

而行为是具体情境中的行为，无论是寻找巫者、请教神谕、实施魔法、进行复仇等，无不是一种特定的行为模式。

一方面，任何实践上的困难均可以通过恰当的处理而得以解决，如亲王对于复仇机制在面对实行的困难时所做的调整。

另一方面，任何实践上的困难均可以在具体的实践情境中得以解释。比如神谕失效，阿赞德人根据小鸡的反应，根据问询者的情况，给出具体的情境化的解释。解释基于实践的困难而生，基于实践的逼迫而生，是阿赞德人在日常的论证中基于实际的需要而生的。

这样，这套信念系统面临的任何困难总是解决在实践的行动中。信仰以实践的方式体现，"如果西方人把这些概念作为一个体系来探讨，就会发现其中的不足和矛盾，但这些概念在实际中是松散地而不是整体的起作用，它在具体的实践应用中是一致的，没有问题的"（Evans-Pritchard, 1937：541）。

"在真实的生活中，零散的事实不能够形成整体的概念，因此人们想起本吉的时候，想起的是种种具体的细节。这些细节随情境的不同而变化，而且不可协调。因此那些对我们来说显而易见的矛盾，阿赞德人对此毫无察觉，即使察觉，他也能够轻易地借助他的信仰对此做出解释。"（Evans-Pritchard, 1937：319）

这套信念系统是用于指导生活的，用神谕预测未来的不幸，用魔法保护生产活动，因此，阿赞德人依照这些神谕、魔法组织生活，对这些信念的大量实际使用，进一步稳固强化了这些信念。比如，神谕预测他的某个活动会有危险，他将推迟这些活动。比如，他用魔法保护自己的庄稼生长旺盛，而庄稼果然旺盛，大量的这些事例验证着他们的信仰。

这套信念系统不仅是应对不幸的一种处置方式，也用于调节人际关系，是社会冲突与张力的一种表达（Douglas，1970）。作为社会冲突的一种表达，它通过对施巫者进行公开指控的方式使得存在于阿赞德社会中地位相当的同性与同伴之间的一种竞争关系被彰显出来。巫术的指控与反指控限制了社会中不良行为的扩展，成为人际关系的一种协调器。这种公开指控的方式无论是巫医在公开的降神会上对巫者施以公开的警告，还是巫术受害者拿到神谕的判决结果直接向对方提出声讨或警告，都使得被指控者无论承认施巫与否，都需要根据社会的规范做出相应的反应：对自己的行为表示歉意，做出补偿。

此外，这套信仰与伦理道德观念相结合，与政治权威相结合，使得这套信仰的运行不会威胁到整个社会中主导的伦理价值观念与政治权威。埃文斯－普利查德指出，实施魔法是阿赞德社会义务的一部分，使得人们不得不实施魔法，如为了亲人的死亡而实施复仇魔法；而政治权威也支持着复仇魔法的使用（Evans-Pritchard，1937：477）。

因此，信念系统实践上的可行性验证并巩固着这套信念系统，同时也与信念系统的网状结构性、自我扩展性、强制接受性结合使得对巫术、神谕、魔法的信念系统保持着稳定性。而信念系统的稳定性、连同政治体制、民族心理支撑着规避式论证的运行，构成了它的运行条件，使得任何可能违反社会惯例的结论被规避，新的解释性观念被产生。这是一个稳定的交互模式：论证规则与文化系统的其他部分（政治体制，信念系统，民族心理）相互交织。论证规则受后者制约，无法脱离它们而得到理解与解释，而同时论证规则影响着民族心理和信念系统等。

（五）动态平衡性

存在于阿赞德人信念与社会因素之间的这种制约关系，被玛丽·道格拉斯（1970）称为带有负反馈的受控系统：信念系统的稳定处于一种动态的平衡中，社会因素的变迁带来信念系统的变迁，原来的平衡被打破，一种新的平衡被建立。

作为应对不幸的一种处置方式，这套信念系统显示了阿赞德人对于不幸的一种适应与调整。在埃文斯－普利查德的记载中，1905 年对阿赞德人来说是不同寻常的一年，这一年，他们的老国王格布德威在与英国人的冲突中被杀死，使得阿赞德人被最终纳入英国的统治之下。新的形势对阿赞德文化产生不小的冲击：1. 英国人不承认巫术存在，不接受神谕的证据，面对巫术杀人这样的不幸，阿赞德人不再能求助于国王的权力求得公平，如杀死巫者或获取补偿；2. 英国人打破了阿赞德人传统的居住方式，让他们从以氏族聚居（氏族间彼此分散的居住方式）而改变为被迫入住政府划定的沿公路而设的密集的居民点；3. 英国人对阿赞德人传统贵族的权力削弱以及减少男人对女人的控制。所有这些都打乱了阿赞德人的传统生活模式，由此也对相应的这套信念系统造成影响，对于埃文斯－普利查德在此调查的 20 世纪 20 年代，这种影响表现为：1. 由于巫术的观念中巫术的伤害是随着距离的拉近而增强，而近距离的居住方式使人们对于巫术的恐惧加深，巫术的指控数量有所上升；2. 对巫术的恐惧、对巫术杀人案件的新的解决方式的寻求，以及面对传统的社会伦理价值观念的变迁（对公平观念的诉求，对欧洲人统治的不满，对传统的贵族的失望，等等），造成魔法实践的盛行，大量的魔药从外地引入，人们用它对抗巫术的恐惧，用它向杀人的巫者复仇，魔法成为最后的防御手段。魔法的观念也不断丰富，如好魔法与坏魔法的区分，等等。

这种稳定在 20 世纪的 50—60 年代由于英国对阿赞德地区管理策略的改变再次受到冲击。20 世纪 40 年代之前，英国人对阿赞德地区实行的是间接管理，即尽量保持阿赞德文化不受外界文化的影响，尽管人们被集中在沿公路而设的居民区，但控制仍有松动，人们逐渐可以迁到自己喜欢的地方。20 世纪 40 年代之后，管理策略发生改变。为了将阿赞德地区变为世界经济的棉花生产基地，英国人加强统治，在该地区设置分散的统一规划的居民点，阿赞德人被迫迁入这些居民点。表面上看来，这种分散的居住方式比较符合阿赞德人在被统治之前的传统居住方式，似乎会减少人们对巫术的恐惧，但瑞宁斯（Reinings，1966）重返该地区调查发现，人们对巫术的恐惧并没有减少。尽管阿赞德人仍然认为巫术的效力随着距离拉近而增强，但由于巫术是由不幸引发的，面对巫术的威胁，在以往的居住情况下，人们可以选择搬家来远离它，而现在的居住情况则使得这一点不可能，英国人的管理限制了这一点。

以上通过一段简短的历史，阐述了这套信念系统的动态平衡性，基于原始材料的缺乏，今天的阿赞德人有着怎样的信念与规则，暂时不可知，但可以肯定的是，社会历史的变迁必将给它带来变化。诚如吉利斯在为《阿赞德人的巫术、神谕与魔法》的1976年版所作序言中所言，埃文斯－普利查德描述了一个日渐消失的世界（Evans-pritchard，1976：1）。他似乎暗示着，如同欧洲人对巫术的信仰有个确定的结束（繁荣于16—17世纪，结束于18世纪工业革命），阿赞德人的这套信念系统必将也会随着历史的变化而最终消失。不过，也许不会。进一步的结论则需要进一步的详细田野调查。

二 规避式论证的形成

这样的一套不同于西方的论证规则如何可能？难道逻辑规则不是具有强制性的吗：只要你接受了这个与这个，你就必须接受这一个。既然如此，阿赞德人怎么能够形成如此有悖于这种逻辑思想的论证规则呢：他们接受了这个与这个，却不接受相应的这一个。埃文斯—普利查德得出的结论是：他们意识不到这里的矛盾，"阿赞德人并不像我们那样感知出矛盾之处"（Evans-Pritchard，1937：25）。如果他们意识到这个矛盾，这种论证规则也就不能继续存在了。

这种逻辑观念秉持了哲学上的一种传统：存在于逻辑推理的前提与结论之间的逻辑必然性对应着某种绝对的、必然的、先验的真理。从广义论证的视角看，论证实践的发生是在特定的情境下特定的文化背景下，由特定的主体进行，受制于其文化情景。本节将结合埃文斯－普利查德的记述，对于规避式论证的形成给出猜想性的初步解释，由此可以将之表达成系列的问答形式：

（一）推理方向为什么偏离西方人所认为的理所当然的轨道？

生物性反应不能决定推理方向，而社会共识的压力使得偏转不得不发生；

（二）推理方向是如何偏转的？

避开某些与社会惯例相违反的结论，而接受另一些符合社会惯例的结论；

（三）推理是怎样实现偏转的？

整个过程通过具体情境中的关联性意义生成。

以下仍以"由巫者的遗传所导致的显然的矛盾"为例进行说明。

(一) 社会共识：规避的前提

社会共识是规避式论证发生的前提。面对由巫者的继承上可能导致的整个氏族男性都是巫者的危险，阿赞德人选择拒绝这个结论。这里的压力并不是巫术信念陷于矛盾而使得整个信念系统陷于混乱，社会基础遭到破坏，而是压力来自整个氏族背负巫者的骂名而在社会上处于不利地位，甚至面临被集体孤立、隔绝、铲除的威胁。

根据埃文斯－普利查德，巫术不仅用于解释不幸事件，还包括道德评判，巫术与仇恨、嫉妒、贪婪、恶意诽谤等相连，"那是巫术"与"那是坏的"相同（Evans-Pritchard，1937：107）。如果某人是一些远近闻名的巫者家族中的一员，人们认为没有比这更坏的事情了（Evans-Pritchard，1937：25）。

为了澄清整个家族的清白，面对使用巫术杀人的指控，人们会采取极端的方式为自己辩护：剖开自己的肠子或杀死自己的儿子、兄弟、父亲等检查他们的肠子有无巫术物质（Evans-Pritchard，1937：chapter 2）。这是共识带来的压力，也是规避发生的原因。

根据埃文斯－普利查德的叙述，阿赞德人具有的生物特性使得他们在面对一个人被确认为巫者的情形时，确实有推出整个家族男性都是巫者的可能性，比如，埃文斯－普利查德提到："某些特定的氏族，尤其是阿巴肯德和阿文杜阿族，在格布德威王统治时期以巫术著称。在甘古拉省，这种名声与阿波卡和阿班朱马两个氏族紧密相连。"（Evans-Pritchard，1937：32－33）又比如，亲王家族与巫术绝缘，为了保持整个家族的荣誉，他们被视为家族中不会有巫术存在，为了解释不幸事件，他们借助于不具有遗传性的妖术等观念进行解释。但这种推理的趋势并没有被保持下来。相反，由于每一个人都不愿自己受到巫者的感染，每一个人都在试图避开这个结论，在此情况下，偏转就不得不发生了。

(二) 方向偏转：规避的发生

面对社会共识带来的压力，阿赞德人采用的方法便是避开这些压力，而偏转向与社会惯例相一致的方向：并不是每个氏族男性都是巫者。这个结论对于社会成员是有利的。

玛丽·道格拉斯曾分析过这个结论在社会生活中的作用（玛丽·道格拉斯，1982：第五章）：

第五章　阿赞德逻辑的案例考察

　　发生不幸的阿赞德人请教神谕找出作祟的巫者后，会向对方提出公开警告：你的巫术伤害了我。接到警告的人则作个祈福的仪式表示歉意。这种情形下，巫术成为人们之间关系的润滑剂：一方面，由于人们对施巫者的刻板印象是吝啬，无礼与贪婪，收到别人的警告，就意味着你要对别人多加礼貌与关心并对自己的言行加以归束；另一方面，日常生活中人与人的摩擦难免发生，一时的思想状态（如嫉妒某人）导致对方受到伤害，对大多数人都是很平常的事情，并不被严肃地对待，因此，被指控的巫者做出了祈福的仪式后，下回麻烦再起，已受到指控的姓名并不会再被放在神谕面前。

　　玛丽．道格拉斯接着指出，这样的体系要想顺利运作，就需要在巫术的理论上发展出二度的设计：1. 先天的体质特征被认为是巫术的温床，一个人可以很温和地拥有巫术，即巫术物质可以处于冷的状态，但巫术物质也可以发展到法力无边的状态，反过来控制住人的情绪，使他无法冷静控制自己的嫉妒和怨愤情绪。2. 巫术可能在无意识状态下施行，而施巫者并不自知。这项设计使得巫术指控中不致树敌太多，邻人受到施巫破坏别人庄稼或让其小孩生病的指控后，可有一番体面的说辞："啊，我一点都不知道，真是抱歉，拿水来，让我的巫术物质冷却下来，我会格外注意，保证这类可怕的事不再发生。"这样，被人指控并无可耻之处，恰恰相反，应该感谢对方，因为任何人都可能拥有巫术物质，"如同拥有一只危险的狗或一只冒烟的烟囱一样"（玛丽·道格拉斯，1982：92），得到对方的警告就会让自己多加注意，免得一只潜伏的炸弹爆炸（比如让自己不小心死于别人的复仇魔法之下）。

　　可以看到，阿赞德人涉及巫术的指控与辩护中，如何为了规避社会的压力，而区分了"冷"巫者与"热"巫者，"有意"施巫与"无意"施巫，使得有一个男性成员是巫者，并不能自然推出该氏族所有男性都是巫者。对阿赞德人来说，即使你有巫术物质，如果你不伤害我，那与我有什么关系呢；同样的，即使我有巫术物质，那并不是我的错，我对你并无敌意，也就不会伤害你；不过既然你的神谕说我伤害了你，我也是无意识的。

　　这就是为什么埃文斯－普利查德说的：阿赞德人将巫术看作为个人特征，即使与亲属相连；即使一个人拥有巫术物质，但如果其物质处于冷的状态，他就几乎不被看作为巫者；阿赞德人只对动态的，特定情形下的巫术感兴趣，而非对某个人天生是巫者感兴趣（Evans-Pritchard，1937：24－25）。

211

（三）意义生成：规避的方式

以上分析已经展示了为了得出符合社会共识的结论，阿赞德人如何生成了意义，现在的问题是：为什么是它？为什么是这个意义被生成，而不是那个意义。回答是自然的限度与语境的依赖：人们的本质、趋向、生物特性、以往的经历背景、直接目的、对裁决的反应、与其他人的交互，等等。

在阿赞德人的巫术信仰中，巫术的遗传理论，冷热巫者的区分，有意施巫与无意施巫，这些均在阿赞德人的自然限度内，在巫术的具体实践中，依据具体的语境（目的，主体的社会隶属关系，社会文化背景等）而产生出来。

以巫术的遗传观念为例，埃文斯－普利查德曾指出了该观念与阿赞德人的生殖观念以及他们关于人的命运的观念相吻合：他们认为男人与女人的精神结合导致怀孕，男孩子更多拥有父亲的精神特质，女孩子更多拥有母亲的精神特质（Evans-Pritchard，1937：23－24）。该理论的使用使得指控不会发生在无法获取利益的社会关系之间，如父子与兄弟不会互相指控，那无异于宣称自己也受到巫术感染，而冷热巫者的区分，有意与无意施巫的区分，足以解释为什么整个氏族都是巫者，而自己依然是清白的。某些情况下对遗传理论的标榜与某些情况下对该理论的忽略，都处于阿赞德人的自然限度与追究他人责任而让自己免受追究的目的之中。

"赞德巫术观念表达了不幸情境中人与人之间的动态关系，在很大程度上依赖情境，而情境是转瞬即逝的，一旦导致对某人进行指控的情境不复存在，这个人就极少被看作为巫者。"（Evans-Pritchard，1937：107）

"阿赞德人不是在任何情形下都想起同一传统的信条，某些情形下它被忘记，某些情形下它被强调，为了满足一个人在不同时候的要求，它的意思可能是变化的。在关于巫术物质的遗传性上，在关于不祥的野兽和鸟类上，在关于原因和责任的观念上，等等，他们都是如此。"（Evans-Pritchard，1937：121）

（四）意识条件：规避的主观

以上分析似乎意味着遵从规则是一种有意识的行为，有意地规避结论，有意地生成意义，这是一种误解，遵从规则是盲目地、机械地、自发地进行。

布鲁尔曾经区分了"真正地遵从（follow）一个规则"与"仅仅外部行为依从（conform）它"，指出前者情况下，行为来自规则，后者情况下，行为来自其他外部资源，但碰巧遵从规则（Bloor，1997：chapter 4）。仍以道德为例，帮助别人仅仅因为同情而非道德强制，这种行为并不是真正的道德行为。真正的道德行为来自对道德规则的尊重，来自道德规则本身，而非主观感受、情景化等。以遵守命令为例，一个要求做某事 X 的命令被遵守仅当 X 被做，由于遵守该命令的意向性而被做。遵从规则就如同遵从道德与遵从命令一样，行为者执行它，必须是通过意向性的遵从它，并以此规则作为目标与指引。做此区分，布鲁尔指出，遵从规则必须要意识条件，"遵从规则你必须认为你在遵从它"（To follow a rule involves thinking you are following a rule），没有必要的思维伴随的遵从（obedience）仅仅是依从（conformity）。由此，布鲁尔提出了规则遵从的意识条件（Bloor，1997：44-53）：

1. 遵从规则意味着你认为自己在遵从规则，而不是碰巧地依从它。

2. 遵从规则是盲目地（Blindly）。盲目地不是指完全没有思考，没有意识，而是指机械地、自动地、不需要反射地。即人们遵从规则，认为这样理所当然，没有任何奇怪之处。

3. 意识条件是遵从规则的必要条件而非充分条件。遵从规则必然伴随认为自己在遵从规则，但反之不成立。认为自己在遵从就在遵从吗？这一点不一定，因为是否遵从依赖于社会的共识，判断标准来自外部。

对于阿赞德人来说，

首先，阿赞德人并不作从前提 1—4 推出结论 5 这样的推理，这毋宁说是西方人构建出来的推理。当面对一个人被指控为巫者时，他是自动地（盲目地）并且有意识地调动巫者的各种观念为己所用。他实践上根本不用面对这个所谓的逻辑矛盾，而理论上也无兴趣对此深究，这个矛盾毋宁是西方人推出来的矛盾。面对巫者的指控，他习惯性地沿着常规的意识进行：即使每个人都是巫者，我也可能不是，不过既然你的神谕说我是，那好吧，我例行一个祈福的仪式表示我的礼貌与涵养。这是他所能走的唯一的道路，理所当然，除此之外，别无可能；

其次，面对巫者的指控，阿赞德人有时会诉求于该被控巫者是野种，或者对方的神谕出错，或者对方根本没有请教神谕而是故意污蔑他等，但这样的诉求并不为他人所接受，这就是布鲁尔所言的认为自己遵从规则并不就是遵从规则，意识条件是必要条件而非充分条件。它并不构成阿赞德人论证的一个必然途径，仅是人类所具有的推理的自然癖性的一部分。这些信念是在具体的语境中被个体匆匆忙忙提出来的，作为权宜之计使用的，也许由于它违背了社会的其他惯例（如怀疑对方的神谕），也许它为社会的道德所不许（如野种）等，它们既然获不到共识，便无法获得规范性而被广泛承认。

最后，这个过程（即从某个男性是巫者推出并非该氏族男性成员都是巫者）伴随以意识过程，即阿赞德人认为他正在这样推，是在没有反射意义上遵从规则。

（五）论证模式成为一种社会规范

这种论证规范一旦形成，会成为一种具有强制力的无意识的行为，成为文化实践中的日常生活规范。埃文斯－普利查德总是试图对阿赞德人进行"破坏性实验"[①]。他试图让阿赞德人注意到毒药神谕就是一种毒药，什么都不可能告诉他们。经常问阿赞德人如下问题[②]：

1. 如果没有致辞就给小鸡服用毒药，会怎么样？

2. 如果一只鸡服用了常规剂量的毒药后又恢复了状态，再给它额外服用一份毒药，会怎么样？

3. 如果把毒药放进别人的食物会怎么样，你是否会为了除掉某个敌人，向它的食物中放一把毒药？

4. 假如神谕针对提出的问题给出的正确答案应该是不让鸡死，但是你一剂一剂的给它服用毒药，会怎么样？

"阿赞德人并不知道那样会发生什么事情，而且也对发生的事情毫无兴趣。没有人愚蠢到把那么好的神谕毒药浪费在这样的无意义的、只有欧洲人才能想到的实验上来。"（Evans-Pritchard，1937：314－315）

因此，阿赞德人要么认为这些问题很"愚蠢"，要么"根本不明白这些问题的真正含义"（Evans-Pritchard，1937：324），阿赞德人根本不知道这些假设的情况会怎么样，并且也对这些问题毫无兴趣。

比如，对上述问题4，阿赞德人的回答是不知道确切会发生什么，但鸡早晚被撑破。

---

① 破坏性实验是加芬克尔在《常人方法论研究》（1967）中提出来的一个概念，主要是通过故意打破某种社会的常规，观察人们的反应，以研究该常规起作用的方式与重要性。比如故意装作素朴，以质疑人们理所当然的东西。

② 参见 Evans-Pritchard（1937：第三部分之第四章）：请教毒药神谕中出现的问题。

对问题 2，阿赞德人认为如果神谕给出的回答是让小鸡死，那小鸡就会马上死，如果它的回答是不让小鸡死，那再多的毒药小鸡也不会死，而且也是对毒药的浪费。

对第 1 个与第 3 个问题，阿赞德人认为没有正确的采集、操作毒药，并进行致辞，任何剂量的毒药都不能杀人任何人或小鸡。"若是一个欧洲人做了一个他认为证明了阿赞德人的观念是错误的测试，他们就会对欧洲人的轻信表示惊奇。如果鸡死了，他们会直接说那是本吉不好，鸡死了这个事实唯一能证明的就是本吉是坏的。"（Evans-Pritchard，1937：315）①

埃文斯－普利查德又假设，既然问题的答案以小鸡是否死去为依据，那操作神谕的人会不会在毒药的剂量或小鸡的大小上做手脚，比如为了让小鸡死，他会把每副毒药的剂量加大，或者选择比较小的小鸡。

他考察了数次这样的问询过程，对小鸡的大小，服用药的剂数与剂量进行比较分析，发现这样的猜测是对阿赞德人的误解。首先，就欺骗的目的而言，对神谕提出的问题都是关于自己与家人的健康与福利的，他们要获取的是巫术的威胁是否存在，进而依此安排自己的生活，那么欺骗行为也就只能让自己由于获取错误的答案而倒霉。这样看来欺骗的动机也就不存在。其次，既然阿赞德人不认为本吉是毒药，他们也就不知道有这种欺骗的可能。因此，当埃文斯－普利查德问他们，一般一个小鸡服用一到两剂，如果给他服用三到四剂，会怎么样时，他们根本听不出这个问题的微妙之处，他们会说"你不会明白这个事情的，无论你怎么改变剂量，都不会改变神谕的判决"。

埃亨（Ahern，1982）曾借用语言学家塞尔（John Searle）的规范性规则与构成性规则的理论，将阿赞德人的毒药神谕类比为游戏，以此来说明为什么阿赞德人对于人类学家的问题有如此反应。网球场上的规范性规则界定了规范：穿白色上衣，准时到场，友好地向对手致意等。构成性规则指是什么使网球称之为网球，它们被作为游戏规则被明确列出来。

在神谕问询中，规范性规则表明了阿赞德人如何对神谕表示敬意：在观察小鸡状态的时候男人要扶正腰间的树皮，低声说话，避免不必要的交谈，表情严肃等。而构成性规则体现在神谕从准备到操作的一系列程序中，使得神谕成为神谕。

---

① 此处说"本吉不好"或"本吉是坏的"是指本吉受到了污染或邪恶力量的干扰。

这些构成性的规则包括本吉必须以特定的方式准备（采集者要遵守禁忌，存储在特定的地方），以特定的程序操作（向小鸡提问，喂食小鸡等），在这些规则下，本吉才能成为作为毒药神谕的本吉，否则它就仅仅是普通的东西，仅仅是森林爬行植物粉末。

埃亨指出，当普利查德一遍遍问如果给小鸡服用过量的本吉会怎么样，如果没有致辞就给小鸡服用本吉会怎么样这些问题时，他其实是在诱使阿赞德人放弃神谕问询的构成性规则，而正是这些规则使得神谕成为神谕。（Ahern，1982）这就如同一个异域人类学家来到网球场上问选手："你为什么不同时击发两个球，这两个球中必有一个会令对方失手"，选手回答："别傻了，那还叫网球吗？"

同样，阿赞德人面对人类学家的问题时反应也类似："你不会明白这些事情的"（玛丽·道格拉斯，1982：90）。如果一剂一剂地给鸡服用毒药，鸡迟早会撑破；如果没有按传统方式采集并服用本吉，也没有按传统方式对他致辞，毒药杀不死小鸡或人；如果神谕的判决是让鸡活，你给小鸡服用再多的本吉也不会改变神谕的判决。

关于神谕的这些规则，构成了阿赞德人的思维框架与推理的基础，埃文斯－普利查德将之视为一个文化中的基本假设［玛丽·道格拉斯曾指出，是什么使得神谕获得阿赞德人的信任？"其答案是在任何信仰体系中都是一样的：一系列由该族群所创立，但他们自己也无法目睹的基本假设，使得神谕得到族人的信任，形成了神谕的信仰体系"（玛丽·道格拉斯，1982：90）］。这种基本假设使得阿赞德人没有选择地、机械地、盲目地遵从规则。正是这种强制力使得规避式论证得以形成，并由于其不同的社会惯例，形成了其不同的论证方式。

值得一提的是，阿赞德人盲目地、机械地遵从规则，无法超出自己的文化范围进行思考，但埃文斯－普利查德也发现，他们的思想与行为并不是被规则严格地限定住，而是具有一定的自由度，即他们可以有策略性地操纵规则，从而达成自己的论证目的，去获得他想要的或者去规避他不想做的。

以神谕的使用为例，作为一种最具有权威的解决争端的方式，神谕总是被阿赞德人借用来为自己的行为开脱或者强使别人接受自己的行为。面对别人指控自己对其施巫，阿赞德人会说：他们的神谕是受到污染了，所以撒了谎；他们怨恨我，所以想诬陷我，根本没有请教神谕。阿赞德人不愿接受对自己不利的神谕，就会辩称神谕受到了污染。又比如，一个已接受某个小伙子对自己女儿求婚的人如果想悔婚，而又找不到更充足的理由，就会跑去请教神谕，希望得到对此婚姻不利的结论（Evans-Pritchard，1937：350-351）。

此外，尽管阿赞德人无法跳出自己的思维框架，进行与他们的信仰相矛盾的推理，但在他们的思维框架内，他们具有"行为上的一致性，理性上的一致性"（Evans-Pritchard，1937：336-337），埃文斯-普利查德发现阿赞德人经常会问一些答案显而易见的问题来测试那些他们担心已经被污染的本吉，比如问毒药神谕自己能不能飞到天空刺中月亮或者把太阳带回地球，如果神谕回答"是"，他们就知道神谕在说谎，这个本吉已经被污染了。

以上探讨了规避式论证的稳定性条件与形成基础，它在阿赞德社会文化的背景下形成并稳定地运行，成为阿赞德人生活实践的一部分。

三 规避式论证规则在阿赞德人论证实践中的作用

可以说，阿赞德人论证的问题也是让埃文斯-普利查德倍感困惑的地方。显然，从西方人的思维角度说，阿赞德人的论证包含了矛盾，系统偏离了西方人的论证轨道，因此，从西方人的理性标准看，显然他们不合理性。但是他又不得不惊讶于这一套不合理性的规则能够在阿赞德社会中稳定地运行、顺畅地实践。从西方人的观点看，矛盾被认为是要极力避免的，矛盾的存在使得整个系统陷于混乱。而显然，埃文斯-普利查德不得不承认阿赞德人既没有由矛盾推出一切，他们的信念系统也没有陷于混乱，他们对于巫术、神谕与魔法的信仰实践也没有就此坍塌。因此。他选择了同时以两种方式进行他的工作：一方面，他站在西方人的立场，将阿赞德人与西方人在论证方式上的不同揭示出来；而另一方面，他又站在阿赞德人的立场，详细地描述了这种论证实践的实际运作：他们的行为动机是什么，他们对现实的看法是什么，这些动机与看法如何在具体的实践中得到表达。因此，他不问是否在西方科学思想所假定的实在世界之外存在另一个不同的世界，在那个世界中有着诸如巫术、神谕与魔法这类特殊的实体，也没有解释为什么阿赞德人会选择相信这类西方人看来子虚乌有的东西[①]，而是

[①] "二战"以后，后续的研究者对此进行了努力，如把巫术指控视为社会潜在的张力的一种表达，见 Dauglas（1970）。

试图发现在这套信仰实践的背后，隐藏着什么样的规则，以及这套规则如何影响到阿赞德人的生活，在其社会中起着怎么样的作用。

强调规则在实践生活中的作用，这一点维特根斯坦亦有强调。从主张考察矛盾在具体语言实践中的用法开始（Wittgenstein，1978）①，维特根斯坦强调实用的目的。在他看来，矛盾是语言实践中的矛盾，规则也是语言实践中的规则，当把理解规则，理解矛盾的途径从形而上学的理论真空落到生活实践的尘世地位（维特根斯坦将之称为"矛盾的市民地位"）上时，评价的标准便发生了变化，也相应地从理论的真空（形而上学的标准）降落到生活实践中的实用性上来。

矛盾被认为导致混乱，而在具体的语言实践中，人们避免混乱却是为了实用的目的，而不是理论的目的。如维特根斯坦所言，对于使用者来说，"如果你要有用，那么你就不会得到任何矛盾，如果你不要有用，那么你得到矛盾也没有关系"（RFM III：81）。

回头看阿赞德人语言实践中的矛盾。阿赞德人容忍矛盾，正是为了实用的目的：某些结论不可接受，不符合社会惯例，面对这个压力，阿赞德人规避了这个结论，而是接受另一些结论。比如接受"与巫者同性的氏族男子都是巫者"这一结论，意味着整个氏族在社会中处于不利地位。接受复仇机制不合理，意味着君王对于巫术杀人案件、魔法复仇案件的接受与处理、对于神谕的控制是荒谬的天大笑话，君王的权威受到挑战，也使得阿赞德人基于亲人的义务而为死者魔法复仇的行为得到了讽刺，失去它该有的道德意义。这些压力是社会性的，其所产生的后果也是社会性的，正是为了避免这些结论导致的社会混乱，为了实用的目的，产生了规避。

阿赞德人实践着这些论证，保持着这些所谓的矛盾，他们的论证在实践中生效，在具体的情境下发生。比如，针对复仇机制中的矛盾，A 死亡了，A 的亲属实施复仇魔法，神谕告诉他们最近时间 B 的死亡是由于 A 之亲属的复仇魔法的作用，即 B 死于 B 施巫造成 A 的死亡所犯下的罪。而同时，B 的亲属也在为 B 的死亡进行复仇。对 A 的亲属来说，他们认为 B 死于自己所犯的罪，而 B 亲属的复仇是假装的，是为了维护氏族的声誉而对外故意宣称 B 死于他人的施巫。对 B 的亲属来说，他们则认为 B 的死亡是

---

① 中译本参考维特根斯坦：《论数学的基础．维特根斯坦全集（第 7 卷）》，涂纪亮译，河北教育出版社 2003 年版。以下简记为 RFM。

第五章　阿赞德逻辑的案例考察

由于 C 的施巫所致，他们把另一个人 C 的死亡视为是该对 B 的死亡负责。同样的，C 的亲属依然，这个链条继续下去，没有人知道实情（Evans-Pritchard，1937：29）。所有的困难都在实践中化解。

又以神谕而言，在西方人看来其中的矛盾突出，充满荒谬之处。但就阿赞德人来说，它是向导，是生活的顾问，离开神谕的日子阿赞德无法想象如何生活。埃文斯－普利查德本人也承认，当我以阿赞德人的态度严肃地对待神谕，像他们一样用神谕管理事务时，发现"它是一种管理家庭和事务的理想方式"（Evans-Pritchard，1937：270）。阿赞德人在实践中请教神谕，对于神谕的失败他们有具体的情境化的解释，而神谕预示某些行为有危险他们就推迟或取消这些行为。这是阿赞德人的理想的生活方式，也是他们唯一能理解的方式。它提供着唯一能令全体阿赞德人信服的，不用争议的解决方式，解决着阿赞德人的日常生活争端（如小伙子想娶某女孩，女孩的父亲对之不同意，便可采用公开的神谕问询的方式进行解决）。

再比如魔法，在西方人看来它也是充满矛盾，子虚乌有。但就阿赞德人而言，它是阿赞德人的保护者。阿赞德人用魔法保护自己的生产获取丰收，丰收的失败有现成的解释方式，而成功则归因于魔法的有效使用。阿赞德人用魔法为亲人实施着报复行为，尽着该尽的社会义务。

再如巫术，阿赞德人用巫术解释不幸，发生了不幸，他请教神谕，寻找巫者，提出指控，对方以一种祈福的方式做出回应。重大的不幸，有国王的神谕做出最后的裁决。对于不幸如何由施巫导致，有现成的巫术观念进行解释：巫者如何施巫？通过精神力量；巫者为什么施巫？他对我有仇恨；巫者怎样施巫？依托先天具有的巫术物质；巫术物质在哪里？小肠上，可以尸检出来；既然有自然原因，为什么要别人负责？巫术是第二支矛，同自然原因作为第一支矛一起，共同导致不幸，如大象伤人是它的自然属性，但为什么偏偏在特定的时间地点伤害到我，是巫术的原因。以不幸为起点，是一系列的社会行为，以巫术为基础，是一系列的观念体系，以追究巫者为基础，是一系列的政治体制。

因此，这样的一种论证方式在阿赞德社会中稳定地运行，这样的一套信仰体系在阿赞德社会中稳定地保持。其中所存在的矛盾并没有使得阿赞德人的生活陷于任何混乱，也没有使得他们的社会陷于任何混乱。

从这个意义上说，这个矛盾与其说是阿赞德人的矛盾，毋宁是西方人建构出来的矛盾。从这个意义上说，阿赞德人的论证中并无矛盾。因为矛

219

盾来自实践上的困难，而阿赞德人在实践中并无困难（Jennings，1989）。阿赞德人在实践中，根据具体的情境，有条件的规避着那些西方人看来理所当然而他们看起来不理所当然的结论，接受着那些他们自身看起来理所当然的结论，这里没有任何实践上的困难，阿赞德人也并没有由矛盾推出一切，整个系统也并没有由矛盾陷于混乱。

维特根斯坦曾说："如果真的在一个系统中发现一个矛盾，而存在矛盾的系统仍能做出很好的服务，我们只能说：这正是矛盾在其中的目的与作用"（RFM Ⅳ：57）。阿赞德论证正是这样的一个例子。

因此，如果我们能够不是从规则立法者的角度，而是从规则实践者的角度，从矛盾发生的当地情景脉络中去理解，那么情形将完全不同，我们将会发现矛盾在其中必有其特定的目的与作用，正是这目的与作用，使得其能够成为稳定的语言实践。如并不是所有氏族男子都是巫者这一结论在社会人际关系中所起的润滑剂作用；又如不能把技术或道德原因导致的不幸归因于巫术，能够避免使本该由个人承担的责任而被逃避了，也避免了使通奸、撒谎的人能够归因别人巫术使然而逃避法律惩罚与道德谴责等。

可以说，正是矛盾，正是矛盾在其中的作用，使得阿赞德人的这套信仰体系稳定地运行：它规避了可能导致社会混乱的结论、于己不利的结论，从而使得整个论证纳入社会共识的轨道。而实现规避的方式则是极为简单的：关联性的意义总是能够产生，它只要符合社会惯例，便总是能够得到人们的认同而接受。这套论证方式的产生是社会性的，作用是社会性的，它保证了整个社会系统稳定运行。

埃文斯-普利查德也正是从这套规则的社会作用这个角度来探讨这个问题的：某些结论的作用是社会性的，是出于惯例的压力，不得不接受的，因此，才会出现所谓的矛盾，才会出现所谓的规避。

可以说，也正是矛盾，正是矛盾的存在，使得其成为规避式论证，使得其成为一种不同的论证方式。从这个意义上说，所谓的"矛盾"，是西方人眼中的矛盾，阿赞德人自身并没有产生此矛盾。从这个意义上说，所谓的"规避"，是我们的用语，阿赞德人并没有设法要规避什么，他所得出的结论在他们看来是理所当然的、合乎逻辑、合乎规则、合乎理性的。

埃文斯-普利查德尽管认为阿赞德人在其文化情景下是合理的，但他无法在20世纪的20—30年代跳出自己西方文化背景的影响。因此。他仍然认为阿赞德人不合理性。为了解释为什么他们不合理性，他把信念区分为

第五章 阿赞德逻辑的案例考察

神秘信念、常识信念与科学信念。神秘信念指具有超感属性，即不依赖于观察也不依赖于逻辑的那些信念，常识信念指依据观察或部分推理能得到的信念，而科学信念则有一套严格的观察与推理规则。而科学知识与逻辑知识是裁定什么是神秘信念，什么是常识信念，什么是科学信念的唯一标准（Evans-Pritchard，1937：12）。基于此，他认为阿赞德人不合理性原因在于他们根本不能在常识信念与神秘信念间做出区分，更不用说有科学信念。这种立场，他在1976年为《阿赞德人的巫术、神谕与魔法》的第二版所写的后记《关于田野工作的回忆与反思》（Evans-Pritchard，1976：244）中进行了反思与总结。他指出，从西方人的科学与逻辑观点出发，将阿赞德人的信仰实践视为不合理性，并解释为何他们会如此不合理性，这样的做法是根本不需要的。作为一个人类学家，当自己在阿赞德社会中时，他接受这套规则，甚至可以说他相信这套规则，并如阿赞德人一样实践这套规则，因为他没有选择，而这套规则也是在其中最适用的、最理想的规则，他无法选择。而当自己在西方人的社会中，在自己生于斯长于斯的语境下，他接受的是另一套规则，而放弃阿赞德人的规则，因为他也没有选择。两种不同的文化实践有不同的行事规则。如同西方人信仰上帝，在其文化系统中，上帝存在这件事无可置疑，理所当然，如同常识一样的东西。他们需要解释上帝为什么存在吗？需要解释自己为什么需要信仰上帝吗？不需要。同样的，在阿赞德人的语境下，巫术、神谕、魔法这样的信仰实践也是常识一样的东西，是人们思考的出发点，行事的依据。他们需要解释自己为什么有这些信仰实践吗？需要解释巫术、神谕与魔法这些东西为什么存在吗？不需要。因为每一社会都存在一些基本假设，这些假设被其社会成员视为没有问题，不得不接受的，其他所有推理都是建立其上。因此，对人类学家来说，在当时当地的情景下，他只需要进行描述即可：描述这些信仰实践，描述这些信仰实践如何在其社会中运行，如何影响到人们的生活。

这样的反思其实质是触及到了一个更为深入的问题：逻辑规则的合理性基础，即逻辑规则的合理性是以什么为基础，或者，其合理性是由什么赋予的？

理性主义传统认为由人们的理性所保证，更为具体的体现则是西方人的逻辑可称为合理性的裁决工具。

而维特根斯坦则问：为什么需要合理性基础呢？对合理性的需求只不过来自人类的一种渴望：想理解一切经验事物的基础或本质。如同数学，证明一致性让我们"平静",找出基础让我们"心安"。

在他看来,语言恰恰是人类生活的一种现象,"命令、询问、叙述、聊天同行走、吃、喝、玩一样,是我们自然史的一部分"(PI:25)[①]。

就是因为我们对我们的自然史事实太视而不见,而认为基础对我们隐藏起来,总想寻求基础,而忽略了事情恰是如此。

"这里的困难不在于挖掘到根基,而在于把摆在我们面前的视为根基。"(RFM VI:31)

"如果我已经耗尽了所有的证立(justification)理由而到达底层,我的铁锹挖不动了。那么我就会说'我就是这样行事的'。"(PI:217)

具体到逻辑规则,维特根斯坦明确指出:

"逻辑推理是一条通道,如果这条通道遵循一个特定的模式,那它就被证明是正确的,它的合理性不依赖其他任何基础。"(RFM VII:66)

面对阿赞德人如此这般的论证实践,如此这般的论证轨道,我们唯有承认的事实是:规避式论证已经发生,阿赞德人恰是这样论证的。

这里,从维特根斯坦后期哲学的观点看,规避式论证作为阿赞德人生活实践的一部分,如果非要给其一个基础的话,这个基础便是:这是他们的自然史事实,他们恰是如此论证的。

第四节 几点补充

本章主要分析了一个备受争议的阿赞德逻辑的案例,从论证实践的角度,深入到该论证的日常情境中,分析这种具体的论证实践,其主要的论证规则,社会文化背景,实践的、具体的、地方性的情境,并对其形成与基础给予了一定的分析。在这种分析中,可见:

一、和通常的STS研究不考虑规范性只考虑描述性不同,这种分析由于融入了哲学的视角,仍然是兼顾了规范性的方面,认为,从不同的论证实践出发,有可能存在不能的说理方式,论证规则,从当今的文明平等角度,这些不同的论证规则是同样平等的,不能从形式规则去评判,正如不能从西医文化和规则去评判中医文化和规则一样,也或者,如林奇所言,现代音乐的任何单一的样式都无法提供衡量原始音乐实践的尺度(Lynch,1993:

[①] 这里是指:Wittgenstein(1967),简记为PI,下同。

6，脚注1）。

二、这种分析由于分析材料的限制（主要依据人类学家的调查文本。哪怕有后来者重新深入阿赞德地区，但主要关注的是经济社会维度，后续的调查材料并没有涉及论证维度），主要是横向性的角度，并没有考虑时间的维度，历史的维度，即纵向的维度。但本书试图假设，论证实践作为社会与文化实践的一部分，是一个文化群体长期历史积淀的结果，社会文化的变迁，也会带来论证实践的变迁，论证是历史的，相对的，同时也是客观的，那么作为社会生活实践一部分的广义论证也就不能固定不变的。

三、从横向的角度，关于阿赞德案例，巴恩斯和拉图尔都试图通过构造一个对称性的案例，证明这种思维模式在我们的社会中也同样存在。比如，巴恩斯的关于英国人的父亲身份的例子（Barnes，1985：附录部分），拉图尔的关于轰炸机飞行员的例子（Latour，1987），通过这种对称性，他们试图表明，阿赞德人的推理和我们并没有什么不同，所不同只在于"我们"看"他们"，"他们"看"我们"，基于的是一种外部视角，这种不合理性的评判也是由于这种外部视角而来的。若是以对称性视角，则他们和我们一样。这里，参照下节我们对于中国古代逻辑的研究，本书认为，由于人类的生物一致性，不同的论证规则在不同的文化系统展现成显著的方式。比如，西方发展出来的三段论推理，而中国古代论证发展出来的"推类"推理，为中国古代逻辑的主导推理类型（崔清田，2004b）。这种思路也符合布鲁尔的论断：某些方式也许正好具有普遍性，符合人类的进化方式，但是，一些特定的方式成为特定社会的主要论证模式，阿赞德人对于巫术、神谕与信仰的社会文化体系塑造了他们特殊的巫术神谕魔法的论证体系和论证实践，这是他们生活实践的一部分，文化实践的一部分，也是他们的生活形式，塑造了他们这种论证模式。

四、当代论证理论指出，从广义逻辑学出发，不同的社会文化可能或可以具有不同的论证实践，也就可能或可以具有不同的论证规则，这是个需要进行经验探索的问题。本案例的研究表明，这个结论是可成立的。但社会文化与论证实践并不是直接的决定或因果关系，社会文化的变化与不同也并不必然会带来论证规则的不同，此外，影响论证的因素有很多，社会文化成分也只是其中可能的一种。下一章，我们将进入两个著名的案例，中国古代逻辑与佛教逻辑，具有明显的非西方社会文化与论证实践特色。在此，中国逻辑史的学者们已经为我们提供了丰富的研究资料和成果。

第六章　两个案例研究

本章主要从中国古代逻辑以及佛教逻辑的研究中选取案例，进一步论证逻辑与社会文化之关系，对此，从事中国逻辑研究的学者们，已经进行了大量的工作。

第一节　中国逻辑的研究背景及争论

一　中国逻辑的研究背景

当使用"中国逻辑"的时候，在狭窄的意义上，这里通常指向中国古代逻辑（也称经典中国逻辑（classical Chinese logic））。如前文所述，阿赞德社会自身并没有形成关于他们逻辑的详细理论阐述。这里区分两种逻辑：一种指向人们的思维、推理和论证方式，一种指向关于逻辑的思想、话语和理论。首先讨论后一种情况。中国古代并没有逻辑一词，逻辑一词是个舶来品，但中国先秦有名学和辩学，名学如孔子、荀子、韩非子等对于名实关系的讨论，而辩学主要集中于墨子及其学派的《墨子》中，其中《经上》《经下》《经说上》《经说下》《大取》《小取》六篇，被称为《墨经》，是讨论辩学的主要文本。中国古代逻辑的文本原属于经学的一种，由于近代西方逻辑传入，唤起了国人发觉本土逻辑价值的意识，这其中，受过西学训练的胡适和梁启超等都起了重要的作用，发现了这些文本所具有的逻辑价值。

与阿赞德社会形成对照的是，中国人的文化自觉，使得中国逻辑的研究，目前已成了哲学界以及逻辑学界的一门学科分支，在学科分界上，它属于逻辑史的范畴，在国际上，它也成为汉学家、哲学家以及逻辑学家的关注点，存在着中国古代有无逻辑，以及如果有，它是什么逻辑？更进一步，如何理解中国古代人的论证实践等问题和争论，而要讨论这些问题，还涉及如何定义逻辑的问题。

这里还要区分,"中国逻辑"和"逻辑在中国","中国逻辑"一般是指中国古代对于逻辑的研究,即中国古代的逻辑理论。而"逻辑在中国"则是中国人对于逻辑的研究,它不但包括了中国先秦对于逻辑的研究,也包括佛教因明学以及西方逻辑分别在唐代以及近代传入后中国人对此的研究。

在顾有信(Joachim Kurtz)所著《中国逻辑的发现》中曾经指出,"直到1890年晚期,还没有人听说过中国逻辑,之后在短短不到二十年的时间里,中国逻辑开启了一段超过两百年的历史,中国古典文献中的碎片化的认识被以逻辑术语得以尝试性的理解"(Kurtz,2011:2),这种关于中国逻辑的研究起源,一直追溯到公元前五世纪的先秦时期。按照这个思路,中国对于逻辑的探讨(逻辑在中国),历史上曾经有过三次兴盛期。第一次是在先秦时期诸子百家的贡献,先秦学者对名实关系以及辩论技巧的讨论;第二次是在汉代时期佛教逻辑传入中国,中国开启了对于佛教逻辑的研究;第三次是在19世纪末20世纪初的西学东渐时期,西方逻辑传入中国,使得学者重新思考中国逻辑的身份,由此造成一种中国逻辑话语的形成(Kurtz,2011:6)。至此,三大逻辑的发源地,古印度、古希腊、古代中国所产生的逻辑理论,在中国得以碰撞和交织。

同古印度和古希腊一样,中国古代有很强的论辩传统,其研究也是从对论辩的思考而来。"春秋战国时代开始,中国古代哲学关注社会伦理问题,而不是抽象论题,古代思想家不得不努力克服观点的多元性,他们相互之间进行批判,试图令人信服地维护己方学说并批评他方,特别是战国时期。他们的论证实践推动着他们研究论证,特别关注名实关系以及语言与意义的关系问题,关注论证与辩论的本质和规则。出于对反思盛行的论证实践研究需要,中国古代就开启了较强的论证研究传统,特别是《墨辩》,他们就哲学论证的形式、程序和方法给出了系统研究。墨家学派衰落后,论证研究传统在历史上逐渐消失了,当儒家思想成为主导的道统时,论证研究完全丧失人气。直到20世纪初,当学者正在研究中国古代逻辑与西方逻辑的对应物时,这一传统才被重新发现"(范·艾默伦,2020:914)。

中国对逻辑的第二次兴趣是在公元三到四世纪,由于佛教以及随后的佛教逻辑的传入,在中国兴起了探讨佛教之推理系统的研究,但这种影响仅限于佛教寺院之内。

第三次中国逻辑研究的兴起，则是由于近代以来在西学东渐背景下，西方逻辑学的传入，带来了中国古代逻辑研究以及佛教逻辑研究的方法革新，也促使了中国古代逻辑与佛教逻辑在"中国逻辑史"下的作为逻辑学子学科的出现，也带来了中国逻辑话语的形成。

目前，在我国逻辑学学科中，形成了中国逻辑史学科。在中国逻辑史这一学科名下，聚集了一批相关研究队伍，产生了一批成果。"中国哲学社会科学学科发展报告"之《当代中国逻辑学研究》指出，在"逻辑史"这一板块中，分为"中国逻辑史""西方逻辑史""汉传因明""藏传量论[①]"几个部分（鞠实儿，2013：第7章）。在逻辑学科中，目前已形成一股不容忽视的力量。

"中国传统学术中没有逻辑一词，逻辑是西语 logic 音译，而对中国古代逻辑史挖掘、整理和研究，始自西学东渐，并借鉴东渐的西学中逻辑并与之比较，逐渐形成了中国逻辑史的基本研究思路和研究方法。"（崔清田，2004a：1）

如果回溯来看，第三次关于中国逻辑研究的兴起，是伴随着西方文化在将中国视为智识探究的异质领域而进行传入的过程中出现的，这个过程既是中国的文化自觉过程，也是逻辑学理论在西方经历剧烈变化的过程。西方文化及其逻辑学理论输入中国，中国的学者逐渐思考中国历史上有没有对应的逻辑学，以及如何理解这个对应之物的问题，在这一论题之下，产生了在逻辑学科意义上的"中国逻辑"的研究主题，学者们重新开始了对于中国古代逻辑，尤其是先秦论证实践的研究，这是一个双重转化的过程，既涉及在逻辑领域中国古代文本及其思想的现代解释和跨文化转译，也涉及一种新的学术语言，即源自西方的逻辑学概念在中国话语中的翻译、移植和对应过程。在这一背景下发展起来的中国古代逻辑的研究，其时主要是参照西方逻辑为主体的比较研究，以及随之而来的系列反思：对比较方法的重新反思，对逻辑定义的反思，对于逻辑普遍性和特殊性，以及随之而来的逻辑与文化的思考。

早在明末的17世纪，随着西方传教士进入中国，带来了西方的科学与教育思想，在科学与教育中占据决定性作用的逻辑学概念也随之被引入中

[①] 藏传量论也称为藏传因明，它和汉传因明一起，同属于佛教逻辑。由于它们主要研究的是汉传与藏传佛教中的逻辑问题，是存在于中国的佛教逻辑问题，因此，它们与印度古因明有一定的差别。

国。1623年艾儒略（Giulio Aleni）撰写的《职方外记》，列举了欧洲学校的教育课程，其中一个科目就是落日加（logic），并认为其是区分真假的方法（辨是非之法），在他其后的系统介绍西方教育体系的专注《西学凡》中，又将落日伽（此处译为落日伽）定义为明辨之道。受此影响，1631年明末学者李之藻和传教士傅泛际译出了当时欧洲天主教使用的逻辑学教科书《亚里士多德逻辑大全》，并命名为《名理探》，将络日伽（此处译为络日伽，对应logic）解释为辩艺（即辩论的艺术），而"名理探"意为关于名称之理型的探讨。但这本书在当时国内知识界并未引起较大反响。

从17世纪到19世纪末，欧洲的逻辑学正处于它五百年的休眠期内[①]。三段论仍然是教会的主要逻辑课程。但逻辑学的理论却在发生着变化，黑格尔的《逻辑学》将逻辑与形而上学联系起来，使得它与实证科学远离，一直到19世纪中期由于与数学的结合，才开启了现代逻辑的步伐。而另一方面，培根的《新工具》开启了对归纳方法的探索，推动了现代科学的发展，穆勒基于归纳法而建立的古典归纳逻辑，其《逻辑体系》成为现代科学的教材。在此背景下，19世纪开始，西方新教徒再次进入中国传教，将逻辑学带入中国。特别是19世纪末期，清王朝的对外失败，促使国人重新思考和认识西方的科技及思想。也正是在这个过程中，人们逐渐意识到了逻辑学与中国古代的名学和辩学存在着某种联系，由此开启了近代学者对于中国古代逻辑的关注和研究。1886年艾约瑟译出了《辨学启蒙》[即耶芳斯的《逻辑学初阶》（primer of logic）的译本]，不过这种对逻辑学的译入当时并没有影响到学校的教育。甲午海战的失败，对于清王朝以及知识界是一种毁灭性打击，学者们将目光转向了欧洲被认为是一切科学之科学的逻辑学，从而加快了逻辑学的传入和研究。1897年清朝训诂学家孙怡让在他写给梁启超的信中，受到西方逻辑学与印度因明学的启发，首先提出了要关注"中国逻辑"，强调了《墨经》的逻辑学价值，有与西方逻辑学、印度因明学对应的东西（曾昭式，2009：2），"《墨经》内涵诸多有效式……吾臆测其必包涵类于欧人亚里士多德氏之演绎法，培根之归纳法，和佛教因明论之精微洞识"（Kurtz，2011：280）。1905年，严复译出《穆勒名学》（即穆勒的《逻辑体系》），1909年又译出《名学浅说》（即耶芳斯的《逻辑学初阶》），用名学来译逻辑学，名家来译逻辑学家（Kurtz，2011：176）。

---

① 参见本书第一章。

逻辑学逐渐融进新式教育系统的课程。相关的翻译逐渐多了起来，大量的使用名学、辩学、逻辑、论理学等字眼来对应"logic"，但在1911年之前，都只是翻译，还没有出现真正的关注中国逻辑的逻辑学专著。在此基础上，梁启超和胡适等人做了开创性的探讨。

梁启超的《子墨子学说》（1904），《墨子之论理学》（1904），《墨子学案》（1921），《墨经校释》（1922）等系列，探讨了墨家的辩学，也即墨家的逻辑学，并拿它和亚里士多德逻辑以及因明学做了比较。梁启超在《墨家之论理学》中，从释名、法式、应用、归纳法之论理学四个方面，对于墨子之论理学与西人之论理学做了多方的比较和分析，并认为墨子所谓的辩学，对应西方的论理学（即逻辑学），虽没有西方学者做得那么完备，但也足以让我们自豪了，毕竟，西方论理学的鼻祖亚里士多德其论理学也有很多缺点。而且墨家的辩学早于古希腊亚里士多德一百多年，早于陈那（佛教因明学的集大成者）九百多年，早于培根穆勒两千多年，因此，梁启超很惋惜我们没有很好地把这部分传统给挖掘传承下来。

胡适的博士论文《先秦名学史》（1917）借助西方哲学解释中国古代的思想体系，是中国第一部关于中国古代逻辑方法发展的著作，认为墨家名学有西方逻辑以及印度逻辑的学理的根本，却又没有其法式的累赘。他认为哲学的发展受到逻辑方法的制约，中国哲学的未来有赖于那些伟大的哲学学派的复苏（胡适，2006：3），他从逻辑学角度重新理解了先秦诸子的理论，如孔子、荀子、墨家、韩非子等。他随后写就的《中国哲学史大纲》（卷上）（1919），被认为是"第一部用现代学术方法系统研究中国哲学的著作"（胡适，2011：365），是《先秦名学史》的深化与扩充，用逻辑和知识论观察中国古代哲学，将名学方法（也即逻辑方法）视为古代各家各派哲学的中心问题。他的《墨子·小取篇新诂》（1919年），将墨家逻辑学与因明以及三段论进行了对比。至此，关于中国古代逻辑的研究，近百年来开启了新的篇章和历程。

二 中国逻辑的研究历程及争论

梁启超和胡适等近代启蒙学者开启了对于中国古代逻辑的研究和关注，一百多年来，吸引了大批中外学者关注，也引发了一些争议，同阿赞德逻辑类似，围绕着一个问题：中国古代是否存在逻辑，如果有，与西方逻辑是否相同，中国古代逻辑是什么逻辑。它涉及对于逻辑的理解，以及如何理解中国古代的论证实践等系列问题，而在研究方法上，在中国哲学近百年来照着讲、接着讲、对着讲的变迁背景中（中国社会科学杂志哲学部，2021），出现了从据西释中到据中释中的反思和转变。大致经历三个阶段（王克喜等，2019a：2）：

（一）开拓期。20世纪上半期的思想家，以欧洲逻辑为经、本帮名理为纬，主要以西方逻辑（主要是传统逻辑如三段论）为参照来解读先秦诸子文本，发现一种现代学科的本土根源，基于比较和比附，论证中国古代有与亚里士多德一样的形式逻辑体系，从而树立了中国逻辑话语：中国古代存在逻辑思想或逻辑理论。

如梁启超、胡适、章士钊等。梁启超在《墨子学案》中将逻辑学视为墨家的辩学，将思维的形式（概念、判断和推理）对应于墨子《小取》中的"以名举实""以辞抒意"和"以说出故"，认为名就是概念、辞是命题、说是推理，故是逻辑学的因果律中的因，也是推理的前提。他认为，"墨子论理学的特长，在于发明原理和法则，若论到方式，自不如西洋和印度的精密，但相同之处亦甚多"（梁启超，2018：69）。他还从因明的宗因喻三支论式出发，重构《墨子》的文本，认为《墨经》中的推理和因明的推理极相似。

宗——声，无常
因——何以故，所作故
喻——凡所作皆无常。

这是一个典型的因明三支论式推理。对着这个结构，梁启超重构了如下论证：

宗——"知，材也"
因——何以故？"所以知"故
喻——凡材皆可以知，"若目"。

这个经过重构的推理形式，宗在《经上》，因喻在《经说》中。他认为全部《墨经》和因明的三支论式极类似。同样的，他也依照三段论的格式，依此思路重构了《墨经》，认为墨经全书存在着三段论式的推理。

除了三段论，他还总结出了《墨经》中有效的推理法则"或、假、效，辟，侔，援，推"认为其对应着特称命题，假言命题，概念周延，等等。此外，梁启超也总结出了墨经中的归纳法：求同法，求异法和同异交得法，"归纳的五种方法中，墨经具有了三种，共变法不过是求同法的附属，求余法不过是求同法的附属，有这三种已经够了①"（梁启超，2018：88）。

胡适的《先秦名学史》将逻辑视为科学与思维的一般方法论，从而在中国古代思想史料中寻找逻辑理论，这样，孔子、老子、庄子、荀子、韩非子等，都第一次以逻辑学家的身份出现，而《易经》也成了表达逻辑理论的文本。比如《易经》根据象而推论的思想，孔子的正名思想，墨子的归纳和演绎思想等。他的研究在国内外都产生了广泛的影响，也为世界理解中国逻辑奠定一定基础。

早期这种研究，建立在以西方逻辑之观念，对古代文本的残章断篇的再发现和重建上，是据西释中的照着讲，以西学比附中国旧学，达到学术救国之目的，建立在西方逻辑普遍性的假设上。如梁启超感慨："我们做子孙的没出息，把老祖宗遗下的无价之宝埋在地里两千年，今日我们在世界文化民族中，算是最缺乏论理精神，我们还有面目见祖宗吗"（梁启超，2018：89）。从理论意义上来说，他们对于中国逻辑的研究进行了原创性的贡献，反驳了"中国古代无逻辑的思想"，并在中国的古典思想与现代逻辑之间建构了历史的连续性，通过使中国逻辑参与到以西方逻辑为主导的话语体系中，试图表明中国理应在全球的逻辑学领域占有一席之地。经历梁启超、胡适、章士钊、沈有鼎、汪奠基、张东荪、温公颐等系列学者的近百年努力，逐渐建立起中国古代存在逻辑学思想的话语。"中国古代思想家能够形成在主题上与欧洲逻辑学的主要关切相一致的明确洞见，这一点已成为中国乃至世界的共识。"（Kurtz，2011：344）

（二）反思期。20世纪中期以来，不断有学者开始思考中国逻辑的逻辑类型，以及这种比附的方式，质疑以形式逻辑为经来解读先秦诸子文本的方法。如果是启蒙时代的学者主要是求同，这一时期开始思考中国逻辑的特殊性问题。

早时期如章士钊、郭湛波等。章士钊就曾在《逻辑指要》中指出"寻逻辑之名，起于欧洲，而逻辑之理，存乎天壤"，"先秦名学与欧洲逻辑学，

---

① 这里也可以看出，中国对于逻辑的接受，一开始就包括了演绎逻辑和归纳逻辑。演绎逻辑指向了三段论系统，归纳逻辑指向了培根的归纳法。

信如车之两轮，相辅而行"（章士钊，1961：自序）。郭湛波的《先秦辩学史》则指出，先秦的逻辑是辩学，它和西洋的"逻辑"，佛教的"因明"，是并列的，都是各自哲学思想的方法（郭湛波，1992：自序）。张东荪则是第一位系统论述中国逻辑独特身份的学者。在探讨知识与文化的系列论述中，张东荪指出逻辑是文化逼迫出来的，不存在唯一的逻辑，而只有基于各种社会文化背景所制约和逼迫的不同的逻辑。不同的逻辑是基于不同的语言结构、社会需求、宗教信仰、政治环境以及历史经验等的产物。可以说，从这一时期开始，对中国逻辑的研究，具有了逻辑的社会文化研究的范畴。

20世纪90年代以来，崔清田等人对于以往的比较研究进行了反思，指出中国逻辑是指西方逻辑传入中国之前，产生于中国文化土壤中并受其制约的中国古代逻辑。在他的《墨家逻辑与亚里士多德逻辑比较研究》中，指出以往的研究诸如梁启超、胡适、詹剑峰、汪奠基等，将墨家辩学等同于西方逻辑，而忽略了两种逻辑的历史与文化背景的分析，"理解一种思想，就是要在研究思想家自身的同时，去探求孕育并产生这种思想的依据，思想家置身其间的历史与文化条件以及由此生成的社会需求"（崔清田，2004a：31）。因此，他提倡用历史分析与文化诠释来探讨逻辑与文化的关系，才能正确地对中国古代逻辑和西方逻辑做出真正的比较。所谓文化诠释是指，"把不同的逻辑（如墨家逻辑、亚里士多德逻辑）视为相应文化（先秦文化、古希腊文化）的有机组成部分，并参照那一时期的哲学、伦理学、政治学、语言学以及科学技术等方面的思想和文化发展的基本特征，对不同的逻辑传统给出有故和成理的说明"（崔清田，2004a：38），由于文化总是特定历史时期的文化，因此文化诠释离不开历史分析；所谓历史分析是指，"把不同的逻辑传统置于他们各自得以产生和发展的具体历史背景之中，对这一时期的社会生活、政治生活、文化生活的焦点和提出的问题，以及这些因素对思想家提出并创建不同逻辑传统的影响，给出具体的分析"（崔清田，2004a：38）。基于此，以南开大学逻辑学者团队为代表对这一思路进行了深入的研究，如中国古代逻辑与中国古代的政治思想、数学、语言学、科学等的关系等。

20世纪中叶以来，中国逻辑研究成为国际汉学界与逻辑学界关注的一个重要领域。如美国夏威夷大学的成中英（Chung-ying Cheng）的《经典中国逻辑探寻》（1965）、《中国思维中的逻辑与语言》（1969），波兰汉学家凯姆斯基（Janusz Chmielewski）的《早期中国逻辑简论》（1962），英国汉学家葛瑞汉（A. C. Graham）的《后期墨家逻辑、伦理与科学》（1978），《论道者：中国古代的哲学论辩》（1989），美国汉学家陈汉生（Chad Hansen）的《中国古代的语言与逻辑》（1983 年），德国汉学家何莫邪（Christoph Harbsmeier）的《传统中国的语言与逻辑》（1998）等，大多主张从语言学、语言哲学、解释学、符号学等理解先秦诸子文本，理解中国逻辑的问题。

（三）扩展期。21 世纪以来，由于逻辑学的当代理论发展，如当代论证理论的兴起，现代逻辑中出现的一些语义学工具等，在中国逻辑的研究上出现了两个取向：一是从逻辑学的当代理论发展中借鉴分析工具，二是从关注逻辑的理论文本（如《墨经》等）到关注中国古代的逻辑实践。

一方面广泛借鉴当代论证理论、现代逻辑工具、符号学、语言学、博弈理论等，重新思考中国古代逻辑理论，主张据中释中理解古代文本。晋荣东对于先秦逻辑，从论证理论角度进行了重新的考量（晋荣东，2005）。鞠实儿提出了广义逻辑学，要用广义论证理论重新解读中国古代的逻辑理论与逻辑实践。王路等在《中国逻辑史的研究为什么需要比较》中指出，对中国逻辑史的研究要利用最新的理论和方法来进行，如利用现代逻辑。刘奋荣则借用现代逻辑工具（数学与哲学方面），重新思考墨家逻辑的文本（Fenrong Liu & Jialong Zhang，2010），[①] 从现代逻辑工具（哲学、语言学、符号学等），弄清楚先秦诸子（尤其墨家）到底在说什么，基于此才能思考中国逻辑的问题。翟锦程从逻辑的普遍性特征出发对于中国古代逻辑尤其是墨子逻辑进行研究（Jincheng Zhai，2011）等，加拿大汉学家方克涛（Chris Fraser）也表达了相似的主张：研究中国逻辑首要问题是试图理解中国古代文本在它们自己的话语中到底在表达什么，因此需要在方法上追求一个一致的、合理的、综合的重建和理解，在这过程中把文本作为一个整体置于中国逻辑理论与逻辑实践，既要弄清楚中国古代的逻辑理论是什么，也要研究中国古代哲学话语，避免预先植入那些和古代思想家自身不相关的一些假设、概念和哲学问题（Fenrong Liu and Jeremy Seligman，2011）。

另一方面，从关注逻辑理论，开始逐渐关注中国古代的推理与论证方

[①] 近年来，刘奋荣在推动中国逻辑研究国际化方面做了不少的努力，她正在组织编写的《中国逻辑思想史手册》（Fenrong Liu，et al.，to appear），以及《中国逻辑：五个问题》（Fenrong Liu，Jeremy Seligman，2015），在使用一些现代逻辑、语言学等工具解读中国古代逻辑，正确翻译以及理解中国古代逻辑文本，以推动中国逻辑走向国际化研究方面做出了不少贡献。

式，即逻辑实践。如晋荣东在《应重视对中国古代逻辑实践的研究》中就指出"通过对古代中国人的推理、论证与论辩实践的研究，使在中国古代尚未进入理论反思范围的某些推理、论证与论辩得以明晰化和系统化。这种研究所处理的素材，将不再局限于那些表述中国古代逻辑理论的文本，而延伸至古代中国人在日常论证、伦理论辩、外交游说等领域所进行的推理、论证与论辩，以及反映这种逻辑实践的各种文本。这种研究可以是描述性的，即刻画这些推理、论证和论辩的类型与结构等，也可以是规范性的，即提炼对这些推理、论证和论辩进行规范性评价的原则或规则等"（晋荣东，2016）。以中山大学逻辑与认知研究所为代表的学者团队，则基于广义论证理论，展开了对中国古代论证实践的探索，如对于《左传》《荀子》《战国策》等文本中的论证实践，进行逻辑重建，找出其论证模式，并给出其社会文化背景条件等社会文化依据。德国汉学家顾有信在《中国逻辑的发现》（2011）末尾也表达了这一关切："中国逻辑的另一研究路径似乎不是继续用力追寻碎片，而是仔细审视辩论实践，并试图恢复它们所体现的隐含和有效性标准。没有人会否认，辩论、说服、争辩是整个中国历史上国家和社会关注的广泛活动中的关键要素。因此，要转变传统观念，从头开始构建知识生产的具体模式及其基本规则，要做到这一点，就要分析各个领域中的实践，其中，论证、争辩、证明和检验都扮演了重要的角色，有望在如下领域提供有价值的证据：教育、法律、经学研究和历史学，以及数学、天文学、医学和其他科学领域。理解这每一领域中发挥作用的有效性的隐性标准，人们的特性习俗，推理和类比的习惯，以及使用和质疑证据的方法等，以及在每一种情况下对有效性、精确性、可信性、连贯性、相关性、适用性等隐含标准的掌握。"（Kurtz，2011：364）。

21世纪中国逻辑研究的新发展中，逻辑学理论的当代发展也为广义逻辑观的建立奠定一定基础。逻辑观的问题是关乎中国逻辑争论的一个核心问题，中国有无逻辑以及中国逻辑是什么逻辑，这一系列的争论涉及对逻辑的看法。

而逻辑的观念自身也处在不断变化中，新的逻辑类型不断出现。从演绎逻辑到归纳逻辑、从传统逻辑到现代逻辑、从形式逻辑到非形式逻辑这一历程中，逻辑的观念越来越趋于大逻辑观（张建军，2011），呈现出家族类似性（鞠实儿，2010）。近些年来提出的广义论证理论则将逻辑视为关于论证规则的理论，不同社会群体的说理方式理应纳入逻辑学的研究范畴，以此建立了广义逻辑。

中国逻辑的研究也受到这些逻辑观念变化的影响。依据不同的逻辑观，就会对中国逻辑做出不同的解释。"从传统逻辑出发，认为逻辑是研究思维形式及其规律的，包括对概念、判断、推理的论述，包括对演绎和归纳的论述，包括关于矛盾律和排中律等这样的思维规律的论述等，则可能会认为中国古代有逻辑。而从亚里士多德逻辑与现代逻辑共同的性质来看，即逻辑是关于有效的推理的，是以比如三段论系统和一阶逻辑系统那样的东西体现的，人们就可能会认为中国古代没有逻辑。"（王路、张立娜，2007）从非形式逻辑出发，则中国古代逻辑是非形式逻辑，从符号学看，则中国古代逻辑是包括了一套以自然语言为基础的包括语形、语义和语用的符号学系统。

因此，把中国逻辑看作平行于西方逻辑，寻求逻辑的一般特征，结合中国文化背景来分析中国本土逻辑思想和逻辑实践，就成为中国逻辑研究的新取向。

从研究方法上看中国逻辑的研究逐渐经历了从据西释中到据中释中的转变，由此也开启了中国逻辑研究的文化范式的进程，即从文化角度理解中国逻辑。

自梁启超和胡适始，很长时间以来，学者们主要从西方形式逻辑视角看待中国古代逻辑，尤其是先秦逻辑，并主张中国古代有自己的逻辑，由此批驳"中国无逻辑"的观念。同阿赞德逻辑争论遇到的困境类似，以"欧西新理比附中国旧学，这种研究存在的问题就在于，主要拿《公孙龙子》《墨辩》《正名》等中的部分内容与西方逻辑比较，而且肢解这些文本的内容，取与其相同的部分做简单比附。其次，也导致无法抛开西方逻辑的任一类型而给出一个先秦逻辑的理论体系"（曾昭式，2018：xiv）。而且，"这种比较只是摆着西方逻辑的架子，再把我们东方的文化拼凑上去做个面子，这不是我们自己的东西，虽有些出于自然比附，但总没有独立性"（谭戎甫，1964：5）。

崔清田在分析据西释中研究墨家辩学的得失时就曾指出，据西释中使得墨家辩学摆脱了经学研究的地位，转换了指导研究的观念，使得辩学研究走上全新的发展，有效推动了西方逻辑在中国的传播，但由于模糊了目的、性质、对象以及内容不同的墨家辩学与传统逻辑的认识，使得二者的比较失去了前提，也忽视了对于墨家辩学自身内容以及所产生并受制约的历史条件及社会文化背景的分析。因此他主张：

应该变"由外视内"到"由内视内",即以墨家学说,中国古代文化及相关历史背景为依据,对墨家辩学自身特质进行分析和阐释。

由内视内不再简单地把墨家辩学定位为西方传统逻辑的中国型,而是把墨家辩学看作墨学和先秦文化的有机组成部分,并以此为研究的基点。

由内视内不以西方传统逻辑为唯一参照系,而是要以对墨家辩学所由生成并受其制约的经济、政治、文化等诸多条件和因素的探究为参照和依据。(崔清田,1995)

鞠实儿、刘奋荣等,都表达了这种据中释中的主张,提倡从文本出发,理解中国古代的逻辑理论和实践,由此也逐渐形成了中国逻辑研究的文化范式(郭桥,2015)。如鞠实儿等主张据中释中,"在研究中国古代逻辑时,可以先抛弃西方逻辑的理论框架,而立足于文献本身,并从中国古代的社会历史文化背景、古人自身对论证的理解及其论证实践出发,以尽可能揭示中国古代逻辑的自身特点"(鞠实儿、何杨,2014)。中国古代逻辑研究不但研究中国古代的逻辑理论,也研究中国古代的逻辑实践,不再局限于传统上西方逻辑所关注的那些文本(何杨、鞠实儿,2019)。

第二节 中国逻辑与中国文化

本节试图从知识社会学角度探讨中国逻辑问题,也即中国逻辑与中国文化的问题,从狭窄的意义上,如果逻辑指向形式逻辑的公理化系统,中国古代并没有如西方那样发展出这种形式化逻辑理论,如果从广义逻辑观而言,逻辑指向论证结构与规则,则中国的逻辑理论以及实践,则是一个需要经验探索的领域。可以说,就自觉的逻辑(中国的逻辑理论)而言,中国古代发展出了基于中国社会文化的逻辑理论。就自发的逻辑而言(中国的逻辑实践)而言,中国古代有自己的说理规则和推理方式,而这是个需要进行经验探索的问题。

一 中国逻辑的特征与社会文化背景

尽管关于中国逻辑的范围有一些争论,这里讨论中国逻辑,当指向中国逻辑理论,主要是指先秦逻辑。包括名家和辩家。名家,即讨论名实关系的,如孔子、孟子、荀子等。辩家,即讨论辩论技巧的,主要指墨家(墨子、惠施、公孙龙等),早期被称为辩者,从辩的实践关注辩的理论

（葛瑞汉，2003：90）。①

张东荪是第一个从知识社会学出发探讨中国逻辑的学者②。他从知识的集体性（collectivity）出发，志在探讨理论知识究竟是什么。他认为理论知识本质上是一种表征的、解释性的知识，如哲学、逻辑、政治思想、道德理论、科学知识等。由于知识的集体性，因此知识成为社会学的研究对象。知识社会学（Wissenssoziologie）本是德国学者的发明，马克思和曼海姆是先驱。他认为马克思—曼海姆式的知识社会学存在如下局限：一、对社会的界定比较狭窄，如主要强调阶级背景等；二、只注意到知识受到有形无形势力的影响，却没有看到辽远的社会影响，即文化的影响。因此张东荪认为"知识不仅受到现时的社会利益关系所影响，而且还受传下来的文化所熏染和浸透。社会环境决定了人们思想中的趋向，而文化决定了思想所依据的格式，而这些格式即是知识"（张东荪，2011：附录三）。他认为康德发现了知识受生物的限制，知识社会学发现了知识受文化与社会的制约，他主张从文化（指约定俗成的文化习惯）与社会（社会组织结构及权力关系，也包括了政治、伦理、经济等）的角度（张东荪，2010：301-302），参照社会学与人类学，说明各种理论知识的形成，并断言，所有理论的知识都含有社会性（张东荪，2011：附录三），而逻辑亦然。

张东荪受到斯宾格勒（Oswald Spengler）的《西方的没落》观点影响，坚持文化平等，反欧洲中心论。他认为语言、逻辑、科学理论、哲学、政治社会思想都无一不是文化的制造品，且随着民族的不同而亦有不同（张东荪，2011：165）。他反对将逻辑视为理性的规则，反对将西方逻辑看作唯一的与普遍的，也反对将中国逻辑看作初民的思维而导致认为中国人的思维是非逻辑、前逻辑或西方逻辑发展的初期阶段等，而认为"逻辑是由文化的需要而逼迫的；逻辑不是普遍的与根本的，没有唯一的逻辑，而只有不同的逻辑"（张东荪，2011：附录四），他认为中国逻辑是一种不同的逻辑。"人们的思想不必合乎形式名学（指逻辑），然却不能谓不合乎名学。

---

① 在汉代，先秦哲学中的这些名家和辩家也统一被称为名家。
② 张东荪关于知识社会学尤其是逻辑与文化的探讨，主要集中在1937—1949年之间，主要的著作是《知识与文化》和《思想与社会》，前者写于1939年，发表于1946年，后者写于1942年，发表于1946年。这里的讨论主要以两本为参考。张东荪受马克思曼海姆知识社会学影响，而40年后，在英国才开启了对于科学知识社会学以及逻辑社会学的探讨。所以张汝伦评价其密切关注西方哲学的最新发展，是中国第一个试图建立认识论理论的哲学家。参见张汝伦（1995年：编者序言）。

中国人的名学就同泰西人的不同，印度人的又与中国人的不同，名学乃是跟着文化走的，西方人往往以为它们的名学是人类共同的唯一工具，这乃是一种错误的见解。"（张东荪，2011：附录三）

他的观点可粗略概括如下：（一）中国文化没有发展出西方那样的三段论系统以及数理逻辑系统。（二）中国文化发展出了名学和辩学，与西方逻辑不同。（三）中国人的推理方式是类比。（四）中国逻辑有其自身的社会文化背景。（五）逻辑是个玩意（game）。（六）四种逻辑的划分。下文简述之。

（一）中国文化没有发展出三段论系统以及数理逻辑系统。

他将逻辑知识视为一种产品（products），认为西方逻辑主要的指形式逻辑，包括传统逻辑（主要指亚里士多德三段论）与数理逻辑。传统逻辑是调整语言的，基于希腊语言的文法，而数理逻辑是基于函数关系，基于数学的发展。

他从对语言的探讨开始。各民族有不同体系的语言，语言分为字（即名词），以及语言的构造，即文法和句法。语言的性质起于社会，具有历史性与民族文化性。中文的名词在表达亲属方面极为复杂，如伯父、叔父、云孙、姑母、外孙、堂兄、表弟等，而西文较少，这是由于西方人的亲族关系没有我们复杂，社会组织使然，同样的，中文表达德性的名词独多，这也是由于中国思想偏重于人事的原因。而西方哲学中占有重要位置的"reality"，中国先秦典籍中却没有对应的字，这在于中国古代哲学中不注重求真的思想。从语言的构造上来说，语言的构造亦是由社会造成的。语言拘束着思维。比如中国往往把系词"是"省略，如说"仁者人也"，很少有与 is 对应的字，这样的结构不易形成命题，这也是中国没有西方式逻辑的原因之一。他认为人类的心理有共同的方面，比如形成概念、判断、推理等，但不同的民族发展出了不同的语言。"语言上所缺的必是这个文化对于这有所忽略，同时表明民族的心理不向这个方向发展。虽不是说语言决定思想，但它使得人们的思想容易往语言发展的那一方面发展。"（张东荪，2011：58）从语言的角度解释中国逻辑的不同，此后也引起了国际汉学家对于中国作为非印欧系语言的逻辑的兴趣。

从发生学上来说，张东荪认为，逻辑的发生是调整语言的，在希腊、印度、中国，逻辑都是起于为辩论为设，在调整语言中发现了语言中的本然结构。因此，传统逻辑依赖于希腊语言。如希腊语言中强调主语与谓词的区别，有系动词 is，西文字有基于词根的语尾的变化等，而汉语则并没有这些特征。中国的文字是象形文字，言语没有语尾的变化，主语与谓语并不十分分别，因此，中国没有主体的观念，谓语并不分明，没有时态与语气等语格，也没有逻辑上的"命题"（张东荪，2011：附录二），而古希腊语言中的这些特征，则构成了三段论逻辑成立的基础。而中国语言中的这些特点，使得中国哲学中没有发展出"本体"的概念，不关注本体论与认识论，也没有发展出诸如思维的三个规律"同一律、矛盾律与排中律"（矛盾律和排中律都是基于同一律而生，而同一律则是出于西方本体的概念，即 to be），没有亚里士多德的十范畴和定义（属+种差），没有系动词。亚里士多德的逻辑就是将希腊语法中的主语+谓词的格式抽取出来，三段论的依据是"dictum de omni et nullo"（全程肯定或否定中，谓词可适于每一对象）。但中国人并不注重这一点，主语和谓词不分明。西方思想注重物理界知识，而中国思想注重人事，偏重政治与道德问题，因此中国人的推论根本不用三段论。三段论完全是为论证而设的（这一点同布鲁尔的观点异曲同工。后者认为三段论是一种事后解释的产物，人们的推理本质是归纳的）。

因此，张东荪说传统逻辑是西方言语的构造所形成的，中国却从未有这种形式逻辑。其次，传统逻辑不仅是由于西方语言的构成所产生，也是基于一种通俗哲学。即西方人对于本体与属性的分别，也即定义。但中国没有此类的定义，中国的定义是以声音相近为标准的，如"仁，人也"等。因此，中国的通俗哲学与西方的不同，中国没有西方那样的逻辑，那样的对于本体加属性的定义格式。最后，中国的文化中不偏重物理界知识，而是重视道德与政治问题，因此，中国文化没有产生传统逻辑。"可见逻辑是跟着文化走的，不是文化跟着逻辑走。西方人以为逻辑是人类理性的普遍规范，乃是一个误会"（张东荪，2011：68）。

除了从语言的角度，他也从哲学思想、政治结构等角度，解释了中国何以没有产生西方逻辑。

就现代逻辑（主要是符号逻辑）而言，他认为现代逻辑的基础是函数关系，基于现代代数学的发展。而中国文化上当然没有这种逻辑，中国数学没有很高的函数概念。

本书这里对张东荪的观察持一定的肯定态度。中国先秦并没有发展出西方的三段论逻辑，也没有发展出后来的数理逻辑那样体系化的形式逻辑系统，这和中国古代的语言、社会状况、文化背景、民族心理特点和思维方式差异、数学发展状况等有一定的关系。三段论逻辑是起于希腊辩论传统以及几何学证明的基础（张东荪这里忽视了传统逻辑的几何学背景），而现代逻辑是起于现代数学发展。并不是中国和西方人的心理构造不同，有不同的心理构造和生物特点，而是中西不同的民族文化传统（语言的、心理的、社会的、科学的等）塑造了中西方不同的思维特点也产生了不同的哲学和逻辑。

（二）中国文化发展出了名学和辩学，与西方逻辑不同

尽管中国没有发展出来形式逻辑，但中国有自己的名学和辩学[①]。它是基于中国文化的产物，与西方逻辑大不相同。张东荪认为，名学是调整名实关系，是基于正名的需求，而正名是由于名不正而起的，先有名实不符现象，而名实不符主要表现在人事社会上，比如父不父，子不子等。因此张东荪认为，中国的正名是基于先秦的宇宙观以及紧连着的社会观与道德观，如乾为天、为君、为父、为夫、为刚等，而坤为地、为君、为臣、为子、为妻、为柔等。这里没有西方哲学上的本体论与知识论问题，并不注重物质的独立存在。正名是为了矫正社会的名实不符现象，比如为父不慈并不再名之为父了，为子不孝则不再名之为子了。因此孔子、孟子等都在强调正名、用名、定名等，要求名实相符。名实分离是由于社会混乱，正名是基于社会需求，是社会政治的需要。从形式逻辑的观点看，它不再是个"逻辑"问题，而是一个社会问题，是为了社会政治的作用而生。

中国的辩学主要是墨家为代表，包括邓析、公孙龙、惠施等，也包括墨子、荀子、尹文子等，是为了论辩的需要。比如邓析、公孙龙、惠施是为了打破社会现状而推翻定名入手，进而表明名无实而实无名，从而代表了社会改革派的心理，类似于古希腊的诡辩家；而墨子、荀子、尹文子则是发现了正名的社会作用外的调整语言的作用。无论是名学和辩学，都是属于中国哲学的思想，其社会背景和西方的社会背景不同，基于的文化类型不同。因此，不同的文化类型社会背景，所产生的逻辑也是不同的。

这里，张东荪认为中国的逻辑是名学和辩学，而名学和辩学是另一种逻辑，是基于中国不同的语言特点和社会条件，基于文化的需要而发展出来的，这种逻辑和西方逻辑不同。

[①] 尽管对于名学和辩学有概念上的争议，如有称为名辩学、统一称为名学、统一称为逻辑等等。具体参见崔清田（1997），曾祥云（2009）。

（三）同一律逻辑 VS 相关律逻辑，三段论逻辑 VS 比附的逻辑

但这种不同是什么？张东荪指出，西方逻辑是同一律名学，而中国逻辑是相关律名学。这种名学不同影响到东西方不同的思维方式。同一律名学是指西方逻辑是建立在同一律基础上（即 A = A，一事物与自身同一）。相关律名学是指相反以见其相成。从分类上来说，西方式分类是二分的，如甲和非甲，是穷尽的分类。中国的分类是对称的，大小、上下、有无等，而且互相依赖。如有无相生，难易相成，长短相较，前后相随等。从定义上来说，西方名学是定义项与被定义项之间可以画等号，而中国的语言中没有类似西方的定义的文句。诸如"仁者人也"，"义者宜也"等，这些都是比附式的定义。中国的文字是象形文字，中国人只注重象与象之间的关系，如相关与相对等，而不关注象背后的本体等，所以张东荪认为，中国的思想根本不能嵌入西方名学的格式内，中国人用的逻辑是另一个系统。这种系统可以称相关律名学，即相反以见其相成，如死而不亡，大音希声。西方文化中的本体、同一、因果、原子等范畴，中国文化与此却无关系。

因此，反映在推论上，同一律名学用三段论推论，中国人却并不做这样的推论，而用比附（analogy）。他举了孟子的一些言论，如：人性之善也，犹水之就下也。这种推理方法在名学中尤其显著，中国古代正名用名都是为了维持当时的社会秩序，主要目的在人事，在辨上下，定尊卑，明是非，因此成为政治思想论证中的一个主要推理方法。这种比附方法从西方逻辑来看是有弊病的，但在中国古代的政治论证中却是成立的。

可以说，张东荪对于中国古代推理方式的研究，尤其是推类逻辑的研究，尽管没有详细阐述，但他抽取了古代论证的典型推理特征，启发了此后的以崔清田等为代表的中国逻辑研究学者对于推类逻辑的系列研究。

（四）中国逻辑的社会文化背景

张东荪认为中国人尽管没有发展出三段论和数理逻辑，但中国逻辑有自己的推理方式：比附（analogical reasoning）。其原因在于背景不同：西方的三段论，是为对付物理界知识的，中国人则只重人事方面，如道德、政治等，自然界的与人事行为的知识不同，人事知识无需有归纳法，无需有实验证明，无需用演绎法以表达。"所以逻辑是应乎文化的需要而起的，文化需要不同，逻辑的样子便跟着变化了。所以逻辑是交织在文化中，随着

文化而变的，并不是逻辑为普泛的规则以做人类思想的依据。"（张东荪，2011：69）

他分析了中国逻辑的社会背景。中国逻辑属于以哲学为代表的中国思想的一部分，中西古代思想是有不同的：一、西洋哲学是本体的哲学，关注因果原则。中国哲学不问背后的本质或本体，关注的是可能的变化与相互关系。反映在社会及政治上每个人在社会上各司职分，正名用名即是为了确定社会秩序，用比附的方法讲道理；二、中国哲学不是形式哲学，没有种与属之分，没有发展出欧洲近代的科学；三、中国哲学不追求最后的实在，中国古代没有如西方分为逻辑、物理、伦理等，中国古代宇宙观道德论社会论和政治论浑然一体，关注的社会人生、政治与道德。没有本质的概念也没有最后的实在。因此可以说，西方文化是主智的，中国文化是以人事和道德为中心的。

从社会背景上来看，中国文化偏重人事和道德是由于中国的一个特殊的阶层：士阶级。士阶级是先秦兴起的一个新兴阶级，其工作是使政治得以清明，自孔子始，中国的书籍是给士阶级看的，中国偏重道德与人事在先秦就已经是在士阶级上下功夫，希望造成一批有道德与学问的士人以在政治上发挥作用，而士阶级是以道德与修养为其急切的需要，以能致君尧舜。所以士阶级的主要目的在于使政治清明，名实相符，理顺人事道德关系，在于廓清政治。

（五）逻辑是个玩意（game）[①]

用文化来解释逻辑，把逻辑的先在性、最高性、普遍性，必要性都取消了。他反对逻辑的普遍性，认为"我以为不但中国人，即中国以外的其他民族，如果文化与西方不同，自可用另一套思维的程式，不失为是正确与有效的"（张东荪，2011：附录三）。也反对逻辑的先在性与必然性，反对将逻辑必然对应宇宙上的必然结构，是理性的必然，而认为逻辑必然只是语言上的必然，离开了句辞（也即命题）便无必然。而语言上的必然只是由于人立的规则，就如同下棋一样，象棋的规则是人造的，而语言的必然亦是。从他认为语言是社会性的，可以推出，他认为这种逻辑的必然是社会文化的必然。

[①] 这里 game，笔者推测是在维特根斯坦后期哲学的语言游戏理论（game）的意味上使用的。从其对 game 叙述的观点看，也与维特根斯坦的 game 用法有较为相似之处。

因此,他认为逻辑是一个"玩意"(game)。能玩得有效是其本身所定的规则是自足的,又是一致的,如符号逻辑上的演绎系统。但这些系统只是随意的。如二值系统与三值系统,两种系统大不相同。我们习惯了二值系统,改用三值系统,也许不便利,却也是未尝不可的。就像围棋与五子棋一样,改变的只是规则。现代逻辑愈发达,愈表现逻辑是个玩意。传统逻辑是一种自然语言,尚有语言使用上的便与不便,而现代逻辑的人工语言,更显示出逻辑的规则是人随意制定的结果。因此,不能说逻辑间的关系和宇宙关系没有任何关联,但必须承认,逻辑的关系是语言的规定,有社会的成分。

可以说,相比于 SSK 对于逻辑必然性、普遍性、先在性的解构,张东荪较早看到了逻辑所受社会文化的影响。中国没有发展出数理逻辑与传统逻辑,但中国有自己的逻辑,中国人的推理方式是比附式逻辑。他对于中国逻辑的特征以及所受中国社会文化制约的分析,也表明了中国逻辑的特殊性,是一种与西方不同的逻辑。逻辑受社会文化制约,是文化的逼迫而生,不同的文化产生了不同的逻辑,他们是同样正确并且是有效的。

(六) 四种逻辑的划分

在《不同的逻辑与文化并论中国理学》中,他指出逻辑是由于文化的需要而逼迫出来的,逻辑不是普遍的与根本的,没有唯一的逻辑,而只有各种不同的逻辑。由此,他划分了四种不同的逻辑。第一种是传统逻辑,由亚里士多德形成并经后世增修,第二种是数理逻辑,第三种是形而上学的逻辑,第四种是社会政治思想的逻辑。它们分别被称为逻辑甲乙丙丁(张东荪,2011:附录四)。

他认为逻辑甲是由表达语言的结构而生,用于调整语言,基于语言的需要,其本质仍然是社会的需要,由论辩术退化而来。它建立在主谓式的命题、概念包含、谓词法则、同一律以及二值原则基础之上。而这些基本观念都是初始假设,是由文化的需要而创造,是一种文化的产物,也指向欧洲的言语系统,中国语言与此不同,因此与这逻辑也有不入的地方。

逻辑乙在于表明人类文化中的数理思想,基于数之间的关系(函数关系),这种逻辑与传统逻辑不同,有逻辑常项,有真值函数,不限定为二阶系统,排中律不是根本原则,同一律也不是最根本原则。因此,它是应付另一种需要,传统逻辑的需要不能由数理逻辑所代替。

逻辑丙是形而上学的逻辑，在于满足神秘经验，如宗教体验等，也即超验的逻辑。

逻辑丁是政治思想的逻辑，由政治生活所造成。

张东荪认为，中国没有逻辑甲，因为逻辑甲调整语言，而这语言是印欧语言。中国没有逻辑甲不是因为中国思想未发达，亦不是因为在中国，逻辑未成一门学问，而是中国语言的构造不发生这样的需要（张东荪，2011：附录四）。

同样的，中国无逻辑乙。中国的数学停留在代数的阶段，只发展到天元开方，没有很高的函数概念，没有产生逻辑乙。

中国的思想整体上属于逻辑丙和丁。如老子的思想，方生方死，方死方生等。又如庄子的思想，天地与我并生，万物与我为一。又如惠施的思想，山渊平，天地比等，只是为了主张泛爱万物，天地一体。这种由社会推道德，由道德推宇宙，其本质上仍然是社会政治思想。即表面是宇宙观、其背后是道德运动，表面是道德运动，其背后是政治问题。

因此，张东荪将逻辑融在文化全体中，而不是一个独立的东西，从逻辑讲形而上学，从形而上学讲道德，从道德讲社会政治，将这些打成一片，而这个特征，也是由于中国思想偏重人事和政治所致。

总体上来说，张东荪较早从发生学的角度看到了逻辑从辩论中的起源，由于他对于逻辑没有给出较为清晰的逻辑观界定，导致他的四种逻辑的划分存在有较大争议，对于中国逻辑的研究也不够精细，对于西方逻辑尤其是传统逻辑与现代逻辑的关系的理解也有待商榷等，但他对于逻辑与社会文化关系的关注，对于中国逻辑作为独特逻辑地位的研究，尤其是中国比附式逻辑的提法，以及对中国论证实践的关注，却是激励了后续学者在此做进一步的深入工作。

二　中国古代的推类逻辑

张东荪对于中国逻辑与中国文化的探讨，启发了以崔清田为代表的学者对于中国逻辑的研究。在总结了 20 世纪关于中西逻辑比较研究以及中国逻辑争论的基础上，他继承了张东荪关于逻辑与文化的思想，对于中国逻辑的特征、主要推理类型、所受的社会文化背景等进行了更为细致的分析。

崔清田将逻辑界定为关于推理的学问（主要指传统逻辑），逻辑思维是推理过程。推理都是从前提到结论的过程，推理都是由命题组成，而命题由词项组成，推理有一般推个别，也有个别推一般，有必然推理，也有或然推理，有演绎推理也有归纳推理，推理的基本原则如同一律排中律矛盾律等，都属于人类共同遵守的规则。这些都属于逻辑共同性的一面，属于质的规定性（可理解为对于什么是逻辑的规定）。但逻辑有不同的地方，逻辑的特殊性是指逻辑思维和逻辑理论在不同民族、区域以及不同历史时期所表现的差异：居于主要地位的推理类型不同，推理的表现形式也不同，逻辑的水平与演化历程不同等（崔清田，2004a：39－46），因此他主张应用历史分析和文化诠释，从历史和文化上，分析三大逻辑传统，也探讨中西逻辑（主要是墨家逻辑和亚里士多德逻辑）的比较问题。

崔清田认为中国逻辑主要包括名学和辩学。名学即以名为对象，以名实关系为基础问题，以正名为核心内容。辩学以谈说论辩为对象，以谈说论辩的实质及功用为基础问题，以谈说论辩的原则和方法为核心内容，它和以正确思维形式及其规律为对象，以有效推理规则为核心内容的西方传统逻辑是不同的逻辑（崔清田，2004a：203）。

基于此，他比较了中西逻辑的文化背景。先秦文化是大陆民族文化，半封闭的地理环境，农业文明以及在此基础上形成的宗法社会，国家混合于宗法组织，使得中国古代文化具有鲜明的政治型与道德型。先秦学说和思想都和政治与道德挂钩，以求善和求治为目的。而相比之下，古希腊属于海洋民族文化，海上贸易和商品经济发达，依赖城邦组织社会，血缘关系让位于契约关系，形成古希腊爱智慧尚思辨的特征。就科学技术和数学而言，先秦道德和政治型的特征使得科学技术和数学地位低下，而古希腊发达的科学知识以及几何学证明的思想，却是亚里士多德逻辑的发展基础之一。

因此，墨家逻辑（也即墨家辩学中包含的推理的思想和学说）与亚里士多德逻辑（以三段论为主要内容的推理理论）都是逻辑，有逻辑的一般性，但是，又表现出差异（崔清田，2004a：60－166）：

（一）二者的目的和任务不同。墨家逻辑是为了取当求胜，审治乱之纪。而亚里士多德逻辑是为了求知与探索的方法。（二）二者的逻辑特征不同。墨家逻辑重内容，轻形式，而亚里士多德逻辑则是形式逻辑。（三）主导的推理类型不同。墨家逻辑是推类，而亚里士多德逻辑是三段论。推类是基于类同的推理，起于《墨子》的《大取》"夫辞，以故长生，以理长，以类行者也"，《小取》"以类取，以类予"，推类的结论没有必然性。（四）后续的发展状况不同。三段论逻辑的形式化特征，借助现代数学的发展，成为科学与数学的工具与方法，发展出了现代逻辑，获得广泛的应用。而墨家逻辑则至秦汉以后归于沉寂。

可以说，中西逻辑的不同是先秦文化与古希腊文化的不同造成的。先秦文化中重伦理政治，先秦几何学发展的制约，以及古代汉语的影响等，都是造成推类逻辑的原因，而古希腊重智求真，古希腊发达的几何学证明，以及古希腊语言的影响等，塑造了三段论逻辑。

以推类逻辑为基础，其他学者对于推类逻辑如何受到先秦的政治状况、语言条件、数学发展等制约，进行了更为深入细致的研究。如刘邦凡的《中国古代数学及其逻辑推类思想》（2006），杨蕾的《中国逻辑与中国古代政治思想》（2005），王克喜的《古代汉语与中国古代逻辑》（2000），吴克峰的《易学逻辑研究》（2005）等，分别从数学、政治、语言等方面论述中国逻辑与中国文化的关系。而在国际汉学界，基于非印欧语言的中国逻辑的推类思想也引起国际汉学届以及逻辑学届的关注，如斯洛文尼亚卢布尔亚那大学（The University of Ljubljana）亚非学系主任罗娅娜（Jana Rosker）的《中国逻辑的特定特征：儒家与墨家话语中的推类与结构关系》（Rošker，2014）。

三 广义逻辑下的中国古代逻辑

如果说崔清田对于逻辑的定义是逻辑关于推理的理论，那么现代逻辑的发展、非形式逻辑等当代论证理论的出现，又促使以鞠实儿、晋荣东、王克喜、曾昭式等为代表的学者将逻辑视为关于论证的学问，从当代论证理论理解中国古代逻辑。

如鞠实儿认为论证就是借助符号进行的具有说理功能的社会互动过程，而逻辑是构造这种论证的规则集合，由此中国古代的论证理论和论证实践等，都可纳入中国古代逻辑的研究范畴。这时的中国逻辑研究，已从中国的逻辑理论转向逻辑理论与逻辑实践的研究。

中国古代逻辑的研究历史表明，逻辑与文化具有不可分割的联系，只有把一定的逻辑传统置于产生并制约它的历史文化背景中，才有可能对这种逻辑传统给予正确的理解和说明。以推理与论证实践为基础，如果我们深入到中国古代的推理论证实践，深入到中国古代的文本中，中国古代逻辑有其自身的说理规则。

如果我们将论证实践视为人类社会生活的一部分，是文化的一部分，那么，对中国古代逻辑的研究不能据西释中，而应该据中释中。引入广义论证理论后，广义论证理论指出论证的说理依赖于论证发生的文化背景和社会语境，在不同的背景和语境下会有不同的广义论证。它强调在研究中国古代逻辑时，先抛弃西方逻辑的理论框架，而立足于文献本身，并从中国古代的社会文化背景、古人自身对论证的理解及其论证实践出发，以尽可能揭示中国古代逻辑的自身特点。

王克喜的《广义论证视域下的中国逻辑史开放研究：——以〈战国策〉为例》（2015），就对《战国策》中所描述的战国时代纵横家们的论辩实践进行了研究，分析其论证规则和说理艺术，认为其中包含：擅为长短之术，擅为寓言之术，善为推类之术，善为鬼谷之术，这些论证不追求形式有效，善用推类和寓言，不能用形式逻辑的规则进行评估，而应该借用现代论证理论的规则评价。此外，王克喜还对中国一种特殊的论证方式"连珠体"进行了研究（王克喜，2019a）。

鞠实儿、何杨的《基于广义论证的中国古代逻辑研究：以春秋赋诗论证为例》（2014），对于《左传》中所展现的春秋时代一种被称为春秋附诗的论证进行了分析，分析其逻辑特征与论证规则，以及其文化背景、社会语境等，认为这种附诗论证具有三个规则：双方必须合乎礼，双方必须结合当时语境进行附诗和解诗，双方所取诗义必须以礼为理由。鞠实儿等指出，"这种论证方式及其规则具有明显的本土文化特征，它以礼这一中国独有的本土观念为基础。作为中国春秋时期的社会规范，它既不同于西方文化中的社会规范，也不同于西方基于形式合理性观念形成的形式逻辑规则和基于实践合理性观念形成的非形式逻辑规则"（鞠实儿、何杨，2014）。

曾昭式在《先秦逻辑新论》（2018）的研究表明，中国传统逻辑，是一种正名—用名的逻辑，反映着价值特性。什么是名？名是先秦诸子的"道、物、实、名"之关系中的一种。其中，物是现象，指自然、社会、人生诸象。道，是物的道，物是现象，则道就是本质，为物之所以为物的理。实，为对象，物之认识结果。而名，就是实所指的东西，通常，名指向价值所指。

比如，墨子的逻辑为了服务于治国之需而正治国之名，用名的目的在说辩中，体现自己的学派主张：如治国思想，军事技术思想等。亚里士多德逻辑是一种科学逻辑，它是古希腊科学精神之呈现，追求的是普遍的永真的、形式上必然得出的前提—结论式的推理类型。佛教逻辑是一种信仰逻辑，是为论证佛教合理性的工具。而先秦逻辑是一种基于价值观的逻辑。"先秦时期逻辑说辩者之认知是把整个世界（包括自身）视为一个整体，依赖自身的直观体验去整体、辩证地把握世界；并通过说辩者对人生、社会伦理道德的规定，由对自我的完善，推及对世界的整体把握的认知模式。这种认知注重的是求善，求和谐，不具有求真性（科学逻辑的认知方式则相反，是以主客二分为基础的，此种认知把人作为对象之外的旁观者，它追求的是关于对象的客观真理。在这里，价值，人作为认知活动之外的东西并未进入活动中，所以西方文化中的逻辑可以在一个纯符号化的领域中做概念推演），所以先秦逻辑根本没有西方逻辑中的真概念，而是一种价值评判。而且，先秦说辩者确立的名带有不同学派学说主张的色彩，这就是先秦不同学派争论名的原因所在。先秦逻辑中说在于传道，辩在于论证己是他非。但二者都是以价值取向为说辩前提和目的，因此，价值观成为先秦逻辑说辩之规则。可以说，三段论规则适用于一切按照三段论形式开展的具体论证，但佛教逻辑的论证则必须在佛教信仰下展开，先秦逻辑只适用于不同学派价值取向下的说理，论辩服务于说理。"（曾昭式，2018：xv-xvi）

可以说，在广义逻辑视野下，学者们对于中国古代的论证规则进行了细致的分析，抽取中国逻辑的论证规则给出社会文化分析，基于广义逻辑的逻辑观，不再将逻辑视为推理有效性的形式化表达规则，而是视为具有前提—结论、借助符号进行的社会互动过程，展示这种社会互动过程的内在规则和结构，其背景语境以及生效条件。

四　佛教逻辑、西方逻辑与中国逻辑

中国逻辑的研究表明，中国的逻辑理论是名学和辩学，是和亚里士多德三段论不同的逻辑，中国传统逻辑的主要推理类型是推类（张东荪称为比附崔清田称为推类沈有鼎称为类比），是基于类同的推理，其原因是中国特殊的文化与社会结构造就了中国逻辑的个性。这种文化社会特性包括先秦文化重伦理与政治的整体特征，先秦几何学发展状况的制约，古代汉语的影响，等等；而就逻辑实践来看，中国人有自己的说理规则，其所生效的条件依赖于语境与社会背景。中国古代逻辑与西方逻辑，是两种起源于不同文化传统下的逻辑，对之的研究，需要深入文本本身和论证实践中，深入到中国文化的情境中去理解。

下文我们将综合三大逻辑传统，继续说明这个观点。由于佛教逻辑涉及内容较多，这里鉴于篇幅所限，在比较的意义上，仅做简单举例说明。

通常，我们所谓的佛教逻辑，是指公元六至七世纪产生于印度的逻辑和认识论体系，其创立者是陈那和法称两位佛学大师。和欧洲、中国古代一样，这种关于论证的理论也是起于对论辩等问题的思考。但佛教逻辑的范围更为广泛，包括了认识论（感觉活动与知识的理论），逻辑（推理与论证的理论），论辩术（公共场合辩论）等，佛教徒一般将之称为因论或量论，前者是关于逻辑理由的理论，后者是关于正确认识来源的理论（舍尔巴茨基，2011：1）。在佛教对逻辑感兴趣之前，印度已有较为成熟的逻辑，如当时的正理派已发展出了五支论式：宗（论题），因（理由），喻（例证），合（运用），结（结论，也即论题）。佛教正是在同婆罗门教的斗争中，借用并改造了这种逻辑。其中，佛教大师陈那研习并改造因明，将五支论式改为三支论式，在同婆罗门的辩论中击败了婆罗门教，成为富有声誉的因明家，他的学生法称对因明进行了改革，亦成为著名的因明学家。因明传入中国主要得益于唐代玄奘西去印度带来了佛教经典，翻译出了陈那的《正理门论》和商羯罗主的《入正理门论》，而法陈的理论则在藏传佛教中得到研习，由此开始了汉传因明和藏传量论的研究。整体来说，因明学是在佛教的背景下发展起来，在古印度各教派的争论中发展起来，既包括了逻辑，也包括了认识论。舍尔巴茨基曾说，它是逻辑，但不是亚里士多德的逻辑，它是认识论，但不是康德的认识论（舍尔巴茨基，2011：前言）。这一逻辑体系以不同的方式和风格来处理和安排人类思维的一些基本问题，如概念、判断、推理和论证等，这些问题占据着不同的地位，处于完全不同的背景中。它的产生是受佛教哲学、认识论，以及当时的宗教争辩的环境所影响，其所讨论的问题也是"声无常""声有常"等基本的宗教哲学和认识论问题。

王克喜曾在《因明与连珠体比较研究》中指出，"佛教逻辑背后是印度强烈的宗教情感以及印度民族的思维模式和世界观。佛教逻辑的目的不是求真，或然性与必然性在佛教哲学佛教逻辑里并不重要，佛教逻辑的功用是证明佛的观点是正确的，是为了让越来越多的受众接受这种思想，佛教逻辑专注的是如何使人们接受一种观点，当然这种观点必须是佛的思想。其次，佛教逻辑是一种论证，而不是推理。论证的过程只要使受众相信并接受，这个论证就是好的论证，它不要求具有必然性。这一点和中国古代逻辑的论证有相似之处。再次，佛教逻辑所列的一系列论式的宗都是当时不同教派之间的具有纷争不息、互不相让特点的命题,也正因为是这样,也才有"除宗有法"的要求,如果没有除宗有法的要求,那么,争辩双方就没有相异之处,也就没有了辩论,宗也就不再成为不同教派之间关注的话题了"(王克喜,2019b)。

曾昭式也曾对三大逻辑各自的特点曾指出:亚里士多德逻辑是科学逻辑,三段论推理是古希腊科学精神的呈现,它本身是一种真理,具有普遍性、永真性,形式上必然地得出。

佛教逻辑是信仰的逻辑,是论证佛教合理性的工具,是古印度五明之一(内明、因明、声明、工巧明、医方名,对应着佛学、逻辑、语言学、科学、医学),因明立足于佛教的信仰和佛教的哲学。先秦逻辑是价值逻辑,注重求善和求和谐,不注重求真,通过说辩者对人生伦理的规定,达到对自我的完善和对世界整体的把握,其正名和论辩是基于价值的取向(曾昭式,2018)。

本书认为,从逻辑是关于论证结构和论证的规则出发,三大逻辑传统是不同逻辑,其风格不同,关注的重点不同,主要的推理规则也不同。如西方逻辑注重求真,必然推理,但佛教逻辑和中国逻辑则对求真并不关注。但基于人类的生物一致性特点,呈现出了某些相似性,如对推理、判断、论证规则等关注等。

整体上来说,对于中国逻辑,本书一方面主张在解读中国古代文本时借用一些现代工具去弄清楚中国古代的文本,理清古代人到底在说什么,他们的推理和论证方式是怎样的,而避免机械式比附研究;而另一方面,关注中国古代的逻辑理论与逻辑实践。由于各种因素的影响,社会的、文化的、民族的、心理的,科学的发展状况等,中国古代没有发展出西方的逻辑体系,但就逻辑是思维、推理、论证的规则而言,中国人有自己的逻辑理论,其在风格、目的以及主要的规则方面和西方表现有不同(但并不是完全不同,若完全不同,人类也就失去了彼此理解的可能性)。中国的思维方式,推理模式,论证模式等,亦有自己显著的规则。同样的,因明里展示出的辩论规则却又有不同。因此,但就作为规范性学科的形式逻辑的公理化规则而言,它的规则是普遍的,在系统中保真的。一方面各民族有自身的逻辑理论,其风格,关心的问题,推理论证的规则,表现出差异性,而另一方面,就自发的逻辑而言,各文化又可能有自己的思维方式,主要的推理模式,主要的论证规则等。

第七章　结语：重视逻辑的社会文化研究

作为结语，本章主要概括了前文的观点，并期望这种研究可以促进逻辑学与 STS 研究的融合，促进"两种文化"的交流，推进与扩展 STS 研究，也希望这种研究有助于科学哲学以及 STS 反思自身的理论和方法。

第一节　基本结论：逻辑的社会文化研究与社会建构论

逻辑的社会文化研究如何思考逻辑与社会文化的关系呢？或者说置于社会建构论的观点于何处呢？分层讨论如下。

一、不可否认的是，对逻辑的研究兴趣，问题的选择，某些逻辑理论主张的出现，受到社会的文化的背景影响。

逻辑的发生学考察已经说明了这一点。亚里士多德逻辑的出现，和古希腊的尚智、论辩以及几何学的发展等这些背景有不可分割的影响。非形式逻辑的出现，在 20 世纪后半期北美的分析哲学传统以及社会政治背景下成长起来。中国逻辑的研究兴趣，则和近代西学东渐的社会氛围有关。而 20 世纪应用逻辑学科群的崛起，则有多方面社会需要推动的作用（张建军，2011）。社会的因素始终存在，但它未必是决定性，连默顿也承认，它是多种因素综合作用的结果。

二、需要对逻辑的层次进行澄清，如此才能谈论逻辑是否社会建构。

逻辑是关于推理和论证的，但它研究推理论证的什么？需要进一步精细化分。毫无疑问，20 世纪逻辑学的最大贡献在于现代演绎逻辑的确立及进步，而随着形式系统方法的广泛应用，形式演绎方法的功能及其局限性得到了关注，而借助于形式系统的语形、语义和语用，带来了一系列非经典演绎逻辑的系统建构和广泛应用。张建军主张将逻辑区分为基础逻辑研究，应用逻辑研究，以及逻辑应用研究（陈波的《逻辑哲学导论》将逻辑区分为基础逻辑，应用逻辑（扩充性哲学逻辑）以及广义逻辑（逻辑的边

第七章 结语：重视逻辑的社会文化研究

缘交叉学科））。基础逻辑研究的是前提与结论之间的形式上的真值关系，是思想间的形式保真（有效性）关联，而不涉及思维过程。弗雷格正是这种立场的代表，将逻辑的东西与思维的东西区分开。而20世纪后半期兴起的认知转向和实践转向，恰恰在后者，即做推理的过程，而第二个层次正是弗雷格所开创的现代演绎逻辑所忽视的，狭义的基础逻辑就是指演绎逻辑，而广义的基础逻辑包括了演绎逻辑、归纳逻辑和辩证逻辑。从这一方面来说，应用逻辑研究是基础逻辑研究的拓展与补充。张建军借用了非形式逻辑的代表人物巴特（E. M. Barth）和克拉比（E. C. W. Krabbe）给出的"形式"（form）的三层含义："形式1是柏拉图与亚里士多德意义上的形式，形式2即演绎逻辑所注重的命题的结构关联意义上的形式，形式3即根据一套规则体系而展开一个程序或过程意义上的'形式'。""形式3所刻画的是推理模式，是'做推理'的'思想行动'的模式；而形式2所刻画的，只是'思想行动'之'产品'（信念、命题）之间的结构关联。后者重在系统把握这种'产品'之间的逻辑关系或逻辑规律，而前者则重在系统把握基于逻辑规律的具有方法论意义的'行动规范'。"（张建军，2011）因此，无论是认知转向和实践转向所研究的人们的推理模式、论证模式，即都是形式3意义上的"模式"。

从这一区分中，则可以澄清，无论是认知逻辑、当代论证理论等，都是属于对人们推理与论证过程的刻画，针对的是推理与论证的模式，面对的是推理与论证实践。认知逻辑针对的是推理模式，关注推理过程，当代论证理论针对的是论证过程。如非形式逻辑、语用论辩术针对的日常生活论证，如政治论证，法庭辩论等，而广义论证针对的是某个民族文化群体的论证模式。

由此，"应用逻辑就是面向特定领域系统探究逻辑因素在该领域的作用机理，以及逻辑因素与非逻辑因素的相互作用机理，以把握方法论'模式'为研究核心，旨在形成关于该领域的逻辑应用方法论"（张建军，2011）。科学逻辑、法律逻辑、语言交际逻辑、博弈逻辑等，都属于应用逻辑学科群。至于逻辑应用，则是其他学科应用现代逻辑的结果，如分析的马克思主义，乔姆斯基的生成转换语法等。

从这个分层的意义上，应用逻辑并不是基础逻辑的反对，而是基础逻辑在特定领域的应用，是从不同的层面刻画推理、论证和论辩。人们的推理和论证不仅有形式、保真的一面，必然的一面，也有讲理的一面，修辞

251

的一面，或然的一面。逻辑理论具有历史的维度，随着人们对于推理认识的深入，随着社会文化的需求而不断发展。如认知逻辑的出现基于20世纪后半期计算机科学以及人工智能的发展，使得以机器模拟人类推理给出规则和条件成为需求。而非形式逻辑的出现视基于20世纪末北美的逻辑学教学的需求，为日常话语论辩提供工具。

这种分层也同苏珊·哈克对于逻辑的分析异曲同工，尽管双方是从不同的意义上去言说。哈克把逻辑分为自觉的逻辑与自发的逻辑，形式逻辑系统属于自觉的逻辑，旨在表达系统化的有效性概念和逻辑真理概念，但同一个非形式话语有不同的形式投射，当不同的形式系统对于同一个非形式论证给出不同表述时，他们有时可能是同样好的，但是适用于不同的目的。作为一种理论表达，针对同一个自发的逻辑，也许有不同的理论表达。由于形式化的限度，以及演绎系统的不可证成性，形式系统表达也在不断修正。

回溯来看，STS关于逻辑的分析恰恰是混淆了这种逻辑层次的区分（由于取消了规范性问题，这种混淆也许是故意的），把基础逻辑与应用逻辑相混淆，把演绎逻辑与人们的推理模式或思维方式相混淆。而在社会科学中使用的逻辑词语，更是在不同的逻辑层次上使用逻辑一词，如"社会科学的逻辑"等。

首先，由于取消了规范性，STS批判了演绎逻辑具有的自明性必然性等，提醒人们注意这些演绎逻辑知识体系是如何取得其作为知识地位的。对于社会学来说，问题不在于知识是否有先在的性质，而在于这些知识的主张（信念）是如何经由集体的共识而被奉为知识的。因此，社会学认为的知识是集体共享的信念。不可否认的是，由于逻辑系统的多样性，人们在选择逻辑系统时具有一定的形而上学或认识论上的先入之见，作为一种知识体系，也受到逻辑学家个人背景的影响，但这种影响是否是决定性，STS的研究却也是无法证实这一点的。STS主张，社会影响一直存在，这一点来说，本书也是赞同的，但不赞同其是决定性。

其次，STS意识到了人们推理实践的多样性，提醒我们注意自发的逻辑，即人们的推理实践，这种推理实践也形成人们的推理模式，这个属于应用逻辑的范畴。这种模式是基于人们的生活实践而形成，是历史的、社会的、文化的，当然也有生物的制约。从SSK对于知识的定义，这种集体共享的推理模式即是逻辑。可以说，由于取消了规范性，他就避开了对于基础逻辑规范性质的考虑。基础逻辑关注的是命题间的保真推理，讨论的是逻辑规律或逻辑关系，而不是人们的行动规范或者推理过程。从这个意义上，阿赞德逻辑是另一种推理的、或论证的模式，并不表明逻辑规律是错的，因为人们的日常论证不但有保真的一面，也有修辞的、价值的一面。当然，对于阿赞德逻辑的形式化表达也是受到质疑的。

基于这种分层，可认为，首先，形式逻辑系统是人们对于人类推理的科学认识，具有社会历史性，是受制于人们的认知局限及社会影响，但并不足以表明其完全是社会建构出来的，这一点，无论SSK还是后SSK的研究，都没有真正证明它是由社会建构的，当然，作为一种人类社会智识的产物，它本质上仍然有社会因素。这一点，本书坚持了SSK的这一出发点，一切知识都具有社会性，但这种观点并不必然推出它是社会建构的。其次，就人们的推理或论证模式而言，不同的文化可能存在不同的推理论证模式、不同的思维方式，这是个需要进行经验探索的问题。对于阿赞德逻辑研究以及中国逻辑的研究，也说明了这一点。如果逻辑指向思维方式或推理论证模式等，在这个意义上，可以认为逻辑具有社会文化的建构性。

不同的其他文化由于其自然环境、地理条件、社会结构、经济状况等不同，具有不同的思维习惯、信仰习俗、社会实践等，这些不同的社会文化背景下，进行着不同的论证实践，有着不同的论证规则。比如，中国的推类式论证规则（崔清田，2004b），阿赞德人的规避式论证规则，佛教逻辑的三支论式等，这种论证规则既不同于现有的西方式形式逻辑规则，也不同于现有的非形式逻辑规则。每一种论证规则的背后，有其深层的自然条件，社会因素、历史过程。如研究中国古代推理规则的学者就曾通过比较中西双方的自然历史条件、文化社会因素、民族心理特征等等因素解释何以中国古代思维具有如此与西方人不同的规则（崔清田，2004a），研究中西思维差异的学者将东西方思维方式的不同直接追溯到了东西方不同的地理环境与生态系统（Nisbett，2003），而佛教因明中三支论式的规则又和佛教哲学与认识论密切相关。

任何论证方式都是在其长期的历史实践中形成，有其复杂的起因。这种起因也许有自然因素、有人文因素、有社会因素等，因为任何论证都是基于一定的社会文化实践而生的，由生活形式所选定，属于文化所有，是文化的一个组成部分。这一点，无论是西方逻辑，中国古代逻辑，佛教逻辑，阿赞德逻辑等，概莫能外。当然，由于文化的传播、人类的生物共同性，不同文化下的论证也许会呈现出某些相似性，表面的相似性不能预示着其共同的合理性标准，也不能预示着真正的相似与差异，而必须从其文化背景下对其进行考量。作为文化实践的一部分，论证规则不能脱离于其背景，其合理性也不能脱离其背景而得到评价的。

没有人能够否认不同的文化下人们的思维方式存在差异，否认这些不同也就等于说经验的不同不会带来重要的心理后果。关键的问题是如何解释这些差异，关注这些差异的本质，探究其根源。差异要诉求于内在的不同的心理能力吗？还是说他们仅仅是在训练与经历上的文化不同？另一方面，关于逻辑本质的哲学争论一直继续，是把逻辑与人们的实际推理相连、与经验相连，还是与抽象的、先验的规则相连，逻辑所负有的规范与描述维度也日益成为人们关注的焦点。

三、以上立场也标明，本书也持有一种实在论的立场，承认外在世界的存在以及人类的生物一致性。

就演绎系统而言，本书并不想卷入逻辑是抽象世界的规则还是经验世界的规则这种争论，它是西方哲学长久以来的争论。但是在人类不同的思维方式及推理模式上，本书坚持人类作为生物的一致性，即人类有共同的生物特性、心理特征、都具有推理的能力，但不同的文化背景、社会因素、民族特征、语言结构等塑造了不同的推理模式，即逻辑如果是与心理相连，则所有人有相同的心理机制，如果与文化相连，则不同的社会文化可能产生有不同的逻辑。人类基于生物一致性，但不同的文化使得人们的推理也许朝向某个方向发展，研究中国逻辑的学者已经指出推类的模式和先秦文化重人事政治的特色有一定关系。

四、这个立场如何回应诸如"排中律、同一律、非矛盾律等问题"呢？

其一，如果将三大规律视为人类普遍的思维的形式规律[①]，人类生物一致性也许使得人类推理具有某些相似性，某些规则也许恰好符合了人们的进化方式。

其二，张东荪的研究指出，同一律是排中律和非矛盾律的基础，它建立在西方关注本体的背景下，而中国人并不关注这个问题，相反，中国人关注的是不同事物之间的关系。因此，并不是说中国人的思维违反这个规律，而是中国人根本并不关注这个规律，他们并不这样思维，也并不朝这个方向推。

---

① 比如德国学者 Gregor Paul 就主张三大规律是全人类普遍的，中国古代逻辑也是符合这一点。参见：Paul（to appear），感谢刘奋荣老师提供的文章手稿。

其三，如果将这三大规律视为思维的形式规定，则可以认为，这些规则是普遍的，保真的。在规则的具体使用中，呈现有差异性。文化心理学家尼斯拜特等人对于东西方人思维方式的研究则指出，中国人素朴辩证的、整体的思维的三个规律（变易律、矛盾律和整合律）与西方形式逻辑的三个规律是不相一致的（Peng&Nisbett，1999）。

其四，如果将三大规律视为形式系统的基本规则，则这三大规律是三段论系统及经典逻辑的基本规则，它是建立在二值基础上，在非二值的语境下（如三值逻辑），排中律失效，在次协调逻辑里，矛盾律失效。三大规律的有效性是相对于形式逻辑系统的。

五、本书所主张的逻辑可能具有社会建构，是指推理和论证模式，是指向思维方式。

不同的社会文化群体可能有不同的推理或论证模式，但并不是说不同群体所有的规则都不同，如果这样，人类也就没有沟通的可能性。

六、如果逻辑是推理论辩的模式和规则，不同的社会文化条件也可能产生不同的逻辑理论。

如中国的名学辩学，佛教因明学，其在风格上规则上都有显著不同，各种逻辑理论都是一种解释世界的方式，不同的社会文化所产生的解释方式也就有可能不同。

七、最后，从实践的角度考虑，注意不同群体的思维方式差异。

这种立场让我们注意到我们自身思维的局限性，认识到人类思维的多元性与多样性，在对待不同文明的冲突时，采取一种兼容并包的宽容态度，允许不同声音的存在。

因此，关于逻辑的建构主义观点，分层次总结如下：其一，就对逻辑的研究兴趣，问题的选择，某些逻辑理论主张的出现等，受到社会的文化的背景影响，但未必是决定性。其二，就形式逻辑系统而言，其是人们对于人类推理的科学认识，具有社会历史性，是受制于人们的认知局限及社会影响。经典逻辑是最核心应用范围最广的部分，具有最大程度的确定性可靠性。随着人类认识的深入，各种非经典逻辑在经典逻辑的基础上发展起来。经典逻辑的定理，也是相对于特定的逻辑系统。但这并不足以表明其逻辑系统和规则完全是社会建构的，这一点，无论SSK还是后SSK的研究，都没有真正证明它是社会建构的，当然，作为一种人类社会智识的产物，它本质上仍然有社会因素。但并不必然推出它是社会建构的。其三，就人们的推理或论证模式而言，不同的文化可能存在不同的推理论证模式、不同的思维方式，这个是需要进行经验探索的问题。对于阿赞德逻辑研究以及中国逻辑的研究，也说明了这一点。如果逻辑指向思维方式或推理论证模式等，在这个意义上，可以认为逻辑具有社会文化建构性。其四，就逻辑的理论而言，作为一种理论知识体系，在承认人类生物一致性的基础上，不同的文明群体有可能基于自身特点，发展出各自风格、目的，主要规则有所不同的逻辑，如中国逻辑、西方逻辑与佛教逻辑等。

第二节 走向对话：逻辑的社会文化研究与"两种文化"

毫无疑问，科学已经成为现代社会重要的一项事业，在激发技术转换，人口增长，经济生产，资源增效，推动现代面貌更新等方面，发挥着越来越重要的作用。可以推断的是，随着人工智能、基因计划等科学研究计划的推进，对人类社会以及人类自身的未来影响不可估量。如何理解科学，理解科学知识与科学研究，是学者们必须思考的问题。现代科学的理性主义精神是近代启蒙思想的产物，也是现代社会精神的集中体现，是科学思想大厦的基石。而作为科学之方法论基础的逻辑，更是居于理性的核心之地。

1959 年斯诺"两种文化"的演讲，唤起了人们对于存在于日渐兴起的"新贵"科学文化与欧洲历史传承下来的"旧贵"人文文化之间的疏离、鸿沟、割裂的重视。20 世纪的西方学术界，针对科学进行反思的人文社会科学研究纷至沓来，科学哲学、科学史学、科学社会学、科学人类学、科学学，试图说明科学知识及科学活动。随着这股研究思潮的壮大，世纪末的科学大战是两种文化分裂的再一次例证。"两种群体虽然都在试图帮助人们理解自我和世界，相互之间却不懂得如何进行对话。"（拉宾格尔、柯林斯，2006：3）

无论是早期的科学哲学、科学史学还是早期的科学社会学，对于科学采取了一种实在论和理性主义的立场，这种立场中，科学的持续进步和知识增长是现代化颂歌的一部分，科学理性战胜了传统、迷信等的非理性力量。他们的研究也很少引起与职业科学家群体的冲突，科学哲学解释科学为什么会成功，科学社会学致力于探索科学的社会建制，对于科学家工作并不造成威胁。甚至，如温伯格所说"科学哲学对于科学家，就像鸟类学

第七章 结语：重视逻辑的社会文化研究

对于鸟一样，毫无用处"（拉宾格尔、柯林斯，2006：4），在这一历程中，随着科学逐渐发展成一种科学霸权与意识形态，对之的人文反思也开启了批判性之路，随后的科学论（SSK 和后 SSK）接踵而来，对科学不再只有溢美之词，科学成为约定的、人为的、情境的产物。科学论被认为是反科学，引起了科学家的反击。科学家对于人文学者的科学反思研究也从漠视到反击。

在人文学者（这里包括了人文学科与社会学科）内部，STS 集中于对于科学的经验研究，以描述的视角观察科学，而把规范的视角给悬置起来，着力探讨科学的社会维度，而把规范的任务留给了哲学家。这使得科学哲学的一部分内容成了 STS 的一部分。留给科学哲学的内容是理论评价及其规范方面的内容，他们致力于证明某些特定的科学程序在认识论上具有优越性，因此，他们更能提供关于这个世界的可靠的知识。而科学论则试图对这些关于科学的解读进行更为系统化和抽象化的描述，以一种自然主义的中立立场出现。无论是 STS 还是科学哲学，他们都是在对于科学（知识）在不同的学科领域，不同的历史时间和地点，以不同的方式进行的解读和说明（拉宾格尔、柯林斯，2006：4）。

在科学大战中，科学家"对于某种哲学思潮在学术圈大行其道而感到困惑和愤愤不平，这些学术圈包括人文学科、人类学和科学社会学的大部分。这些思潮认为，所有事实都是社会建构的，科学理论不过是神话或叙事，科学争论是通过说辞和拉帮结派解读的，真理不是与事实相符，而是主体间的一致性"（布里克蒙、索卡尔，2006：31）。对于科学家来说，以下论点毫无争议：一、科学是一项人类的事业，与其他任何人类事业一样，值得严格的社会学分析。如什么问题重要，研究经费的分配，科学知识以何种方式进入技术，对谁有利等，这些问题都受到政治的、经济的、甚至意识形态的强烈影响，也受到科学研究内在逻辑的强大影响，因此，他们都是历史学家、社会学家、政治学家以及经济学家进行经验研究的丰富对象。二、科学辩论的内容，部分受到历史等因素的限制。如什么类型的理论被想到并被采用，什么样的准则对竞争中的理论进行取舍等，部分地受到盛行的思维方式的限制，又部分来自根深蒂固的历史因素。这是可通过理性辩论澄清的问题；三、研究受政治影响并无什么不对，只要不单纯出于政治考虑而对不合意事实视而不见。科学家认为，对于科学史学家和科学社会学家来说以上三点是可以接受的，但是，对 STS 的那些极端的认识论和方法论主张，它们大大偏离了上述不言而喻的道理（布里克蒙、索卡尔，2006：34-35）。

双方的误解主要来自于互相不理解。正如彼得·迪尔所言，批评科学论的人将科学论嘲笑为后现代主义，他们对科学论的攻击有点不分青红皂白，那些被当作科学论攻击目标的人，往往被公开承认的科学论者看作为该领域的非主流学者，即便他们不是非主流学者，他们的立场也很少得到他们学科中多数同行的支持。这样一来，在科学家的批评中，"所有的东西都被讽刺为愚蠢的，并且在没有尝试去理解他们的情况下就将其全盘否定，这样做无疑是将孩子连同洗澡水一起倒掉，这无异于仅仅因为狭义相对论的某些结论是违反直觉的，就全盘否定整个物理学。这导致科学论这个领域的许多严肃的学术研究成果仅仅由于他们的批评者没有理解而被忽视了"（迪尔，2006：153）。在迪尔看来，科学论试图把科学理解为人类一项活动，他关注的是关于科学知识的经验理解，这与认识论正好相反，认识论是关于人们如何获得或应该如何获得科学知识的规范性要求。

这种基于不理解导致的误解在逻辑的社会文化研究同样存在。同自然科学相比，它的状态稍显复杂。首先，逻辑是哲学的一个分支。历史上，亚里士多德使它从认识论中区分出来，成为哲学的一个分支。在欧洲的大学教育中，逻辑与认识论通常作为一个课程，作为人文素养的培养基础。现代逻辑的出现，逻辑与数学结缘，又使得它成为一个数学分支，成为科学的一个分支（形式科学）。这使得逻辑既是基础学科，又是工具学科，同时又具有人文学科的特点（张建军，2002）。

长期以来，逻辑所被赋予的确定性使得他主要是以工具和方法的形式出现，科学的方法是一种逻辑的方法，说话辩论的方法是一种逻辑的方法，思维的方法也是一种逻辑的方法。科学哲学的逻辑经验主义的分析方法，也是一种现代逻辑的方法。而作为一门基础学科，联合国教科文组织将其和数学、物理学、化学、天文学、地球与空间科学、生命科学等相并列，列入联合国七大基础学科之一，同时，逻辑还是一门人文学科，对于逻辑的研究，既有朝着形式化系统的研究，也有非形式化的哲学研究，正是后者，提供了分析哲学语境下的逻辑研究以及胡塞尔型的现象学语境下的逻辑研究（张建军，2002）。

然而，逻辑的社会文化研究中两种文化的分离现象仍然存在。现代逻辑学家忙于构造逻辑系统，并不接受或关注逻辑学的社会文化研究。反之，

第七章　结语：重视逻辑的社会文化研究

逻辑的社会文化研究学者对于逻辑的理论更新并不关注，他们所持有的仍然是逻辑的刻板印象。从前文的分析可见，STS 对于逻辑的研究，更多的使用一种描述的视角，指出知识所具有的社会成分，其相对主义是一种方法论相对主义，其建构主义至多是一种弱的建构主义。但逻辑哲学家将 STS 的观点简称为"逻辑是相对主义的，社会建构的"，并进一步质问："如果逻辑是社会建构的，如何解决非矛盾律的问题"。而另一方面，逻辑学家对于逻辑的研究，早已超越了经典逻辑的范围，自然主义、可修正性、相对性、多元性、发生学考察、实践转向以及经验考察等，在逻辑学领域进行着，尤其在涉及中国逻辑的研究中，关于逻辑与文化的思考更是时日已久。但STS 将逻辑的观点统称为狭义逻辑观，这种标签，今天的逻辑学家也是不能接受的。这种狭义观点在 20 世纪的逻辑和哲学界自身，亦有反思，却并没有被 STS 所吸收（当然，作为一种研究的策略，以激进的方式把想强调的部分突出，在方法论上也是可行的）。如果是这样，STS 的论证就有稻草人论证的嫌疑。

逻辑的社会文化研究，融合了哲学、社会学、人类学、历史学、文化学多种学科。长期以来，STS 学者关注经验科学，并不关注逻辑，不关注逻辑学中最新的理论进展，导致他们对于逻辑的理解没有及时吸收当代逻辑哲学的最新理论成果，对逻辑形成了刻板印象。当然，作为科学哲学之方法论以及科学之形式科学的逻辑学，也是 STS 研究始终绕不开的话题。而另一方面，由于 STS 的激进态度，逻辑学也并不关注 STS 的进展，认为其不清不楚。这大概是因为哲学的规范性和经验科学的描述性的分歧。在逻辑哲学家看来，STS 研究取消了规范性，而逻辑学恰是一门规范性学科。而在STS 看来，逻辑哲学的研究所赋予的逻辑的权威地位也是需要经验审视的，是需要得到描述性的经验科学的研究。因此，本书的立场是，双方需要握手言和，彼此对话。逻辑的 STS 探索，一方面审视 STS 的观点，借鉴逻辑学的最新理论进展，而另一方面，通过对逻辑社会学的探索，进一步探索逻辑与社会文化之关系，丰富与发展 STS 研究，检验 STS 理论。

本书立足于 STS 视角，推进 STS 的逻辑反思，但又大量借鉴逻辑学自身的理论进展，其对经验世界的关注，其对经典逻辑系统，以及形式系统的反思，以建立起双方理解和沟通的对话基础，并有助于克服彼此之间的局限性，丰富彼此理解逻辑的视野，从而达到相互借鉴与参照。笔者认为，无论是 STS 研究还是哲学研究，乃至逻辑研究，都旨在于理解逻辑的本性，发挥逻辑的作用，寻找其在人类生活的地位，三者在这方面是殊途同归的。逻辑的经验研究，逻辑的哲学研究，逻辑学家构造形式系统的工作，哲学是规范性研究，经验科学是描述性研究，逻辑学旨在建立与寻找推理与论证规则，而他们需要彼此对话，走向融合的合作。事实上，在逻辑学的认知转向中，逻辑学已经注意从认知科学、心理学、神经科学等领域，借鉴与吸收经验研究成果，从而为逻辑学的认知研究提供经验材料，使得逻辑学在人工智能、机器模拟、计算机科学等方面获得长足的应用，既推动了认知科学哲学的研究，也推动了逻辑哲学的探讨。在逻辑学的实践转向中，这种融合同样有助于彼此的研究。实践转向要求关注人们的论证实际，和历史学、社会学、人类学等经验研究相结合，有效吸收其研究成果，利用其研究方法。康德曾经说过，没有科学史的科学哲学是空洞的；没有科学哲学的科学史是盲目的，这里可以说，没有哲学的经验研究是没有灵魂的，没有经验支持的哲学研究是空洞的。哲学研究需要从经验材料与现实需求中吸取灵感，而经验研究也需要哲学的指导。当然，这种融合并不是如蒯因所说，使得哲学认识论成为心理学进而自然科学的一章，而是指，双方从不同的角度思考逻辑，达到对于逻辑更深入与全面的理解，从而促进"两种文化"的对话和融合。

第三节 反思理论：逻辑的社会文化研究与科学哲学理论与方法

　　逻辑通常被视为科学研究的方法以及科学哲学的分析方法。科学哲学的兴起，得益于数理逻辑的创立和发展，从历史上看，逻辑与科学哲学的发展始终相互交织，彼此促进。逻辑也通常和科学方法论联系在一起，如演绎推理、归纳推理、溯因推理等。同时，科学的发展对于逻辑学理论研究带来新的突破。如上个世纪中期以来计算机科学的发展对于认知逻辑研究的推动。而当代人工智能的发展对于逻辑学研究提出了新的需求，传统的以定理证明为基础的人工智能逻辑（以哲学逻辑为主）如何回应当今以统计学为基础的人工智能技术发展。逻辑学将如何回应新一轮的人工智能革命，这也是当前逻辑学需要回应的问题。

　　如果逻辑是科学哲学乃至科学的基本方法，那么对于逻辑的社会文化研究将对科学哲学意味着什么呢？如同科学的社会文化研究所遇到的争论那样，科学是一种明显合理的探究形式，还是一项依赖于社会规范、牵涉到社会冲突以及协商和解决的结果？其中，科学的捍卫者们指出认识论相对主义的危险在于，如果科学结论既不是近似的真理，也不是探究或批判的独特合理方法的结果，那么就不会存在任何基础，使得人们可以选择有关世界的一套信仰而不是另外一套，在公立中学的课表上，进化生物学没有任何合法化的主张来排斥创造论科学；江湖医术和医药科学将享有同等的认识论地位，没有任何合理的理由来批评科学种族主义和男性至上论，科学在技术上的很多成功将难以解释或不可理解。

而 STS 学者并不相信所谓的相对主义的危险，坚持对科学的文化霸权进行批判的重要性，认为科学价值、标准以及规范的辩护相对于某一特殊的共同体或生活形式，此说法并不挑战科学在相关语境中的运用。因为对于日常实践来说，关于一个社会语境的辩护已经足够了。科学论者坚称，对于科学知识的批判性反思，方法论的相对主义也许很有必要，在西方的文化中，各门科学享有巨大的文化声誉和权威性，为了理解科学如何实践，以及结论如何获得并得以承认，必须把科学知识的合理性假定悬置起来，让科学的那些成就将自身与其他信仰和实践放在同一个层次上，只有这样，才能充分超越那些根深蒂固的对科学权威性的先行文化假定，使得对于科学和信仰的认识论地位的清醒判断成为可能。只有这样，人们才能在科学置身其中并产生影响的很多文化环境中的科学探究和成就的地位进行充分评估。

如果逻辑具有社会性，那么其作为科学方法以及科学理论分析方法的基础是否将面临问题？本书的答案是否定的。逻辑起源于对日常辩论和科学推理的总结，尤其是古希腊的辩论以及几何学证明，其寻求确定性是其一直以来的追求，要为日常推理和科学推理提供工具，这一点，无论是亚里士多德的《工具论》和培根的《新工具》都说明了这一点，而逻辑在推动现代科学以及科学哲学发展中的巨大作用已是不争的事实，正像苏珊·哈克主张理性地捍卫科学，本书也持有相似立场：理性地辩护逻辑。逻辑是起于人们对于日常推理和思维（也包括科学推理）的概括和总结，在不断的发展过程中，具有历史局限性。如传统逻辑偏重于几何学证明的思想，现代逻辑则基于真值函数，在计算机科学及人工智能领域中获得了广泛的使用，作为一个人类解释的产物，它不可避免受到社会文化的制约。但就如量子力学并不否认牛顿力学，各种新逻辑的出现也并不否认旧逻辑的价值，他们是从不同的层面来言说逻辑的对象。同样的，作为一个知识理论，受社会文化背景的影响，逻辑具有社会文化性。不同的文化群体发展出不同风格和类型的逻辑理论。如同近代科学是个西方的故事，现代逻辑也是个西方的故事。但并不妨碍其他文化发展有自己的逻辑体系，也不妨碍其他文化群体有自己的思维方式。

从这个意义上来说，对逻辑展开的社会文化研究，并不损害作为科学方法基础以及科学哲学分析工具的逻辑，相反，这种研究至少在以下方面推动科学哲学理论和方法的反思：一、它所主张的与经验研究相结合的方法，对于科学哲学研究方法的发展有重要参照意义，科学哲学的社会学转向也是这个意义。二、逻辑是现代理代主义的核心，对逻辑展开社会文化研究，也有助于科学哲学思考现代性、后现代性及其与科学哲学的关系。三、它所主张的逻辑理论具有的社会文化背景，有助于科学哲学思考作为地方性知识的科学（鞠实儿、刘兵，2021）。四、逻辑是科学哲学的反思对象之一，本书所主张的大逻辑观，有助于深化科学哲学对于逻辑的理解和认识，打破科学哲学对于逻辑的刻板印象。五、强调逻辑的社会维度，已经推进了逻辑学研究中对于社会因素的考虑，如社会认知逻辑，将社会关系作为模态算子添加进多主体互动的动态认知逻辑之中（刘奋荣，2023），这种研究有望在人工智能科学的研究中有所促进（如测度智能主体在复杂环境下的学习与反映），进而推进人工智能科学哲学的研究。

同时，推动逻辑的社会文化研究，它所主张的大逻辑观，逻辑与经验科学结合的研究方法，它所讨论的逻辑多元论、相对主义、建构主义、经验主义等问题，也将丰富逻辑哲学的研究。

第四节 扩展研究：逻辑的社会文化研究与 STS 研究范式

至此，可以界定逻辑的社会文化研究。逻辑的社会文化研究（social studies of logic，也可称为逻辑社会学，sociology of logic，这里不做区分），关心的是逻辑（逻辑知识、逻辑活动）如何受到社会或文化背景的影响以及逻辑与社会的互动关系，这里的逻辑不仅仅限定于逻辑知识，也包括了逻辑活动，即逻辑知识的产生及运行活动，这种活动既包括了特定的社会文化环境下逻辑学家构造逻辑知识的活动，也包括了特定文化群体的实践推理与论证活动。因此，逻辑社会学这一概念下，是包含了一套基于理论的经验研究，是对逻辑进行理论与经验研究的逻辑学与社会学、历史学、人类学等的一个交叉分支，它不是取代，而是扩宽逻辑学的研究视野，对于理解一些重要的逻辑哲学问题、逻辑的本质、逻辑史的编写方法等，具有重要的参照意义。这个名字从盛行于 20 世纪西方学术界的知识社会学、科学社会学以及科学知识社会学的研究传统中提出，作为一个成长于西方学术思潮背景下的学术分支，经历 STS 研究进程，借鉴 STS 研究规范，至少可以开展如下几种进路的研究：

一、默顿范式的逻辑社会学，关注作为社会建制的逻辑。默顿开启了默顿范式的逻辑社会学，将逻辑视为一种社会建制，整体上考虑其与社会文化的关系，张建军的早期研究即是属于此例，旨在发挥逻辑的社会功能。张建军建议，把逻辑的产生与发展作为一种社会现象和社会过程，把逻辑教学与研究作为一种社会职业和社会活动，把逻辑组织和逻辑学派作为一种社会建制和社会系统来加以考察和探讨，这种逻辑社会学的研究又可分为界内研究和界外研究。界外研究主要是逻辑与社会的双向互动关系的研究，又可分为逻辑的社会功能和逻辑发展的社会条件两个方面。而界内研究则是作为一个社会系统的逻辑界内部诸要素之间的关系及其运行机制的研究，它关系逻辑学家、逻辑组织和逻辑学派的行为模式与行为规范研究，逻辑教学与科研的社会分层与发展战略研究，等等（张建军，1997），今天看来，这种分析和提法仍然具有重要意义，可以有效促进我国的逻辑学研究、逻辑学科发展以及与国际对话，构建中国的逻辑话语体系，充分发挥逻辑在当代中国作为工具性、基础性和人文性学科的作用，可以称为逻辑的社会文化研究的进路之一。

二、逻辑知识的社会学，关注作为理论形态的逻辑。逻辑知识的社会学，这种研究由爱丁堡学派所开创，将逻辑视为一种理论知识体系，分析其社会文化起源，依靠历史与当代案例的分析，尤其是争议研究，并找出其所受的社会的、政治的、文化的等影响因素。爱丁堡开启的利益分析模式过于单薄，研究范围也过于狭窄，因此本书提倡的逻辑知识的社会学进路则包括如下几个方面。

（一）逻辑知识的争议案例。即爱丁堡所提倡并经柯林斯所细化的争议案例研究进路，在逻辑学的历史及当代争论研究过程中，当选择一个历史中的争论案例进行研究时，首先展示双方就某问题争论的观点，其次展示在这一争论过程中共识如何达成，双方采用哪些权宜之计，诉求于哪些解释资源，争论如何结束，最后把这一过程与更为广泛的职业的、哲学的、政治的、社会的等背景联系起来。这一模式促使布鲁尔研究了逻辑学家莱维斯与贝尔纳普和安德森之间关于实质蕴涵怪论的一场争论，库什（Kush，2000）分析了胡塞尔与弗雷格反心理主义的争论，以及普尔克奇宁（Pulkkinen，2000）分析了弗雷格和施罗德无法说服德国的哲学家接受数理逻辑的争论，这一模式不但可以分析历史上争论案例，也可以分析当代发生的争论案例，这些争论中社会因素始终存在，尽管不一定决定性的。

（二）逻辑知识的社会史。该进路主要在编史学，20世纪80年代，受到数学社会史（Mehrtens, et al., 1981）的影响，德国的学者发起了一个项目：建立逻辑的社会史研究的案例研究（Peckhaus，1986）。以逻辑史学家为主，致力于对19世纪与20世纪早期发生在德国与英国的现代逻辑的出现进行历史的分析，试图找出这些影响现代逻辑出现的外在因素，如现代逻辑的起源与发展中，制度与个体之间互动等外在因素影响，主要聚焦于制度因素、性别影响（Beiküfner，2019）、教育的影响等方面（Thiel，1996）。该研究主要属于情景主义编史学方面。逻辑的社会史旨在找出影响逻辑史的社会政治条件因素等[①]，因此，从编史学角度关注社会因素的介入，成为逻辑的社会文化研究的一个可能进路。非形式逻辑的提倡者布莱尔（J. Anthony Blair）曾于2009年在我国做过一个系列讲座《非形式逻辑的社会史》，详细论述了非形式逻辑起源及成长的社会背景，它如何从20世纪央格鲁－美国的分析哲学传统以及北美的社会及政治背景下发源及成长起来（Blair，2009）。可称作逻辑社会史研究的一个案例。

关于中国逻辑史的书写，逻辑知识的社会史研究是个可能的进路。中西方不同的文化背景，如何塑造中国特定的逻辑理论，三大逻辑传统（印度、中国、古希腊）所受的社会限制以及文化制约，如何造成了不同的三大逻辑知识体系，逻辑与社会文化的互动关系如何，这是逻辑社会学可以深入进行社会学分析的地方。

三、逻辑实践的社会学，关注逻辑的实践活动。这其中，逻辑实践，既指向逻辑学家构建逻辑系统的实践，也指向人们的实际推理论证实践。又可分为两种：

（一）逻辑学家构建逻辑知识的实践研究。在这一"发现的语境"中，

[①] 感谢项目负责人埃尔兰根－纽伦堡大学（University of Erlangen-Nürnberg）哲学所 Christian Thiel 和 Volker Peckhaus 慷慨提供项目相关资料。

研究逻辑学家如何构造和选择逻辑定理、规则、理论等。这里，皮克林对于概念实践的探索，拉图尔和罗森塔尔对于逻辑学家工作的人类学追踪等，都是属于这方面的工作，对于逻辑学家在构造逻辑系统逻辑知识时所进行的实践活动，揭示其中的各种因素等。

（二）人们的推理论证实践。这是本书基于广义逻辑所提倡的一种新思路，将之纳入逻辑的社会文化研究的思路之一，并借鉴 STS 研究方法，扩展这种研究。它主张探讨不同文化、群体、民族的推理和论证的具体实践，对这一分析，可以展开历史文本分析，话语分析，人类学观察，常人方法观察等（鞠实儿，2020）。

在这一进路下，罗森塔尔对公共游行作为一种劝说与修辞工具所具有的政治与文化维度的探讨（Rosental，2013），克斯（W. Keith）等引入论证理论开展针对科学政策的论证与科学理论的批评研究（Keith& Rehg，2008），研究中国逻辑的学者针对中国古代论证实践的分析，以及利伯曼（K. Liberman）对于西藏辩经活动的人类学观察等（Liberman，2004），都是针对特定论证领域（政治论证、科学论证等）以及特定文化群体（中国古代、佛教）的论证实践和论证规则的探讨，可算在此方面的有益尝试。

如果说，逻辑的社会文化研究从 STS 中借鉴了其理论和方法，那么本书对于 STS 来说，也具有重要的参照和意义。其一，它丰富和发展了 STS 的研究，将 STS 的反思研究推进到逻辑领域。其二，它的一些结论、案例，及其理论和方法，也可以促进反思、验证以及修正 STS 现有研究的一些理论与方法。比如，它所主张的大逻辑观以及逻辑的实践回归观念，打破了传统 STS 对于逻辑仅指形式演绎体系的观念，而形式逻辑观念恰是西方逻辑的特色，而成长于西方学术背景下的 STS 将形式逻辑视为其直接的批判对象，形成了形式逻辑的社会学，关注具体的逻辑定理等如何从社会组织和社会利益而生，却也忘记了形式逻辑理论体系也仅仅是西方文化的产物。进一步，现代科学也是一个欧美的故事。本研究可以重新思考科学作为地方性知识的一面。再如，张东荪与崔清田的"逻辑与文化"论述等，不但关注了文化对逻辑的制约，也关注到了逻辑对文化的影响，认为逻辑、社会、文化是交织在一起，是一整个，逻辑史、文化史、社会史应该打成一片，而不仅仅是 SSK 所主张的社会与文化对于逻辑的限制。又如，本书所主张的实践观念，扩充了 STS 对于实践的概念。通常 STS 的实践概念是实验室中各种仪器，是逻辑学家构造逻辑知识的实践，他们主张的科学由实践所建构也正是基于实验室，基于科学家活动而言的，但本书对于实践概念的扩充，实践不仅指向了科学家活动，实验室生活，也指向了人们的推理和论证实践，直面人们的实践生活，这种扩充对于 STS 自身的实践研究亦有重要的参照意义。

第五节　未来取向：问题及不足

通常 STS 的研究有两种做法：其中一种是做某一个案例研究，以历史学分析、社会学分析、人类学观察等为方法。罗森塔尔（2008）针对模糊逻辑某个定理的形成过程中的案例研究，库什（2000）针对心理主义历史争论的研究等。以某种理论假设和研究程序，做一个精细的案例研究。如罗森塔尔依据的是拉图尔的行动者网络理论，库什所依据的是爱丁堡学派的强纲领。这样的题目通常是诸如《编织自明：逻辑的社会学》等这样，标明了清晰的案例研究对象甚至理论导向。而另一种做法是兼顾理论与案例，结合理论建构以及案例分析。而本书的抱负恰在第二种。原因主要在于：其一 STS 发展已久，针对逻辑的已有研究少而零碎，系统的针对其逻辑研究的总结性回顾不多，因此，做一个系统性的回顾和总结是必要的。作为一个受过逻辑学训练且密切关注 STS 的学者而言，本书的首要旨趣在于总结回溯和系统分析 STS 到底对逻辑说了什么，其以何角度和方法，如何探索逻辑与文化的关系，其所主张的逻辑的社会建构论到底是一种什么立场，如何思考这些立场等问题。即作为一个研究起点，首先弄清楚 STS 对于逻辑到底在言说什么，这就构成了本书研究起点。其次，针对 STS 对于逻辑的言说，其所持有的理论和方法，以及观点等，如何思考这些观点理论和方法，特别是对其所持有的建构论观点进行如何评析，是个需要思考的问题。尤其在当前这个边缘交叉学科蓬勃兴起的时代，逻辑学本身不断进行理论更新，传统的逻辑类型和逻辑观念受到挑战，新的逻辑类型、逻辑观念不断出现，逻辑的研究对象、研究方法等不断更迭，其新的研究范式和进路不断出现，新的逻辑观念出现。在这种背景下，如何思考逻辑的建构论问题，如何考虑逻辑与社会文化之关系，就成为本书思考的基础。以上两点就构成了本书的研究思路和行文基础，按照 STS 的研究历程边回溯边分析边建构。其三，在系统分析 STS 对逻辑已有观点的基础上，基于当代逻辑学的最新进展和研究取向（尤其是逻辑学的实践转向），以及广义逻辑观，给出了本书所主张的思考建构论的方式：即在什么意义上，可以讨论关于逻辑的建构论问题。并基于广义逻辑观，探讨了逻辑的社会文化研究的一种新思路：即关注不同民族及文化群体的论证实践和论证规则，可以对之展开社会学分析、人类学观察、历史学探讨等。其四，在此基础上展开了案例分析，如阿赞德逻辑，中国古代逻辑，佛教逻辑等。因此，本书的研究属于一种综合性研究，在回溯性分析的基础上建构起本书所主张的理论，并以案例研究加以说明。本书认为，基于第二种的研究基础上，才可以基于此展开第一步的研究。当然，正如上文所分析的逻辑的社会文化研究的三种不同范式一样，基于每一种范式，都可以进行下一部的精细化的案例分析。这一点也构成了本节所讨论的可能问题及未来研究。

本书可能存在如下问题：

一、本书以广义逻辑观作为立场展开探讨，构成了本书主张的基础，但在逻辑观的选择上，本书并不认为给出了足够的辩护。逻辑观的问题是个较为复杂的问题，不同学者会持有不同逻辑观，即在什么是逻辑上持有不同理念，在西方学术界和我国学术界都长期存在狭义逻辑观和广义逻辑观之争。比如狭义逻辑观会认为，演绎逻辑才是逻辑，不承认诸如归纳逻辑，辩证逻辑，非形式逻辑，语言逻辑等。王路在《逻辑的观念》认为"必然地得出"是逻辑的基本精神。李小五在《什么是逻辑》中则提出了现代演绎逻辑的系统性标准。随着各种逻辑类型的出现，也有越来越多的学者持有广义的逻辑观（大逻辑观），如张建军、马佩、鞠实儿、周礼全、胡泽洪、陈波等。而在西方学术界，如奎因只承认经典一阶逻辑是逻辑的观点，不承认扩充及异常两类"哲学逻辑"是逻辑，而苏珊·哈克则承认扩充逻辑与异常逻辑都是逻辑。不同的学者也许持有逻辑观不同，基于其不同的基本假设。因此，在逻辑观的选择上，本书并不认为给出了足够辩护。而只能说，这种理论选择构成本书的研究基础，这里仅以张建军在《走向一种层级分明的大逻辑观》一文表达个人立场："科学史表明，一门科学的形成，并不以科学共同体在研究对象上具有完全一致的概念为前提，而是科学探究长期自然演化的结果。逻辑学也是如此。在边缘交叉学科蓬勃兴起的时代，更不应以学科的严格划界作茧自缚"（张建军，2011）。因此，也欢迎持有不同逻辑观的同仁共同探讨这些问题。

二、同样的，本书选择从逻辑学的当代理论发展中选择了广义论证理论以回应逻辑的社会文化研究的实践回归，扩充了STS的实践概念，将逻辑实践解读为一个文化群体的说理论证实践，并基于此开展了针对逻辑实践的研究也即对广义论证规则的社会文化研究。在理论的选择上,本书并不认为给出了足够的辩护(如对实践概念扩展的分析有待进一步精细化等)。当然任何理论都不存在足够的辩护。因为辩护都是从一定的假设出发,有一定的基本预设作为出发点。

三、理论的建构需要更为精细化。本书对于逻辑的本质,逻辑与经验主义、相对主义、建构主义等问题都进行了探讨,基于个人所限,这种分析也许是不完全的。此外,本书重点讨论了逻辑受文化社会所制约和影响,但逻辑与社会文化之二者关系,是个双向的过程。本书对于另一方面即逻辑对社会文化之影响,并没有详细展开和阐述。因此,理论的建构需要进一步的精细化。

四、本书对于阿赞德逻辑的案例研究主要是基于文本,依赖人类学家的已有调查材料,也许最好的方式是重返该地区进行精细的人类学调查,但囿于目前所限,这种做法暂时无法实现。同时,由于历史的变化,此阿赞德人也许已非彼阿赞德人:历史在演化,随之的文化实践也在演化,那么作为文化之一部分的论证方式也就不能固定不变。

五、本书对于中国逻辑与佛教逻辑的研究主要依赖于研究中国逻辑史的学者们的工作,并没有针对中国古代逻辑的原文本进行精细的文本分析。作为一个案例研究,本书只是采用了他们的分析结果,以论证本书的主张及结论。也许最好的方法是针对原文本进行精细的案例分析,这也留待下一步的工作。

六、针对一个民族的论证实践,也许最好的方式去当地做一个精细的人类学观察,如人类学家对于西藏辩经活动的人类学观察等,这也留待下一步的工作。

七、从理论与案例上来说,本书仅算一个文化实验。但若能抛砖引玉,便也善莫大焉。因为任何主张的建立,离不开有着一致价值取向的一系列学者们的长期不懈努力。

以上问题也引出了本书下一步的研究趋向,将围绕逻辑社会学的研究进路,从理论建构到经验研究上进一步深入,而二者是彼此促进的。

主要参考文献

一 中译著作和论文

1. ［荷兰］范·艾默伦等：《论证理论手册》，熊明辉等译，中国社会科学出版社 2020 年版。
2. ［英］巴里·巴恩斯：《科学知识与社会学理论》，鲁旭东译，东方出版社 2001 年版。
3. ［英］巴里·巴恩斯等：《科学知识：一种社会学的分析》，邢冬梅、蔡仲译，南京大学出版社 2003 年版。
4. ［英］J. D. 贝尔纳：《科学的社会功能》，王骏译，北京大学出版社 2021 年版。
5. ［英］帕特里克·贝尔特：《二十世纪的社会理论》，瞿铁鹏译，上海译文出版社 2002 年版。
6. ［英］迈克尔·波兰尼：《个人知识》，许泽民译，贵州人民出版社 2000 年版。
7. ［美］彼得·L·伯格、托马斯·卢克曼：《现实的社会建构：知识社会学论纲》，吴肃然译，北京大学出版社 2019 年版。
8. ［法］列维－布留尔：《原始思维》，丁由译，商务印书馆 2007 年版。
9. ［比］让·布里克蒙、［美］阿兰·索卡尔：《科学与科学社会学：超越战争与和平》，载于杰伊·拉宾格尔、哈里·柯林斯《一种文化？关于科学的对话》，张增一等译，上海科技教育出版社 2006 版，第 31—51 页。
10. ［英］大卫·布鲁尔：《知识和社会意象》，艾彦译，东方出版社 2001 年版。
11. ［美］陈汉生：《中国古代的语言和逻辑》，周云之等译，社会科学文献出版社 1998 年版。
12. ［英］玛丽·道格拉斯：《原始心灵的知音——伊凡普里查》，蒋斌译，台北：允晨文化出版社公司 1982 年版。

13. 彼得·迪尔：《作为知识图的科学论》，载于杰伊·拉宾格尔、哈里·柯林斯：《一种文化？关于科学的对话》，张增一等译，上海科技教育出版社 2006 版，第 151、166 页。

14. ［荷兰］范丙申：《逻辑与推理：事实重要吗?》，石辰威、刘奋荣译，《湖北大学学报》（哲学社会科学版）2012 年第 3 期。

15. ［德］弗里德里希·弗雷格：《弗雷格哲学论著选辑》，王路译，商务印书馆出版社 2013 年版。

16. ［英］詹姆斯·乔治·弗雷泽：《金枝：巫术与宗教之研究》，徐育新等译，大众文艺出版社 1998 年版。

17. ［美］肯尼思·格根、玛丽·格根：《社会建构：进入对话》，张学尔译，上海教育出版社 2019 年版。

18. ［美］肯尼思·格根：《社会建构的邀请》，杨莉萍译，上海教育出版社 2019 年版。

19. ［英］葛瑞汉：《论道者：中国古代哲学论辩》，张海晏译，中国社会科学出版社 2003 年版。

20. ［德］顾有信：《中国逻辑的发现》，陈志伟译，江苏人民出版社 2020 年版。

21. ［英］苏珊·哈克：《逻辑哲学》，罗毅译，商务印刷馆 2003 年版。

22. ［英］苏珊·哈克、［中］陈波：《苏珊·哈克访谈录：一位逻辑学家、哲学家的理智历程》，《世界哲学》2003 年第 5 期。

23. ［英］苏珊·哈克：《理性辩护科学：在科学主义与犬儒主义之间》，曾国屏等译，中国人民大学出版社 2008 年版。

24. ［美］塞缪尔·亨廷顿：《文明的冲突与世界秩序的重建》，周琪等译，新华出版社 1998 年版。

25. ［美］希拉·贾撒诺夫等编：《科学技术论手册（第二版）》，盛晓明等译，北京理工大学出版社 2004 年版。

26. ［德］伊曼努尔·康德：《纯粹理性批判》，邓晓芒译，人民出版社 2004 年版。

27. ［英］哈里·柯林斯、［中］赵喜凤：《科学论的第三波与模仿游戏：访哈里·柯林斯教授》，《哲学动态》2012 年第 10 期。

28. ［美］史蒂芬·科尔：《科学的制造：在自然与社会之间》，林建成等译，上海人民出版社 2001 年版。

29. ［美］杰伊·A·拉宾格尔、［英］哈里·柯林斯编：《一种文化？关于科学的对话》，张增一等译，上海科技教育出版社 2006 年版。

30. ［法］布鲁诺·拉图尔、［英］伍尔加：《实验室生活：科学事实的建构过程》，张伯霖等译，东方出版社 2004 年版。

31. ［法］布鲁诺·拉图尔：《科学在行动》，刘文旋等译，东方出版社 2005 年版。

32. ［法］布鲁诺·拉图尔：《我们从未现代过》，刘鹏等译，苏州大学出版社 2010 年版。

33. ［芬兰］冯·赖特：《20 世纪的逻辑与哲学》，胡洪泽译，载冯·赖特《知识之树》，陈波编，生活·读书·新知三联出版社 2003 年版。

34. ［德］汉斯·赖欣巴哈：《科学哲学的兴起》，伯尼译，商务印书馆 2016 年版。

35. ［美］约瑟夫·劳斯：《涉入科学：如何从哲学上理解科学实践》，戴建平译，苏州大学出版社 2010 年版。

36. ［法］弗朗索瓦·利奥塔：《后现代状态：关于知识的报告》，车槿山译，生活·读书·新知三联书店 1997 年版。

37. ［美］肯尼思·利伯曼：《西藏哲学文化中的辩经活动》，张植荣等译，中国人民大学出版社 2006 年版。

38. ［美］迈克尔·林奇：《科学实践与日常行动》，刑冬梅译，苏州大学出版社 2010 年版。

39. ［美］安德鲁·罗斯：《科学大战》，夏侯炳等译，江西教育出版社 2002 年版。

40. ［英］米歇尔·马尔凯：《科学与知识社会学》，林聚任等译，东方出版社 2001 年版。

41. ［英］米歇尔·马尔凯：《科学社会学理论与方法》，林聚任等译，商务印书馆 2006 年版。

42. ［德］卡尔·海因里希·马克思、弗里德里希·恩格斯：《马克思恩格斯选集（第二卷）》，中央编译局编译，人民出版社 2012 年版。

43. ［德］卡尔·曼海姆：《意识形态与乌托邦》，李步楼等译，商务印书馆 2019/2014 年版。

44. ［美］罗伯特·金·默顿：《科学社会学（全二册）》，鲁旭东等译，商

271

务印书馆 2003 年版。

45. ［美］罗伯特·金·默顿:《十七世纪英格兰的科学、技术与社会》,范岱年等译,商务印书馆 2011 年版。

46. ［英］威廉·涅尔、［英］玛莎·涅尔:《逻辑学的发展》,张家龙等译,商务印书馆 1995 年版。

47. ［美］安德鲁·皮克林:《实践的冲撞:时间,力量与科学》,刑冬梅译,南京大学出版社 2004 年版。

48. ［美］安德鲁·皮克林:《作为实践与文化的科学》,柯文等译,中国人民大学出版社 2006 年版。

49. ［美］安德鲁·皮克林:《建构夸克:粒子物理学的社会学史》,王文浩译,湖南科学技术出版社 2011 年版。

50. ［美］T. J. 品奇:《科学论损害科学吗?科学论与科学大战的先驱维特根斯坦、图灵和波拉尼》,载于杰伊·拉宾格尔,哈里·柯林斯《一种文化?关于科学的对话》,张增一等译,上海科技教育出版社 2006 版,第 15—29 页。

51. ［英］格雷厄姆·普里斯特:《简明逻辑学》,史正永等译,译林出版社 2010 年版。

52. ［英］埃文斯－普利查德:《原始宗教理论》,孙尚扬译,商务印书馆 2001 年版。

53. ［英］埃文斯－普利查德:《阿赞德人的巫术、神谕与魔法》,覃俐俐译,商务印书馆 2006 年版。

54. ［奥］卡林·诺尔－塞蒂纳:《制造知识:建构主义与科学的与境性》,王善博等译,东方出版社 2001 年版。

55. ［俄］舍尔巴茨基:《佛教逻辑》,宋立道等译,商务印书馆 2011 年版。

56. ［德］马克斯·舍勒:《知识社会学问题》,艾彦译,译林出版社 2014 年版。

57. ［德］奥斯瓦尔德·斯宾格勒:《西方的没落》,齐世荣等译,商务印书馆 2001 年版。

58. ［英］C. P. 斯诺:《两种文化》,陈克艰等译,上海科学技术出版社 2003 年版。

59. ［法］克洛德·列维－斯特劳斯:《野性的思维》,李幼蒸译,中国人民大学出版社 2006 年版。

60. ［英］爱德华·泰勒：《原始文化》，连树声译，广西师范大学出版社 2005 年版。

61. ［法］爱弥尔·涂尔干：《宗教生活的基本形式》，渠东等译，上海人民出版社 1999 年版。

62. ［法］爱弥尔·涂尔干、［法］马塞尔·莫斯：《原始分类》，汲喆译，上海人民出版社 2000 年版。

63. ［奥］维特根斯坦：《论数学的基础：维特根斯坦全集（第 7 卷）》，涂纪亮译，河北教育出版社 2003 年版。

64. ［英］路德维希·维特根斯坦：《逻辑哲学论》，陈启伟译，载涂纪亮《维特根斯坦全集（第 1 卷）》，商务印书馆 2003 年版。

65. ［英］路德维希·维特根斯坦：《哲学研究：维特根斯坦全集（第 8 卷）》，涂纪亮译，河北教育出版社 2003 年版。

66. ［加拿大］瑟乔·西斯蒙多：《科学技术学导论》，许为民等译，上海科技教育出版社 2007 年版。

67. ［德］亨利希·肖尔兹：《简明逻辑史》，张家龙、吴可译，商务印书馆 1977 年版。

68. ［英］大卫·休谟：《人性论》，关文运译，商务印书馆 1980 年版。

69. ［古希腊］亚里士多德、苗力田主编：《亚里士多德选集：形而上学》，中国人民大学出版社 2000 年版。

二 中文著作及论文

1. 陈波：《论逻辑真理》，《自然辩证法研究》1990 年第 2 期。

2. 陈波：《逻辑哲学》，北京大学出版社 2005 年版。

3. 陈群：《科学知识社会学的反思困境及出路》，博士学位论文，华中科技大学，2009 年。

4. 崔清田：《墨家辩学研究的回顾与思考》，《南开学报》1995 年第 1 期。复载于崔清田：《墨家逻辑与亚里士多德逻辑比较研究》，人民出版社 2004 年版，第 181—200 页。

5. 崔清田：《名学、辩学和逻辑》，《广东社会科学》1997 年第 6 期。

6. 崔清田：《墨家逻辑与亚里士多德逻辑比较研究》，人民出版社 2004a 年版。

7. 崔清田：《推类：中国逻辑的主导推理类型》，《中州学刊》2004b 年

3 月。

8. 桂起权：《当代数学哲学与逻辑哲学入门》，华东师范大学出版社 1987 年版。

9. 郭贵春等：《当代科学哲学的发展趋势》，经济科学出版社 2009 年版。

10. 郭桥：《逻辑与文化：中国逻辑研究中文化范式的提出及其演变》，《贵州民族大学学报》（哲学社会科学版）2015 年第 1 期，第 120—129 页。

11. 郭湛波：《先秦辩学史》，上海书店 1992 年版。

12. 何杨、鞠实儿：《逻辑观与中国古代逻辑史研究的史料基础》，《哲学动态》2019 年第 12 期。

13. 胡适：《先秦名学史》（2 版），安徽教育出版社 2006 年版。

14. 胡适：《中国哲学史大纲》，商务印书馆 2011 年版。

15. 胡泽洪、张加龙：《逻辑哲学研究》，广东教育出版社 2013 年版。

16. 黄淑娉、龚佩华：《文化人类学理论方法研究》，广东高等教育出版社 2004 年版。

17. 晋荣东：《逻辑何为》上海古籍出版社 2005 年版。

18. 晋荣东：《应重视对中国古代逻辑实践的研究》，《中国社会科学报》2016 年 10 月 12 日。

19. 鞠实儿：《论逻辑学发展的方向》，《中山大学学报》（逻辑与认知专刊 2）2003a 年第 8 期，第 3—8 页。

20. 鞠实儿：《逻辑学的认知转向》，《光明日报》第 2003b 年第 11 期。

21. 鞠实儿：《逻辑学的问题与未来》，《中国社会科学》（中文版）2006a 年第 6 期，第 49—54 页。

22. 鞠实儿等：《哲学研究要有强烈的批判意识和问题意识：" 当前哲学研究的问题 " 学术研讨会观点摘要》，《学术界》2006b 年第 6 期，第 7—19 页。

23. 鞠实儿：《关注我们这个时代的哲学：逻辑的多元（笔谈）》，《求是学刊》2007 年第 11 期。

24. 鞠实儿：《论逻辑的文化相对性：从民族志和历史学的观点看》，《中国社会科学》2010 年第 1 期，第 35—47 页。

25. 鞠实儿主编：《当代中国逻辑学研究：1949—2009》，中国社会科学出版社 2013 年版。

26. 鞠实儿、何杨：《基于广义论证的中国古代逻辑研究：以春秋赋诗论证为例》，《哲学研究》2014 年第 1 期，第 102—128 页。

27. 鞠实儿：《广义论证的理论与方法》，《逻辑学研究》2020 年第 1 期，第 1—27 页。

28. 鞠实儿、刘兵：《地方性知识研究》，商务印书馆 2021 年版。

29. 蒯因著，涂纪亮、陈波主编：《蒯因著作集（1—5 卷）》，中国人民大学出版社 2007 年版。

30. 李小五：《什么是逻辑?》，《哲学研究》1997 年第 10 期。

31. 梁启超：《墨子学案》，山东文艺出版社 2018 年版。

32. 梁簌溟：《东西方文化及其哲学》，商务印书馆 2006 年版。

33. 林聚任：《西方社会建构论思潮研究》，社会科学文献出版社 2016 年版。

34. 林奇：《科学实践与日常行动》，刑冬梅，苏州大学出版社 2010 年版。

35. 刘邦凡：《中国古代数学及其逻辑推类思想》，人民日报出版社 2006 年版。

36. 刘奋荣：《社会认知逻辑》，清华大学出版社 2023 年版。

37. 刘珺珺：《科学社会学》，上海科技教育出版社 2009 年版。

38. 刘鹏：《实践社会学还是实践哲学》，《南京社会科学》2015 年第 8 期，第 67—72 页。

39. 刘文旋：《布鲁尔与强纲领社会主义》，《哲学动态》2018 年第 10 期。

40. 梅建华：《分析性、必然性和逻辑真理》，《哲学分析》2014 年第 1 期。

41. 任晓明、桂起权：《非经典逻辑发生学研究》，南开大学出版社 2011 年版。

42. 孙思：《反科学主义与科学知识社会学》，博士学位论文，武汉大学，1997 年。

43. 谭戒甫：《墨辩发微》，中华书局 1964 年版。

44. 王克喜：《古代汉语与中国古代逻辑》，天津人民出版社 2000 年版。

45. 王克喜：《广义论证视域下的中国逻辑史开放研究：以〈战国策〉为例》，《逻辑学研究》2015 年第 3 期，第 3—14 页。

46. 王克喜编著：《广义论证视域下的中国逻辑思想研究》，中央编译出版社 2019a 年版。

47. 王克喜：《因明与连珠体比较研究》，《逻辑学研究》2019b 年第 1 期，第 32—48 页。

48. 王路：《论"真"与"真理"》，《中国社会科学》1996 年第 6 期。

49. 王路：《论必然地得出》，《哲学研究》1999 年第 10 期。

50. 王路：《逻辑的观念》，商务印书馆2000年版。
51. 王路、张立娜：《中国逻辑史的研究为什么需要"比较"》，《哲学动态》2007年第5期，第25—29页。
52. 王路：《逻辑真理是可错的吗？》，《哲学研究》2007年第1期。
53. 王路：《逻辑的起源》，商务印书馆2019年版。
54. 王巍：《科学哲学问题研究》（第二版），清华大学出版社2013年版。
55. 王习胜、张建军：《逻辑的社会功能》，北京大学出版社2010年版。
56. 王轶：《逻辑，博弈与计算：社会网络平衡研究》，江苏人民出版社2021年版。
57. 温公颐、崔清田：《中国逻辑史教程》，南开大学出版社2001年版。
58. 吴克峰：《易学逻辑研究》，人民出版社2005年版。
59. 吴彤等：《复归科学实践：一种科学哲学的新反思》，清华大学出版社2010年版。
60. 谢耘：《当代论证理论概观》，《哲学动态》2012年第8期。
61. 杨蕾：《中国逻辑与中国古代政治思想》，博士学位论文，南开大学，2005年。
62. 臧艳雨：《审视逻辑相对主义：以阿赞德逻辑为例》，《自然辩证法研究》2011年第11期。
63. 臧艳雨：《意义：一种有限论的观点》，《自然辩证法通讯》2012年第6期。
64. 臧艳雨：《阿赞德逻辑：逻辑普适性批判的一个案例研究》，《科学技术哲学研究》2014年第1期。
65. 张东荪：《思想与社会》，岳麓出版社2010年版。
66. 张东荪：《知识与文化》，岳麓出版社2011年版。
67. 张东荪：《从中国言语构造上看中国哲学》，载于张东荪《知识与文化》，岳麓出版社2011年版，附录二。
68. 张东荪：《思想言语与文化》，载于张东荪《知识与文化》，岳麓出版社2011年版，附录三。
69. 张东荪：《不同的逻辑与文化》，载于张东荪《知识与文化》，岳麓出版社2011年版，附录四。
70. 张建军：《关于开展逻辑社会学研究的构想》，《哲学动态》1997年第7期。

71. 张建军：《真正重视逻先生》，《人民日报》2002年1月12日理论版。
72. 张建军：《走向一种层级分明的"大逻辑观"》，《学术月刊》2011年11月，第38—47页。
73. 张汝伦选编：《理性与良知：张东荪文选》，上海远东出版社1995年版。
74. 章士钊：《逻辑指要》，生活·读书·新知三联书店1961年版。
75. 赵万里：《科学的社会建构：科学知识社会学的理论与实践》，天津人民出版社2001年版。
76. 中国社会科学杂志哲学部：《2020哲学发展报告》，中国社会科学报2021年1月18日。
77. 曾祥云：《名学辩学与逻辑》，《逻辑学研究》2009年第3期。
78. 曾昭式：《中国现代文化视野中的逻辑思潮》，科学出版社2009年版。
79. 曾昭式：《先秦逻辑新论》，科学出版社2018年版。

三 外文文献

1. Ahern E M, "Rules in Oracles and Games", *Man*, N. S., Vol. 17, 1982, pp. 302–312.
2. Baghramian M, *Relativism*. Routledge, 2004.
3. Barnes B, *Scientific Knowledge and Sociological Theory*, London：Routledge & Kegan Paul, 1974.
4. Barnes B, "Natural Rationality：A neglected concept in the Social Sciences", *Philosophy of the Social Sciences*, Vol. 6, no. 2, June 1976, pp. 115–126.
5. Barnes B, *Interests and the Growth of Knowledge*, London：Routledge & Kegan Paul, 1977.
6. Barnes B, *T S. Kuhn and Social Science*, London：Macmillan, 1982.
7. Barnes B and Bloor D, "Relativism, Rationality and the Sociology of Knowledge", in Hollis M and Lukes S, eds., *Rationality and Relativism*, Oxford：Blackwell, 1982, pp. 21–47.
8. Barnes B, Bloor D and Henry J, *Scientific Knowledge：A Sociological Analysis*, Chicago：Chicago University Press, 1996.
9. Berger P L and Luckmann T, *The Social Construction of Reality：A Treatise in the Sociology of Knowledge*, Garden City, NY：Doubleday, 1966.
10. Berthelot J M, *The virtues of uncertainty：Work of analysis in the social sci-*

ences, Paris, France: Presses Universitaires de France, 1996.
11. Bijker W E, Thomas P. H, and Trevor Pinch, eds., *The Social Construction of Technological Systems: New Directions in the Sociology and History of Technology*, Cambridge, Mass.: MIT Press, 1987.
12. Blair J A, "A Social History of Informal Logic", A lecture manuscript delivered at the Institute of Logic and Cognition, Sun Yat-sen University, Guangzhou, China, April, 2009.
13. Bloor D, "Wittgenstein and Mannheim on Sociology of Mathematics Studies", *Studies in the History and Philosophy of Science*, Vol. 4, 1973, pp. 173 – 191.
14. Bloor D, "Hamilton and Peacock on the Essence of Algebra", in H. Mehrtens, H. BOs, and I. Schneider, eds., *Social History of Nineteenth Century Mathematicss*, Boston: Birkhauser, 1981, pp. 202 – 232.
15. Bloor D, "Durkheim and Mauss Revisited: Classification and the Sociology of Knowledge", *Studies in the history and philosophy of Science*, Vol. 13, 1982, pp. 267 – 97.
16. Bloor D, *Wittgenstein: A Social Theory of Knowledge*, London: Macmillan, 1983.
17. Bloor D, "The Strengths of the Strong Programme", in Brown J, eds., *Scientific Rationality : The sociological Turn*, D Reidel Publishing Company, 1984, pp. 75 – 94.
18. Bloor D, The livig Foondations of Mathematics, Social Stuclies of Sionce, 1987, 17: 337 – 358.
19. Bloor D, *Knowledge and Social Imagery*, Chicago: Chicago University Press, 1991/1976.
20. Bloor D, "Left and Right Wittgensteinians", In Pickering A., eds., *Science as Practice and Culture*, Chicago: University of Chicago Press, 1992, pp. 266 – 282.
21. Bloor D, "What Can the Sociologist of Knowledge Say about 2 + 2 = 4?" in Ernest P, eds., *Mathematics, Education and Philosophy*, London: Falmer, 1994, Chapter 2.
22. Bloor D, *Wittgenstein, Rules and Institutions*, Routledge, 1997.
23. Bloor D, "Anti-Latour", *Studies in History and Philosophy of Science*, Vol. 30, No. 1, 1999, pp. 81 – 112.
24. Bloor D, "Wittgenstein as a Conservative Thinker", in M. Kusch, eds., *The

Sociology of Philosophical Knowledge, Dordrecht: Kluwer, 2000, pp. 1 – 14.

25. Bloor D, "Relativism and the Sociology of Scientific Knowledge", in Stephen Hales, eds., *A Companion to Relativism*, Oxford: Blackwell, 2011, pp. 431 – 55.

26. Brumberg-Chaumont J, "The Rise of Logical Skills and the Thirteenth-Century Origins of the 'Logical Man'", in Rosental C, Brumberg-Chaumont J, eds., *Logical Skills: Social-Historical Perspectives*, Birkhauser, 2021, pp. 91 – 120.

27. Bulmer R, "Why is the cassowary not a bird?" *Man*, N. S., Vol. 2, 1967, pp. 5 – 25.

28. Carroll L, "What the Tortoise said to Achilles", *Mind*, Vol. 4, No. 14, 1895, pp. 278 – 80.

29. Chad Hansen, "Logic in China. in: Edward Craig", *Routledge Encyclopedia of Philosophy*, London/New York: Routledge 1998, Vol. 5, pp. 693 – 706.

30. Cole J. and Cole S, *Social Stratification in Science*, Chicago: University of Chicago Press, 1973.

31. Cole M, eds., *The Cultural Context of Learning and Thinking: An Exploration in Experimental Anthropology*, London: Basi books, 1971.

32. Cole M and Scribner S, *Cultural and Thought: A Psychological Introduction*, John Wilney&Sons, Inc, 1974.

33. Cole M, *Cultural Psychology: A once and Future Discipline*, Harvard University Press, 1996.

34. Cole S, *Making Science: between nature and society*, Harvard university Press, 1995.

35. Collins H M, "Stages in the Empirical Programme of Relativism", *Social Studies of Science*, Vol. 11, 1981, pp. 3 – 10.

36. Collins H M, *Changing Order: Replication and Induction in Scientific Practice*, 2nd edn, Chicago: Chicago University Press, 1991/1985.

37. Collins H M and Evans R, "The third wave of science studies: studies of expertise and experience", *Social Studies of Science*, Vol. 32, No. 2, 2002, pp. 235 – 296.

38. Cooper D E, "Alternative Logic in 'Primitive Thought'", *Man*, N. S., Vol. 10, No. 2, 1975, pp. 238 – 256.

39. da Costa N C A and French S, "Partial Structures and the Logic of the Azande",

American Phisolophical Quarterly, Vol. 27, 1995, pp. 325 – 339.

40. da Costa N C A, Bueno O and French S, "Is There a Zande Logic?" *History and Philosophy of Logic*, Vol. 19, 1998, pp. 41 – 54.

41. Dancy J, *Practical Shape*: *A theory of practical reasoning*, First edition, Oxford University Press.

42. Daston L, "Objectivity and the escape from perspective", *Social Studies of Science*, Vol. 22, 1992, pp. 567 – 618.

43. Daston L and Galison P, *Objectivity*, Cambridge, MA: Zone books, 2007.

44. Douglas M, *Purity and Danger*: *An Analysis of Concepts of Pollution and aboo*, London: Routledge & Kegan Paul, 1966.

45. Douglas M, "Introduction: thirty years after witchcraft, oracles, and magic", In Douglas Mary, eds., *Witchcraft Confessions and Accusations*, Tavistock Publications, 1970.

46. Dummett M, "Is Logic Empirical?" in H. D. Lewis, eds., *Contemporary British Philosophy*, 4th series, London: Allen and Unwin, 1976, pp. 45 – 68.

47. Douglas M, *Edward Evans-Pritchard*, Penguin, 1980.

48. Eemeren F H van, Grootendorst R, "A Systematic Theory of Argumentation", *The Pragma-dialectical Approach*, Cambridge: Cambridge University Press, 2004.

49. Elkan C, "The Paradoxical Success of Fuzzy Logic", *Proceedings of AAAI'93*, 1993, pp. 698 – 703.

50. Elkan C, "The Paradoxical Success of Fuzzy Logic", IEEE Intelligent Systems, Vol. 9, No. 4, 1994, pp. 3 – 8.

51. Endriss U, "Applications of Logic in Social Choice Theory", in J. Leite et al., Eds., *CLIMA XII* 2011, LNAI 6814, 2011, pp. 88 – 91.

52. Evans-Pritchard, "Levy-Bruhl's Theory of Primitive Mentality", Bulletin of the faculty of Arts, Egyptian University, Vol. 2, 1934.

53. Evans-Pritchard, *Nuer Religion*, Oxford: Clarendon Press, 1956.

54. Evans-Pritchard, "Three Zande Texts", Man, Vol. 62, October 1962, pp. 149 – 152.

55. Evans-Pritchard, *Theories of Primitive Religion*, Oxford: Clarendon Press, 1965.

56. Evans-Pritchard, *The Azande*: *History and Political Institutions*, Oxford: Clarendon Press, 1971.

主要参考文献

57. Evans-Pritchard, *Witchcraft, Oracles and Magic Among the Azande*, Oxford: Clarendon Press, 1937, 1976 abridged edition, with an introduction by Eva Gillies.

58. Evans-Pritchard, *A History of Anthropological Thought*, New York: Basic Books, 1981.

59. Felt U., et. al., eds., *handbook of science and technology studies (the fourth edition)*, The MIT Press, 2017.

60. Fenrong Liu, Jialong Zhang, "New Perspectives on Moist Logic", *Journal of Chinese Philosophy*, Vol. 37, No. 4, 2010, pp. 605 – 621.

61. Fenrong Liu, Jeremy Seligman, "five questions on the history of chinese logic: a fisrt glimpse", *studies in logic*, Vol. 3, 2011, pp. 145 – 152.

62. Fenrong liu, *Reasoning about Preference Dynamics*, Springer Netherlands, 2011.

63. Fenrong Liu, Jeremy Seligman, eds., *The History of Logic in China: 5 Questions*, Copenhagen: Automatic Press, 2015.

64. Fenrong Liu, Jeremy Seligman, Jincheng Zhai, eds., *Handbook of the History of Logical Thought in China*, to apprear both in Chinese and English.

65. Foucault F, *Discipline and Punish: The Birth of the Prison*, trans., A. Sheridan, New York: Pantheon, 1975.

66. Gabbay D., Johnson R H, Ohlbach H J., eds., "Handbook of the Logic of Argument and Inference: the turn towards the practical", *Studies in Logic and practical reasoning*, Amsterdam: Elsevier, Vol. 1, 2002.

67. Gabbay D., Woods J., eds., *Handbook of Logic and Argumentation*, Elsevier Science Publishers, Amsterdam, 2004.

68. Gabbay D., Woods J, "The Practical Turn in Logic", in Gabbay Dov M, Guenthner F, eds., *Handbook of Philosophical logic*, Vol. 13, Berlin: Springer, 2005, pp. 15 – 122.

69. Gabbay D and Woods J, *Errors of Reasoning: Naturalizing the Logic of Inference*, London: College Publications, 2013.

70. Garfinkel H, *Studies in Ethnomethodology*, Englewood Cliffs: Prentice-Hall, 1967.

71. Gergen K J, Gergen M, *social Construction: entering the dialogue*, Taos Institute Publications, 2004.

72. Gergen K J, *An invitation to social Construction* (*Third edition*), SAGE publication of London, 2015.

73. Graham A C, "Chinese Logic, Third section of "Logic, History of", in Paul Edwards eds., *The Encyclopedia of Philosophy*, New York: Macmillan 1967, Vol. IV, pp. 523 – 524; Second edition: Donald M. Borchert, eds., New York: Thomson Gale 2006, Vol. 5, pp. 415 – 417.

74. Graham A C, *Later Moist Logic, Ethics and Science*, Hong Kong-London: Chinese University Press, 1978.

75. Greiffenhagen C and Sharrock W, "Logical Relativism: Logic, Grammar, and Arithmetic in Cultural Comparison", *Configurations*, Vol. 14, 2006, pp. 275 – 301.

76. Greiffenhagen C, "A sociology of formal logic? Essay review of Claude Rosental's 'Weaving Self-Evidence'", *Social Studies of Science*, Vol. 40, No. 3, 2010, pp. 471 – 480.

77. Gries P and Peng K, "Cultural Clash: Apologies East and West", *Journal of contemporary China*, Vol. 11, 2002, pp. 173 – 178.

78. Haack S, *Deviant Logic, Fuzzy Logic*, The University of Chicago Press, 1996/1974.

79. Haack S, *Philosophy of Logics*, Cambridge University Press, 1978.

80. Haack S, *Defending Science Within Reason: Between Scientism and Cynicism*, Prometheus Books, 2003.

81. Haack S, *Evidence and Inquiry*, Second edition, Blackwell, 1993, Prometheus Books, 2009.

82. Haack S, "The Justification of Deduction", *Mind*, Vol. 85, No. 337, 1976, pp. 112 – 119.

83. Hackett E d J., et al., eds., *handbook of science and technology studies* (*the third edition*), The MIT Press, 2008.

84. Hacking I, *Representing and Intervening: Introductory Topics in the Philosophy of Natural Science*, Cambridge: Cambridge University Press, 1983.

85. Hacking I, *The Social Construction of What?* Cambridge, MA: Harvard University Press, 1999.

86. Hamill J F, *Ethno-logic: the anthropology of human reasoning*, Urbana: Uni-

versity of Illinois Press, 1990.

87. Hesse M, *Models and Analogies in Science*, Notre Dame: University of Notre Dame Press, 1966.

88. Hesse, M, *The Structure of Scientific Inference*, London: Macmillan, 1974.

89. Hintikka J, *Knowledge and Belief: An Introduction to the Logic of the Two Notions*, Cornell: Cornell University Press, 1962.

90. Hjortland T, "Anti-exceptionalism and logic", *Philos stud*, Vol. 174, 2017, pp. 631 – 658.

91. Hollis M, "Reason and Ritual", in Wilson B., eds., *Rationality*, Oxford, Blackwell, 1970, pp. 221 – 239.

92. Hollis M, "The limits of irrationality", in Wilson B., eds., *Rationality*, Oxford, Blackwell, 1970, pp. 214 – 220.

93. Hollis M, Lukes S., eds., *Rationality and Relativism*, Oxford, Blackwell, 1982.

94. Hutchins E, *Culture and Inference: A Trobriand Case study*, Cambridge: Harvard University Press, 1980.

95. Hutchins E, *Cognition in the Wild*, Cambridge, MA: MIT Press, 1995.

96. Jasanoff S, et al., eds., *handbook of science and technology studies (the second edition)*, SAGE Publications, 1995.

97. Jennings R C, "Zande Logic and Western Logic", *The British journal for the Philosophy of Science*, Vol. 40, No. 2, 1989, pp. 275 – 285.

98. Jincheng Zhai, "A New Interpretation of Reasoning Patterns in Mohist Logic", *Studies in Logic*, Vol. 4, No. 3, 2011, pp. 126 – 144.

99. Karin Beiküfner With a commentary by Andrea Reichenberger, "Women and Logic: What Can Women's Studies Contribute to the History of Formal Logic?" *International Journal for the Historiography of Science*, Vol. 6, 2019, pp. 6 – 14.

100. Keita L, "Jennings and Zande Logic: A Note", *The British journal for the Philosophy of Science*, Vol. 44, 1993, pp. 151 – 156.

101. Keith W, Rehg W, "Argumentation in Science: The Cross-Fertilization of Argumentation Theory and Science Studies", in E. J. Hackett, O. Amsterdamska, M. Lynch and J. Wajcman, eds., *The Handbook of Science & Technology Studies* (3rd ed.), Cambridge, MA, USA: MIT Press, 2008, pp. 211 – 239.

102. Knorr Cetina K D, *The Manufacture of Knowledge: An Essay on the Constructivist and Contextual Nature of Science*, Oxford: Pergamon Press, 1981.

103. Knorr Cetina K D, Mulkay M, *Science observed: perspectives on the social study of science*, London Beverly Hills: Sage Publications, 1983.

104. Knorr Cetina K D, "The Ethnographic Study of Scientific Work: Towards a Constructivist Interpretation of Science", in K. D. Knorr Cetina and M. Mulkay, eds., *Science Observed: Perspectives on the Social Study of Science*, London: Sage, 1983, pp. 115–40.

105. Knorr Cetina K D, *Epistemic cultures: How the sciences make knowledge*, Cambridge, Massachusetts: Harvard University Press, 1999.

106. Kripke S, *Wittgenstein Rules and Private Language*, Cambirdge, Mass.: Harvard University Press, 1982.

107. Kuhn T, *The Structure of Scientific Revolutions*, Chicago: University of Chicago Press, 1962.

108. Kurtz J, *The Discovery of Chinese Logic*, Leiden, Boston: Brill, 2011.

109. Kush M, *Psychologism: A case study in the sociology of philosophical knowledge*, Routledge, 1995.

110. Kusch M, "The Sociology of Philosophical Knowledge: A Case Study and a Defense", in Kush M., eds., *The Sociology of philosophical Knowledge*, Kluwer Academic Publisher, 2000, pp. 15–38.

111. Kusch M, eds., *The Sociology of philosophical Knowledge*, Kluwer Academic Publisher, 2000.

112. Labinger J, Collins H., eds., *The One Culture? A Conversation about Science*, University of Chicago Press, 2001.

113. Lakatos I, *Proofs and Refutations: The Logic of Mathematical Discovery*, Cambridge: Cambridge University Press, 1976.

114. Latour B, "Give Me a Laboratory and I Will Raise the World", in K. D. Knorr Cetina and M. Mulkay, eds., *Science Observed: Perspectives on the Social Study of Science*, London: Sage, 1983, pp. 141–70.

115. Latour B, Woolgar S, *Laboratory Life: The Construction of Scientific Facts*, 2d ed, Princeton: Princeton University, 1986/1979.

116. Latour B, *Scientific in Action*, Cambridge: Harvard University Press, 1987.

117. Latour B, *The Pasteurization of France*, Cambridge, MA: Harvard University Press, 1988.

118. Latour B, *We Have Never Been Modern*, Tr. C. Porter, New York: Harvester Wheatshea, 1993.

119. Latour B, "For David Bloor……and Beyond: A Reply to David Bloor's 'Anti Latour'", *Studies in History and Philosophy of Science*, Vol. 30, No. 1, 1999, pp. 113 – 121.

120. Latour B, *Reassembling the Social: An Introduction to Actor-Network-Theory*, Oxford University Press, 2005.

121. Latour B, "The Netz-works of Greek Deductions", *Social Studies of Science*, Vol. 38, No. 3, 2008, pp. 441 – 459.

122. Laudan L, *Progress and Its Problems*, London: Routledge & Kegan Paul, 1977.

123. Laudan L, "The Pseudo-Science of Science?" in Brown J, eds., *Scientific Rationality: The sociological Turn*, D. Reidel Publishing Company, 1984, pp. 41 – 73.

124. Levy-Bruhl, "A Letter to E. E. Evans-Pritchard", *The British Journal of Sociology*, Vol. 3, No. 2, June 1952, pp. 117 – 123.

125. Liberman K, *Dialectical Practice in Tibetan Philosophical Culture*, Rowman & Littlefield, 2004.

126. Livingston E, *The Ethnomethodological Foundations of Mathematics*, London: Routledge & Kegan Paul, 1986.

127. Livingston E, *thnographies of reason*, Aldershot: Ashgate, 2008.

128. Lukes S, "Some Problems about Rationality", in Wilson B., eds., *Rationality*, Oxford, Blackwell, 1970, pp. 194 – 213.

129. Lukes S, "Relativism in its Place", in Hollis M, Lukes S., eds., *Rationality and Relativism*, Oxford, Blackwell, 1982, pp. 261 – 305.

130. Luria A R, "Psychological Expedition to Central Asia", *Science*, Vol. 74, 1931, pp. 383 – 384.

131. Luria A R, "The Second Psychological Expedition to Central Asia", *Science*, Vol. 78, 1933, pp. 383 – 384.

132. Luria A R, *Cognitive Development: Its Cultural and Social Foundations*, Edited by Michael Cole, Harvard University Press, 1976.

133. Lynch M, *Art and Artifact in Laboratory Science: A Study of Shop Work and Shop Talk in a Research Laboratory*, London: Routledge & KeganPaul, 1985.

134. Lynch M, *Scientific Practice and Ordinary Action: Ethnomethodology and Social Studies of Science*, Cambridge University Press, 1997.

135. MacKenzie D A, *Statistics in Britain* 1865 – 1930: *The Social Construction of Scientific Knowledge*, Edinburgh: Edinburgh University Press, 1981.

136. MacKenzie D A, "Slaying the Kraken: The Sociohistory of a Mathematical Proof", *Social Studies of Science*, Vol. 29, No. 1, 1999, pp. 7 – 60.

137. MacKenzie D A, *Mechanizing Proof: Computing, Risk, and Trust*, Cambridge, MA: MIT Press, 2001.

138. Mehrtens H., et al, eds., *Social history of Nineteenth Century Mathematics*, Springer Science + Business Media New York, 1981.

139. Merton R K, "'Paradigm for the Sociology of Knowledge'", in The Sociology of Science, *Theoretical and Empirical Investigations*, Chicago: University of Chicago Press, 1973a, pp. 7 – 40.

140. Merton R K, *The Sociology of Science. Theoretical and Empirical Investigations*, Chicago: University of Chicago Press, 1973b.

141. Merton R K, *Science, technology and society in seventeenth century England*, New York: Howard Fertig, 1993/1970

142. Merz M, Karin Knorr Cetina, "Deconstruction in a 'Thinking' Science: Theoretical Physicists at Work", *Social Studies of Science*, Vol. 27, No. 1, 1997, pp. 73 – 111.

143. Miller D, *Out of Error: Further Essays on Critical Rationalism*, Ashgate Publishing, 2006.

144. Mulkay M J, *Science and the Sociology of Knowledge*, London: George Allen and Unwin, 1979.

145. Mulkay M J, *Sociology of Science: A Sociological Pilgrimage*, Bloomington: Indiana University Press, 1991.

146. Netz R, *The Shaping of Deduction in Greek Mathematics: A Study in Cognitive History*, Cambridge: Cambridge University Press, 1999.

147. Nisbett R, Ross L, *Human Inference: Strategies and Shortcomings of Social Judgment*, Prentice-Hall, Inc., 1980.

148. Nisbett R, Peng K, Choi I, Norenzanai A, "Culture and System of Thought: Analytic and Holistic Cognition", *Psychological Review*, Vol. 108, 2001, pp. 291 – 310.

149. Nisbett R, *The Geography of Thought*, London: Nicholas Brealey Publsihing, 2003.

150. Nye A, *Words of power: a feminist reading of the history of logic*, Routledge, 1990.

151. Paul G, "Principles of non-contradiction, valid inference and other basic logical rules in the history of thought in China", in Fenrong Liu, Jeremy Seligman and Jincheng Zhai, eds., *Handbook of the History of Logical Thought in China*, to apprear both in Chinese and English.

152. Peckhaus V, "Case Studies towards the Establishment of a Social History of Logic", *History and Philosophy of Logic*, Vol. 7, 1986, pp. 185 – 186.

153. Peckhaus V, "Scientific progress and changes in hierarchies of scientific disciplines", in E. Grosholz and H. Breger, eds., *The Growth of Mathematical Knowledge*, Kluwer Academic Publishers, 2000, pp. 363 – 376.

154. Peng K, Nisbett R, "Culture, Dialectics, and Reasoning about Contradiction", *American Psychologist*, Vol. 54, 1999, pp. 741 – 754.

155. Peng K, Ames D, Knowles E, "Culture and Human Inference: Perspectives fromthree traditions", in Masumoto D, eds., *Handbook of culture and psychology*, NewYork: Oxford University Press, 2001, pp. 243 – 263.

156. Pickering A, *Constructing Quarks: A Sociological History of Particle Physics*, Chicago: University of Chicago Press, 1984.

157. Pickering A, Adam Stephanides, "Constructing Quaternions: On the Analysis of Conceptual Practice'", in A. Pickering, eds., *Science as Practice and Culture*, Chicago: University of Chicago Press, 1992, pp. 139 – 168.

158. Pickering A, "From Science as Knowledge to Science as Practice", in A. Pickering, eds., *Science as Practice and Culture*, Chicago: University of Chicago Press, 1992, pp. 1 – 26.

159. Pickering A, *Science as Practice and Culture*, Chicago: University of Chicago Press, 1992.

160. Pickering A, *The Mangle of Practice: Time, Agency, and Science*, Chicago:

University of Chicago Press, 1995.

161. Pinch T, *Confronting Nature*: *The Sociology of Solar-Neutrino Detection*, Dordrecht: Reidel, 1986.

162. Pinch T J, Wiebe E Bijker, "The Social Construction of Facts and Artifacts: Or How the Sociology of Science and the Sociology of Technology Might Benefit Each Other", in W. E. Bijker, T. P. Hughes, and T. Pinch, eds., *The Social Construction of Technological Systems*: *New Directions in the Sociology and History of Technology*, Cambridge, MA: The MIT Press, 1987, pp. 17 – 50.

163. Polyani M, *Personal Knowledge*: *Towards a Post-Critical Philosophy*. University of Chicago Press, 1974/1958.

164. Popper K R, *The Logic of Scientific Discovery*, London: Hutchinson, 1959, (first published 1934).

165. Popper K R, *Conjectures and Refutations*, London: Routledge & Kegan Paul, 1963.

166. Priest G, *Logic*: *a vey short introduction*, Oxford University Press, 2000.

167. Prest G, *An Introduction to Non-Classical Logic*, Cambridge University Press, 2001.

168. Prest G, *An Introduction to Non-Classical Logic*: *From If to Is*, Cambridge: Cambridge University Press, 2nd edition. 2008.

169. Prior A, "The Runabout Inference Ticket", *Analysis*, Vol. 21, 1960, pp. 38 – 39.

170. Pulkkinen J, "Why did Gottlob Frege and Ernst Schroder Fail in their Attempts to Persuade German Philosophers of the Virtues of Mathematical Logic?" in Kush M., eds., *The Sociology of philosophical Knowledge*, Kluwer Academic Publisher, 2000, pp. 39 – 60.

171. Putnam H, "Is Logic Empirical?" in Robert S. Cohen and Marx W. Wartofsky, eds., *Boston Studies in the Philosophy of Science*, Dordrecht: D. Reidel, Vol. 5, 1969, pp. 216 – 241.

172. Quine W V O, "Two Dogmas of Empiricism", in Quine W V O, *From a Logical Point of View*, Campbridge, Mass.: Harvard University Press, 1953, pp. 20 – 46.

173. Quine W V O, *From a Logical Point of View*, Campbridge, Mass.: Harvard

University Press, 1953.

174. Quine W V O, "Ontological Relativity", in Quine W V O, eds., *Ontological Relativity and Other Essays*, Columbia University Press, 1969, pp. 26 – 68.

175. Quine W V O, "Epistemology Naturalized", in Quine W V O, *Ontological Relativity and Other Essays*, Columbia University Press, 1969, pp. 69 – 90.

176. Quine W V O, *Ontological Relativity and Other Essays*, Columbia University Press, 1969.

177. Raven D, "The Enculturation of Logical Practice", *Configurations*, Vol. 4, No. 3, 1996, pp. 381 – 425.

178. Reichenbach H, *The Rise of scientific philosophy*, Univiersity of California Press, 1951/1968.

179. Reining C, *The Azande Scheme: an anthropological case study of economic development in Africa*, Evanston, Illinois: North-Western University Press, 1966.

180. Repr, "as 'The Logic of Quantum Mechanics' in Mathematics", *Matter and Method*, 1975, pp. 174 – 197.

181. Restall G., Beall Jc, *Logical Pluralis*, Oxford University Press, 2006.

182. Rosental C, "Certifying Knowledge: The Sociology of a Logical Theorem in Artificial Intelligence", *American Sociological Review*, Vol. 68, No. 4, August 2003, pp. 623 – 644.

183. Rosental C, *Weaving Self-Evidence: A Sociology of Logic*, NJ: Princeton University Press, 2008.

184. Rosental C, "Toward a Sociology of Public Demonstrations", *Sociological Theory*, Vol. 31, No. 4, 2013, pp. 343 – 365.

185. Rosental C, Brumberg-Chaumont J, eds., *Logical Skills: Social-Historical Perspectives*, Birkhauser, 2021.

186. Rošker J S, "Specific Features of Chinese Logic: Analogies and the Problem of Structural Relations in Confucian and Mohist Discourse", *Synthesis Philosophica*, Vol. 57, No. 1, 2014, pp. 23 – 40.

187. Rouse J, *Engaging science: how to understand its practice philosophically*, Cornell University Press, 1996.

188. Sainsbury R, *Paradoxes*, Cambridge University Press, 1988.

189. Salmon M H, "Do Azande and Nuer Use a Non-standard Logic?" *Man*,

N. S., Vol. 13, 1978, pp. 444 – 454.

190. Searle J R, *Speech Acts: An Essay in the Philosophy of Language*, Cambridge: Cambridge University, 1969.

191. Shapins, "Phrenologial Know ledge and the Sacioal Strvctvre of Early Niaeteenth Century Edinhurgh", Annals of Sciecce XXXii (1975): 219 – 43.

192. Shapin S, Simon Schaffer, *Leviathan and the Air-Pump: Hobbes, Boyle, and the Experimental Life*, Princeton: Princeton University Press, 1985.

193. Shapin S, *A Social History of Truth: Civility and Science in Seventeenth-Century England*, Chicago: University of Chicago Press, 1994.

194. Shapin S, Phrenologial Know ledge and the Sacial Strvctvre of Early Niaeteenth Century Edinhurgh, Annals of Sciecce, XXXii (1995): 219 – 243.

195. Shapiro S, *Varieties of Logic*, Oxford: Oxford University Press, 2014.

196. Sismondo S, *An introduction to science and Technology Studies*, Wiley-Blackwell, 2004.

197. Stich S, *The Fragmentation of Reason*, Cambridge: The MIT Press, 1990.

198. Thiel C, "Some difficulties in the historiography of modern logic", in V. M. Abrusci, E. Casari and M. Mugnai, eds., *Atti del Convegno Internazionale di Storia della Logica*, San Gimignano, 4 – 8 dicembre, 1982 (Bologna, 1983), pp. 175 – 191.

199. Thiel C, "Research on the history of logic at Erlangen", in I. Angelelli and M. Cerezo (eds.), Studies on the History of Logic. Proceedings of the III. Symposium on the History of Logic (Walter de Gruyter: Berlin/New York 1996), pp. 397 – 401.

200. Triplett T, "Azande Logic versus Western Logic?" *The British Journal for the Philosophy of Science*, Vol. 39, No. 3, 1988, pp. 361 – 366.

201. Triplett T, "Is There Anthropological Evidence that Logic is Culturally Relative?: Remarks on Bloor, Jennings and Evans-Pritchard", *The British Journal for the Philosophy of Science*, Vol. 45, No. 2, 1994, pp. 749 – 760.

202. Van Benthem J, "Logic and Reasoning: Do the Facts Matter?" *Studia Logica: An International Journal for Symbolic Logic*, Vol. 88, No. 1, February 2008, pp. 67 – 84.

203. Van Benthem J, *Logical Dynamics of Information and Interaction*, Cam-

bridge: Cambridge University Press, 2011.

204. Wallace A F C, "Culture and Cognition Science", Vol. 135, 1962, pp. 351 – 357, in Wilson B, eds., *Rationality*, Oxford, Blackwell, 1970.

205. Warwick A, *Masters of Theory: Cambridge and the Rise of Mathematical Physics*, Chicago: University of Chicago Press, 2003.

206. Wilson B R., eds., *Rationality*. Oxford: Blackwell, 1970.

207. Winch P, *The Idea of a Social Science*, Routledge & Kegan Paul, 1958.

208. Winch P, "Understanding a Primitive Society", *American Philosophical Quarterly*, 1964, pp. 307 – 324. Reprint in: Wilson B., eds., Rationality, Oxford, Blackwell, 1970, pp. 78 – 112.

209. Wittgenstein L, *Philosophical Investigations*, trans., Anscomb G E M, Cambridge, Mass: Blackwell, 1967.

210. Wittgenstein L, *Remarks on Frazer's 'Golden Bough'*, eds., Rhees R. Brynmill, Notts., and Humanities Press, Atlantic Highlands, N. J., 1967.

211. Wittgenstein L, *Remarks on the Foundations of Mathematics*. eds., by Von Wright. G H, trans., Anscomb G E M, Cambridge, Mass.: MIT Press, 1978.

212. Wolpert and Lewis, *The Unnatural Nature of Science*, Cambridge, Mass.: Harvard University Press, 1993.

213. Woods J, Johnson R H, Gabbay Dov M., et al., eds., "Logic and The Practical Turn", in Gabbay Dov M., Johnson R H, Ohlbach H J., eds., *Handbook of the Logic of Argument and Inference: the turn towards the practical (Studies in Logic and practical reasoning: Vol. 1)*, Amsterdam: Elsevier, 2002.

214. Zadeh L A, "Fuzzy Sets.", *Information and Control*, Vol. 8, No. 3, 1965, pp. 338 – 353.

215. Zheng-Feng Li, et, al., "Go Strong or Go Home: An Interview with David Bloor", *East Asian Science, Technology and Society: An International Journal*, Vol. 4, 2010, pp. 419 – 432.

后　记

　　作为一门以精确性和形式化著称的古老学科，逻辑学在二十世纪的中后期逐渐引起社会科学的关注，关于逻辑与社会文化之关系的探究由之而生。本书正是由之而作，在科学技术与社会研究（STS）的视角下思考逻辑。该研究受到国家社科基金的资助，在写作及出版过程中得到了多方的帮助和支持。

　　感谢中山大学逻辑与认知研究所的老师和同学们，在研究过程中提供的帮助。我在逻辑所接触到逻辑，师从鞠实儿老师，逻辑所多元的学科方向也为我打下较为扎实的逻辑学训练，在此期间我逐渐接触到STS这一思潮以及STS对于逻辑的探讨。毕业以后我逐渐进入到科学技术哲学中的STS研究领域，注意到STS对于逻辑的研究较少，遂萌生了从此领域进一步探讨逻辑之社会文化维度的想法。

　　本书在写作过程中得到科学哲学和逻辑学界前辈和同行们的帮助，在此无法一一表达。王巍老师为本书论证和写作给予了宝贵的指导意见，张建军老师和桂起权老师对于本书观点提出了宝贵的指引，刘奋荣老师，任晓明老师，王克喜老师，王路老师，朱菁老师，刘鹏老师，胡泽洪老师，杜国平老师，成素梅老师等，对于本书论证部分给出了可贵的意见……。感谢清华大学STS研究中心，其系列对外开放课程和短期学校也让我受益匪浅。

　　感谢STS前辈David Bloor和Andrew Pickering先生，德国逻辑史学者CHRISTIAN THIEL和Volker Peckhaus先生，法国STS学者Claude Rosental先生，以及英国社会学家Christian Greiffenhagen先生等的资料及观点帮助，因你们的慷慨和无私，学术成为一件真正的世界之事。

　　本书得到国家社科基金的课题资助，对国家社科基金会致以感谢。

　　感谢我所在的学校及学院的领导们同事们，在课题研究及写作出版过程中给予的资助和鼓励，也感谢研究生罗楚钰同学对于本书稿的文献编辑工作。